CLUJ-NAPOCA
2002

KOVÁCS SÁNDOR

Programarea interfețelor cu VISUAL BASIC 6.0 - elemente speciale

Editura Albastră

Director editură
Smaranda Dervești eanu

Coordonator serie
Codruța Poenaru

Coperta
Liviu Dervești eanu

Tipărit
EDITURA ALBASTRĂ
comanda 96 / 2002

CUPRINS

PREFAȚĂ

*Dedic această carte soției mele **Margit**; ea a suportat eroic atașamentul meu față de calculatoare.*

Volumul de față constituie continuarea lucrării **Programarea interfețelor cu Visual Basic 6.0 - Elemente de bază** și tratează în cele 30 de capitole ale sale controalele speciale create cu tehnologia ActiveX, utilizate în Visual Basic versiunea 7.0.

Lucrarea este destinată programatorilor, care doresc să dezvolte aplicații proprii **Windows**, utilizând programul **Visual Basic**. Descrierea fiecărui control conține și o parte teoretică care cuprinde principalele proprietăți, metode și evenimente asociate. Pentru exemplificarea modului de utilizare a controalelor, în fiecare capitol s-au introdus un număr considerabil de programe de tip "școală" (textele sursă ale programelor sunt prezentate în întregime și fiecare program este însoțit și de rezultatul execuției). Exemplele au fost testate pe un calculator personal dotat cu 128 MB memorie și pe care s-a instalat sistemul de operare **Windows 98 Second Edition**.

Despre cititor se presupune că are o oarecare experiență în programare, inclusiv cunoașterea bazelor limbajului **Basic**.

Cartea, evident, este perfectabilă; undeva am fost constrâns datorită volumului lucrării să mă opresc cu prezentarea exemplelor. Sper totuși, că am reușit să găsesc cele mai semnificative utilizări ale controalelor, pe baza cărora se pot concepe aplicații mai elegante și mai interesante. Primesc cu simpatie orice sugestie și critică pe adresa de e-mail *sanyi@gmi.ro*.

Cluj-Napoca, 3 iulie 2002 *Kovács Sándor*

INTRODUCERE

Scopul volumului de față este prezentarea principalelor controale speciale utilizate în **Visual Basic**, versiunea 6.0. În cadrul lui se descriu cele mai importante proprietăți, metode și evenimente asociate acestora și se prezintă un număr ridicat de exemple, care au fost testate pe calculator.

Inițial, la o instalare standard, simbolurile grafice corespunzătoare controalelor adiționale nu sunt afișate pe paleta de controale (cutia cu unelte). Ele pot fi adăugate paletei prin intermediul comenzii **Components** din meniul **Project**. Comanda **Components** se lansează în execuție și prin combinația de taste **Ctrl+T**. Fereastra de dialog afișată de această comandă, formată din trei fișe, are aspectul următor:

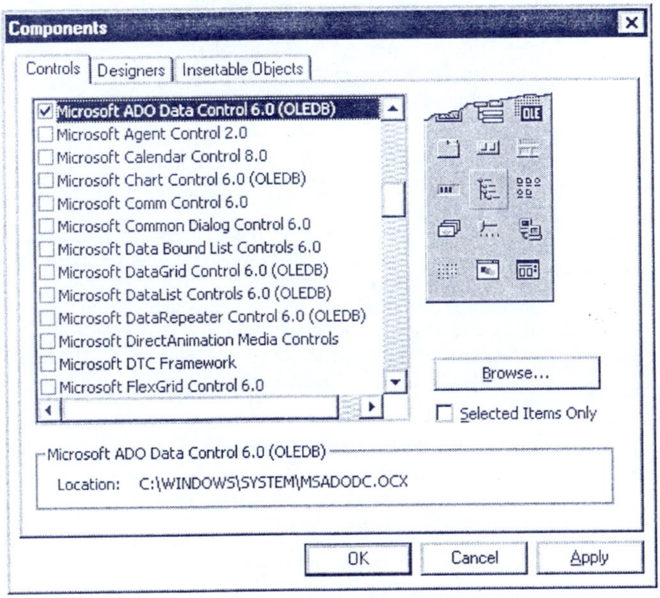

Fișa etichetată cu *Controls* prezintă lista tuturor controalelor accesibile pe calculatorul utilizat. Pentru adăugarea unui control la paleta de controale se va efectua un clic în cutia de validare corespunzătoare numelui controlului dorit. De menționat este faptul că un simbol grafic asociat unui control utilizat în cadrul unui proiect nu poate fi îndepărtat din paletă.

Zona etichetată cu *Location* afişează calea completă spre fişierul corespunzător controlului selectat. Butonul de comandă *Browse* afişează o fereastră de dialog care permite localizarea fişierului ***.OCX** corespunzător controlului. Dacă se selectează cutia de validare *Selected Items Only*, atunci lista va afişa doar controalele care sunt selectate. Butonul *Apply* adaugă controalele selectate la paleta de controale, însă nu închide fereastra de dialog *Components*. Închiderea ferestrei şi adăugarea controalelor selectate se realizează cu ajutorul butonului de comandă *OK*.

Lista următoare conţine principalele controale speciale specifice versiunii 6.0 a sistemului **Microsoft Visual Basic** (*Professional Edition*):

Simbol grafic	**Nume**	**Descriere**
	*CommonDialog*	*Ferestre de dialog predefinite.* Creează cinci tipuri de ferestre de dialog standard, folosite de sistemul de operare **Windows**: – fereastră pentru deschiderea fişierelor; – fereastră pentru salvarea fişierelor; – fereastra pentru selectarea culorilor; – fereastra pentru selectarea fonturilor; – fereastra pentru selectarea opţiunilor de tipărire. Controlul permite şi afişarea unui ajutor soft, prin lansarea în execuţie a programului **WINHELP.EXE**
	*ADO*	*Controlul de date **ADO** (ActiveX Data Object).* Conectează aplicaţia **Visual Basic** la o bază de date specificată şi permite accesul la articolele unui tabel sau la articolele livrate de o interogare a bazei de date. De asemenea, realizează interfaţa cu controalele vizuale legate în care se afişează conţinutul câmpurilor articolului curent. Acest control este asemănător cu controlul standard **Data**, însă este mai flexibil, fiind construit pe baza unei tehnologii noi.
	*DataList*	*Listă simplă de date asociată unui control **ADO**.* Elementele listei simple sunt încărcate automat, pe baza valorilor conţinute de un câmp specificat al unui tabel (interogare) al unei baze de date.
	*DataCombo*	*Listă combinată de date asociată unui control **ADO**.* Elementele listei combinate sunt încărcate automat, pe baza valorilor conţinute de un câmp specificat al unui tabel (interogare) al unei baze de date.
	*DataGrid*	*Reţea de date asociată unui control **ADO**.* Afişează articolele unui tabel sau articolele livrate de interogarea unei baze de date, sub forma unei reţele de date, asemănătoare celulelor create cu programul de calcul tabelar **Excel**. Această reţea de date este formată din linii

Simbol grafic	Nume	Descriere
		(rânduri) şi coloane. Numărul coloanelor reţelei este egal cu numărul câmpurilor tabelului analizat, iar numărul liniilor coincide cu numărul articolelor tabelului. Datele conţinute de celulele reţelei pot fi modificate.
	*MSHFlexGrid*	*Reţea flexibilă şi ierarhizată de date.* Permite afişarea ierarhizată a datelor, sub forma unei reţele, provenite din mai multe tabele ale unei baze de date. Tabelele reprezentate de control sunt în relaţia "*de la unu la mai mulţi*", adică unui articol dintr-un tabel (*tabelul primar*) îi corespund mai multe articole dintr-un alt tabel (*tabelul asociat*). Spre deosebire de controlul **DataGrid**, datele afişate de controlul **MSHFlexGrid** nu pot fi modificate de utilizator, însă există posibilitatea rearanjării coloanelor şi a liniilor precum şi regruparea automată a datelor.
	*RichTextBox*	*Cutie text multilinie în formatul "îmbogăţit".* Controlul poate fi încărcat cu un fişier având extensia **TXT** (text) sau **RTF** (*Rich Text Format*) şi permite realizarea unor operaţii complexe de editare, formatare şi încapsulare. Conţinutul controlului poate fi tipărit şi salvat în formatul **TXT** sau **RTF**.
	*MSChart*	*Control de desenare a diagramelor.* Se utilizează pentru reprezentarea datelor numerice sub formă de *diagrame*. Acestea pot fi de diverse tipuri, inclusiv diagrame tridimensionale. Datele reprezentate grafic pot fi precizate de utilizator, dar este posibilă şi utilizarea datelor generate aleator. De asemenea, datele pot fi importate, dintr-o foaie de calcul **Excel** sau dintr-un tabel sau o interogare a unei baze de date **Acces**.
	*ImageList*	*Listă de imagini.* Controlul permite crearea unei colecţii de imagini, având dimensiuni identice. Imaginile pot fi referenţiate prin intermediul unui indice. Controlul este utilizat pentru gestiunea mai simplă a unui număr mare de simboluri grafice (*.**ICO**) sau imagini (*.**BMP**, *.**DIB**, *.**GIF**, *.**JPG**). Se foloseşte la proiectarea controalelor **Toolbar**, **CoolBar**, **ImageCombo**, **TabStrip**, **ListView** şi **TreeView**.
	*TreeView*	*Control de vizualizare a datelor sub formă de arbore.* Afişează date sub forma unui arbore. Arborele este compus dintr-o mulţime ierarhizată de noduri. Fiecare nod conţine o etichetă, eventual şi o imagine. Imaginile utilizate de noduri sunt livrate de un control **ImageList**. Oricare dintre noduri poate conţine noduri descendente.
	*ListView*	*Control de vizualizare de date sub formă de listă.* Afişează date sub forma unei liste. Lista este compusă din

Simbol grafic	Nume	Descriere
		mai multe elemente (intrări). Un element al listei comportă un text, eventual şi o imagine. Datele reprezentate de control pot fi vizualizate în patru moduri diferite: simboluri grafice standard, de mică dimensiune, listă şi raport.
	*TabStrip*	*Câmpuri înguste de tab-uri ("urechi").* Creează un control format din două zone. – În partea superioară se găseşte *zona tab-urilor*, formată din mai multe tab-uri. Fiecare tab conţine un text. Tab-urile afişate folosesc stilul caietelor repertoar. Fiecărui tab i se poate asocia opţional şi o imagine. La un moment dat este activ un singur tab. Activarea unui tab se realizează prin efectuarea unui clic pe tab-ul respectiv. – În partea inferioară a controlului se găseşte *zona client*. În această zonă sunt afişate diverse grupuri de controale, incluse într-un control de tip container. Controalele afişate în zona client depind de tab-ul selectat.
	*Toolbar*	*Bara de unelte.* Creează o bară în partea superioară a formei proprietar, pe care se pot depune butoane. Butoanele pot fi prevăzute cu texte şi/sau imagini. Butoanelor le sunt asociate, de obicei, comenzile folosite mai frecvent de utilizator. Imaginile utilizate de butoanele barei sunt livrate de un control **ImageList**.
	*CoolBar*	*Bara şmecheră.* Este un container, care conţine alte controale, numite controale "copii". Este utilizat la crearea barelor de unelte care în execuţie pot fi configurate de utilizator, similare cu bara de unelte utilizată de **Internet Explorer**. Controlul conţine una sau mai multe regiuni dreptunghiulare, redimensionabile în execuţie, numite *benzi*. Fiecare bandă conţine: 1. Un singur control copil, de exemplu un buton comandă, o listă simplă sau combinată, o cutie de validare sau altele. Controlul copil ataşat unei benzi poate fi desemnat atât în perioada de elaborare a proiectului, cât şi în execuţie. 2. Eventual un text ataşat benzii. 3. Eventual o imagine provenită dintr-un control **ImageList**.
	*ImageCombo*	*Listă combinată cu imagini.* Este asemănător controlului standard **ComboBox**, însă este prevăzut cu unele facilităţi suplimentare. Cea mai importantă diferenţă este că un element al listei, în afară de

Simbol grafic	Nume	Descriere
		text, poate conţine şi o imagine. Prin utilizarea imaginilor, selectarea unui element al listei devine mai uşoară.
	*MonthView*	*Instrument de vizualizare a lunilor.* Afişează o fereastră prin care se pot reprezenta zilele unei luni. În fereastra afişată este selectată automat ziua curentă. Efectuând un clic pe o altă zi, ziua respectivă va deveni selectată. Ziua selectată în control poate fi citită în execuţie. Controlul permite şi selectarea unui domeniu contigu de zile. Este posibilă afişarea simultană până la 12 luni.
	*DateTimePicker*	*Instrument de selectare a datei calendaristice şi a orei.* Afişează o fereastră prin care se pot reprezenta zilele unei luni şi/sau informaţii despre oră, minute şi secunde. Utilizatorul poate modifica datele afişate prin mijloace simple, folosind mouse-ul sau tastatura. Controlul poate fi afişat în două moduri: calendar derulant şi format timp.
	*ProgressBar*	*Bară de progres.* Este un indicator care este utilizat pentru vizualizarea înaintării în timp a unui proces de lungă durată.
	*Slider*	*Bară de glisare.* Este o bară pentru care se poate defini un domeniu de valori şi un cursor glisant, care indică valoarea curentă din domeniu. Orientarea barei poate fi orizontală sau verticală. În execuţie, dacă se trage cu mouse-ul butonul glisant, poziţia lui curentă se afişează într-o mică fereastră de informare.
	*StatusBar*	*Linia de stare.* Controlul creează o zonă dreptunghiulară situată în partea inferioară a formei. Zona conţine unul sau mai multe panouri. Panourile pot conţine la rândul lor texte şi/sau imagini. Se utilizetză la afişarea stării curente a tastelor Caps Lock, Num Lock, Insert, Scroll Lock, precum şi la afişarea datei şi a orei curente.
	*Animation*	*Controlul animaţie.* Permite redarea simplă - fără sunet - a fişierelor animaţie ***.AVI** (*Audio Video* ***I****nterleaved*). Controlul afişează o serie de imagini de tip bitmap.
	*MMControl*	*Controlul multimedia.* Este un panou de control prevăzut cu butoane de comandă destinat redării şi înregistrării fişierelor multimedia de tip animaţie (***.AVI**), sonore (***.WAV**, ***.MID**) precum şi discuri CD.
	*SSTab*	*Control de pagină (Sheridian Software* ***Tab****).* Permite crearea unui grup de pagini. Fiecare pagină joacă

Simbol grafic	Nume	Descriere
		rolul unui container pentru alte controale. La un moment dat este activă o singură pagină, în care sunt afişate controalele proprii paginii; controalele care aparţin paginilor inactive sunt ascunse. Acest control, este utilizat de obicei la crearea ferestrelor de dialog formate din mai multe pagini.
	*PictureClip*	*Controlul de decupare a imaginilor.* Permite divizarea unei imagini de mari dimensiuni într-o reţea de dreptunghiuri şi extragerea imaginii parţiale situată într-unul din dreptunghiurile reţelei.
##|	*MaskEdBox*	*Cutie text prevăzută cu o mască.* Permite introducerea într-o cutie text doar a caracterelor permise de o mască ("*filtru*") definită de utilizator. Caracterele care pot fi introduse în cutia text sunt deci limitate, de exemplu se poate cere ca într-o astfel de cutie de text să fie introduse numai cifre. Masca de selectare a caracterelor permise este definită de utilizator.
	*FlatScrollBar*	*Bară de defilare plată.* Reuneşte proprietăţile controalelor standard **HScrollBar** (bară de defilare orizontală) şi **VScrollBar** (bară de defilare verticală). În plus oferă noi facilităţi, care se referă la orientarea barei, la stilul ei de afişare precum şi la ascunderea/afişarea butoanelor cu săgeţi aflate în extremităţile barei.
	*UpDown*	*Controlul "sus-jos" pentru majorarea sau micşorarea unei valori.* Este format dintr-o pereche de butoane cu săgeţi sus şi jos (sau stânga şi dreapta). De obicei este asociat la un alt control (de exemplu, o cutie text); prin acţionarea butoanelor se poate modifica valoarea conţinută de cutia text, între două valori definite de utilizator.
	*Inet*	*Controlul de transfer Internet.* Este specializat în transferul de fişiere din reţeaua mondială **Internet**. Permite accesul la calculatoarele server care folosesc fie protocolul **HTTP** (*HyperText Transfer Protocol*), fie protocolul **FTP** (*File Transfer Protocol*). De exemplu, folosind protocolul HTTP se pot conecta calculatoare server World Wide Web, de unde se pot descărca pe calculatorul local documente HTML. Ele se pot afişa în controale de tip **TextBox** sau **RichTextBox**.
	*MAPISession*	*Control sesiune **MAPI** (**M**essaging **A**pplication **P**rogram **I**nterface).* Se foloseşte la stabilirea şi terminarea unei sesiuni MAPI: o interfaţă între aplicaţia scrisă în **Visual Basic** şi un program de gestiune a scrisorilor (mesajelor) electronice instalat pe

Simbol grafic	Nume	Descriere
		calculatorul utilizat, de exemplu **Microsoft Outlook Express**, **Netscape Communicator** sau **Microsoft Exchange**.
	*MAPIMessages*	*Control de mesaje **MAPI**.* Acest control permite apelarea funcțiilor sistem referitoare la sistemul de mesaje. Poate fi utilizat numai după ce sesiunea de mesaje a fost stabilită, prin intermediul controlului **MAPISession**. Cu ajutorul acestui control: – se pot gestiona scrisorile primite (de exemplu afișarea conținutului scrisorii selectate într-o cutie text); – compunea scrisorilor noi și trimiterea acestora la destinatar; – afișarea conținutului cărții de adrese electronice.
	*Winsock*	*Soclu Windows* Permite conectarea aplicației la un calculator aflat la distanță, precum și schimbul de date între calculatorul local și calculatorul îndepărtat. Pentru realizarea schimbului de informații între calculatoare se pot utiliza două tipuri de protocoale: • **TCP** (***Transfer Control Protocol***); • **UDP** (***User Datagram Protocol***). Ambele protocoale permit crearea aplicațiilor de tip client, a aplicațiilor de tip server, precum și a aplicațiilor de tip conversație (*chat*).
	*SysInfo*	*Informații sistem.* Permite analiza mesajelor trimise de sistemul de operare **Windows** spre toate aplicațiile aflate în execuție. Mesajele anunță: 1. evenimentele referitoare la modificările din sistemul de operare (de exemplu schimbarea culorilor din sistem, schimbarea orei, modificarea rezoluției ecranului); 2. evenimentele și proprietățile referitoare la sistemul de alimentare cu energie electrică a calculatorului; 3. evenimentele referitoare la modificarea profilului hardware și a echipamentelor de tip Plug and Play; 4. informațiile referitoare la proprietățile sistemului de operare (de exemplu versiune, dimensiunea ariei de lucru).

1. CONTROLUL CommonDialog

Compilatorul **Visual Basic** pune la dispoziția utilizatorului controlul **CommonDialog**, care permite afişarea a cinci tipuri de ferestre de dialog standard, folosite de sistemul de operare **Windows**:

- fereastră pentru deschiderea fişierelor;
- fereastră pentru salvarea fişierelor;
- fereastra pentru selectarea culorilor;
- fereastră pentru selectarea fonturilor;
- fereastra pentru selectarea opțiunilor de tipărire.

Controlul permite şi afişarea unui ajutor soft, prin lansarea în execuție a programului **WINHELP.EXE** sau **WINHLP32.EXE**.

Controlul **CommonDialog** este de tip ActiveX. Pentru afişarea pe paleta de controale a simbolului grafic asociat, din meniul **Project** se dă comanda **Components** (Ctrl+T). În fereastra care se afişează se selectează pagina *Controls*. În continuare printr-un clic se selectează cutia de validare etichetată cu *Microsoft Common Dialog Control 6.0*. Datele referitoare la acest control se găsesc în unul din fişierele

C:\WINDOWS\System\COMDLG32.OCX

sau

C:\WINNT\System32\COMDLG32.OCX

Simbolul grafic aferent controlului are forma . Numele clasei este **CommonDialog**. Controalele au denumirile standard *CommonDialog1*, *CommonDialog2*, ...

Pentru utilizarea acestei componente, prima dată se aşează pe formă simbolul asociat controlului (simbolul nu poate fi redimensionat). Poziția pe formă a simbolului nu prezintă interes, deoarece în execuție controlul este invizibil. Pentru afişarea ferestrelor de dialog standard, în execuție se vor apela diferite metode ale controlului, conform schemei următoare:

CommonDialog1.*NumeMetodă*

Numele metodelor sunt centralizate în tabelul următor:

NumeMetodă	Fereastra de dialog afişată
ShowOpen	Open
ShowSave	Save As

NumeMetodă	Fereastra de dialog afişată
ShowColor	Color
ShowFont	Font
ShowPrinter	Print
ShowHelp	Lansarea în execuţie a programului **WINHELP.EXE** sau **WINHLP32.EXE**.

De menţionat este faptul că locaţia de afişare a ferestrelor standard de dialog nu poate fi specificată de utilizator.

1.1. Ferestrele de dialog Open şi Save As

Aceste ferestre de dialog permit utilizatorului selectarea unui fişier care urmează să fie deschis, respectiv salvat cu un nume specificat de utilizator.

Pentru afişarea ferestrei de dialog specializată în deschiderea fişierelor se va folosi o secvenţă de forma următoare:

CommonDialog1.**ShowOpen**

Pentru afişarea ferestrei de dialog specializată în salvarea fişierelor se va folosi o secvenţă de forma următoare:

CommonDialog1.**ShowSave**

După închiderea ferestrei de dialog *Open* sau *Save As* numele fişierului selectat de utilizator (împreună cu unitatea şi calea completă) poate fi citit prin intermediul proprietăţii **FileName**. Aceste ferestre au aspect asemănător, cu deosebirea că în cazul primei ferestre bara de titlu conţine *Open*, iar în cazul celei de-a doua *Save As*.

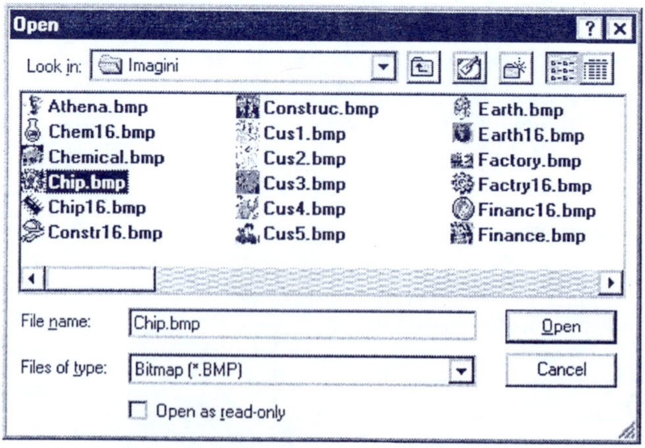

Cele mai importante proprietăți ale controlului **CommonDialog** (referitoare la deschiderea şi salvarea fişierelor) sunt următoarele:

Proprietate	Descriere
FileName	Această proprietate (de tip **String**), după închiderea ferestrei de dialog, returnează numele fişierului selectat de utilizator, împreună cu unitatea şi calea completă. Dacă se doreşte ca în momentul afişării ferestrei de dialog în cutia text *File name* să apară un nume de fişier, atunci – înainte de afişarea fereastrei de dialog – proprietatea **FileName** trebuie inițializată cu numele respectiv. Această inițializare poate fi realizată atât în timpul execuției, cât şi în perioada de elaborare a proiectului, prin intermediul ferestrei de proprietăți.
DialogTitle	Această proprietate (de tip **String**) specifică textul care va fi afişat în bara de titlu a ferestrei de dialog. Dacă proprietății nu i se atribuie nici o valoare, atunci titlul ferestrei de dialog va fi *Open* sau *Save As*.
InitDir	Această proprietate (de tip **String**) stabileşte dosarul care va fi utilizat când se deschide fereastra de dialog. Dacă proprietății nu i se atribuie nici o valoare, sau dacă dosarul specificat nu există, atunci în momentul deschiderii ferestrei se va folosi dosarul curent.

Filter	Această proprietate (de tip **String**) stabileşte măştile care vor fi utilizate în fereastra de dialog. Măştile definite sunt accesibile prin intermediul listei *Files of type*. Proprietății i se pot atribui valori atât în timpul elaborării proiectului, cât şi în timpul execuției. În timpul execuției proprietatea poate fi inițializată prin instrucțiuni de atribuire, de exemplu:
	– pentru un singur filtru:
	`CommonDialog1.Filter = "Fisiere text (*.txt)|*.TXT"`
	– pentru trei filtre:
	`CommonDialog1.Filter = "Forme (*.frm)|*.FRM|" & _`
	`"Proiecte (*.vbp)|*.VBP|" & _`
	`"Modul de baza (*.bas)|*.BAS"`
	Dacă proprietății **Filter** nu i s-a atribuit nici o valoare, atunci fereastra de dialog va afişa toate fişierele din dosarul curent.

DefaultExt	Această proprietate (de tip **String**) specifică extensia implicită a fişierului. Prin *extensie implicită* se înțelege o extensie care se adăugă automat la numele fişierului selectat, în caz că fişierul respectiv nu are o extensie înregistrată. Lungimea maximă a extensiei implicite este de trei caractere, printre care nu poate apare caracterul punct.
FilterIndex	Această proprietate (de tip **Integer**) stabileşte indicele filtrului utilizat la deschiderea ferestrei de dialog. Indicele primului filtru este egal cu 1 (şi nu zero). Dacă indicele specificat este mai mare decât numărul maxim de filtre, atunci se foloseşte primul filtru.
Flags	Această proprietate (de tip **Long**) stabileşte opțiunile ferestrei de dialog. • *cdlOFNHideReadOnly* (are valoarea 4) La afişarea ferestrei de dialog cutia de validare *Read Only* va fi ascunsă. • *cdlOFNReadOnly* (are valoarea 1) La afişarea ferestrei de dialog cutia de validare *Read Only* va fi

Proprietate	Descriere
	selectată. După închiderea ferestrei de dialog indică starea de selecţie a cutiei de validare *Read Only*. • *cdlOFNFileMustExist* (are valoarea &H1000) Se referă la fereastra de dialog *Open*. Prin utilizarea acestei constante utilizatorul poate introduce în cutia text *File Name* numai numele unui fişier existent. În cazul în care introduce numele unui fişier inexistent se va afişa o fereastră de avertisment. • *cdlOFNOverwritePrompt* (are valoarea 2) Se referă la fereastra de dialog *Save As*. Dacă în cutia text *File Name* se introduce numele unui fişier existent, atunci se va afişa o fereastră de informare. Utilizatorul poate confirma sau interzice suprascrierea fişierului.
CancelError	Stabileşte modul de prelucrare a evenimentului care se declanşează când fereastra de dialog se închide cu ajutorul butonului de comandă **Cancel**. Proprietatea are tipul **Boolean**. Dacă se alege valoarea True, acţionarea butonului **Cancel** va genera o eroare de execuţie. Dacă se alege varianta False, care este şi valoarea implicită, închiderea ferestrei prin **Cancel** nu generează eroare.

Secvenţa standard de utilizare a controlului este (în cazul în care, de exemplu, se selectează numele unui fişier care urmează să fie deschis):

```
Dim f As String
On Error GoTo Eroare
CommonDialog1.CancelError = True
CommonDialog1.Flags = cdlOFNFileMustExists Or_
                      cdlOFNHideReadOnly
CommonDialog1.ShowOpen
f = CommonDialog1.FileName
' Deschiderea şi prelucrarea fişierului selectat.
Eroare:
  MsgBox   "A   fost   acţionat
butonul Cancel."
```

1.2. Fereastra de dialog Color

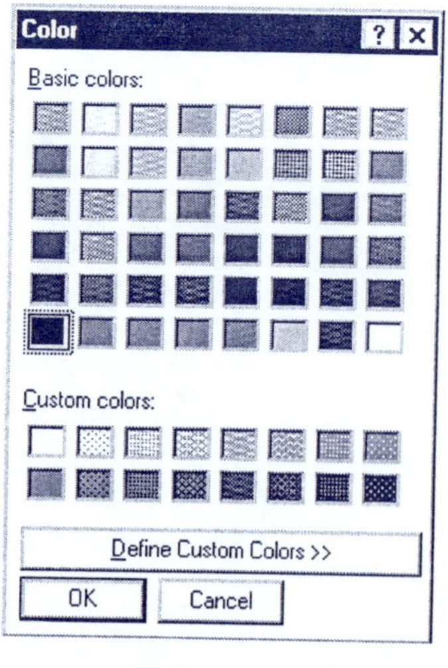

Această fereastră de dialog permite utilizatorului specificarea opţiunilor referitoare la culoarea utilizată. Pentru afişarea ferestrei se va folosi o secvenţă de forma următoare:

CommonDialog1.**ShowColor**

După închiderea ferestrei de dialog *Color* culoarea selectată de utilizator poate fi citită prin intermediul proprietății **Color**. Fereastra are aspectul de mai sus.

Dacă se acționează butonul de comandă *Define Custom Colors*, atunci în fereastra de dialog va apare şi o subfereastră care permite definirea de noi culori, de tip utilizator.

Cele mai importante proprietăți ale controlului **CommonDialog** (referitoare la culori) sunt următoarele:

Proprietate	Descriere
Color	Este o proprietate de tip **Long**. Ea permite: – stabilirea codului unei culori care va fi selectată la afişarea ferestrei de dialog *Color* (dacă a fost folosită şi masca *cdlCCRGBInit* în proprietatea **Flags**); – după închiderea ferestrei *Color*, permite citirea codului culorii selectate de utilizator.
Flags	Este o proprietate de tip **Long**. Stabileşte opțiunile de afişare a ferestrei de dialog *Color*. • *cdlCCRGBInit* (are valoarea 1) La afişarea ferestrei de dialog se selectează culoarea specificată prin proprietatea **Color**. • *cdlCCPreventFullOpen* (are valoarea 4) Se inhibă butonul de comandă *Define Custom Colors*, astfel că nu pot fi definite culori de tip utilizator. • *cdlCCFullOpen* (are valoarea 2) Fereastra de dialog va conține şi subfereastra referitoare la definirea culorilor de tip utilizator.
CancelError	Stabileşte modul de prelucrare a evenimentului care se declanşează când fereastra de dialog se închide cu ajutorul butonului de comandă **Cancel**. Această proprietate este de tip **Boolean**. Dacă se alege valoarea True, acționarea butonului **Cancel** va genera o eroare la execuție. Dacă se alege varianta False, care este şi valoarea implicită, închiderea ferestrei prin **Cancel** nu generează eroare.

Secvența standard de utilizare a controlului este (în cazul în care, de exemplu, se selectează culoarea de fond pentru formă):

```
On Error GoTo Eroare
CommonDialog1.Flags = cdlCCFullOpen        ' Stabilirea opțiunilor de afişare
CommonDialog1.CancelError = True
CommonDialog1.ShowColor                    ' Afişarea ferestrei de dialog
Form1.BackColor = CommonDialog1.Color      ' Citirea culorii selectate
                                           ' de utilizator
' Alte instrucțiuni ale programului.
Eroare:
  MsgBox "A fost acționat butonul Cancel."
```

1.3. Fereastra de dialog Font

Această fereastră de dialog permite utilizatorului specificarea opţiunilor referitoare la fontul utilizat. Pentru afişarea ferestrei se va folosi o secvenţă de forma următoare:

CommonDialog1.**ShowFont**

După închiderea ferestrei de dialog opţiunile selectate de utilizator pot fi citite prin intermediul proprietăţilor **FontName**, **FontSize**, **FontBold**, **FontItalic**, **FontUnderline**, **FontStrikethru** şi **FontColor**. Fereastra are aspectul următor:

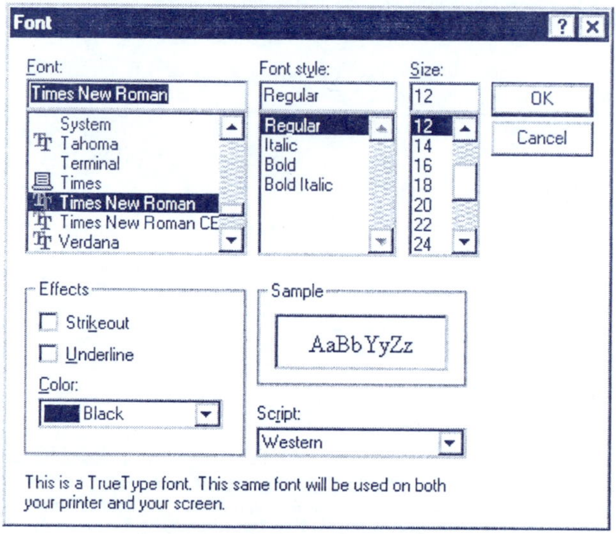

Cele mai importante proprietăţi ale controlului **CommonDialog** (referitoare la fonturi) sunt următoarele:

Proprietate	Descriere
FontName	Comunică numele fontului selectat de utilizator. Atributul este de tip **String**.
FontSize	Comunică dimensiunea fontului selectat de utilizator, exprimată în puncte. Atributul este de tip **Integer**.
FontBold	Comunică dacă utilizatorul a selectat sau nu stilul *Bold* (caractere îngroşate). Atributul este de tip **Boolean**. Are valoarea True dacă utilizatorul a selectat stilul îngroşat şi False în caz contrar.
FontItalic	Comunică dacă utilizatorul a selectat sau nu stilul *Italic* (caractere înclinate). Atribut este de tipul **Boolean**. Are valoarea True dacă utilizatorul a selectat stilul înclinat şi False în caz contrar.

Proprietate	Descriere
FontUnderLine	Comunică dacă utilizatorul a selectat sau nu cutia de validare *Underline* (caractere subliniate). Atribut este de tip **Boolean**. Are valoarea True dacă utilizatorul a selectat atributul de caractere subliniate şi False în caz contrar. Cutia de validare *Underline* este afişată numai când proprietatea **Flags** s-a configurat şi cu constanta *cdlCFEffects*.
FontStrikethru	Comunică dacă utilizatorul a selectat sau nu cutia de validare *Strikeout* (caractere tăiate). Atribut este de tip **Boolean**. Are valoarea True dacă utilizatorul a selectat atributul de caractere tăiate şi False în caz contrar. Cutia de validare *Strikeout* este afişată numai când proprietatea **Flags** s-a configurat şi cu constanta *cdlCFEffects*.
FontColor	Comunică codul culorii selectate de utilizator din lista *Color*. Lista *Color* este afişată numai când proprietatea **Flags** s-a configurat şi cu constanta *cdlCFEffects*.
Min	Stabileşte valoarea minimă care poate fi specificată în lista **Size** (de tip **Integer**, dimensiunea minimă a fontului, exprimată în puncte). Această proprietatea poate fi utilizată numai dacă proprietatea **Flags** a fost configurată şi cu constanta *cdlCFLimitSize*.
Max	Stabileşte valoarea maximă care poate fi specificată în lista **Size** (de tip **Integer**, dimensiunea maximă a fontului, exprimată în puncte). Această proprietatea poate fi utilizată numai dacă proprietatea **Flags** a fost configurată şi cu constanta *cdlCFLimitSize*.
Flags	Această proprietate este de tip **Long**. Stabileşte opţiunile de afişare a ferestrei de dialog *Fonts*. • *cdlCFPrinterFonts* (are valoarea 2) Se vor afişa fonturile imprimantei. • *cdlCFScreenFonts* (are valoarea 1) Se vor afişa fonturile ecran. • *cdlCFCFBoth* (are valoarea 3) Se vor fi afişa fonturile imprimantei şi cele ecran. Dacă nu au fost utilizate aceste constante, atunci se va afişa o fereastră de informaţie cu textul "*There are no fonts installed.*" (nu sunt instalate fonturi), după care se va declanşa o eroare de execuţie. • *cdlCFLimitSize* (are valoarea &H2000) Se pot selecta dimensiuni de fonturi situate între cele specificate de proprietăţile **Min** şi **Max**. • *cdlCFEffects* (are valoarea 256) Specifică dacă în fereastra de dialog se va afişa şi o subfereastră referitoare la efecte (caractere subliniate, caractere tăiate, culori).
CancelError	Stabileşte modul de prelucrare a evenimentului care se declanşează când fereastra de dialog se închide cu ajutorul butonului de comandă **Cancel**. Această proprietate este de tip **Boolean**. Dacă se alege valoarea True, acţionarea butonului **Cancel** va genera o eroare de execuţie. Dacă se alege varianta False, care este şi valoarea implicită, închiderea ferestrei prin **Cancel** nu generează eroare.

Secvența standard de utilizare a controlului este (în cazul în care, de exemplu, se selectează un font utilizat pe o formă):

```
On Error GoTo Eroare
CommonDialog1.CancelError = True
CommonDialog1.Flags = cdlCFBoth Or cdlCFEffects
CommonDialog1.ShowFont                          ' Afişarea ferestrei Fonts
Form1.FontName = CommonDialog1.FontName         ' Preluarea selectărilor
Form1.FontSize= CommonDialog1.FontSize
Form1.FontBold = CommonDialog1.FontBold
Form1.FontItalic = CommonDialog1.FontItalic
Form1.ForeColor = CommonDialog1.FontColor
Form1.FontStrikethru = CommonDialog1.FontStrikethru
Form1.FontUnderline = CommonDialog1.FontUnderline
'
Eroare:
  MsgBox "A fost acționat butonul Cancel."
```

1.4. Fereastra de dialog Print

Această fereastră de dialog permite utilizatorului specificarea opțiunilor referitoare la tipărire. Pentru afişarea ferestrei se va folosi o secvență de forma următoare:

CommonDialog1.**ShowPrinter**

După închiderea ferestrei opțiunile selectate de utilizator pot fi citite prin intermediul proprietăților **Copies**, **FromPage**, **ToPage** şi **hDC**. Fereastra are aspectul următor:

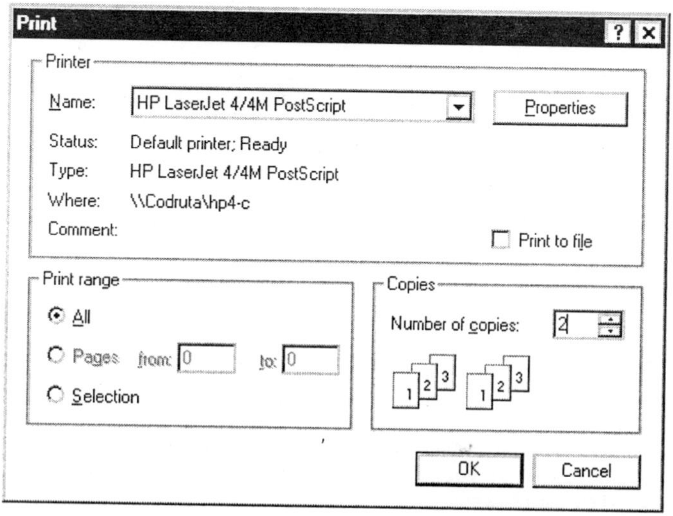

Cele mai importante proprietăți ale controlului **CommonDialog** (referitoare la tipărire) sunt următoarele:

Proprietate	Descriere
Copies	Comunică numărul de copii selectat de utilizator (tip **Integer**).
FromPage	Comunică numărul paginii de început selectat de utilizator în caz că s-a cerut tipărirea unui domeniu de pagini (cutia text **From**, tip **Integer**). Proprietatea poate fi utilizată numai dacă proprietatea **Flags** este configurată cu ajutorul constantei *cdlPDPageNums*.
ToPage	Comunică numărul paginii de sfârşit selectat de utilizator în caz că s-a cerut tipărirea unui domeniu de pagini (cutia text **To**, tip **Integer**). Proprietatea poate fi utilizată numai dacă proprietatea **Flags** este configurată cu ajutorul constantei *cdlPDPageNums*.
hDC	Returnează contextul de dispozitiv al imprimantei selectate de utilizator. Prin *context de dispozitiv* se înțelege o legătură între aplicații, un driver de dispozitiv şi un dispozitiv de ieşire (imprimantă, plotter). Este de tip **Long**. Această proprietate este accesibilă numai dacă proprietatea **Flags** a fost configurată şi cu ajutorul constantei *cdlPDReturnDC*.
Min	Stabileşte valoarea minimă care poate fi specificată în cutia text **From** (tip **Integer**).
Max	Stabileşte valoarea maximă care poate fi specificată în cutia de text **To** (tip **Integer**).
PrinterDefault	Stabileşte dacă selectările utilizatorului din fereastra de dialog afişată cu ajutorul butonului de comandă **Properties** vor fi utilizate sau nu în vederea modificării opțiunilor imprimantei implicite. Fereastra de dialog afişată cu butonul **Properties** se referă la dimensiunea şi orientarea hârtiei, precum şi la alte caracteristici tehnice. Această proprietate este de tip **Boolean**. Dacă se alege valoarea True, care este şi valoarea implicită, selectările utilizatorului modifică opțiunile imprimantei implicite.
Flags	Această proprietate este de tip **Long**. Stabileşte opțiunile de afişare a ferestrei de dialog *Print*. • *cdlPDAllPages* (are valoarea 0) Dacă proprietatea **Flags** este configurată cu această constantă, atunci la afişarea ferestrei *Print* va fi selectat butonul de opțiune *All* (tipărirea tuturor paginilor). După ce fereastra de dialog *Print* se închide, permite testarea stării se selecție a butonului de opțiune *All*. • *cdlPDPageNums* (are valoarea 2) Dacă proprietatea **Flags** este configurată cu această constantă, atunci la afişarea ferestrei *Print* va fi selectat butonul de opțiune *Pages* (tipărirea unei domeniu de pagini). După ce fereastra de dialog *Print* se închide, permite testarea stării se selecție a butonului de opțiune *All*. • *cdlPDSelection* (are valoarea 1) Dacă proprietatea **Flags** este configurată cu această constantă, atunci la afişarea ferestrei *Print* va fi selectat butonul de opțiune *Selection* (tipărirea selecției). După ce fereastra de dialog *Print* se închide,

Proprietate	Descriere
	permite testarea stării de selecție a butonului de opțiune *Selection*. • *cdlPDNoPageNums* (are valoarea 8) La afişarea ferestrei *Print* butonul de opțiune *Pages* este inhibat. • *cdlPDNoSelection* (are valoarea 4) La afişarea ferestrei *Print* butonul de opțiune *Selection* este inhibat. • *cdlPDPrintToFile* (are valoarea 32) Dacă proprietatea **Flags** este configurată cu această constantă, atunci la afişarea ferestrei *Print* cutia de validare *Print to file* (tipărirea se face într-un fişier specificat, direct pe disc) este selectată. După ce fereastra de dialog *Print* se închide, permite testarea stării se selecție a cutiei de validare *Print to file*. • *cdlPDReturnDC* (are valoarea 256) Fereastra de dialog *Print* va returna contextul de dispozitiv al imprimantei selectate. Contextul de dispozitiv este accesibil prin intermediul proprietății **hDC**. • *cdlPDDisablePrintToFile* (are valoarea &H80000) La afişărea ferestrei *Print* cutia de validare *Print to file* este inhibată. • *cdlPDHidePrintToFile* (are valoarea &100000) La afişarea ferestrei *Print* cutia de validare *Print to file* este ascunsă.
CancelError	Stabileşte modul de prelucrare a evenimentului care se declanşează când fereastra de dialog se închide cu ajutorul butonului de comandă **Cancel**. Această proprietate este de tip **Boolean**. Are valoarea True dacă acționarea butonului **Cancel** va genera o eroare la execuție şi False în caz contrar.

Secvența standard de utilizare a controlului este (în cazul în care, de exemplu, din fereastra de dialog se citeşte numărul de copii care vor fi tipărite):

```
On Error GoTo Eroare
CommonDialog1.CancelError = True
CommonDialog.Flags = cdlPDSAllPages Or _
                     cdlPDDisablePrintToFile
CommonDialog1.ShowPrinter
Printer.Copies = CommonDialog1.Copies
Printer.Print "Acesta este un antet"
If (CommonDialog1.Flags And cdlAllPages) = cdlAllPages Then
   ' Utilizatorul a cerut tipărirea tuturor paginilor.
ElseIf (CommonDialog1.Flags And cdlSelection) = _
                                    cdlSelection Then
   'Utilizatorul a cerut tipărirea selecției.
Else
   'Utilizatorul a cerut tipărirea unui domeniu de pagini. Domeniul este definit
   'de proprietățile FromPage şi ToPage.
End If
' Alte acțiuni
Eroare:
```

```
MsgBox "A fost acţionat butonul Cancel."
```

1.5. Lansarea în execuţie a programului WinHelp.EXE sau WinHlp32.EXE

Pentru lansarea în execuţie a acestor programe, care permit afişarea fişierelor Help de extensie ***.HLP**, se vor configura proprietăţile **HelpFile** şi **HelpCommand** ale controlului **CommonDialog**. În funcţie de comanda specificată de proprietatea **HelpCommand** se vor configura şi proprietăţile **HelpKey** şi **HelpContext**. Fişierele Help de tip utilizator se pot crea cu ajutorul utilitarului **Help Workshop**. Pentru afişarea fişierelor Help se va utiliza următoarea secvenţă:

```
With CommonDialog1
    .HelpFile = Numele fişierului Help utilizat       'Obligatoriu
    .HelpCommand = Numărul comenzii utilizate         'Obligatoriu
    .HelpKey = cuvântul cheie analizat                'Opţional
    .HelpContext = identificatorul de context         'Opţional
    .ShowHelp          'Lansarea în execuţie a programului WinHelp sau WinHpl32
End With
```

- *Proprietatea* **HelpFile** (de tip **String**)

  Specifică unitatea, calea şi numele fişierului Help de extensie ***.HLP** care va fi analizat.

  CommonDialog1.**HelpFile** = *NumeFisier*

- *Proprietatea* **HelpCommand** (de tip **Integer**)

  Specifică tipul comenzii Help.

  CommonDialog1.**HelpCommand** = *constantă*

  Comenzile utilizate mai des folosesc următoarele constante predefinite:

Constantă	Valoare	Descriere
cdlHelpSetContents	5	Corectat cu valoarea 11 afişează cuprinsul (fişa *Contents*) fişierului Help analizat.
cdlHelpContext	1	Afişează asistenţă soft pentru un anumit subiect specificat cu ajutorul proprietăţii **HelpContext**.
cdlHelpHelpOnHelp	4	Afişează informaţii referitoare la utilizarea aplicaţiei **WinHelp** sau **WinHlp32**.
cdlHelpKey	257	Afişează asistenţă soft pentru un cuvânt cheie specificat cu ajutorul proprietăţii **HelpKey**.
cdlHelpPartialKey	261	Afişează o listă cu subiectele găsite pentru cuvân-

Constantă	Valoare	Descriere
		tul cheie specificat cu ajutorul proprietății **HelpKey**. Dacă nu s-a găsit nici un subiect atunci se va afișa fișa *Search* (căutare).

- *Proprietatea* **HelpKey** (de tip **String**)

  Stabilește cuvântul cheie care identifică subiectul Help dorit.

  CommonDialog1.**HelpKey** = *șir*

- *Proprietatea* **HelpContext** (de tip **Long**)

  Stabilește numărul (identificatorul de context) care identifică subiectul Help dorit.

  CommonDialog1.**HelpContext** = *număr*

EXEMPLUL 1:

Forma aplicației conține două controale **CommonDialog**, o cutie text multilinie prevăzută cu bare de defilare și două butoane de comandă etichetate cu *Afișare* și *Tipărire*. Prin acționarea butonului de comandă *Afișare* apare fereastra de dialog destinată deschiderii unui fișier text. Fișierul selectat va fi afișat în cutia text. Prin acționarea butonului de comandă *Tipărire* apare fereastra de dialog destinată tipăririi. După specificarea opțiunilor se tipărește conținutul cutiei text.
Fereastra afișată de aplicație poate avea aspectul următor:

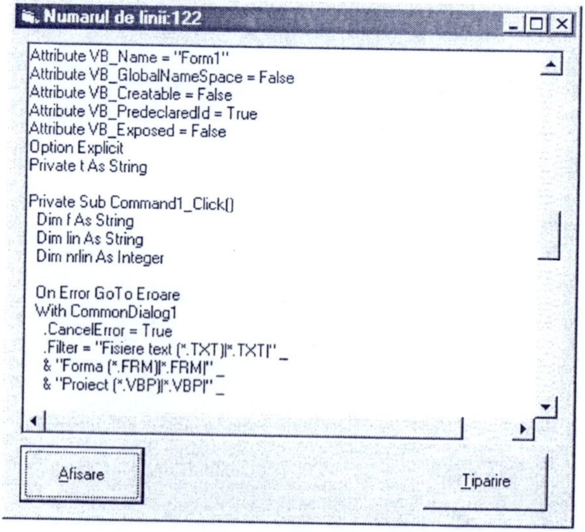

Textul sursă al programului este:

```
Option Explicit
Private t As String

Private Sub Command1_Click()
  Dim f As String
  Dim lin As String
  Dim nrlin As Integer
  On Error GoTo Eroare
  With CommonDialog1
    .CancelError = True
    .Filter = "Fisiere text (*.TXT)|*.TXT|" _
             & "Forma (*.FRM)|*.FRM|" _
             & "Proiect (*.VBP)|*.VBP|" _
             & "Modul de clasa (*.CLS)|*.CLS|" _
             & "Modul de baza (*.BAS)|*.BAS"
    .Flags = .Flags Or cdlOFNHideReadOnly
    .ShowOpen
    f = .FileName
  End With
  t = ""
  Open f For Input As 1
  Do While Not EOF(1)
    Line Input #1, lin
    t = t & lin & vbCrLf
    nrlin = nrlin + 1
  Loop
  Close 1
  Text1.Text = t
  Form1.Caption = "Numarul de linii:" & nrlin
  Exit Sub
Eroare:
  MsgBox "S-a apasat Cancel"
  t = ""
  Text1.Text = ""
  Form1.Caption = ""
End Sub

Private Sub Command2_Click()
Dim i As Integer
Dim NrCopii As Integer
  If t = "" Then
    Beep
    Form1.Caption = "Tamponul de tiparire este vid"
    Exit Sub
  End If
  On Error GoTo Eroare
  With CommonDialog2
    .CancelError = True
    .Flags = cdlPDNoPageNums
    .Flags = .Flags Or cdlPDNoSelection
    .Flags = .Flags Or cdlPDDisablePrintToFile
    .ShowPrinter
```

```
    ' Citirea numărului de copii selectat de utilizator
    NrCopii = .Copies
  End With

  For i = 1 To NrCopii
    Printer.Print t
  Next i
  Printer.EndDoc
  Exit Sub
Eroare:
  MsgBox "S-a apasat Cancel"
End Sub
```

EXEMPLUL 2:

Forma aplicației conține două controale: un control **CommonDialog** și o cutie de imagine **Image**. Prin aplicarea unui clic pe formă cu butonul stâng se afișează fereastra de dialog destinată selectării unui font. Cu fontul selectat, la locația indicată de mouse, se afișează numele fontului și dimensiunea selectată. Dacă se acționează butonul drept, se afișează fereastra de dialog destinată selectării unui nume de fișier de extensie **BMP** sau **ICO**. Imaginea este afișată în controlul **Image**.
Fereastra afișată de aplicație poate avea aspectul următor:

Textul sursă al programului este:

```
Option Explicit
Private Sub Form_Load()
  Form1.Caption = "Buton stang=Font, drept=Open"
  Image1.Stretch = True
End Sub

Private Sub Form_MouseDown(Button As Integer, Shift As Integer,_
                           X As Single, Y As Single)
  Dim f As String
  On Error GoTo Neselectat
  CommonDialog1.CancelError = True
  If Button = vbLeftButton Then
```

```
    CommonDialog1.Flags = cdlCFBoth Or cdlCFEffects
    CommonDialog1.ShowFont
    Form1.FontName = CommonDialog1.FontName
    Form1.FontSize = CommonDialog1.FontSize
    Form1.FontBold = CommonDialog1.FontBold
    Form1.FontItalic = CommonDialog1.FontItalic
    Form1.FontUnderline = CommonDialog1.FontUnderline
    Form1.FontStrikethru = CommonDialog1.FontStrikethru
    Form1.CurrentX = X
    Form1.CurrentY = Y
    Print CommonDialog1.FontName & " " & CommonDialog1.FontSize
  Else        ' Butonul drept
    CommonDialog1.Filter = _
                 "Bitmap (*.BMP)|*.BMP|Icon (*.ICO)|*.ICO"
    CommonDialog1.ShowOpen
    f = CommonDialog1.filename
    Image1.Picture = LoadPicture(f)
  End If
  Exit Sub
Neselectat:
  MsgBox "Nu s-a selectat nimic"
End Sub
```

EXEMPLUL 3:

Aplicaţia afişează conţinutul unui fişier selectat de utilizator în format alfanumeric şi hexazecimal. Forma aplicaţiei conţine un control **CommonDialog**, o cutie text multilinie, o bară de defilare şi două controale de tip etichetă. În primul control de tip etichetă se comunică numărul liniei sursă care va fi afişată în prima linie a cutiei text. În cutia text sunt afişate simultan 15 linii, fiecare conţinând câte 16 caractere ale fişierului analizat, afişate în hexazecimal şi alfanumeric. Numele fişierului selectat, dimensiunea lui în octeţi şi numărul total de linii sunt afişate în bara de titlu a ferestrei. Al doilea control de tip etichetă conţine deplasamentele caracterelor în interiorul unei linii. Bara de defilare este aşezată lângă muchia din stânga cutiei text. Ea permite parcurgerea tuturor liniilor din fişierul analizat.

Fereastra afişată de aplicaţie poate avea aspectul următor:

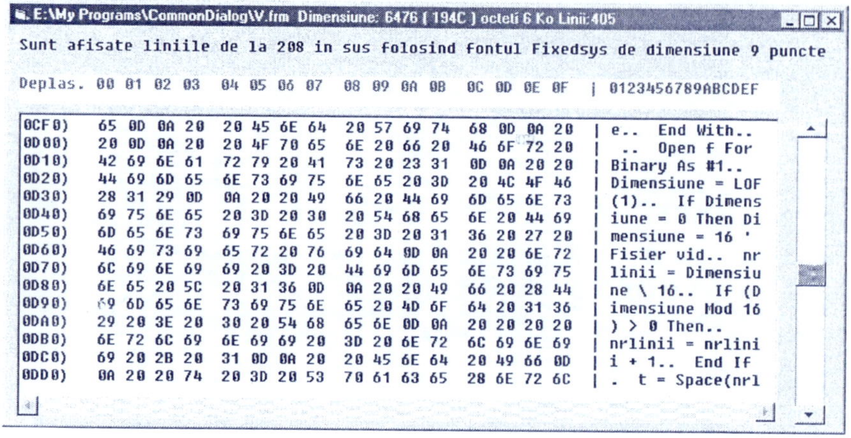

Textul sursă al programului este:

```
Option Explicit
Private t As String
Private A( ) As String
Private Linie As String                    '* 16
Private Rezultat As String                 '* 52
Private TabelTrad(0 To 15) As String       '* 1
Private nrlinii As Long

Private Sub Form_Load()
Dim f As String
Dim Dimensiune As Long
Dim i As Long
  Text1.Font.Name = "FixedSys"
  Text1.Font.Size = 9
  Text1.Locked = True
  Label2.Caption = "Deplas. 00 01 02 03  04 05 06 07  08 09 " & _
  "0A 0B  0C 0D 0E 0F  | 0123456789ABCDEF"
  TabelTrad(0) = "0": TabelTrad(1) = "1": TabelTrad(2) = "2"
  TabelTrad(3) = "3": TabelTrad(4) = "4": TabelTrad(5) = "5"
  TabelTrad(6) = "6": TabelTrad(7) = "7": TabelTrad(8) = "8"
  TabelTrad(9) = "9": TabelTrad(10) = "A": TabelTrad(11) = "B"
  TabelTrad(12) = "C": TabelTrad(13) = "D": TabelTrad(14) = "E"
  TabelTrad(15) = "F"
  On Error GoTo ErAbort
  With CommonDialog1
    .Flags = cdlOFNHideReadOnly
    .Filter = "Orice fisier(*.*)|*.*"
    .CancelError = True
    .DialogTitle = "Deschidere de fisier"
    .ShowOpen
    f = .FileName
  End With
```

```
  Open f For Binary As #1
  Dimensiune = LOF(1)
  If Dimensiune = 0 Then Dimensiune = 16          ' Fisier vid
  nrlinii = Dimensiune \ 16
  If (Dimensiune Mod 16) > 0 Then
    nrlinii = nrlinii + 1
  End If
  t = Space(nrlinii * 16)
  Form1.Caption = f & "  Dimensiune: " & _
     Dimensiune & " ( " & Hexa(Dimensiune) & " ) octeti " & _
     Dimensiune \ 1024 & _
     " Ko Linii:" & nrlinii
Get #1, , t
Close #1
For i = 1 To nrlinii
    ReDim Preserve A(i)
    A(i) = Mid(t, (i - 1) * 16 + 1, 16)
  Next i
  With VScroll1
     .Min = 1
     .Max = nrlinii - 1
     .SmallChange = 1
     .LargeChange = nrlinii \ 10
  End With
  Exit Sub
ErAbort:
  MsgBox "Nu s-a selectat nimic"
  End
End Sub

Private Sub Form_Paint()
  VScroll1.SetFocus
End Sub

Private Sub VScroll1_Change()
Dim i As Long
Dim k As Integer
Dim Tmp As String
Dim Minim As Long, Maxim As Long
Dim car As String
  ' Se afiseaza simultan 16 linii = 16*16 = 256 octeti
  Minim = VScroll1.Value
  If Minim + 15 <= nrlinii Then
    Maxim = Minim + 15
  Else
    Maxim = nrlinii
  End If

  Tmp = ""
  For i = Minim To Maxim
    Linie = A(i)
    Call Traducere                ' Linie -->> Rezultat (în hexazecimal)
    For k = 1 To 15
      car = Asc(Mid(Linie, k, 1))
```

```
        ' Un caracter neimprimabil se înlocuieşte cu un punct
        If (car < 32) Or (car = 127) Or (car = 129) Or (car = 141) _
          Or (car = 143) Or (car = 144) Or (car = 157) Then
          Mid(Linie, k, 1) = "."
        End If
      Next k
      If Asc(Mid(Linie, 16, 1)) = 0 Then
        Mid(Linie, 16, 1) = "!"
      End If
      Tmp = Tmp & _
            Hexa((i - 1) * 16) & ")    " & _
            Rezultat & "| " & Linie & vbCrLf
  Next i
    Text1.Text = Tmp
    Label1.Caption = "Sunt afisate liniile de la " & _
    Minim & " in sus folosind fontul " & Text1.Font.Name & _
    " de dimensiune " & Text1.Font.Size & " puncte"
  End Sub

  Private Sub Traducere()
  ' Linie (16 octeti, 4 cuvinte)--->> Rezultat(52)
  ' 1 octet se transformă în 3 caractere, ultimul fiind spaţiu
  ' După un grup de 4 octeţi se lasă un spaţiu extra
  ' 16*3 + 4 = 52
  Dim k As Integer, j As Integer
  Dim nr As Integer, cat As Integer, rest As Integer
  Rezultat = Space(52)
  j = 1
  For k = 1 To 16
    nr = Asc(Mid(Linie, k, 1))
    cat = nr \ 16
    rest = nr Mod 16
    Mid(Rezultat, j, 1) = TabelTrad(cat)
    j = j + 1
    Mid(Rezultat, j, 1) = TabelTrad(rest)
    j = j + 1
    Mid(Rezultat, j, 1) = " "
    j = j + 1
    If (k Mod 4) = 0 Then
      Mid(Rezultat, j, 1) = " "
      j = j + 1
    End If
  Next k
  End Sub

  Private Function Hexa(ByVal x As Long) As String
  ' Conversie din zecimal în hexazecimal
  ' Se admit cel mult 4 cifre hexazecimale
  ' Întreg reprezentat pe 4 octeţi
  ' Domeniu: [-2,147,483,648 ... 2,147,483,647]
    Dim e(1 To 4) As String
    Dim i As Integer
    Dim rest As Long
    For i = 1 To 4
```

```
    e(i) = "0"
  Next i
  i = 1
  While x <> 0
    rest = x Mod 16
    e(i) = TabelTrad(rest)
    x = x \ 16
    i = i + 1
  Wend
  Hexa = e(4) & e(3) & e(2) & e(1)
End Function
```

EXEMPLUL 4:

Forma aplicației conține un control **CommonDialog**. În momentul aplicării unui clic dublu pe formă se afişează fereastra de dialog standard pentru selectarea unui font. Fontul fiind selectat, se afişează sub forma unui tabel cele 256 de caractere corespunzătoare fontului respectiv. Numele fontului este afişat în bara de titlu a ferestrei.

Fereastra afişată de aplicație poate avea aspectul următor:

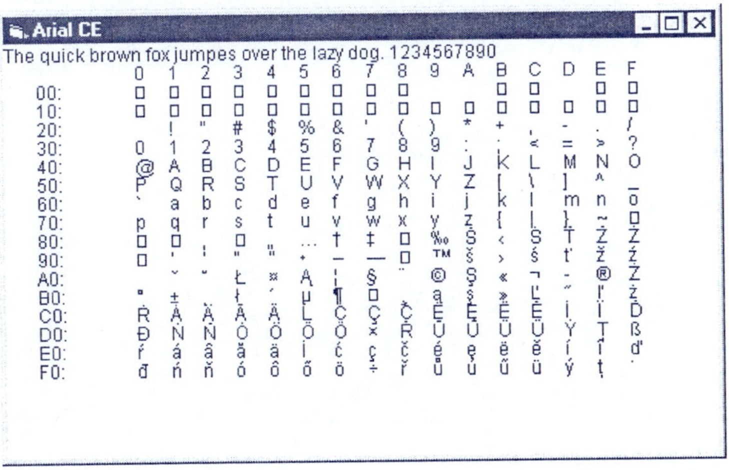

Textul sursă al programului este:

```
Option Explicit
Private Const Antet0 As String = _
  "The quick brown fox jumpes over the lazy dog. 1234567890"
Dim Antet1(0 To 15) As String * 1
Dim Antet2(0 To 15) As String * 3

Private Sub Form_Load()
  Form1.Caption = "Aplicati un dublu clic pe forma"
  Form1.ScaleMode = 2  'Puncte
```

```
  Antet1(0) = "0":      Antet1(1) = "1":  Antet1(2) = "2"
  Antet1(3) = "3":      Antet1(4) = "4":  Antet1(5) = "5"
  Antet1(6) = "6":      Antet1(7) = "7":  Antet1(8) = "8"
  Antet1(9) = "9":      Antet1(10) = "A": Antet1(11) = "B"
  Antet1(12) = "C":     Antet1(13) = "D": Antet1(14) = "E"
  Antet1(15) = "F"
  Antet2(0) = "00:":    Antet2(1) = "10:"
  Antet2(2) = "20:":    Antet2(3) = "30:"
  Antet2(4) = "40:":    Antet2(5) = "50:"
  Antet2(6) = "60:":    Antet2(7) = "70:"
  Antet2(8) = "80:":    Antet2(9) = "90:"
  Antet2(10) = "A0:":   Antet2(11) = "B0:"
  Antet2(12) = "C0:":   Antet2(13) = "D0:"
  Antet2(14) = "E0:":   Antet2(15) = "F0:"
End Sub

Private Sub Form_DblClick()
Dim nr As Integer, cx As Integer, cy As Integer
Dim i As Integer, j As Integer
  On Error GoTo ErCancel
  Form1.Cls
  CommonDialog1.CancelError = True
  CommonDialog1.Flags = cdlCFBoth
  CommonDialog1.FontName = "Arial"
  CommonDialog1.FontSize = 9
  CommonDialog1.ShowFont
  Form1.Font = CommonDialog1.FontName
  Form1.Caption = CommonDialog1.FontName
  Form1.FontSize = CommonDialog1.FontSize
  Form1.FontItalic = CommonDialog1.FontItalic
  Form1.FontBold = CommonDialog1.FontBold
  Form1.CurrentX = 0
  Form1.CurrentY = 0
  Print Antet0
  nr = 0
  cx = Form1.TextWidth("W")
  cy = Form1.FontSize
  CurrentX = 0
  CurrentY = cy
  For i = 0 To 15
    Form1.CurrentX = (i + 4) * cx * 2
    Form1.CurrentY = cy
    Print Antet1(i)
  Next i
  For i = 0 To 15
    CurrentX = cx * 2
    CurrentY = cy * (i + 2)
    Print Antet2(i)
    For j = 0 To 15
      CurrentX = (j + 4) * cx * 2
      CurrentY = cy * (i + 2)
      Print Chr(nr)
      nr = nr + 1
    Next j
```

```
  Next i
  Exit Sub
ErCancel:
  MsgBox "Nu s-a selectat nici un font"
End Sub
```

EXEMPLUL 5:

Forma aplicației conține un control **CommonDialog** și un buton de comandă etichetat cu *Culoare*. În momentul acționării butonului de comandă se afișează fereastra de dialog standard destinată selectării unei culori. După ce utilizatorul a selectat o culoare, se desenează zece cercuri cu această culoare. Poziția centrelor cercurilor și razele lor se determină aleator.

Fereastra afișată de aplicație poate avea aspectul următor:

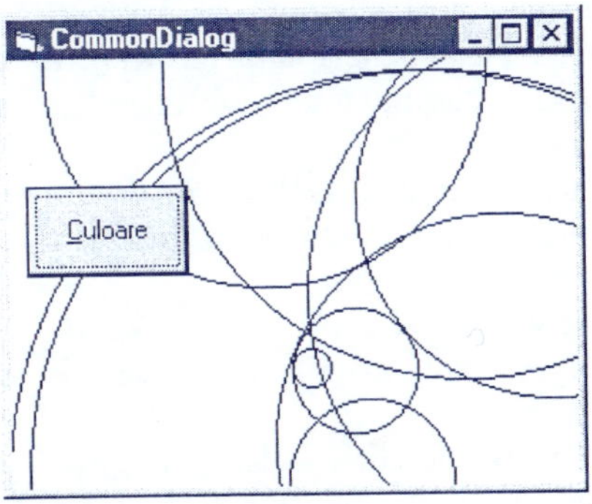

Textul sursă al programului este:

```
Option Explicit
Private Sub Form_Load()
  Randomize
  Command1.Caption = "&Culoare"
  Form1.Caption = "CommonDialog"
End Sub

Private Sub Command1_Click()
Dim c As Long
Dim x As Integer, y As Integer, r As Integer
Dim lat As Integer, inalt As Integer, k As Integer
  Form1.Cls
  CommonDialog1.Flags = cdlCCRGBInit
  CommonDialog1.ShowColor
  c = CommonDialog1.Color
  For k = 1 To 10
    lat = Form1.ScaleWidth
    inalt = Form1.ScaleHeight
```

```
      x = lat * Rnd
      y = inalt * Rnd
      r = inalt * Rnd
      Circle (x, y), r, c
   Next k
End Sub
```

EXEMPLUL 6:

Aplicația ilustrează modul de utilizare a metodei **ShowHelp**. Aplicația conține un control **CommonDialog**, cinci butoane de comandă şi un control chenar prevăzut cu trei butoane de opțiune. Cele trei butoane permit selectarea fişierelor de asistență soft care se vor analiza (**Word**, **Excel** şi **Access**):

- Prin acționarea primului buton de comandă, având eticheta *Cuprins*, se afişează fişa *Contents* (conținut) a fişierului de asistență soft.
- Al doilea buton de comandă, cu eticheta *Subiect specificat*, afişează un subiect al ajutorului soft, stabilit cu ajutorul identificatorului de context.
- Al treilea buton de comandă, cu eticheta *Utilizare Help*, afişează o fereastră în care se explică modul de utilizare a fişierelor de ajutor soft.
- Al patrulea buton de comandă, cu eticheta *Indice de subiecte*, afişează fişa *Index* (indice de noțiuni) a fişierului de asistență soft, corespunzătoare cheii "data".
- Al cincilea buton de comandă, cu eticheta *Subiecte găsite*, afişează o fereastră cu lista subiectelor găsite, corespunzătoare cheii "array,".

Fereastra afişată de aplicație are aspectul următor:

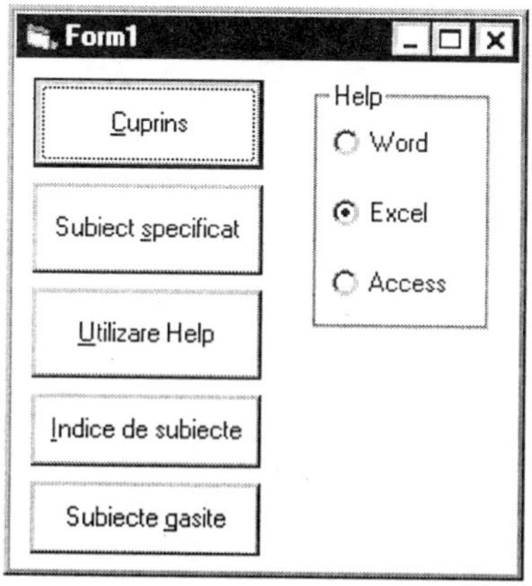

Textul sursă al programului este:

```
Option Explicit
Const Word = _
      "C:\Program Files\Microsoft Office\Office\WdMain8.hlp"
Const Excel = _
      "C:\Program Files\Microsoft Office\Office\XlMain8.hlp"
Const Access = _
      "C:\Program Files\Microsoft Office\Office\AcMain80.hlp"

Const HelpCNT = &HB
Private f As String

Private Sub Form_Load()
  Option1.Value = True
  f = Word
  Command1.Caption = "&Cuprins"
  Command2.Caption = "Subiect &specificat"
  Command3.Caption = "&Utilizare Help"
  Command4.Caption = "&Indice de subiecte"
  Command5.Caption = "Subiecte &gasite"
End Sub

Private Sub Command1_Click()  'Afişare cuprins
  With CommonDialog1
     .HelpFile = f
     .HelpCommand = HelpCNT Or cdlHelpSetContents
     .ShowHelp
   End With
End Sub

Private Sub Command2_Click()  'Afişare informaţii despre un subiect specificat
  On Error Resume Next
  With CommonDialog1
     .HelpFile = f
     .HelpContext = 916302
     .HelpCommand = cdlHelpContext
     .ShowHelp
  End With
End Sub

Private Sub Command3_Click()  'Utilizarea Help
  With CommonDialog1
     .HelpFile = f
     .HelpCommand = cdlHelpHelpOnHelp
     .ShowHelp
  End With
End Sub

Private Sub Command4_Click()  'Indice de subiecte, cu cheia selectată
  With CommonDialog1
     .HelpFile = f
     .HelpKey = "data"
     .HelpCommand = cdlHelpKey
```

```
      .ShowHelp
   End With
End Sub

Private Sub Command5_Click()  'Subiecte găsite
   With CommonDialog1
      .HelpFile = f
      .HelpKey = "arrays,"
      .HelpCommand = cdlHelpPartialKey
      .ShowHelp
   End With
End Sub

Private Sub Option1_Click()
   f = Word
End Sub

Private Sub Option2_Click()
   f = Excel
End Sub

Private Sub Option3_Click()
   f = Access
End Sub
```

2. CONTROLUL DE DATE ADO

Controlul de date **ADO** (*ActiveX Data Object*) conectează aplicaţia **Visual Basic** la o bază de date specificată şi permite accesul la articolele unui tabel sau la articolele livrate de o interogare a bazei de date respective. De asemenea, realizează interfaţa cu controalele vizuale legate în care se afişează conţinutul câmpurilor articolului curent. Acest control este asemănător controlului standard **Data**, însă este mai flexibil, fiind construit pe baza unei tehnologii noi. Se recomandă ca noile aplicaţii de gestiune a bazelor de date să utilizeze în loc de controlul **Data** noul control de date **ADO**. Aspectul exterior al celor două controale este asemănător. Controlul de date **ADO** creează o bară pe care sunt afişate patru butoane de comandă:

Butoanele aflate în cele două extremităţi ale barei permit navigarea printre articolele tabelului sau printre articolele livrate de o interogare:

-  trecere la primul articol;
-  trecere la articolul precedent;
-  trecere la articolul următor;
-  trecere la ultimul articol.

La un control de date **ADO** se poate înlănţui orice alt control care este prevăzut cu proprietatea **DataSouce**.

Pot fi înlănţuite următoarele controale standard:

- **CheckBox** (cutie de validare);
- **ComboBox** (listă combinată);
- **Image** (cutie de imagine);
- **Label** (etichetă);
- **ListBox** (listă simplă);
- **PictureBox** (cutie cu pictură);
- **TextBox** (cutie text).

Pot fi înlănţuite următoarele controale de tip ActiveX:

- **DataList** (listă simplă de date);

- **DataCombo** (listă combinată de date);
- **DataGrid** (rețea de date);
- **Hierarchical FlexGrid** (rețea ierarhică de date);
- **RichTextBox** (cutie text cu formatări extinse);
- **Chart** (diagramă);
- **DateTimePicker** (instrument de selectare a datei şi orei);
- **ImageCombo** (listă combinată de imagini);
- **MonthView** (instrument de selectare a datei calendaristice).

Pentru realizarea interfeței controlului de date **ADO** cu un tabel al unei baze de date în perioada de elaborare a proiectului sau în execuție se vor configura următoarele două proprietăți de bază:

1. **ConnectionString**

   Stabileşte informațiile necesare conectării bazei de date (de exemplu programul prin care s-a generat baza de date şi numele bazei).

2. **RecordSource**

   Stabileşte numele unui tabel sau a unei interogări a bazei de date desemnate prin proprietatea **ConnectionString**. Această proprietate poate fi configurată şi cu o instrucțiune scrisă în limbajul **SQL**.

Pentru înlănțuirea unui control la un control de date ***ADO****:*

1. În perioada de elaborare a proiectului, după ce s-a aşezat pe formă un control de date **ADO**, se pune în continuare pe formă controlul dorit şi în fereastra de proprietăți se completează valoarea proprietății **DataSource** cu numele controlului de date **ADO**, de exemplu *Adodc1*. În funcție de controlul înlănțuit se va completa şi proprietatea **DataField** cu numele unui câmp al tabelului sau a interogării analizate.
2. În execuție se va utiliza o secvență de forma:

```
Set Text1.DataSource =  Adodc1
Text1.DataField = "UnitPrice"
```

În acest caz s-a înlănțuit la controlul de date ADO o cutie text, în care se va afişa conținutul câmpului *UnitPrice.*

Controlul de date **ADO** este de tip ActiveX. Pentru afişarea simbolului grafic al controlului pe paleta de controale, din meniul **Project** se dă comanda **Components** (Ctrl+T). În fereastra care se afişează se selectează pagina *Controls*. În continuare se selectează printr-un clic cutia de validare care are eticheta *Microsoft ADO Data Control 6.0 (OLEDB)*. Datele referitoare la acest control se găsesc în unul din fişierele:

C:\WINDOWS\System\MSADODC.OCX

sau

C:\WINNT\System32\MSADODC.OCX

Simbolul grafic aferent controlului are forma . Numele clasei este **Adodc**. Controalele au denumirile standard *Adodc1*, *Adodc2*, ...

Proprietăţile specifice unui control de date Ado

- *Proprietatea* **ConnectionString** (de tip **String**)

Stabileşte informaţiile necesare conectării unei baze de date.

Adodc1.**ConnectionString** = *ŞirDeConexiune*

Această proprietate poate fi configurată atât în perioada de elaborare a proiectului, cât şi în execuţie.
Pentru configurarea proprietăţii în perioada de elaborare a proiectului în fereastra de proprietăţi se selectează proprietatea **ConnectionString**, după care se efectuează un clic pe butonul ... (depus în coloana de valori). Se afişează o fereastră având aspectul următor:

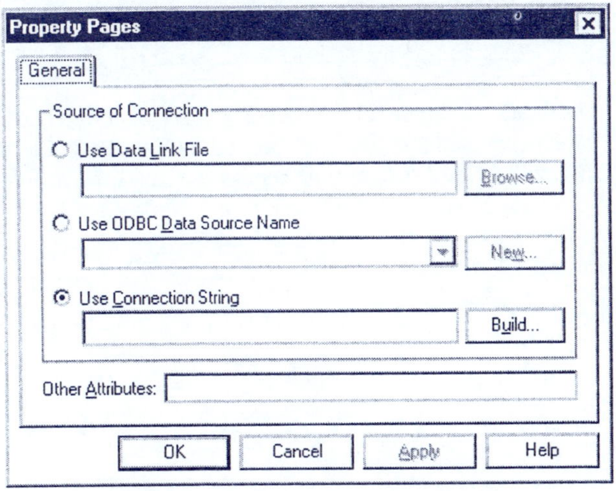

Fereastra conţine trei butoane de opţiuni, dintre care se alege butonul de opţiune etichetat cu *Use Connection String* (utilizarea şirului de conectare), după care se acţionează butonul de comandă *Build* (construcție). Se afişează o nouă fereastră de dialog (*Data Link Properties*), care are patru fişe. Se alege fişa etichetată cu *Provider* (furnizor).

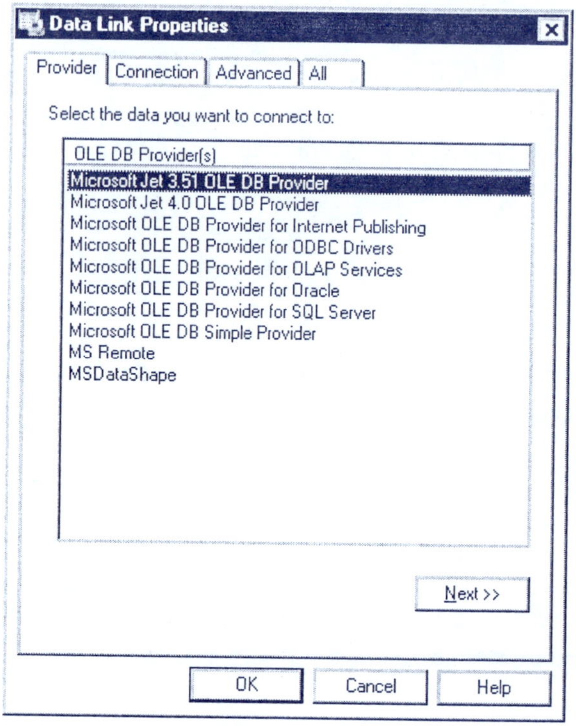

Din lista derulantă se alege elementul *Microsoft Jet 3.51 OLE DB Provider*, care desemnează "motorul" utilizat la crearea bazei de date analizată, în cazul de față programul **Access**. Se acționează butonul de comandă *Next,* care activează fişa *Connection*.

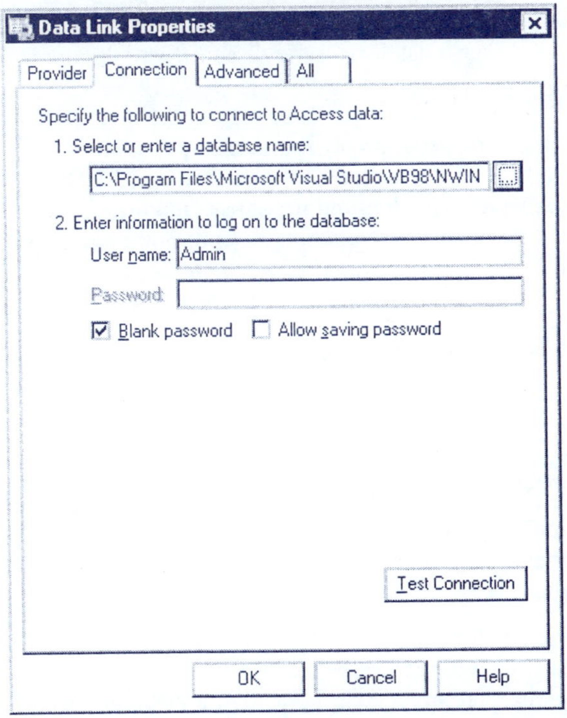

În prima cutie text se tastează (sau se selectează cu ajutorul butonului cu trei puncte) numele bazei de date **Access** analizate, de exemplu baza de date standard

C:\Program Files\Microsoft Visual Studio\VB98\NWIND.MDB

Pentru verificarea conexiunii cu baza de date selectată se acționează butonul de comandă *Test Connection*. În caz de reuşită se afişează o fereastră de confirmare, de forma:

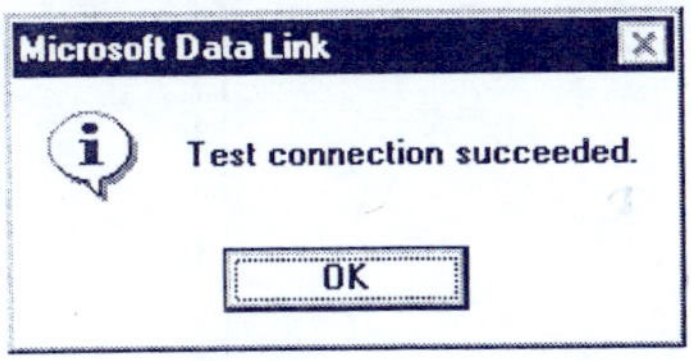

După închiderea tuturor ferestrelor de dialog proprietatea **ConnectionString** se completează cu valoarea:

```
Provider=Microsoft.Jet.OLEDB.3.51;Persist     Security
Info=False;Data    Source=C:\Program    Files\Microsoft
Visual Studio\VB98\NWIND.MDB
```

În şirul de caractere care stabileşte informaţiile necesare conectării pot apare, în funcţie de sursa datelor, o serie de construcţii de forma:

argument = valoare

Aceste construcţii sunt separate prin caracterul punct şi virgulă (;). Din argumentele tastate sau generate controlul de date **ADO** prelucrează doar patru argumente, celelalte fiind transmise "motorului" care livrează articolele bazei. Argumentele prelucrate de controlul de date **ADO** sunt *Provider*, *File Name*, *Remote Provider* şi *Remote Server*.

- *Proprietatea* **RecordSource** (de tip **String**)

Stabileşte sursa articolelor care se vor prelucra în aplicaţia Visual Basic.

Adodc1.**RecordSource** = *valoare*

unde *valoare* poate fi:

- numele unui tabel sau a unei interogări a bazei de date desemnate prin proprietatea **ConnectionString**;
- o instrucţiune scrisă în limbajul **SQL**.

Această proprietate poate fi configurată atât în perioada de elaborare a proiectului, cât şi în execuţie.
Pentru configurarea proprietăţii, în perioada de elaborare a proiectului, în fereastra de proprietăţi se selectează proprietatea **RecordSource**, după care se efectuează un clic pe butonul [...] (din coloana de valori). Se afişează o fereastră specializată în stabilirea sursei articolelor:

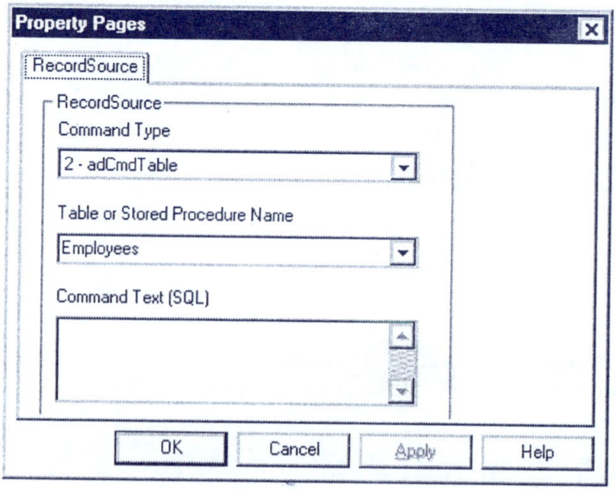

Din lista combinată etichetată cu *Command Type* se selectează tipul comenzii utilizate de sursa de articole.

- Dacă articolele provin dintr-un tabel al bazei de date analizate, atunci se selectează valoarea *adCmdTable*, iar din lista combinată etichetată cu *Table Name* se alege numele tabelului dorit, de exemplu *Employees*.
- Dacă articolele sunt livrate pe baza unei instrucţiuni **SQL**, atunci se selectează valoarea *adCmdText*, iar în fereastra *Command Text* se tastează o instrucţiune **SQL**, de exemplu

```
SELECT * FROM Employees
```

- *Proprietatea* **CommandType** (de tip **Integer**)

Stabileşte tipul comenzii utilizate de sursa articolelor. Proprietatea este utilizată doar pentru optimizarea procesului de conectare la baza de date analizată.

Adodc1.**CommandType** = *NumărÎntreg*

Pentru stabilirea tipului comenzii se vor utiliza următoarele constante predefinite:

Constantă	Valoare	Descriere
adCmdText	1	Comanda este o instrucţiune **SQL**.
adCmdTable	2	Comanda este un nume de tabel.
adCmdUnknown	8	Tipul comenzii nu este cunoscut şi se determină automat în execuţie. Valoare implicită.

- *Proprietatea* **MaxRecords** (de tip **Long**)

Stabileşte numărul maxim de articole care vor fi recepţionate de la sursa de date (un tabel sau o interogare a bazei de date).

Adodc1.**MaxRecords** = *ValoareIntreagă*

Valoarea implicită a acestei proprietăţi este 0, caz în care numărul de articole recepţionate nu este limitat.

- *Proprietatea* **ConnectionTimeout** (de tip **Long**)

Stabileşte sau citeşte intervalul maxim de timp, în secunde, alocat la deschiderea bazei de date specificată cu ajutorul proprietăţii

ConnectionString. Dacă acest interval de timp este depăşit, atunci se generează o eroare.

Adodc1.**ConnectionTimeout** = *ValoareIntreagă*

Valoarea implicită a proprietății este 15. Dacă se foloseşte valoarea 0, intervalul de timp alocat nu este limitat.

- *Proprietatea* **CommandTimeout** (de tip **Long**)

Stabileşte sau citeşte intervalul maxim de timp, în secunde, alocat la executarea unei comenzi (de exemplu trecerea de la un articol la articolul următor). Dacă acest interval de timp este depăşit, atunci se generează o eroare.

Adodc1.**CommandTimeout** = *ValoareIntreagă*

Valoarea implicită a proprietății este 30. Dacă se foloseşte valoarea 0, intervalul de timp alocat nu este limitat.

- *Proprietatea* **EOFAction** (de tip **Integer**)

Stabileşte acțiunea controlului **Adodc** în momentul în care poziția articolului curent este după ultimul articol al tabelului.

Adodc1.**EOFAction** = *NumărÎntreg*

Pentru stabilirea acțiunii se vor utiliza următoarele constante predefinite:

Constantă	Valoare	Descriere
adDoMoveLast	0	Articolul curent al tabelului va fi ultimul articol. Valoare implicită.
adStayEOF	1	Nu se modifică poziția articolului curent (după ultimul articol al tabelului).
adDoAddNew	2	După ultimul articol al tabelului se adaugă un nou articol.

- *Proprietatea* **BOFAction** (de tip **Integer**)

Stabileşte acțiunea controlului de date **ADO** când poziția articolului curent este în fața primului articol al tabelului.

Adodc1.**BOFAction** = *NumărÎntreg*

Pentru stabilirea acțiunii se vor utiliza următoarele constante predefinite:

Constantă	Valoare	Descriere
adDoMoveFirst	0	Articolul curent al tabelului va fi primul articol. Valoare implicită.
adStayBOF	1	Nu se modifică poziția articolului curent (în fața primului articol al tabelului).

- *Proprietatea* **Align** (de tip **Integer**)

  Stabileşte locul în care se va afişa pe formă controlul de date **ADO**.

  Adodc1.**Align** = *NumărÎntreg*

  Valoarea proprietății se stabileşte cu următoarele constante predefinite:

Constantă	Valoare	Descriere
vbAlignNone	0	*None* (valoare implicită) Nu se cere o aliniere specială a controlului.
vbAlignTop	1	*Top* Controlul se afişează la muchia de sus a formei. Lățimea lui este egală cu valoarea proprietății **ScaleWidth** a formei.
vbAlignBottom	2	*Bottom* Controlul se afişează la muchia de jos a formei. Lățimea lui este egală cu valoarea proprietății **ScaleWidth** a formei.
vbAlignLeft	3	*Left* Controlul se afişează la muchia din stânga formei. Lățimea lui este egală cu valoarea proprietății **ScaleWidth** a formei.
vbAlignRight	4	*Right* Controlul se afişează la muchia din dreapta formei. Lățimea lui este egală cu valoarea proprietății **ScaleWidth** a formei.

- *Proprietatea* **Recordset** (de tip **ADODB.Recordset**)

  În momentul lansării în execuție a aplicației, înainte de declanşarea evenimentului **Load** pentru formă, controlul de date **ADO** este inițializat automat.

  – Dacă proprietățile **ConnectionString** şi **RecordSource** ale controlului de date **ADO** au fost configurate corect la proiectare

  sau

– dacă aceste proprietăți sunt stabilite în execuție, după care se utilizează metoda **Refresh**,

atunci pe baza lor programul **Visual Basic** va crea un obiect nou având tipul **ADODB.Recordset**. Acest obiect va fi accesibil prin intermediul proprietății **Recordset** a controlului de date **ADO**.
Cu ajutorul obiectului **Recordset** pot fi apelate metodele şi proprietățile referitoare la gestiunea articolelor tabelului desemnat prin proprietatea **RecordSource**. Aceste metode şi proprietăți se pot apela prin construcții de forma:

```
Dim rs As ADODB.Recordset
Set rs = Adodc1.Recordset

'Apelarea metodei NumeMetodă
rs.NumeMetodă

'Atribuirea unei valori proprietății NumeProprietate
rs.NumeProprietate = valoare

'Citirea valorii proprietății NumeProprietate
variabilă = rs.NumeProprietate
```

Astfel, de exemplu, metoda *MoveFirst* realizează trecerea la primul articol al tabelului iar metoda *MoveLast* realizează trecerea la ultimul articol al tabelului care a fost desemnat prin proprietatea **RecordSource**. Proprietatea *AbsolutePosition* comunică poziția absolută a articolului curent iar proprietatea *RecordCount* comunică numărul articolelor tabelului care a fost desemnat de proprietatea **RecordSource**.

- *Metoda* **Refresh**

Are ca efect actualizarea imediată a structurii de date utilizată de controlul de date **ADO**. Această metodă trebuie utilizată când prin program se modifică proprietățile **ConnectionString** şi/sau **RecordSource**. Metoda se apelează printr-o construcție de forma:

```
Adodc1.Refresh
```

- *Evenimentul* **MoveComplete**

Se declanşează după ce s-a trecut la un nou articol al tabelului care a fost desemnat prin proprietatea **RecordSource**. Prototipul procedurii ataşate acestui eveniment este:

```
Private Sub Adodc1_MoveComplete(ByVal adReason As ADODB.EventReasonEnum,_
        ByVal pError As ADODB.Error, adStatus As ADODB.EventStatusEnum,_
        ByVal pRecordset As ADODB.Recordset)
End Sub
```

Prin argumentul *pRecordset* sistemul comunică obiectul **Recordset** pentru care s-a declanşat evenimentul.

EXEMPLUL 1:

Forma aplicaţiei conţine un control de date **ADO**, trei cutii text şi o cutie de validare. Aplicaţia va afişa conţinutul a patru câmpuri ale tabelului *Products*; acest tabel aparţine bazei de date standard NWIND.MDB. În perioada de elaborare a proiectului proprietăţile de bază ale controlului **ADO** au fost configurate astfel:

- proprietatea **ConnectionString** a fost iniţializată cu şirul de caractere:

```
Provider=Microsoft.Jet.OLEDB.3.51;Persist Security Info=False;
    Data Source=C:\Program Files\Microsoft Visual Studio\VB98\NWIND.MDB
```

- proprietatea **RecordSource** a fost iniţializată cu numele tabelului *Products*.

Cele trei cutii text şi cutia de validare au fost înlănţuite la controlul de date **ADO**. Aceste controale vor afişa valorile curente a patru câmpuri din tabelul *Products* (*ProductName, UnitPrice, CategoryID* şi *Discontinued*).

Nume control	DataSource	DataField
Text1	Adodc1	ProductName
Text2	Adodc1	UnitPrice
Text3	Adodc1	CategoryID
Check1	Adodc1	Discontinued

Fereastra afişată de aplicaţie are aspectul următor:

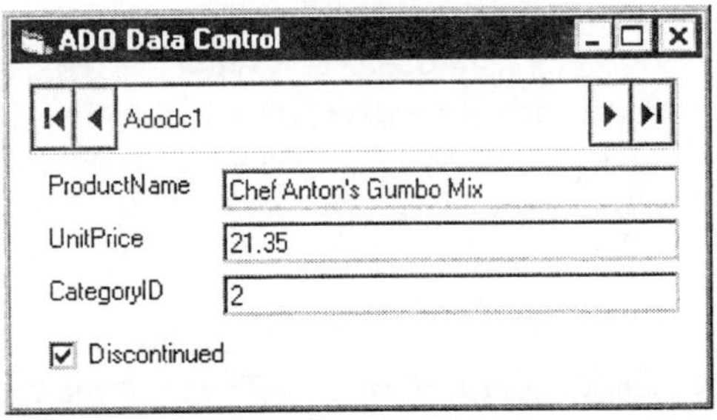

O variantă a acestei aplicații ar fi următoarea: proprietatea **RecordSource** a controlului de date **ADO** se inițializează cu următoarea instrucțiune **SQL** (selectarea tuturor câmpurilor ale tabelului *Products*):

```
SELECT * FROM Products
```

De menționat este faptul că această aplicație s-a realizat fără să se fi scris nici un rând de cod.

EXEMPLUL 2:

Aplicația este asemănătoare aplicației anterioare. Deosebirea constă în faptul că toate configurările s-au realizat în timpul execuției.

Textul sursă al programului este:

```
Option Explicit
Private Sub Form_Load()
  Dim cale As String
  cale = "C:\Program Files\Microsoft Visual Studio\VB98\NWIND.MDB"
  Adodc1.ConnectionString = _
    "Provider=Microsoft.Jet.OLEDB.3.51;" & _
    "Persist Security Info=False;" & _
    "Data Source=" & cale & ";"
  Adodc1.CommandType = adCmdText
  Adodc1.RecordSource = "SELECT * FROM Products"
  Adodc1.Refresh
  Set Text1.DataSource = Adodc1
  Text1.DataField = "ProductName"
  Set Text2.DataSource = Adodc1
  Text2.DataField = "UnitPrice"
  Set Text3.DataSource = Adodc1
  Text3.DataField = "CategoryID"
  Set Check1.DataSource = Adodc1
  Check1.DataField = "Discontinued"
End Sub
```

EXEMPLUL 3:

Forma aplicației conține două controale de date **ADO**, care sunt conectate în execuție la baza de date standard **NWIND.MDB**, creată cu programul **Access**. Primului control de date **ADO** i se asociază tabelul *Products*, iar celui de-al doilea tabelul *Employees*. Aceste două controale permit parcurgerea articolelor celor două tabele. Din tabelul *Products* se vor afişa valorile curente ale câmpurilor *ProductName* şi *UnitPrice*, prin intermediul cutiilor text *Text1* şi *Text2*. Din tabelul *Employees* se vor afişa valorile curente ale câmpurilor *FirstName* şi *LastName*, prin intermediul cutiilor text *Text3* şi *Text4*. Forma conține şi

un control chenar, în care sunt inserate două butoane de opțiune etichetate cu *Products* şi *Employees*, care permit ca în execuție să se selecteze tabelul analizat.
Forma aplicației în perioada de elaborare a proiectului are aspectul următor:

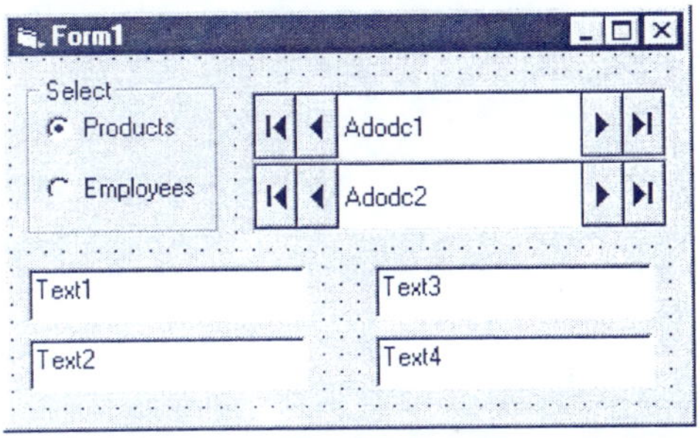

În execuție se efectuează un clic pe butonul de opțiune asociat tabelului care se analizează. În funcție de selecția făcută se afişează controalele corespunzătoare selecției iar celelalte controale se ascund.

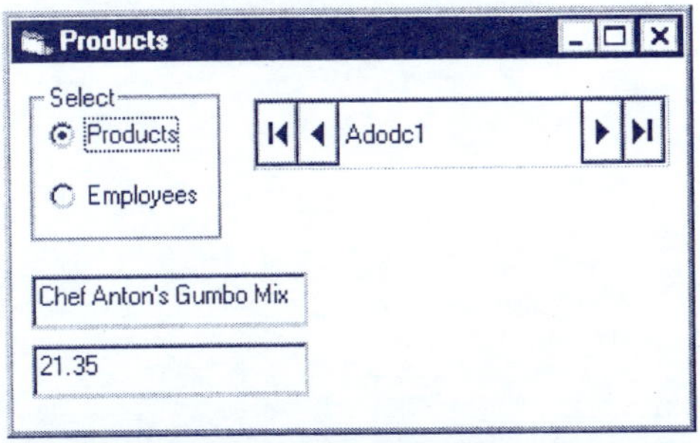

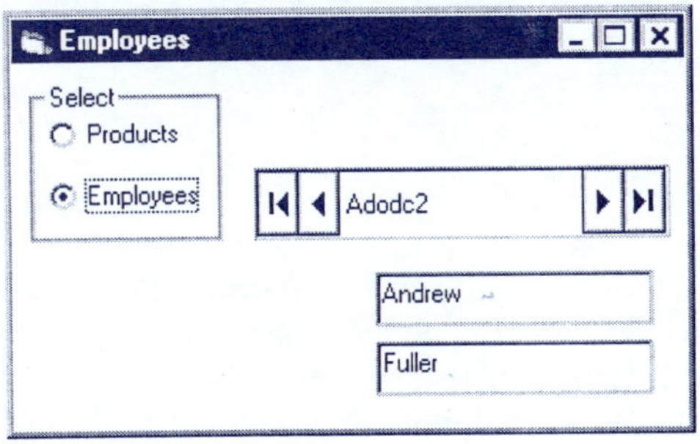

Textul sursă al programului este:

```
Option Explicit
Private Sub Form_Load()
```

```
   Adodc1.ConnectionString = _
      "Provider=Microsoft.Jet.OLEDB.3.51;" & _
      "Persist Security Info=False;" & _
      "Data Source=C:\Program Files\Microsoft & _
            Visual Studio\VB98\NWIND.MDB"
   Adodc2.ConnectionString = Adodc1.ConnectionString
   Form1.Caption = "Products"
   Adodc1.Visible = True
   Text1.Visible = True
   Text2.Visible = True
   Adodc2.Visible = False
   Text3.Visible = False
   Text4.Visible = False
   Adodc1.RecordSource = "Products"
   Set Text1.DataSource = Adodc1
   Adodc1.Refresh
   Text1.DataField = "ProductName"
   Set Text2.DataSource = Adodc1
   Text2.DataField = "UnitPrice"
End Sub

Private Sub Option1_Click()
   Call Form_Load
End Sub

Private Sub Option2_Click()
   Form1.Caption = "Employees"
   Adodc2.Visible = True
   Text3.Visible = True
   Text4.Visible = True
   Adodc1.Visible = False
   Text1.Visible = False
   Text2.Visible = False
   Adodc2.RecordSource = "Employees"
   Adodc2.Refresh
   Set Text3.DataSource = Adodc2
   Text3.DataField = "FirstName"
   Set Text4.DataSource = Adodc2
   Text4.DataField = "LastName"
End Sub
```

EXEMPLUL 4:

Aplicația ilustrează modul de utilizare a proprietății **Recordset** a controlului de date **ADO**. Forma aplicației conține un control de date **ADO**, două etichete şi două cutii text înlănțuite la controlul **ADO**. În procedura **Load** de încărcare a formei în memorie sunt configurate proprietățile **ConnectionString** şi **RecordSource** ale controlului **ADO**. Se utilizează baza de date standard **NWIND.MDB** (creată cu programul **Access**) şi instrucțiunea **SQL**:

```
SELECT * FROM Products
```

Prin această instrucțiune se selectează toate articolele tabelului *Products*. Cele două cutii text, legate la controlul de date **ADO** vor afişa valorile curente ale câmpurilor *ProductName* şi *UnitPrice*. Apelând metodele **MoveLast** şi **MoveFirst** ale obiectului **Recordset** se citeşte valoarea proprietății **RecordCount** (numărul de articole livrate de interogare). În procedura ataşată evenimentului **MoveComplete** se determină numărul articolului curent afişat în cele două cutii text. Numărul total de articole şi numărul articolului curent sunt afişate pe controlul de date **ADO** (proprietatea **Caption**).

Fereastra afişată de aplicație are aspectul:

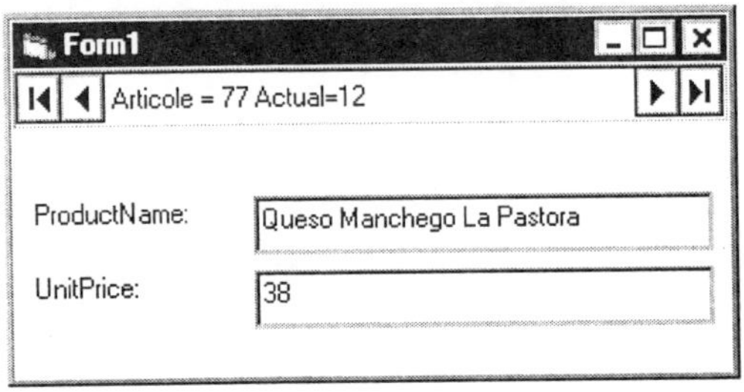

Textul sursă al programului este:

```
Option Explicit
Private NrArt As Long
Private Sub Form_Load()
Dim cale As String
Dim rsProducts As ADODB.Recordset
  Adodc1.Align = vbAlignTop
  cale = "C:\Program Files\Microsoft Visual Studio\VB98\NWIND.MDB"
  Adodc1.ConnectionString = _
    "Provider=Microsoft.Jet.OLEDB.3.51;" & _
    "Persist Security Info=False;" & _
    "Data Source=" & cale & ";"
  Adodc1.CommandType = adCmdText
  Adodc1.RecordSource = "SELECT * FROM Products"
  Adodc1.Refresh
  Set Text1.DataSource = Adodc1
  Text1.DataField = "ProductName"
  Set Text2.DataSource = Adodc1
  Text2.DataField = "UnitPrice"
  Set rsProducts = Adodc1.Recordset
  rsProducts.MoveFirst
  rsProducts.MoveLast
  NrArt = rsProducts.RecordCount
  rsProducts.MoveFirst
  Adodc1.Caption = "Articole = " & NrArt & " Actual=1"
End Sub
```

```
Private Sub Adodc1_MoveComplete(ByVal adReason As_
       ADODB.EventReasonEnum, ByVal pError As ADODB.Error,_
       adStatus As ADODB.EventStatusEnum,_
       ByVal pRecordset As ADODB.Recordset)
  Adodc1.Caption = "Articole = " & NrArt & " Actual=" & _
    pRecordset.AbsolutePosition
End Sub
```

3. CONTROALELE DataList ŞI DataCombo

Controalele **DataList** (*listă simplă de date*) şi **DataCombo** (*listă combinată de date*) sunt utilizate în aplicaţii care gestionează articolele unui tabel sau articolele livrate de o interogare a unei baze de date. Ele sunt înlănţuite întotdeauna la un control de date **ADO**[1]. Aceste controale permit parcurgerea, afişarea şi actualizarea articolelor livrate de proprietatea **RecordSource** a controlului de date **ADO**.

Controalele standard **ListBox** şi **ComboBox** înlănţuite la un control de date **ADO** permit, de asemenea, realizarea funcţiilor menţionate mai sus. În cazul acestor controale standard elementele listei afişate nu se încarcă automat. Ele se încarcă:

- fie în faza de proiectare, prin configurarea proprietăţii **List**;
- fie în execuţie, prin apelarea repetată a metodei **AddItem**.

Dacă lista afişată conţine un număr mare de elemente, utilizarea acestor metode este foarte greoaie.

În cazul controalelor **DataList** şi **DataCombo** elementele listei afişate se încarcă automat, prin simpla configurare a două proprietăţi, utilizate în tandem: **RowSource** şi **ListField**. Ele desemnează un câmp dintr-un tabel. Valorile câmpului vor fi afişate în porţiunea de listă corespunzătoare controalelor **DataList** şi **DataCombo**.

Diferenţa esenţială între controalele **DataList** şi **DataCombo** este că lista combinată de date conţine şi o cutie text, al cărei conţinut poate fi editat de utilizator.

Controalele **DataList** şi **DataCombo** sunt utilizate în general în trei tipuri de aplicaţii:

1. *parcurgerea, afişarea şi editarea articolelor unui tabel aparţinând unei baze de date*:

   În cazul acestor tipuri de aplicaţii se va utiliza un singur control de date **ADO** care desemnează tabelul analizat. Pentru controalele **DataList** şi **DataCombo** se vor configura:

[1] Se reaminteşte că proprietatea **ConnectionString** a controlului de date **ADO** stabileşte baza de date analizată, iar proprietatea **RecordSource** stabileşte un tabel al bazei de date respective (sau articolele livrate de o interogare).

- proprietățile **DataSouce** și **RowSource** cu numele controlului de date **ADO**;
- proprietățile **DataField** și **ListField** cu numele câmpului analizat.

2. *parcurgerea și editarea tabelelor unei baze de date care sunt în relația "unu la mai mulți"*:

   Parcurgând articolele tabelului asociat (aflat în partea "*la mai mulți*" a relației) se afișează informații referitoare la tabelul primar (aflat în partea de "*unu*" a relației). De obicei cheia străină (care este un număr întreg) a tabelului asociat este "*tradus*" într-un text, și anume în numele câmpului aferent cheii străine. La aceste tipuri de aplicații se vor utiliza două controale de date **ADO** și un singur control **DataList** (sau **DataCombo**). Primul control de date **ADO** desemnează tabelul asociat iar al doilea, invizibil în timpul execuției, desemnează tabelul primar. Pentru controlul **DataList** (sau **DataCombo**) se vor configura proprietățile **DataSource**, **DataField**, **RowSource**, **ListField** și **BoundColumn**.

3. *modificarea mulțimii articolelor livrate de un control de date* ***ADO***:

   Se selectează un element al controlului **DataList** sau **DataCombo**, construit pe baza unui control de date **ADO**. În funcție de elementul selectat se livrează informații pentru un alt control de date **ADO** (de exemplu se construiește o interogare care livrează o mulțime specifică de articole). La aceste tipuri de aplicații se vor utiliza două controale de date **ADO**, care sunt invizibile în timpul execuției, precum și două controale **DataList** (sau **DataCombo**).

Controalele **DataList** și **DataCombo** sunt de tip ActiveX. Pentru afișarea simbolurilor grafice asociate acestor controale pe paleta de controale, din meniul **Project** se dă comanda **Components** (Ctrl+T). În fereastra care se afișează se selectează pagina *Controls*. În continuare, se selectează printr-un clic cutia de validare care are eticheta *Microsoft DataList Controls 6.0 (OLEDB)*. Datele referitoare la aceste controale se găsesc în unul din fișierele:

C:\WINDOWS\System\MSDATLST.OCX

sau

C:\WINNT\System32\MSDATLST.OCX

Simbolul grafic asociat controlului **DataList** are forma . Numele clasei este **DataList**. Controalele au denumirile standard *DataList1*, *DataList2*,

.... Simbolul grafic aferent controlului **DataCombo** are forma . Numele clasei este **DataCombo**. Controalele au denumirile standard *DataCombo1*, *DataCombo2*, ...

Principalele proprietăți ale controalelor DataList şi DataCombo

- *Proprietatea* **DataSource** (de tip **ADODC**)

  Se configurează cu numele unui control de date **ADO** prin care controlul **DataList** sau **DataCombo** este înlănțuit la un tabel al unei baze de date (sau la o interogare a unei baze de date). Proprietatea poate fi configurată atât în execuție, cât şi în perioada de elaborare a proiectului. În execuție această proprietate poate fi inițializată printr-o secvență de forma:

  Set *DataList1*.**DataSource** = *NumeADO*
  Set *DataCombo1*.**DataSource** = *NumeADO*

- *Proprietatea* **DataField** (de tip **String**)

  Se configurează cu numele unui câmp al tabelului specificat prin proprietatea **DataSource**. Controlul curent este înlănțuit prin intermediul acestui câmp la articolul curent al tabelului. În controlul **DataList** sau **DataCombo** se va afişa şi se va selecta valoarea câmpului articolului curent.

  DataList1.**DataField** = *NumeCâmp*
  DataCombo1.**DataField** = *NumeCâmp*

Proprietățile **DataSource** şi **DataField** stabilesc deci câmpul ale cărui valori sunt afişate în controalele **DataList** sau **DataCombo** în procesul de parcurgere a articolelor cu ajutorul butoanelor cu săgeți ale controlului de date **ADO**.

EXEMPLU:

Se parcurg articolele tabelului *Products* din baza de date standard **NWIND.MDB**. Controlul **DataList** afişează conținutul câmpului *ProductName*.

```
Adodc1.ConnectionString = _
    "Provider=Microsoft.Jet.OLEDB.3.51;" & _
    "Persist Security Info=False;" & _
    "Data Source=C:\Program Files\Microsoft & _
```

```
        Visual Studio\VB98\Nwind.mdb"
Adodc1.CommandType = adCmdTable
Adodc1.RecordSource = "Products"
Adodc1.Refresh
Set DataList1.DataSource = Adodc1
DataList1.DataField = "ProductName"
```

- *Proprietatea* **RowSource** (de tip **String**)

  Se configurează cu numele unui control de date **ADO**. Tabelul sau interogarea stabilită cu ajutorul proprietăţii **RecordSource** al controlului **ADO**, conţine un câmp ale cărui valori sunt utilizate pentru completarea elementelor listei controlului curent. Câmpul respectiv se va specifica cu ajutorul proprietăţii **ListField**.

  Set *DataList1*.**RowSource** = *NumeADODC*
  Set *DataCombo1*.**RowSource** = *NumeADODC*

- *Proprietatea* **ListField** (de tip **String**)

  Se configurează cu numele unui câmp al tabelului specificat prin proprietatea **RowSource**. Valorile câmpului sunt folosite pentru a încărca o porţiune din lista controlului **DataList** sau **DataCombo**.

  DataList1.**ListField** = *NumeCâmp*
  DataCombo1.**ListField** = *NumeCâmp*

Proprietăţile **RowSource** şi **ListField** stabilesc deci un câmp ale cărui valori se încarcă într-o porţiune de listă a controlului **DataList** sau **DataCombo**.

EXEMPLU:

```
Set DataList1.RowSource = Adodc1
DataList1.ListField = "ProductName"
```

- *Properietatea* **BoundColumn** (de tip **String**)

  Se configurează cu numele unui câmp al tabelului specificat prin proprietatea **RowSource**. Acest câmp va livra valori, prin intermediul proprietăţii **BoundText**, pentru alte controale de date **ADO**.

  DataList1. **BoundColumn** = *NumeCâmp*
  DataCombo1. **BoundColumn** = *NumeCâmp*

- *Proprietatea* **BoundText** (de tip **String**)

  După ce utilizatorul a selectat un element din porţiunea de listă afişată a controlului **DataList** sau **DataCombo**, sistemul comunică utilizatorului prin intermediul acestei proprietăţi valoarea curentă a câmpului care a fost specificat cu proprietatea **BoundColumn**.

  Dim *val* **As String**
  val = DataList1.**BoundText**
  val = DataCombo1.**BoundText**

EXEMPLU:

Să presupunem că primul control **ADO** afişează în porţiunea de listă a unui control **DataList** valorile câmpului *ProductName*. Câmpul *CategoryID* va livra prin intermediul proprietăţii **BoundText** valori pentru un alt control de date **ADO**.

```
Set DataList1.RowSource = Adodc1
DataList1.ListField = "ProductName"
DataList1.BoundColumn = "CategoryID"
```

Folosind valoarea returnată de proprietatea **BoundText** se poate construi o interogare, prin care se poate genera un set nou de articole returnate de un control de date **ADO**. Astfel, de exemplu, să presupunem că iniţial proprietatea **RecordSource** a celui de-al doilea control de date **ADO** a fost configurată cu următoarea interogare:

```
SELECT ProductName FROM Products
```

Articolele livrate de interogarea iniţială se pot modifica (micşora) în felul următor:

```
Dim s As String
s = "SELECT ProductName FROM Products WHERE CategoryID = "&_
          DataList1.BoundText
' Noua interogare ataşată controlului de date Adodc2 livrează un nou set de date.
Adodc2.CommandType = adCmdText
Adodc2.RecordSource = s
Adodc2.Refresh
```

- *Evenimentul* **Click** *pentru controlul* **DataCombo**

  Se declanşează când utilizatorul efectuează un clic pe controlul **DataCombo**. Evenimentul se declanşează şi când utilizatorul apasă una din tastele cu săgeţi ↑ sau ↓, pentru selectarea unui element din porţiunea de listă a controlului.
  Prototipul procedurii-eveniment este:

  Private Sub *DataCombo1*_**Click(** *Area* **As Integer)**

End Sub

Parametrul *Area* este încărcat de sistem şi comunică utilizatorului locaţia controlului **DataCombo** pe care s-a efectuat un clic. Valorile acestui parametru folosesc următoarele constante simbolice:

Constantă	Valoare	Semnificaţie
dbcAreaButton	0	Utilizatorul a efectuat un clic pe butonul săgeata jos.
dbcAreaEdit	1	Utilizatorul a efectuat un clic pe cutia text.
dbcAreaList	2	Utilizatorul a efectuat un clic pe un element al listei derulante.

OBSERVAŢIE:

Controlul **DataCombo**, spre deosebire de controlul standard **ComboBox**, nu are asociat evenimentul **DropDown**, care se declanşează când utilizatorul efectuează un clic pe butonul săgeată jos. Din acest motiv în procedura **Click** s-a introdus parametrul *Area*, astfel că utilizatorul poate analiza porţiunea controlului **DataCombo** pe care s-a efectuat clic.

EXEMPLUL 1:

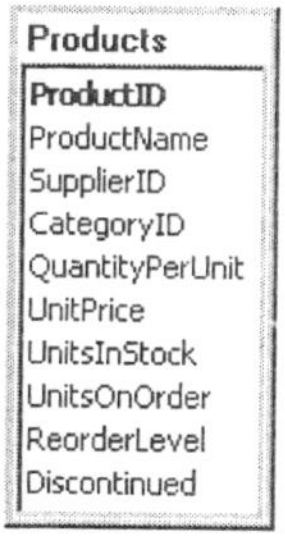

Aplicaţia ilustrează parcurgerea, afişarea şi editarea articolelor unui tabel, provenit dintr-o bază de date tip **Access**. Se consideră tabelul *Products* din baza de date standard **NWIND.MDB**. Câmpurile acestui tabel sunt date de figura alăturată.

Forma aplicaţiei conţine un control de date **ADO**, trei cutii text, un control **DataList** şi un control **DataCombo**. Proprietăţile controalelor se configurează în perioada de elaborare a proiectului.

Proprietăţile controlului de date **ADO**, care asigură accesul la tabelul *Products* al bazei de date **NWIND.MDB**, sunt configurate astfel:

Proprietate	Valoare
Nume	Adodc1
ConnectionString	Provider=Microsoft.Jet.OLEDB.3.51; Persist Security Info=False; Data Source=C:\Program Files\Microsoft Visual Studio\VB98\Nwind.mdb
CommandType	2 - adoCmdTable
RecordSource	Products

Cele trei cutii text, înlănţuite la controlul **ADO**, permit afişarea şi editarea conţinutului câmpurilor *ProductID*, *ProductName* şi *UnitPrice*. Proprietăţile primei cutii text sunt configurate astfel:

Proprietate	Valoare
DataSource	Adodc1
DataField	ProductID

Proprietăţile celei de-a doua cutii text sunt configurate astfel:

Proprietate	Valoare
DataSource	Adodc1
DataField	ProductName

Proprietăţile celei de-a treia cutii text sunt configurate astfel:

Proprietate	Valoare
DataSource	Adodc1
DataField	UnitPrice

Controalele **DataList** şi **DataCombo**, înlănţuite la controlul de date **ADO**, permit parcurgerea articolelor tabelului *Products*, precum şi afişarea şi editarea câmpului *ProductName*. Proprietăţile controalelor **DataList** şi **DataCombo** sunt configurate astfel:

Proprietate	Valoare
DataSource	Adodc1
DataField	ProductName
RowSource	Adodc1
ListField	ProductName

Fereastra afişată de aplicaţie poate avea aspectul următor:

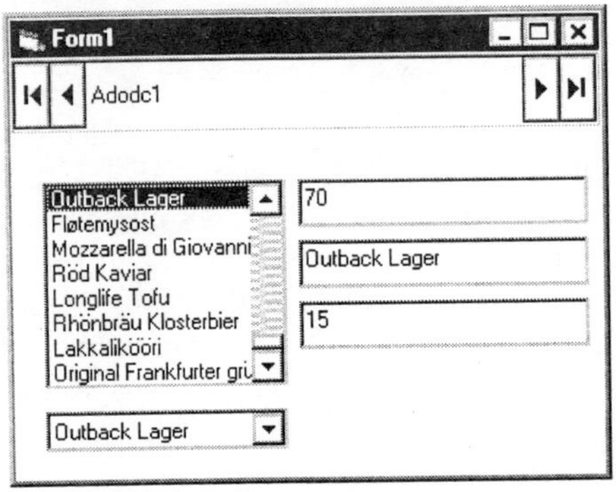

Textul sursă al programului este:

Realizarea aplicației nu necesită scrierea de cod.

EXEMPLUL 2:

Această aplicație este asemănătoare celei anterioare. Diferența constă în faptul că proprietățile controalelor utilizate se configurează în timpul execuției în procedura-eveniment **Load** de încărcare a formei în memorie.

Textul sursă al programului este:

```
Option Explicit
Private Sub Form_Load()
  Adodc1.ConnectionString = _
    "Provider=Microsoft.Jet.OLEDB.3.51;" & _
    "Persist Security Info=False;" & _
    "Data Source=C:\Program Files\Microsoft & _
                              Visual Studio\VB98\Nwind.mdb"
  Adodc1.CommandType = adCmdTable
  Adodc1.RecordSource = "Products"
  Adodc1.Refresh
  Set Text1.DataSource = Adodc1
  Text1.DataField = "ProductID"
  Set Text2.DataSource = Adodc1
  Text2.DataField = "ProductName"
  Set Text3.DataSource = Adodc1
  Text3.DataField = "UnitPrice"
  Set DataList1.DataSource = Adodc1
  DataList1.DataField = "ProductName"
  Set DataList1.RowSource = Adodc1
  DataList1.ListField = "ProductName"
  Set DataCombo1.DataSource = Adodc1
  DataCombo1.DataField = "ProductName"
  Set DataCombo1.RowSource = Adodc1
  DataCombo1.ListField = "ProductName"
End Sub
```

EXEMPLUL 3:

Aplicația ilustrează modul de parcurgere și editare a tabelelor unei baze de date care sunt în relația "*unul la mai mulți*". Parcurgând articolele tabelului asociat (aflat în partea "*la mai mulți*" a relației) se afișează informații referitoare la tabelul primar (aflat în partea "*unu*" a relației).
Se consideră tabelele *Categories* și *Products* ale bazei de date standard **NWIND.MDB**. Tabelul *Categories* conține informații despre categoriile de produse comercializate într-un magazin. Tabelul *Products* conține

informaţii despre produsele comercializate. Aceste tabele sunt în relaţia "*unul la mai mulţi*", deoarece unui articol din tabelul *Categories* îi corespund mai multe articole din tabelul *Products*. Câmpul *CategoryID* al tabelul *Categories* are atributul de cheie primară. Câmpul *ProductID* al tabelului *Products* are atributul de cheie primară. Câmpul *CategoryID* al tabelului *Products* este cheia străină a tabelului, în care se memorează identificatorul categoriei căruia îi aparţine produsul.

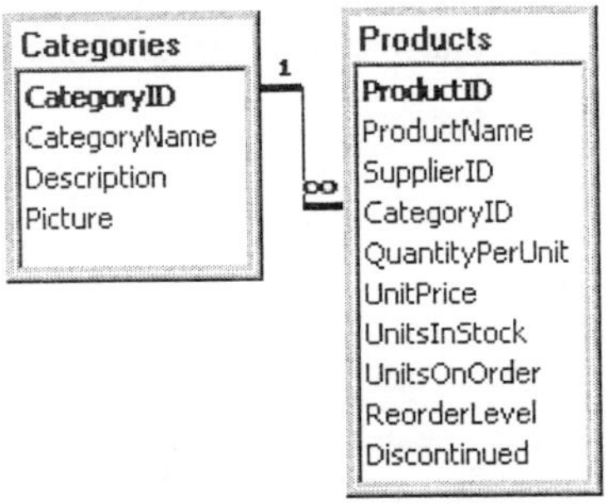

Forma aplicaţiei conţine două controale de date **ADO**, două cutii text, un control **DataList** şi un control **DataCombo**.
Primul control de date **ADO**, având numele *Adodc1* şi vizibil în execuţie, asigură accesul la tabelul *Products* (tabelul asociat) al bazei de date **NWIND.MDB**. Proprietăţile acestui control sunt configurate astfel:

Proprietate	Valoare
Nume	Adodc1
ConnectionString	Provider=Microsoft.Jet.OLEDB.3.51; Persist Security Info=False; Data Source=C:\Program Files\Microsoft Visual Studio\VB98\Nwind.mdb
CommandType	2 - adoCmdTable
RecordSource	Products
Visible	True

Cele două cutii text, înlănţuite la controlul de date *Adodc1*, permit afişarea şi editarea conţinutului câmpurilor *ProductName* şi *CategoryID* aparţinând tabelului asociat *Products*.
Proprietăţile primei cutii text sunt configurate astfel:

Proprietate	Valoare
DataSource	Adodc1
DataField	ProductName

Proprietățile celei de-a doua cutii text sunt configurate astfel:

Proprietate	Valoare
DataSource	Adodc1
DataField	CategoryID

Al doilea control de date **ADO**, având numele *Adodc2* şi invizibil la execuție, asigură accesul la tabelul primar *Categories* al bazei de date **NWIND.MDB**. Proprietățile acestui control sunt configurate astfel:

Proprietate	Valoare
Nume	Adodc2
ConnectionString	Provider=Microsoft.Jet.OLEDB.3.51; Persist Security Info=False; Data Source=C:\Program Files\Microsoft Visual Studio\VB98\Nwind.mdb
CommandType	2 - adoCmdTable
RecordSource	Categories
Visible	False

În procesul de parcurgere a articolelor tabelului asociat *Products* în cele două cutii text sunt afişate conținutul câmpurilor *ProductName* şi *CategoryID*. Valoarea numerică a câmpului *CategoryID* din cutia a doua de text este "*tradusă*" într-un text corespunzător categoriei curente, folosind câmpul *CategoryName* din tabelul primar *Categories*. Textul categoriei curente este:

- afişat şi selectat în controlul **DataList**;
- afişat în controlul **DataCombo**.

Proprietățile controalelor **DataList** şi **DataCombo** sunt configurate astfel:

Proprietate	Valoare	Observație
DataSource	Adodc1	Indică tabelul asociat *Products*.
DataField	CategoryID	Cheia străină în tabelul asociat *Products*.
RowSource	Adodc2	Indică tabelul primar *Categories*.
ListField	CategoryName	Valorile afişate în control provin din câmpul *CategoryName* al tabelului primar *Categories*.
BoundColumn	CategoryID	Cheia primară în tabelul primar *Categories*.

Fereastra afişată de aplicație are aspectul următor:

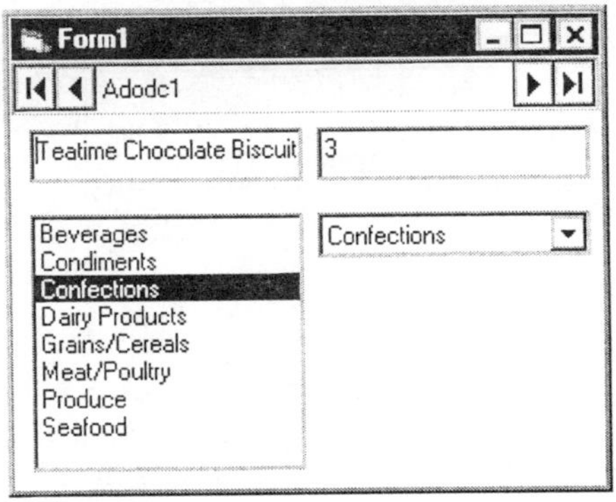

Textul sursă al programului este:

Realizarea aplicației nu necesită scrierea de cod.

EXEMPLUL 4:

Forma aplicației conține două controale de date **ADO**, două controale **DataList** și un control de tip etichetă.

Primul control de date **ADO**, având numele *Adodc1* și invizibil la execuție, asigură accesul la tabelul *Categories* al bazei de date **NWIND.MDB**. Proprietățile acestui control de date sunt configurate astfel:

Proprietate	Valoare
Nume	Adodc1
ConnectionString	Provider=Microsoft.Jet.OLEDB.3.51; Persist Security Info=False; Data Source=C:\Program Files\Microsoft Visual Studio\VB98\Nwind.mdb
CommandType	2 - adoCmdTable
RecordSource	Categories
Visible	False

Al doilea control de date **ADO**, având numele *Adodc2* și invizibil la execuție, asigură accesul la tabelul *Products* al bazei de date **NWIND.MDB**. Proprietățile acestui control de date sunt configurate astfel:

Proprietate	Valoare
Nume	Adodc2
ConnectionString	Provider=Microsoft.Jet.OLEDB.3.51;

Proprietate	Valoare
	Persist Security Info=False; Data Source=C:\Program Files\Microsoft Visual Studio\VB98\Nwind.mdb
CommandType	2 - adoCmdTable
RecordSource	Products
Visible	False

Primul control **DataList**, având numele *DataList1*, este înlănțuit la controlul de date *Adodc1* și în porțiunea de listă a controlului se afișează valorile existente în câmpul *CategoryName* al tabelului *Categories*. Acest tabel, prin intermediul câmpului *CategoryID* va livra la execuție informații pentru controlul *Adodc2*. Proprietățile controlului *DataList1* sunt configurate astfel:

Proprietate	Valoare
Name	DataList1
RowSource	Adodc1
ListField	CategoryName
BoundColumn	CategoryID

Al doilea control **DataList**, având numele *DataList2*, este înlănțuit la controlul de date *Adodc2* și inițial, în porțiunea de listă a controlului, afișează valorile existente în câmpul *ProductName* al tabelului *Products*. Proprietățile controlului *DataList2* sunt configurate astfel:

Proprietate	Valoare
Name	DataList2
RowSource	Adodc2
ListField	ProductName

La efectuarea unui clic pe un element al listei *DataList1* (când se selectează un nume de categorie din tabelul *Categories* în procedura-eveniment **Click** pe *DataList1*), elementul respectiv este selectat și se citește conținutul proprietății *BoundText*. Valoarea citită este de tip șir de caractere, având valori de la 1 la 8. Pe baza acestei valori se construiește o instrucțiune **SQL** de forma:

```
SELECT ProductName FROM Products WHERE CategoryID = nr
```

unde *nr* aparține intervalului de numere întregi [1,8]. Această instrucțiune selectează nume de produse aparținând unei categorii. Instrucțiunea **SQL** creată este afișată în controlul etichetă. În continuare proprietatea **RecordSource** a controlului *Adodc2* este reinițializată cu

instrucţiunea **SQL** construită. După reîmprospătarea controlului *Adodc2* cu ajutorul metodei **Refresh**, controlul *DataList2* va afişa toate produsele aparţinând categoriei selectate.
Fereastra afişată de aplicaţie, după selectarea unui nume de categorie, are aspectul următor:

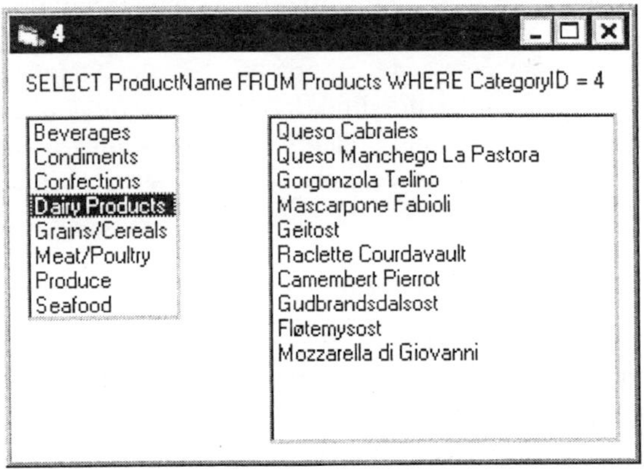

Textul sursă al programului este:

```
Option Explicit
Private Sub DataList1_Click()
Dim s As String
Dim bt As String
  bt = DataList1.BoundText
  s = "SELECT ProductName FROM Products " & _
       "WHERE CategoryID = " & bt
  Form1.Caption = bt
  Label1.Caption = s
  Adodc2.CommandType = adCmdText
  Adodc2.RecordSource = s
  Adodc2.Refresh
End Sub
```

4. CONTROLUL DataGrid

Controlul **DataGrid** (*rețea de date*) afişează articolele unui tabel sau articolele livrate de o interogare ale unei baze de date sub forma unei rețele de date, asemănătoare cu celulele create de programul de calcul tabelar **Excel**. Această rețea de date este formată din linii (rânduri) şi coloane. Numărul coloanelor rețelei este egal cu numărul câmpurilor articolului analizat iar numărul liniilor coincide cu numărul articolelor din tabelul analizat (interogarea analizată).

*Pentru implementarea unui control **DataGrid** în faza de proiectare:*

1. Se aşează pe formă un control de date **ADO**.
2. Se configurează proprietatea *ConnectionString* a controlului **ADO** (astfel se conectează baza de date analizată).
3. Se configurează proprietatea *RecordSource* a controlului **ADO** (astfel se specifică un tabel al bazei de date stabilită la pasul 2 sau o instrucțiune **SQL** care livrează o mulțime de articole ale unui tabel).
4. Se aşează pe formă un control **DataGrid**.
5. Se configurează proprietatea *DataSource* a controlului **DataGrid** cu numele controlului de date **ADO**.

După lansarea în execuție a proiectului controlul **DataGrid** va conține articolele analizate. Pe fiecare linie a rețelei se afişează un articol al tabelului analizat. Celulele unei linii reprezintă câmpurile unui articol. Conținutul celulelor poate fi editat (proprietatea *AllowUpdate* a controlului **DataGrid** are implicit valoarea True). Editările efectuate vor fi memorate în tabelul analizat al bazei de date. În funcție de configurarea controlului **DataGrid** se poate cere adăugarea de articole noi la sfârşitul tabelului sau ştergerea articolelor selectate. Articolele pot fi selectate prin efectuarea unui clic pe selectorul articolului, iar ştergerea prin acționarea tastei DELETE. Operația de adăugare de articole noi se poate realiza numai dacă se configurează proprietatea *AllowAddNew* a controlului **DataGrid** cu valoarea True. Ştergerea articolului selectat se poate realiza numai dacă se configurează proprietatea *AllowDelete* a controlului **DataGrid** cu valoarea True.

EXEMPLU:

Afişarea articolelor tabelului *Products* din baza de date standard **NWIND.MDB**, creată cu programul **Access**.
Controlul de date **ADO** se configurează astfel:

Proprietate	Valoare
Name	Adodc1
ConnectionString	Provider=Microsoft.Jet.OLEDB.3.51;Persist Security Info=False;Data Source=C:\Program Files\Microsoft Visual Studio\VB98\NWIND.MDB
RecordSource	Products

Proprietatea *DataSource* a controlului *DataGrid* se configurează cu numele controlului de date **ADO**, adică cu *Adodc1*.

Fereastra afişată de aplicaţie, pentru care nu s-a scris cod, are aspectul următor:

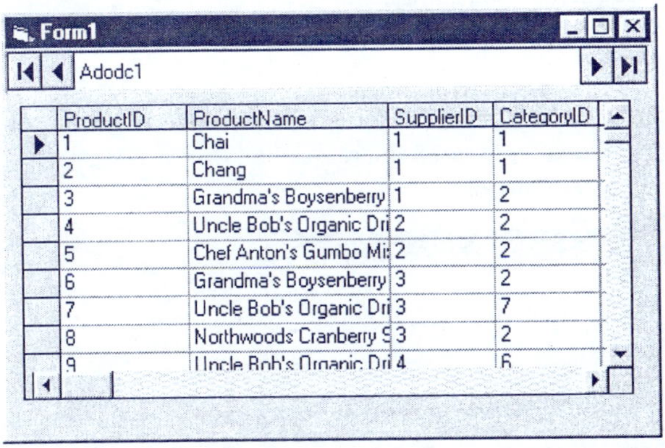

Controlul de date **DataGrid** este de tip ActiveX. Pentru afişarea simbolului grafic asociat controlului pe paleta de controale, din meniul **Project** se dă comanda **Components** (Ctrl+T). În fereastra care se afişează se selectează pagina *Controls*. În continuare, printr-un clic, se selectează cutia de validare etichetată cu *Microsoft DataGrid Control 6.0 (OLEDB)*. Datele referitoare la acest control se găsesc în unul din fişierele:

C:\WINDOWS\System\MSDATGRD.OCX

sau

C:\WINNT\System32\MSDATGRD.OCX

Simbolul grafic aferent controlului are forma  . Numele clasei este **DataGrid**. Controalele au denumirile standard *DataGrid1*, *DataGrid2*, ...

4.1. Stabilirea unor proprietăţi ale controlului DataGrid în faza de proiectare

Pentru stabilirea proprietăţilor se parcurge algoritmul:

1. Se parcurg paşii 1-5 prezentaţi la implementarea controlului **DataGrid**.
2. Se efectuează un clic cu butonul drept al mouse-ului pe controlul **DataGrid**. Se afişează un meniu local, care conţine, printre altele comenzile:

   - **Properties** (afişarea paginilor de proprietăţi);
   - **Retrieve fields** (încărcarea câmpurilor);
   - **Clear fields** (ştergerea câmpurilor);
   - **Edit** (editare).

3. Se efectuează un clic pe comanda **Retrieve fields**. Se afişează o fereastră de interogare în care se cere confirmarea utilizatorului pentru modificarea structurii curente a câmpurilor.

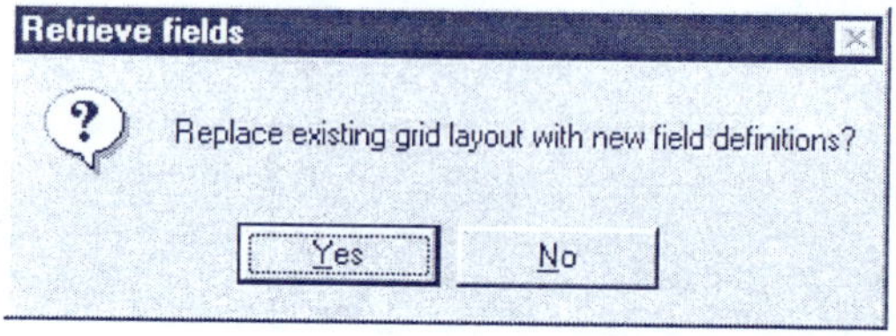

4. Se confirmă operaţia prin butonul de comandă Yes. În urma acestei operaţii reţeaua se configurează cu structura implicită de date: pe prima linie a reţelei (linia de antet) se afişează numele câmpurilor tabelului analizat.

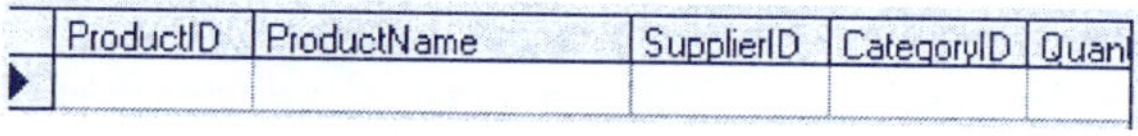

5. Se efectuează un clic cu butonul drept al mouse-ului pe controlul **DataGrid**. Se afişează un meniu local.
6. Se efectuează un clic pe comanda **Edit**, care permite editarea controlului **DataGrid**. În acest mod lăţimea coloanelor poate fi uşor modificată: se trage orizontal cu mouse-ul muchia dreaptă a câmpului a cărui lăţime se modifică. De asemenea, prin efectuarea unui clic cu butonul drept al mouse-ului, se afişează un meniu local specific modului de editare. Comenzile acestui meniu sunt centralizate în tabelul următor:

Comanda	Funcţie
Cut	Coloana selectată este îndepărtată din linia de antet şi este depusă pe masa de montaj.

Comanda	Funcţie
Copy	Coloana selectată este copiată pe masa de montaj.
Paste	Coloana depusă pe masa de montaj este inserată în stânga coloanei selectate.
Delete	Coloana selectată este ştearsă din linia de antet.
Insert	În stânga coloanei selectate se inserează o coloană nouă. Noua coloană nu este înlănţuită la vreun câmp al tabelului şi nu conţine nici un nume. Configurarea acestor proprietăţi (**DataField**, **Caption**) trebuie realizată cu ajutorul paginii de proprietăţi (în fişa *Columns*). În caz că aceste proprietăţi nu se configurează, noua coloană nu se afişează la execuţie.
Append	După ultima coloană se inserează o coloană nouă, care nu este înlănţuită la vreun câmp al tabelului şi nu conţine nici un nume. Dacă această coloană nu este configurată cu ajutorul paginii de proprietăţi (cu fişa *Columns*), ea nu se va afişa la execuţie.
Split	Adăugarea unui divizor[1] nou controlului **DataGrid**. Poziţia divizorului poate fi modificată atât în perioada editării, cât şi în execuţie, cu ajutorul mouse-ului (se indică cu ajutorul cursorului mouse-ului divizorul şi se trage orizontal). Sincronizarea defilării fragmentelor create trebuie realizată cu ajutorul ferestrei de proprietăţi (fişa *Splits*, proprietatea **ScrollGroup**). În cazul neconfigurării proprietăţii **ScrollGroup** fragmentele create vor fi defilate simultan.
Remove	Ştergerea ultimului divizor adăugat controlului **DataGrid**.
Properties	Se afişează pagina de proprietăţi a controlului **DataGrid**, specializată în configurarea proprietăţilor controlului. Pagina se compune din opt fişe.
Retrieve fields	În linia de antet a reţelei se încarcă numele câmpurilor tabelului analizat. Numărul celulelor din linia de antet este egal cu numărul câmpurilor.
Clear fields	Din linia de antet a reţelei se şterg numele câmpurilor din tabelul analizat.

Observaţii:

1. Pentru selectarea unei coloane se efectuează un clic pe celula de antet a coloanei. Pentru selectarea mai multor coloane adiacente, în timpul selectării se ţine apăsată tasta SHIFT.
2. Adăugarea unui divizor poate fi realizată în faza de proiectare şi în execuţie şi în felul următor: se indică cu ajutorul cursorului mouse-

[1] Prin *divizor* (*split*) se înţelege o linie verticală care împarte controlul **DataGrid** în mai multe fragmente (subferestre). Fiecare fragment este prevăzut implicit cu câte o bară de defilare orizontală şi una verticală. Astfel reţeaua curentă de date poate fi afişată în două sau în mai multe fragmente. Utilizarea divizorilor este utilă când dimensiunea controlului **DataGrid** nu permite afişarea simultană a tuturor câmpurilor tabelului analizat.

ului micul dreptunghi situat în colțul stânga jos al controlului. În momentul în care forma cursorului se transformă într-o săgeată dublă orizontală, se trage mouse-ul spre dreapta.

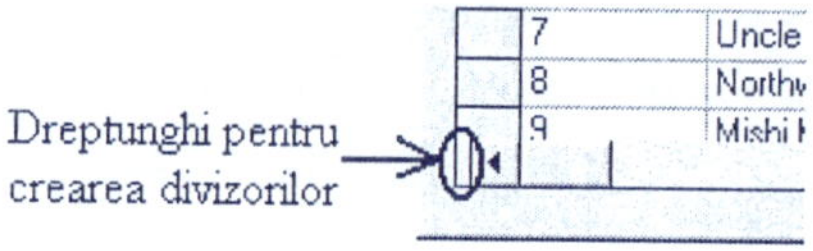

Un control **DataGrid** prevăzut cu doi divizori (deci cu trei fragmente) poate avea aspectul următor:

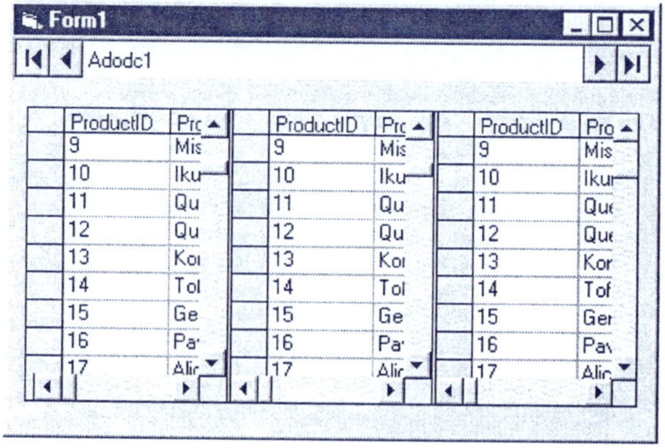

3. Fişa *Columns* a paginii de proprietăți permite modificarea corespondenței dintre o coloană a controlului **DataGrid** şi un nume de câmp al tabelului analizat.

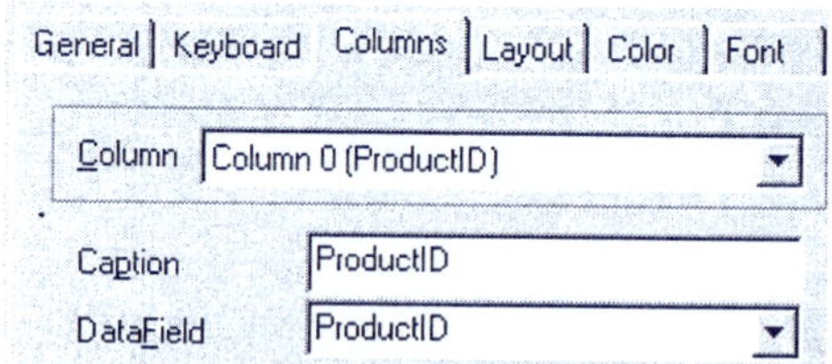

Din lista combinată *Column* se selectează coloana care se configurează. În continuarea în cutia text *Caption* se tastează textul care se va afişa în celula aflată în linia de antet a coloanei. Din lista combinată *DataField* se selectează câmpul tabelului care se înlănţuie la coloana curentă.

4. Fişa *Splits* a paginii de proprietăți permite sincronizarea defilării fragmentelor.

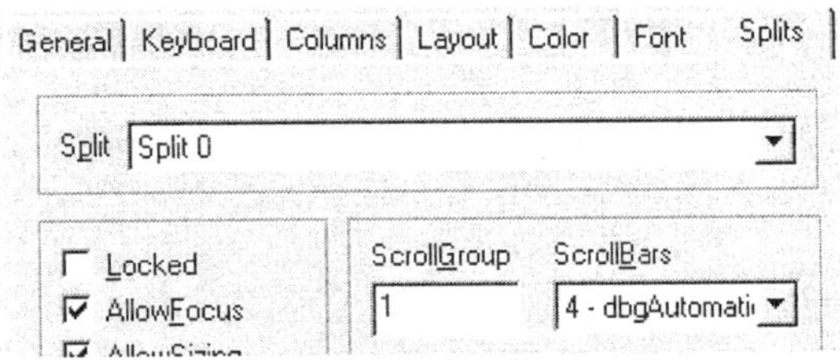

Din lista combinată *Split* se selectează fragmentul care se configurează. În continuare în cutia text *ScrollGoup* se tastează numărul grupului de defilare din care face parte fragmentul analizat. Să presupunem că controlul este prevăzut cu doi divizori, adică sunt create trei fragmente. Dacă se doreşte ca fragmentele din stânga şi din dreapta să fie defilate simultan, dar independent de fragmentul din mijloc, atunci proprietatea *ScrollGoup* a fragmentelor din stânga şi dreapta se vor configura cu acelaşi număr (de exemplu 1), iar pentru fragmentul din mijloc proprietatea se va configura cu un alt număr (de exemplu 2).

4.2. Principalele proprietăţi şi evenimente ale controlului

- *Proprietatea* **DataSource** (de tip **Adodc**)

  Specifică sursa datelor afişate în controlul **DataGrid**, adică numele unui control de date **ADO**. În execuţie această proprietate se configurează printr-o secvenţă de forma:

  Set *DataGrid1*.**DataSource** = *Adodc1*

- *Proprietatea* **Row** (de tip **Integer**)

  Comunică numărul liniei corespunzătoare celulei active faţă de prima linie vizibilă din controlul **DataGrid** (prima linie vizibilă are numărul egal cu 0). Proprietatea este accesibilă numai în execuţie.

  Dim NrLin **As Integer**
  NrLin = DataGrid1.**Row**

- *Proprietatea* **Col** (de tip **Integer**)

  Comunică numărul coloanei corespunzătoare celulei active (coloanele sunt numerotate de la 0). Proprietatea este accesibilă numai în execuţie.

  Dim NrCol **As Integer**

NrCol = DataGrid1.**Col**

- *Proprietatea* **Text** (de tip **String**)

  Comunică conţinutul celulei active. Proprietatea este accesibilă numai în execuţie.

  Dim Continut **As String**
  Continut = DataGrid1.**Text**

- *Proprietatea* **AllowAddNew** (de tip **Boolean**)

  Stabileşte dacă utilizatorul poate adăuga articole noi tabelului ataşat controlului **DataGrid**.

  DataGrid1.**AllowAddNew** = *ValoareLogică*

  Dacă valoarea logică este True, atunci tabelului afişat i se pot adăuga articole noi. În acest caz ultima linie afişată de controlul **DataGrid** este vidă iar utilizatorul poate tasta noul articol. În selectorul de linie al liniei vide se afişează un asterisc.

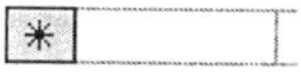

  În cazul valorii logice False, care este şi valoarea implicită, adăugarea de articole noi este interzisă.

- *Proprietatea* **AllowDelete** (de tip **Boolean**)

  Stabileşte dacă utilizatorul poate şterge articole din tabelul ataşat controlului **DataGrid**.

  DataGrid1.**AllowDelete** = *ValoareLogică*

  Dacă valoarea logică este True, atunci se pot şterge articole din tabelul afişat. În cazul valorii logice False, care este şi valoarea implicită, ştergerea de articole este interzisă. După ştergerea unui articol se va apela metoda **Refresh** a controlului **DataGrid**, în vederea actualizării lui (altfel articolul şters rămâne afişat). De menţionat este faptul că ştergerea de articole, în unele cazuri, nu este posibilă, chiar dacă proprietatea **AllowDelete** se configurează cu valoarea True. Astfel, dacă tabelul afişat este un tabel primar al bazei de date analizate, la tentativa de ştergere a unui articol se va afişa un mesaj de eroare.

- *Proprietatea* **AllowUpdate** (de tip **Boolean**)

  Stabileşte dacă utilizatorul poate să modifice date în tabelul ataşat controlului **DataGrid**.

DataGrid1.**AllowUpdate** = *ValoareLogică*

Dacă valoarea logică este True, care este şi valoarea implicită, atunci se pot modifica datele din tabelul afişat. În cazul valorii logice False modificarea datelor este interzisă (orice tentativă de modificare a datelor este ignorată).

- *Proprietatea* **ApproxCount** (de tip **Integer**)

  Comunică numărul aproximativ al liniilor din controlul **DataGrid** (numărul articolelor tabelului analizat). Proprietatea este accesibilă numai în execuție.

  Dim NrArt **As Integer**
  NrArt = *DataGrid1*.**ApproxCount**

- *Proprietatea* **AllowArrows** (de tip **Boolean**)

  Stabileşte dacă tastele cu săgeți pot fi utilizate în procesul de navigare a celulelor rețelei.

  DataGrid1.**AllowArrows** = *ValoareLogică*

  Dacă valoarea logică este True, care este şi valoarea implicită, atunci la navigare pot fi utilizate tastele cu săgeți. În cazul valorii False navigarea poate fi realizată numai cu ajutorul mouse-ului.

- *Proprietatea* **TabAcrossSplits** (de tip **Boolean**)

  Stabileşte comportarea tastelor cu săgeți şi a tastei Tab când celula activă este ultima celulă a unui fragment.

  DataGrid1.**TabAcrossSplits** = *ValoareLogică*

  Dacă valoarea e True, atunci tastele cu săgeți şi tasta Tab vor permite trecerea peste divizori: de la ultima celulă a fragmentului curent se trece la prima celulă a fragmentului următor sau de la prima celulă a fragmentului curent se trece la ultima celulă a fragmentului anterior. În cazul ultimei celule a ultimului fragment comportarea acestor taste depinde de modul de configurare a proprietăților **WrapCellPointer** şi **TabAction**. Dacă proprietatea **TabAcrossSplits** este configurată cu valoarea False, care este şi valoarea implicită, atunci prin acționarea tastelor cu săgeți sau a tastei Tab nu se trece la fragmentul următor.

- *Proprietatea* **WrapCellPointer** (de tip **Boolean**)

  Stabileşte comportarea tastelor cu săgeți când celula activă este în ultima coloană sau în prima coloană a rețelei.

DataGrid1.**WrapCellpointer** = *ValoareLogică*

Dacă valoarea e True, atunci tastele cu săgeți vor permite trecerea de la ultima coloană în prima celulă a liniei următoare (sau din prima celulă la ultima celulă a liniei anterioare). Dacă proprietatea se configurează cu valoarea False, care este şi valoarea implicită, atunci tastele cu săgeți nu modifică celula activă.

- *Proprietatea* **TabAction** (de tip **Integer**)

Stabileşte comportarea tastei Tab.

DataGrid1.**TabAction** = *Valoare*

Pentru configurarea acestei proprietăți se folosesc următoarele constante predefinite:

Constantă	Valoare	Descriere
dbgControlNavigation	0	Tasta Tab pune în focar următorul sau precedentul control depus pe formă (valoare implicită).
dbgColumnNavigation	1	Prin tasta Tab se activează celula din coloana următoare (sau din coloana precedentă). Dacă celula activă, în momentul acționării tastei Tab, ar cauza părăsirea liniei curete, atunci se va pune în focar următorul sau precedentul control depus pe formă.
dbgGridNavigation	2	Asemănător cazului *dbgColumnNavigation*, cu deosebirea că nici o dată nu pune în focar un alt control al formei.

- *Proprietatea* **Columns** (de tip **Column**)

Livrează o referință la colecția de coloane a controlului **DataGrid**. Elementele acestei colecții au tipul **Column**. Prin intermediul acestei referințe se pot apela:

- metodele standard ale colecției utilizate în gestiunea coloanelor (**Add**, **Remove** şi **Clear**);
- proprietățile standard ale colecției (**Count**, **Item**).

Elementele colecției sunt numerotate automat, începând cu 0. Proprietatea **Columns** este accesibilă numai în execuție.

- *Metoda* **Add**

Adaugă o coloană la colecția de coloane a controlului **DataGrid**. Metoda poate fi apelată printr-o construcție de forma:

```
Dim c As Column
Set c = DataGrid1.Columns.Add (ColIndex)
```

Valoarea *c* reprezintă o referință la coloana adăugată şi este creată de sistem. Argumentul *ColIndex* este un număr întreg care specifică locația unde va fi inserată noua coloană. Dacă se foloseşte valoarea 0, atunci noua coloană se va crea în poziția aflată în extremitatea stângă a rețelei. Dacă se foloseşte valoarea livrată de proprietatea **Count**, atunci noua coloană se va crea în extremitatea dreaptă a rețelei. Dacă se foloseşte un întreg *k*, atunci noua coloană se va insera în stânga coloanei a *k* -a. După inserarea noii coloane, numărul total al coloanelor colecției se incrementează automat iar coloanele sunt renumerotate tot automat. Inițial noua coloană nu este înlănțuită la nici un câmp al tabelului analizat, adică proprietatea **DataField** a coloanei este inițializată cu şirul vid (""). Pentru înlănțuirea noii coloane la un câmp al tabelului analizat se va configura proprietatea **DataField** cu numele unui câmp.

- *Metoda* **Remove**

Îndepărtează coloana specificată din colecția de coloane. Metoda se apelează printr-o construcție de forma:

```
DataGrid1.Columns.Remove Indice
```

Argumentul *Indice* specifică coloana care se îndepărtează din rețea. Valorile permise sunt de la 0 până la *DataGrid1.Columns.Count* - 1. După îndepărtarea coloanei, numărul total de coloane afişate de rețea este decrementat automat.

- *Proprietatea* **Count** (de tip **Long**)

Returnează o valoare de tip **Long** care comunică utilizatorului numărul total de coloane ale colecției **Columns**. Proprietate este read-only (poate fi citită, nu şi modificată prin program). Această proprietate poate fi utilizată printr-o construcție de forma următoare:

```
Dim nr As Long
Nr = DataGrid1.Columns.Count
```

- *Proprietatea* **Item** (de tip **Column**)

Livrează o referință la coloana specificată prin *Indice*. Această proprietate este proprietatea implicită a coloanelor şi poate fi utilizată printr-o construcție de forma următoare:

```
Dim ref As Column
Set ref = DataGrid1.Columns.Item(k)
```

sau

Set *ref* = *DataGrid1.Columns*(k)

unde *k* este un număr întreg (*k* = 0, 1, 2, ...). Cu ajutorul referinței obținute *ref* se pot citi sau modifica proprietățile unei coloane specificate:

```
Dim Valoare
Valoare = ref.NumeProprietate 'Citirea valorii proprietății
ref.NumeProprietate = Valoare 'Stabilirea valorii proprietății
```

În construcția anterioară prin *NumeProprietate* se înțelege una din proprietățile coloanei referențiate. Principalele proprietăți ale unei coloane sunt centralizate în tabelul următor:

Proprietate	Descriere
DataField	De tip **String**. Numele câmpului înlănțuit la coloană (adică în coloana respectivă vor fi afişate valorile câmpului specificat).
Caption	De tip **String**. Textul afişat în antetul coloanei.
ColIndex	De tip **Integer**. Indicele coloanei din colecția de coloane (0, 1, ...).
Visible	De tip **Boolean**. Vizibilitatea coloanei (True = coloana este vizibilă, False = coloana este ascunsă).

- *Evenimentul* **HeadClick**

Se declanşează când se efectuează un clic pe antetul coloanei din cadrul controlului **DataGrid**. Prototipul procedurii-eveniment este:

Private Sub *DataGrid1*_**HeadClick (ByVal** *ColIndex* **As Integer)**

End Sub

În parametrul *ColIndex* sistemul comunică indicele corespunzător coloanei pe care s-a efectuat un clic (indicele primei coloane este 0).

- *Evenimentul* **RowColChange**

Se declanşează când se activează o nouă celulă, de exemplu prin efectuarea unui clic pe o celulă a controlului **DataGrid**. Prototipul procedurii-eveniment este:

Private Sub *DataGrid1*_**RowColChange (** *LastRow* **As Variant, _**
ByVal *LastCol* **As Integer)**

End Sub

În argumentul *LastRow* şi *LastCol* sistemul comunică numărul liniei şi respectiv al coloanei celulei care a fost activă înaintea activării celulei curente.

EXEMPLUL 1:

Forma aplicaţiei conţine un control de date **ADO**, invizibil la execuţie, un control **Datagrid** înlănţuit la controlul de date **ADO** şi un chenar, care conţine patru butoane de opţiune. Controlul de date **ADO,** în perioada de elaborare a proiectului, se configurează astfel:

Proprietate	Valoare
Name	Adodc1
ConnectionString	Provider=Microsoft.Jet.OLEDB.3.51;Persist Security Info=False;Data Source=C:\Program Files\Microsoft Visual Studio\VB98\NWIND.MDB
CommandType	2 - adCmdTable
RecordSource	Products
Visible	False

Proprietatea *DataSource* a controlului **DataGrid** este configurată cu numele controlului de date **ADO**, adică cu *Adodc1*. Astfel în momentul lansării în execuţie a programului reţeaua de date va afişa articolele tabelului *Products*.

În această aplicaţie în timpul execuţiei se va modifica dinamic proprietatea *RecordSource* a controlului de date **ADO**, astfel că reţeaua de date va afişa diferite mulţimi de articole, în funcţie de butonul de opţiune selectat.

Butonul de opţiune	RecordSource
Butonul 1 de opţiune, etichetat cu *ProductName*	`SELECT ProductName FROM Products ORDER BY ProductName`
Butonul 2 de opţiune, etichetat cu *UnitPrice, ProductName*	`SELECT UnitPrice, ProductName FROM Products ORDER BY UnitPrice DESC`
Butonul 3 de opţiune, etichetat cu *ProductName, UnitPrice, UnitsInStock*	`SELECT ProductName, UnitPrice, UnitsInStock FROM Products ORDER BY UnitsInStock DESC"`
Butonul 4 de opţiune, etichetat cu *Fiecare câmp* (selectat iniţial)	`SELECT * FROM Products`

Fereastra afişată de aplicaţie are aspectul următor:

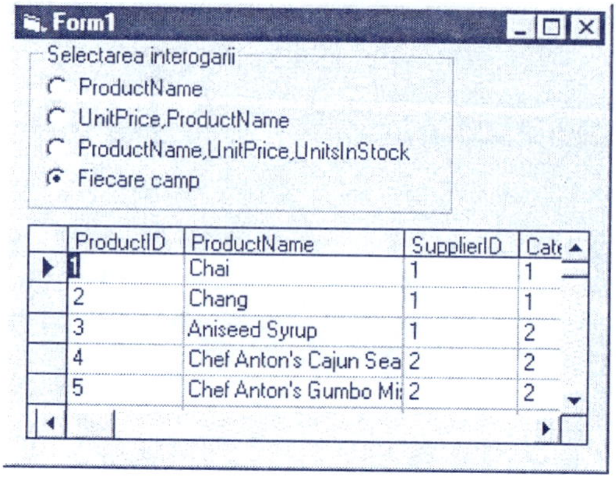

Textul sursă al programului este:

```
Option Explicit
Private s As String
Private Sub Option1_Click()
  s = "SELECT ProductName FROM Products " & _
      "ORDER BY ProductName"
  Adodc1.CommandType = adCmdText
  Adodc1.RecordSource = s
  Adodc1.Refresh
End Sub

Private Sub Option2_Click()
  s = "SELECT UnitPrice, ProductName FROM Products " & _
      "ORDER BY UnitPrice DESC"
  Adodc1.CommandType = adCmdText
  Adodc1.RecordSource = s
  Adodc1.Refresh
End Sub

Private Sub Option3_Click()
  s = "SELECT ProductName, UnitPrice, UnitsInStock " & _
      "FROM Products ORDER BY UnitsInStock DESC"
  Adodc1.CommandType = adCmdText
  Adodc1.RecordSource = s
  Adodc1.Refresh
End Sub

Private Sub Option4_Click()
  s = "SELECT * FROM Products"
  Adodc1.CommandType = adCmdText
  Adodc1.RecordSource = s
  Adodc1.Refresh
End Sub
```

EXEMPLUL 2:

Forma aplicației conține două controale de date **ADO**, invizibile la execuție, un control **DataGrid** și un chenar cu două butoane de opțiune. Cele două controale de date **ADO** au numele *Adodc1* respectiv *Adodc2*. Proprietatea *ConnectionString* a acestor controale este configurată cu valoarea

Provider=Microsoft.Jet.OLEDB.3.51;Persist Security Info=False;
Data Source=C:\Program Files\Microsoft Visual Studio\VB98\NWIND.MDB

Proprietatea *RecordSource* a primului control de date **ADO** este configurată cu tabelul *Products*, iar a celui de-al doilea control de date **ADO** cu tabelul *Categories*. Inițial proprietatea *DataSource* a controlului **DataGrid** este configurată cu numele primului control de date **ADO**. Astfel în momentul lansării în execuție a programului rețeaua de date va afișa articolele tabelului *Products*.

În această aplicație în timpul execuției se modifică dinamic proprietatea *DataSource* a controlului **DataGrid**, astfel că rețeaua de date va afișa diferite tabele, în funcție de butonul de opțiune selectat. Dacă se selectează primul buton de opțiune, proprietatea *DataSource* se încarcă cu *Adodc1* (deci se va afișa tabelul *Products*). Dacă se selectează al doilea buton de opțiune, proprietatea *DataSource* se încarcă cu *Adodc2* (deci se va afișa tabelul *Categories*).

Fereastra afișată de aplicație are aspectul următor:

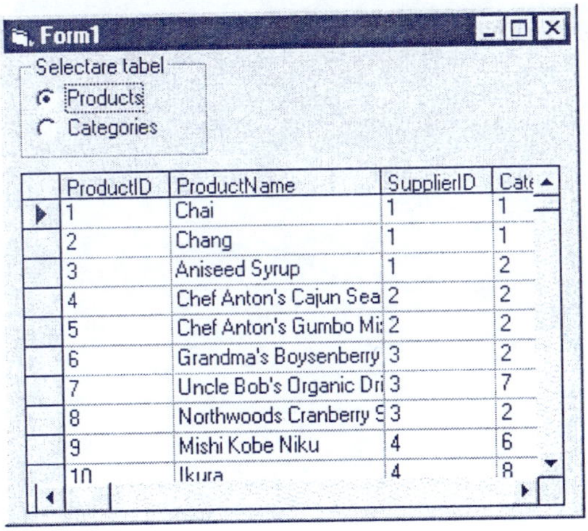

Textul sursă al programului este:

```
Option Explicit
Private Sub Option1_Click()
```

```
  Set DataGrid1.DataSource = Adodc1
End Sub

Private Sub Option2_Click()
  Set DataGrid1.DataSource = Adodc2
End Sub
```

EXEMPLUL 3:

Forma aplicației conține un control de date **ADO** având numele *Adodc1*, un control **DataGrid** înlănțuit la controlul **ADO** și șase controale de tip etichetă. Controlul de date **ADO** este configurat identic ca la exemplul 1. Proprietatea *DataSource* a controlului **DataGrid** este configurată cu numele controlului de date **ADO**, adică cu *Adodc1*. Astfel în momentul lansării în execuție a programului rețeaua de date va afișa articolele tabelului *Products*.

În execuție, când se selectează o celulă a rețelei de date (în procedura-eveniment **RowColChange**) se afișează în primele trei etichete valorile proprietăților **Text**, **Col** și **Row**. Eticheta a patra conține numărul total de articole ale tabelului afișat. În ultimele două etichete se afișează valorile curente ale parametrilor *LastCol* și *LastRow*. În momentul încărcării formei în memorie (evenimentul **Load** al formei) în zona de titlu a ferestrei se afișează valoarea proprietății **ApproxCount**.

Fereastra afișată de aplicație are aspectul următor:

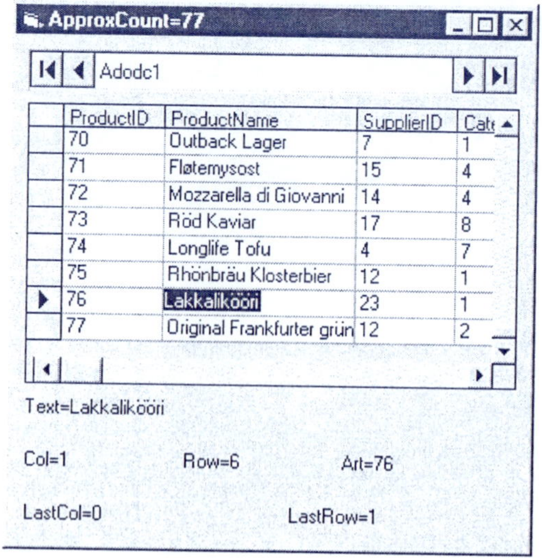

Textul sursă al programului este:

```
Option Explicit
Private Sub Form_Load()
  Form1.Caption = "AppoxCount=" & DataGrid1.ApproxCount
End Sub

Private Sub DataGrid1_RowColChange(LastRow As Variant,_
                                   ByVal LastCol As Integer)
  Label1.Caption = "Text=" & DataGrid1.Text
  Label2.Caption = "Col=" & DataGrid1.Col
  Label3.Caption = "Row=" & DataGrid1.Row
  Label4.Caption = "Art=" & Adodc1.Recordset.AbsolutePosition
  Label5.Caption = "LastCol=" & LastCol
  Label6.Caption = "LastRow=" & LastRow
End Sub
```

EXEMPLUL 4:

Forma aplicației conține un control de date **ADO** având numele *Adodc1* şi un control **DataGrid** înlănțuit la controlul **ADO**. Controlul de date **ADO** este configurat identic ca la exemplul 1. Proprietatea *DataSource* a controlului **DataGrid** este configurată cu numele controlului de date **ADO**, adică cu *Adodc1*. Astfel, când se lansează în execuție programul, rețeaua de date va afişa articolele tabelului *Products*.

În execuție, când se efectuează un clic pe o celulă situată în linia de antet, în procedura eveniment **HeadClick** al controlului **DataGrid**, se creează o nouă instrucțiune **SQL**. Având indicele coloanei selectate se determină valoarea livrată de proprietatea **DataField** (numele câmpului tabelului ataşat coloanei). Pe baza numelui de câmp se construieşte o instrucțiune **SQL** de forma:

```
SELECT * FROM Products ORDER BY NumeCamp
```

Această instrucțiune **SQL** livrează articolele tabelului *Products* sortate după valorile câmpului *NumeCamp*. În continuare se configurează valoarea proprietății **RecordSource** a controlului de date **ADO** cu instrucțiunea **SQL** astfel construită (această instrucțiune este afişată şi în zona de titlu a ferestrei).

Fereastra afişată de aplicație are aspectul următor:

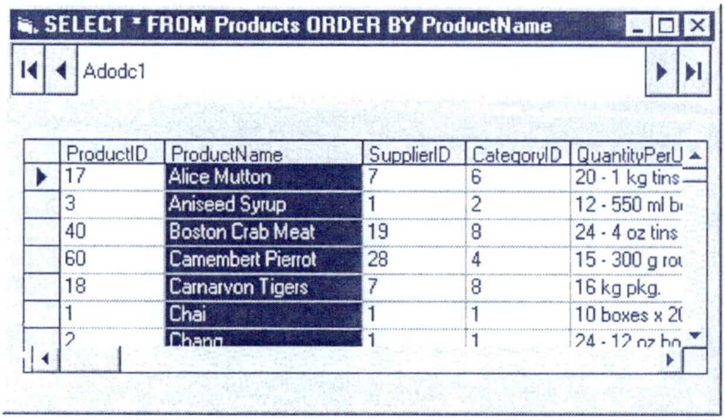

Textul sursă al programului este:

```
Option Explicit
Private Sub DataGrid1_HeadClick(ByVal ColIndex As Integer)
Dim s As String
Dim NumeCamp As String
  NumeCamp = DataGrid1.Columns(ColIndex).DataField
  s = "SELECT * FROM Products ORDER BY " & NumeCamp
  Form1.Caption = s
  Adodc1.CommandType = adCmdText
  Adodc1.RecordSource = s
  Adodc1.Refresh
End Sub
```

EXEMPLUL 5:

Această aplicaţie ilustrează utilizarea colecţiei de coloane a controlului **DataGrid**. Forma aplicaţiei conţine un control de date **ADO**, un control **DataGrid** şi trei butoane de comandă, etichetate cu *Adauga*, *Ascunde* şi *Reafiseaza*. Controalele **ADO** şi **DataGrid** se configurează identic ca la exemplul 1.

Prin acţionarea butonului de comandă *Adauga* se adaugă o nouă coloană după ultima coloană a reţelei de date. Se configurează proprietatea **Caption** a coloanei noi cu textul *Coloana noua*. Cu ajutorul proprietăţii **DataField** se specifică câmpul înlănţuit la noua coloană, în cazul nostru *ProductName*. Dacă se acţionează butonul de comandă *Ascunde*, atunci se vor ascunde toate coloanele reţelei, cu excepţia a două dintre ele: *ProductName* şi *UnitPrice*. Cele două coloane se identifică prin textul afişat în antetul coloanei (proprietatea *Caption*). Dacă se apasă butonul de comandă *Reafiseaza*, atunci se reafişează toate coloanele reţelei. Când se efectuează un clic pe o celulă a liniei antetului (evenimentul **HeadClick**), coloana ataşată celulei respective se îndepărtează din reţeaua de date. Această operaţie trebuie confirmată de utilizator.

Fereastra afişată de aplicaţie are aspectul următor:

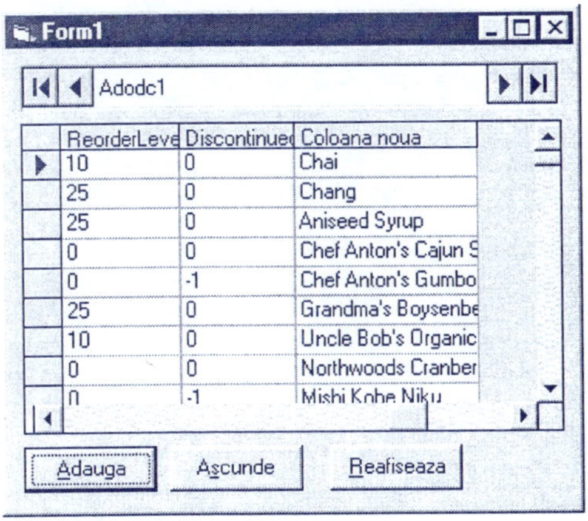

Textul sursă al programului este:

```
Option Explicit
Private c As Column
Private TotalColoane As Integer
Private i As Integer

Private Sub Command1_Click()
  TotalColoane = DataGrid1.Columns.Count
  Set c = DataGrid1.Columns.Add(TotalColoane)
  With c
    .Caption = "Coloana noua"
    .DataField = "ProductName"
  End With
  Adodc1.Refresh
End Sub

Private Sub Command2_Click()
Dim NumeCamp As String
  TotalColoane = DataGrid1.Columns.Count
  For i = 0 To TotalColoane - 1
    Set c = DataGrid1.Columns(i)
    NumeCamp = c.Caption
    If NumeCamp = "ProductName" Then
      c.Visible = True
    ElseIf NumeCamp = "UnitPrice" Then
      c.Visible = True
    Else
      c.Visible = False
    End If
  Next
End Sub
```

```
Private Sub Command3_Click()
  TotalColoane = DataGrid1.Columns.Count
  For i = 0 To TotalColoane - 1
    Set c = DataGrid1.Columns(i)
    c.Visible = True
  Next
End Sub

Private Sub DataGrid1_HeadClick(ByVal ColIndex As Integer)
Dim r As String
  r = InputBox("Se sterge coloana? (N,D}", _
             "Stergere coloana", "N")
  If (r = "D") Or (r = "d") Then
    DataGrid1.Columns.Remove ColIndex
  End If
End Sub
```

EXEMPLUL 6:

În această aplicaţie se prezintă un exemplu de afişare a câmpurilor calculate[2] ale unui tabel din controlul **DataGrid**.
Forma aplicaţiei conţine un control de date **ADO** şi un control **DataGrid**. Proprietatea **ConnectionString** a controlului de date **ADO**, având numele *Adodc1*, se configurează prin şirul:

Provider=Microsoft.Jet.OLEDB.3.51;Persist Security Info=False;Data Source=C:\Program Files\Microsoft Visual Studio\VB98\NWIND.MDB

Proprietatea **CommandType** se configurează cu valoarea 1 (*adCmdText*), iar proprietatea **RecordSource** cu instrucţiunea **SQL** de forma:

```
SELECT ProductName, UnitPrice, (UnitPrice*0.19) AS
      TVA, (UnitPrice + TVA) AS Total FROM Products
```

Această instrucţiune **SQL** conţine două câmpuri calculate:

1. *TVA*: valoarea câmpului se calculează cu formula *UnitPrice * 0.19*.
2. *Total*: valoarea câmpului se calculează cu formula *UnitPrice + TVA*.

Proprietatea **DataSource** a controlului **DataGrid** se configurează cu *Adodc1* (numele controlului de date **ADO**).
Fereastra afişată de aplicaţie are aspectul următor:

---

[2] Un câmp care nu este definit în tabelul analizat. Valorile afişate în cadrul câmpului respectiv se determină pe baza valorilor câmpurilor definite în tabel.

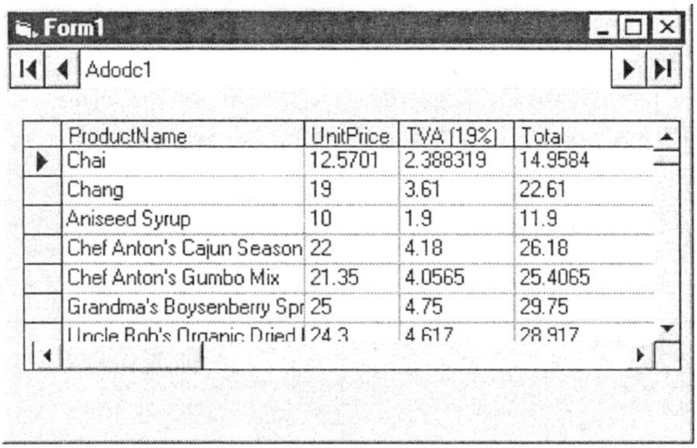

EXEMPLUL 7:

Această aplicație analizează două tabele ale bazei de date standard **NWIND.MDB**, şi anume tabelele *Categories* şi *Products*. Aceste tabele, prin intermediul câmpului *CategoryID*, sunt în relația "*de la unu la mai mulți*". În partea de "*unu*" a relației este tabelul *Categories* (tabelul primar), iar în partea de "*mai mulți*" a relației este tabelul *Products* (tabelul asociat). Astfel unui articol din tabelul *Categories* îi corespund mai multe articole din tabelul *Products*. Scopul aplicației este de a obține informații despre tabelul primar pornind de la informațiile conținute de tabelul secundar: selectând un produs din tabelul *Products* se va afişa numele categoriei din care face parte produsul respectiv.

Forma aplicației conține două controale de date **ADO**, un control **DataGrid**, un control **DataList** şi un control **DataCombo**.

Primul control de date **ADO**, având numele *Adodc1*, livrează date pentru controlul **DataGrid**, şi anume articolele tabelului *Products*. Acest control livrează de asemenea informații şi pentru controalele **DataList** şi **DataCombo** (proprietatea **DataSource** ale acestor controale se încarcă cu *Adodc1*, iar proprietatea **DataField** cu *CategoryID*).

Al doilea control de date **ADO**, având numele *Adodc2* şi invizibil la execuție, este înlănțuit la tabelul *Categories*. Acest control livrează informații pentru controalele **DataList** şi **DataCombo** (proprietatea **RowSource** a acestor controale se încarcă cu *Adodc2*, proprietatea **ListField** cu *CategoryName*, iar **BoundColumn** cu *CategoryID*).

Selectând numele unui produs din controlul **DataGrid**, în controalele **DataList** şi **DataCombo** se afişează numele categoriei din care face parte produsul respectiv.

Fereastra afişată de aplicație are aspectul următor:

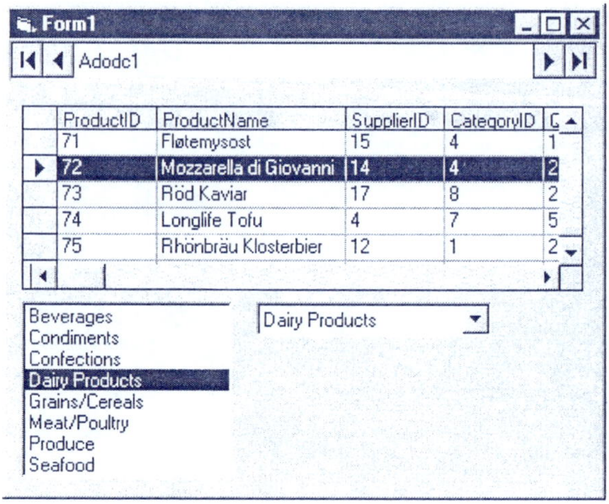

Textul sursă al programului este:

```
Option Explicit
Private Sub Form_Load()
' ASOCIAT --->>> PRIMAR
Dim CS As String
  CS = "Provider=Microsoft.Jet.OLEDB.3.51;" & _
       "Persist Security Info=False;" & _
       "Data Source=C:\Program Files\Microsoft & _
                    Visual Studio\VB98\NWIND.MDB"
  Adodc1.ConnectionString = CS
  Adodc1.CommandType = adCmdTable
  Adodc1.RecordSource = "Products"
  Set DataGrid1.DataSource = Adodc1
  Adodc2.ConnectionString = CS
  Adodc2.CommandType = adCmdTable
  Adodc2.RecordSource = "Categories"
  Adodc2.Visible = False
  Set DataList1.DataSource = Adodc1
  DataList1.DataField = "CategoryID"
  Set DataList1.RowSource = Adodc2
  DataList1.ListField = "CategoryName"
  DataList1.BoundColumn = "CategoryID"
  Set DataCombo1.DataSource = Adodc1
  DataCombo1.DataField = "CategoryID"
  Set DataCombo1.RowSource = Adodc2
  DataCombo1.ListField = "CategoryName"
  DataCombo1.BoundColumn = "CategoryID"
  ' Sincronizare DataGrid şi DataCombo prin
  ' deplasare la primul articol livrat de ADODC1.
  Adodc1.Recordset.MoveFirst
End Sub
```

EXEMPLUL 8:

Aplicația ilustrează înlănțuirea controalelor **DataList** şi **DataGrid**. Controlul **DataList** afişează conținutul câmpului *CategoryName* din tabelul *Categories*. Controlul **DataGrid** afişează inițial toate câmpurile tabelului *Products*. Tabelurile *Categories* şi *Products* sunt în relația "*de la unu la mai mulți*", prin intermediul câmpului *CategoryID* (adică unui articol din tabelul *Categories* îi corespund mai multe articole din tabelul *Products*).

Forma aplicației conține două controale de date **ADO** (invizibile la execuție), un control **DataList**, un control **DataGrid** precum şi două controale de tip etichetă.

Primul control de date **ADO** livrează informații controlului **DataList**. Proprietățile controlului de date sunt configurate astfel:

Proprietate	Valoare
Name	Adodc1
ConnectionString	Provider=Microsoft.Jet.OLEDB.3.51;Persist Security Info=False;Data Source=C:\Program Files\Microsoft Visual Studio\VB98\NWIND.MDB
CommandType	1 (adCmdText)
RecordSource	SELECT * FROM Categories

Proprietățile controlului **DataList** sunt configurate astfel:

Proprietate	Valoare
RowSource	Adodc1
ListField	CategoryName
BoundColumn	CategoryID

Al doilea control de date **ADO** livrează informații pentru controlul **DataGrid**. Proprietățile controlului de date sunt configurate astfel:

Proprietate	Valoare
Name	Adodc2
ConnectionString	Provider=Microsoft.Jet.OLEDB.3.51;Persist Security Info=False;Data Source=C:\Program Files\Microsoft Visual Studio\VB98\NWIND.MDB
CommandType	1 (adCmdText)
RecordSource	SELECT * FROM Products

Proprietatea **DataSource** a controlului de date **DataGrid** se configurează cu *Adodc2* (numele corespunzător celui de-al doilea control de date **ADO**).

În execuție, în momentul efectuării unui clic pe o categorie de produs (afișată în controlul **DataList**), se va genera o instrucțiune **SQL**. Această instrucțiune selectează toate produsele tabelului *Products*, care au categoria selectată în lista afișată de controlul **DataList**. Astfel, de exemplu, dacă s-a efectuat un clic pe categoria având numele *Dairy Products* (elementul de ordin 4 al listei), atunci se va genera o instrucțiunea **SQL** de forma:

```
SELECT * FROM Products WHERE CategoryID = 4
```

Instrucțiunea generată se atribuie proprietății **RecordSource** a controlului de date *Adodc2*. Această instrucțiune se afișează în primul control etichetă. Numărul articolelor afișate de rețeaua de date se prezintă în al doilea control etichetă.
Fereastra afișată de aplicație are aspectul următor:

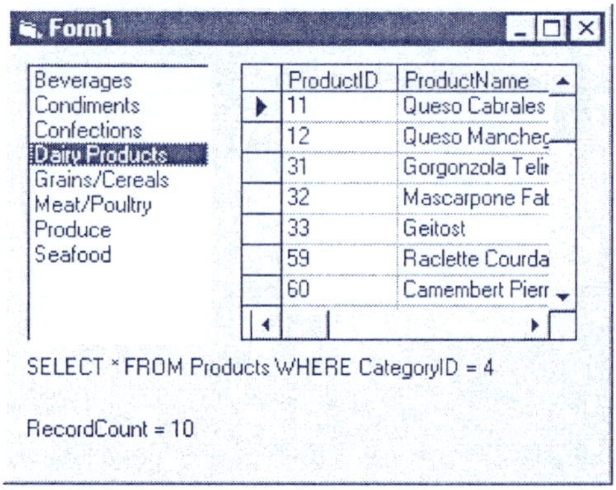

Textul sursă al programului este:

```
Option Explicit
Private Sub DataList1_Click()
Dim bt As String
Dim s As String
  bt = DataList1.BoundText
  s = "SELECT * FROM Products " & _
      "WHERE CategoryID = " & bt
  Label1.Caption = s
  Adodc2.RecordSource = s
  Adodc2.Refresh
  Adodc2.Recordset.MoveLast
  Adodc2.Recordset.MoveFirst
  Label2.Caption = "RecordCount = " & _
                   Adodc2.Recordset.RecordCount
End Sub
```

5. CONTROLUL MSHFlexGrid

Controlul **MSHFlexGrid** (*Microsoft Hierarchical* ***FlexGrid***) permite afişarea ierarhizată a datelor, sub forma unei rețele, provenite din mai multe tabele ale unei baze de date. Tabelele reprezentate de control sunt de obicei în relația "*de la unul la mai mulți*", adică unui articol dintr-un tabel (tabelul primar) îi corespund mai multe articole dintr-un alt tabel (tabelul asociat). Spre deosebire de controlul **DataGrid**, datele afişate de controlul **MSHFlexGrid** nu pot fi modificate de utilizator, însă există posibilitatea rearanjării coloanelor şi a liniilor precum şi regruparea automată a datelor. Pentru reprezentarea ierarhică a datelor provenite din mai multe tabele înlănțuite utilizatorul nu trebuie să scrie cod (linii de program), fiind suficientă crearea unui *mediu de date* elaborat în perioada de proiectare a aplicației. Controlul **MSHFlexGrid** poate fi utilizat şi pentru afişarea automată a articolelor unui tabel dintr-o bază de date folosind controlul de date **ADO**. Nici în acest caz nu este necesară scrierea de cod: pentru afişarea datelor se va configura doar o singură proprietate a controlului (**DataSource**). Controlul este utilizat şi pentru reprezentarea datelor de tip utilizator. În acest caz se vor configura proprietățile şi se vor apela metodele şi evenimentele controlului. De menționat este faptul că celulele rețelei pot conține texte şi/sau imagini. Controlul **MSHFlexGrid** este varianta îmbunătățită a controlului **FlexGrid**.

Controlul **MSHFlexGrid** este de tip ActiveX. Pentru afişarea simbolului grafic asociat controlului pe paleta de controale, din meniul **Project** se dă comanda **Components** (Ctrl+T). În fereastra care se afişează se selectează pagina *Controls*. În continuare, printr-un clic se selectează cutia de validare etichetată cu *Microsoft Hierarchical FlexGrid Control 6.0 (OLEDB)*. Datele referitoare la acest control se găsesc în unul dintre fişierele:

C:\WINDOWS\System\MSHFLXGD.OCX

sau

C:\WINNT\System32\MSHFLXGD.OCX

Simbolul grafic aferent controlului are forma . Numele clasei este **MSHFlexGrid**. Controalele au denumirile standard *MSHFlexGrid1*, *MSHFlexGrid2*, ...

5.1. Afişarea ierarhizată a articolelor provenite din mai multe tabele ale unei baze de date

- În prima fază se creează un mediu de date (*Data Environment*). Mediul creat va livra un număr de articole care vor fi afişate într-un control **MSHFlexGrid**.
- Faza a doua constă în configurarea proprietăţilor **DataSource** şi **DataMember** ale unui controlul **MSHFlexGrid** aşezat pe formă.

Crearea unui mediu de date care va permite afişarea ierarhizată a articolelor provenite din mai multe tabele ale unei baze de date se realizează prin parcurgerea următorului algoritm, format din 12 paşi:

1. Se afişează meniul **Project** şi se dă comanda **Add Data Environment**.

   Observaţie:

   Dacă această comandă nu este accesibilă, atunci din meniul **Project** se dă comanda **References** şi în fereastra afişată se selectează cutia de validare având eticheta *Microsoft Data Environment 1.0.*

2. În urma acestei comenzi fereastra de gestiune a proiectului este actualizată automat:

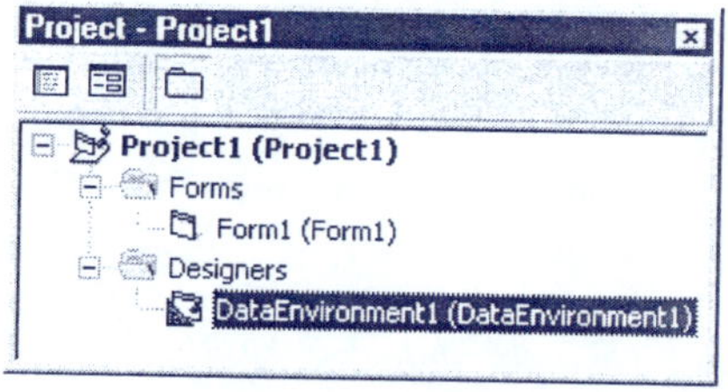

   În zona de lucru apare o nouă fereastră specializată în descrierea mediului de date, etichetată cu *DataEnvironment1*:

3. Printr-un clic se selectează obiectul *Connection1*. Acest obiect permite definirea tipului şi a locaţiei bazei de date analizate.

4. În bara de unelte a ferestrei se efectuează un clic pe butonul de comandă (*Properties*).

Variantă:

Se efectuează un clic cu butonul drept pe obiectul *Connection1* şi din meniul local afişat se dă comanda *Properties*. În urma acestei comenzi se afişează o fereastră formată din patru fişe, etichetată cu *Data Link Properties*.

5. Se selectează fişa *Provider* şi din lista afişată se selectează furnizorul bazei de date: *Microsoft Jet 3.51 OLE DB Provider* (adică baza de date analizată a fost creată cu programul **Access**). Pentru trecerea la fişa următoare a ferestrei se va acţiona butonul de comandă **Next**.
6. În fişa *Connections* folosind prima cutie text se tastează (sau se selectează cu ajutorul butonului cu trei puncte) locaţia şi numele bazei de date analizate. În această prezentare se va folosi baza de date standard **NWIND.MDB**.

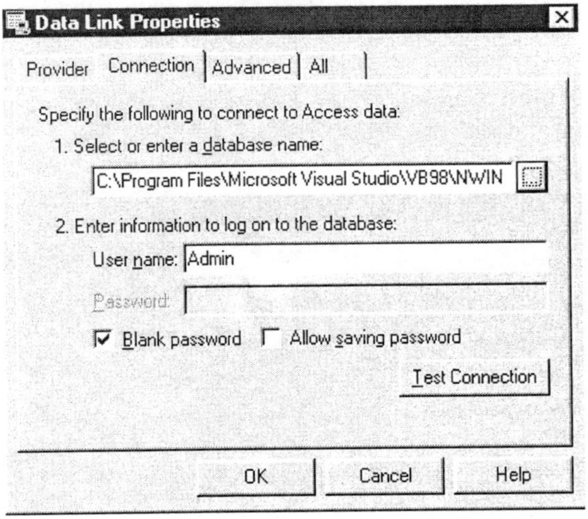

Se verifică dacă s-a realizat legătura spre baza de date selectată, prin acţionarea butonului de comandă **Test Connection**. În caz de reuşită se afişează o fereastră de confirmare. În continuare se dă comanda OK, prin care se revine în fereastra de descriere a mediului de date.

7. Printr-un clic se selectează obiectul *Connection1*. În bara de unelte a ferestrei se efectuează un clic pe butonul de comandă (*Add Command*).

Variantă:

Se efectuează un clic cu butonul drept pe obiectul *Connection1* şi din meniul local afişat se dă comanda *Add Command*. În urma acestei comenzi obiectului *Connection1* i se ataşează un obiect având numele *Command1*.

8. Se selectează obiectul *Command1* şi în bara de unelte a ferestrei *DataEnvironment* se efectuează un clic pe butonul de comandă  (*Properties*). Se afişează o fereastră de dialog formată din şase fişe, etichetată cu *Command1 Properties*. Această fereastră va permite stabilirea proprietăţilor obiectului *Command1* (de exemplu proprietăţile generale, relaţiile, grupările, funcţiile de tip agregat).
9. În fişa de proprietăţi generale se stabileşte tabelul ataşat obiectului *Command1* (sau se va construi o interogare care va livra articole pentru obiectul *Command1*).

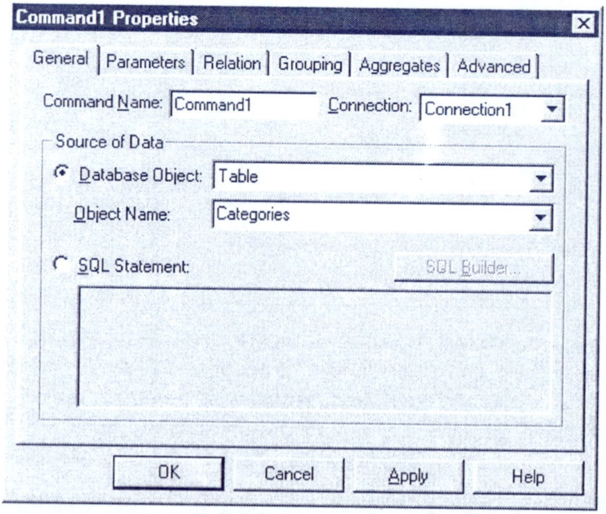

10. Dacă se doreşte ataşarea unui tabel la obiectul *Command1*, atunci se va selecta butonul de opţiune *Database Object* şi din lista combinată ataşată

se alege valoarea *Table*. Din lista derulantă *Object Name* se alege numele tabelul care se va analiza, de exemplu *Categories*. În continuare se dă comanda OK, prin care se revine la fereastra de descriere a mediului de date.

11. Se selectează obiectul *Command1*.

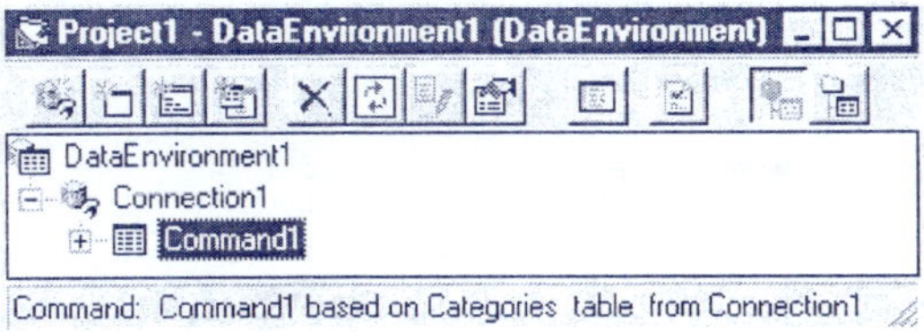

În bara de unelte a ferestrei *DataEnvironment* se efectuează un clic pe butonul de comandă  (*Add Child Command*).

Variantă:

Se efectuează un clic cu butonul drept pe obiectul *Connection1* şi din meniul local afişat se dă comanda *Add Child Command*. În urma acestei comenzi obiectului *Command1* i se ataşează o subcomandă, având numele *Command2*.

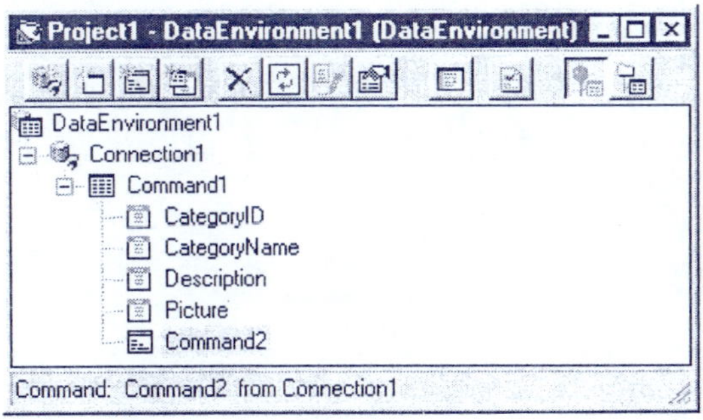

12. Se selectează obiectul *Command2*. În bara de unelte a ferestrei *DataEnvironment* se efectuează un clic pe butonul de comandă  (*Properties*). Se afişează o fereastră de dialog etichetată cu *Command2 Properties*, având structura identică cu fereastra afişată la pasul 9. În fişa *General* se stabileşte tabelul ataşat obiectului *Command2*. În cazul analizat se alege tabelul *Products*.
Se activează fişa *Relation* în vederea stabilirii relaţiei părinte-copil dintre obiectele *Command1* şi *Command2* (adică între tabelele *Categories* şi *Products*).

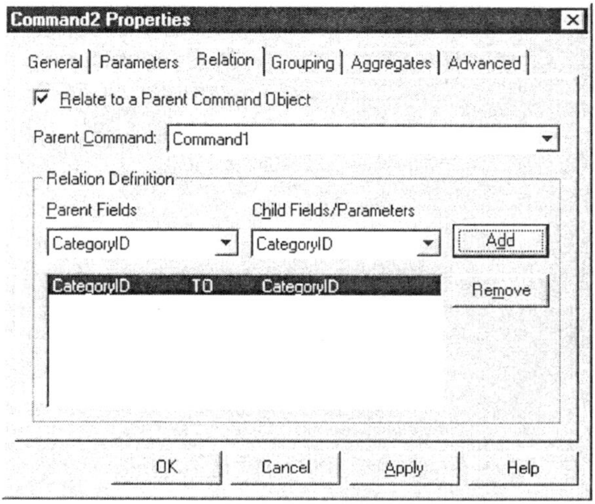

Se verifică dacă în lista *Parent Fields* (câmpuri părinte) este afişat câmpul *CatogoryID*. Acest câmp reprezintă cheia primară a tabelului *Categories*. În continuare se verifică dacă în lista *Child Fields* (câmpuri copil) este afişat câmpul *CategoryID*. Acest câmp reprezintă cheia străină din tabelul *Products*. În continuare se acţionează butonul de comandă **Add**, prin care relaţia propusă este inserată în lista rezervată relaţiei.

După ce s-a definit relaţia, se dă comanda OK, prin care se revine în fereastra de descriere a mediului de date. Această fereastră are forma finală din figura alăturată.

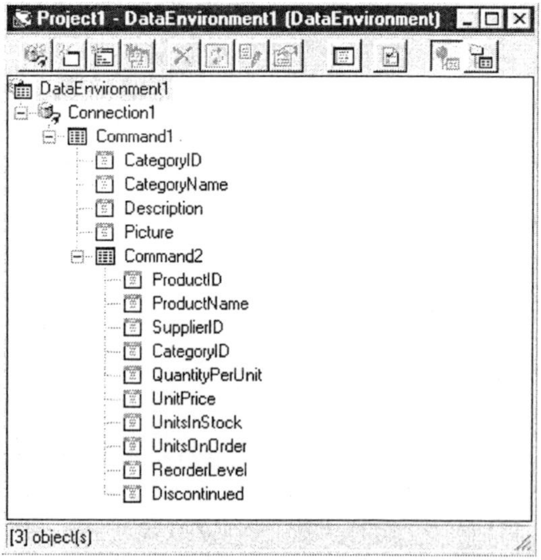

Numele implicit al mediului de date este *DataEnvironment1*.

Comanda situată la nivelul unu are numele implicit *Command1*.

Pentru afişarea în cadrul unui control ***MSHFlexGrid***
a articolelor generate de un mediu de date:

1. Se aşează pe formă un control **MSHFlexGrid**.
2. Se configurează proprietatea **DataSource** cu numele mediului de date, în cazul de faţă cu *DataEnvironment1*.
3. Se configurează proprietatea **DataMember** cu numele comenzii situate la nivelul unu, în cazul de faţă cu *Command1*.
4. Eventual se configurează şi alte proprietăţi ale controlului **MSHFlexGrid** referitoare la afişarea benzilor. În acest scop se efectuează un clic cu butonul drept al mouse-ului pe controlul **MSHFlexGrid** şi din meniul local afişat se dă comanda **Properties**.

În urma acestor configurări fereastra formei are aspectul următor:

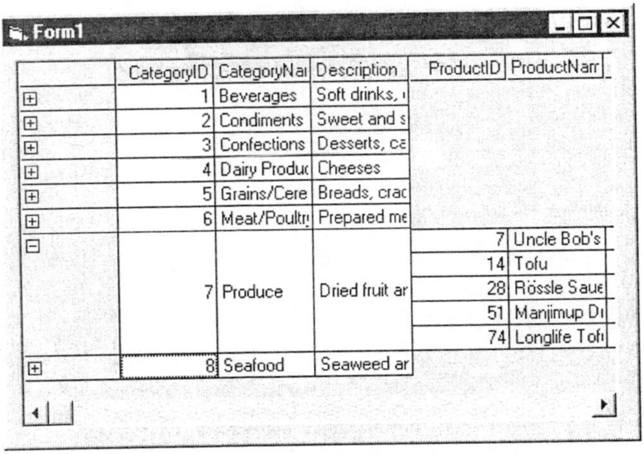

Controlul utilizează două benzi (numerotate cu 0 şi 1). Pe prima bandă sunt afişate articolele provenite din tabelul primar: *Categories*. Pe banda a doua apar articolele provenite din tabelul asociat: *Products*. Fiecărui articol din tabelul primar îi corespund mai multe articole din tabelul asociat. În figura alăturată sunt dilatate articolele provenite din tabelul asociat corespunzător articolului 7 (*Produce*) din tabelul primar; celelalte articole de pe banda a doua sunt condensate. Dilatarea/condensarea articolelor se realizează prin efectuarea unui clic pe butoanele de comandă prevăzute cu semnele + şi -.

5.2. Afişarea articolelor unui tabel dintr-o bază de date folosind controlul de date ADO

Pentru afişarea articolelor unui tabel în controlul **MSHFlexGrid** (sau a articolelor livrate de o interogare) se aşează prima dată pe formă un control de date **ADO**. În continuare se înlănţuie la controlul de date un control **MSHFlexGrid**.

În controlul de date **ADO** se specifică baza de date şi tabelul utilizat (sau interogarea utilizată). Astfel, dacă se doreşte afişarea tabelului *Products* din baza de date **Access** având numele **NWIND.MDB**, atunci controlul de date **ADO** se va configura astfel:

Proprietate	**Valoare**
Name	Adodc1
ConnectionString	Provider=Microsoft.Jet.OLEDB.3.51;Persist Security Info=False;Data Source=C:\Program Files\Microsoft Visual Studio\VB98\NWIND.MDB
CommandType	2 – adCmdTable
RecordSource	Products

Controlul **MSHFlexGrid** se înlănţuie la controlul de date **ADO** prin configurarea proprietăţii **DataSource**: această proprietate se configurează cu numele controlului de date **ADO**, adică cu *Adodc1*.

În perioada de elaborare a proiectului se pot modifica atributele referitoare la aspectul liniei antetului din controlul **MSHFlexGrid**. Fiecărei celule din linia de antet îi corespunde câte un nume de câmp din tabelul analizat: primei celule îi corespunde primul câmp, celulei a doua îi corespunde al doilea câmp ş.a.m.d. Pentru modificarea atributelor se va utiliza pagina de proprietăţi, fişa *Bands*. Pagina de proprietăţi se afişează printr-un clic drept pe controlul **MSHFlexGrid** şi selectarea din meniul local afişat a comenzii **Property Pages**.

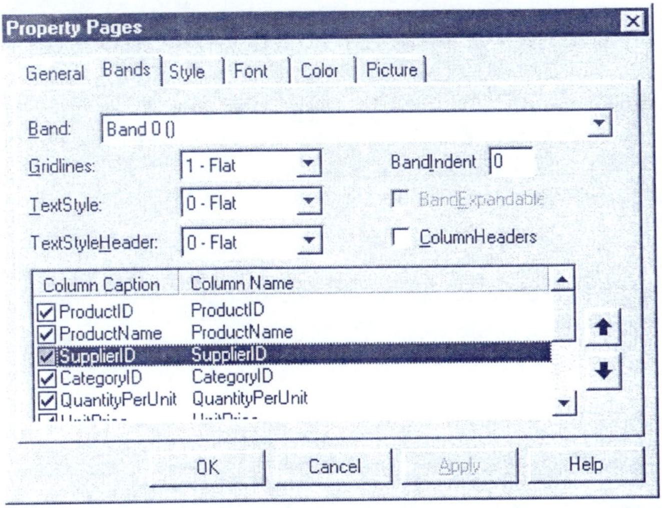

În zona centrală a ferestrei apare o listă derulantă organizată pe două coloane. Numărul elementelor acestei liste este egal cu numărul câmpurilor din tabelul analizat. Numele câmpurilor apar în coloana etichetată cu *Column Name*. Dacă se doreşte modificarea atributelor unui câmp, prima dată se va selecta linia aferentă câmpului.

Pentru fiecare câmp se poate specifica dacă câmpul respectiv va fi vizibil sau nu în controlul **MSHFlexGrid**. În acest scop se va utiliza cutia de validare din stânga liniei. Titlul ataşat câmpului este afişat în coloana etichetată cu *Column Caption*. Iniţial titlul câmpului coincide cu numele câmpului; titlul implicit poate fi modificat prin efectuarea a două clicuri succesive pe titlu (şi nu un clic dublu), urmat de tastarea noului titlu. Ordinea de afişare a câmpurilor poate fi modificată prin utilizarea butoanelor de comandă  şi  afişate în dreapta listei.

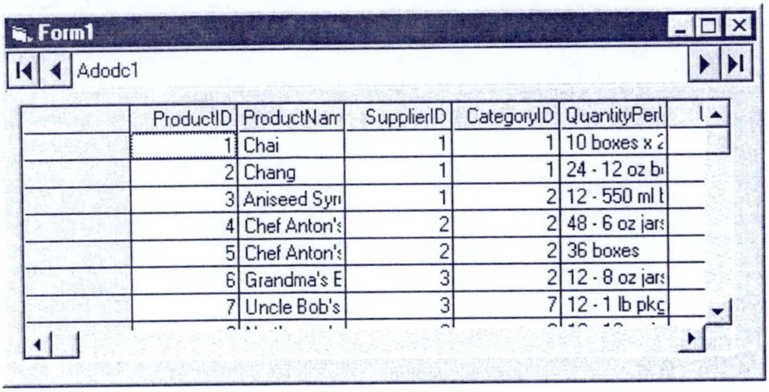

5.3. Afişarea tabelară a datelor tip utilizator

În celulele controlului **MSHFlexGrid** se pot afişa date de tip utilizator (date care sunt generate în timpul execuţiei). În continuare se consideră o reţea formată din 4 coloane şi din 3 linii. Pentru afişarea datelor de tip utilizator se vor configura următoarele proprietăţi de bază ale controlului **MSHFlexGrid**:

- *Cols* = 4

  Numărul total al coloanelor. Coloanele sunt numerotate de la 0 la 3.

- *Rows* = 3

  Numărul total al liniilor. Liniile sunt numerotate de la 0 la 2.

- *FixedCols* = 1

  Numărul coloanelor fixe, neparticipante la defilarea datelor.

- *FixedRows* = 1

  Numărul liniilor fixe, neparticipante la defilarea datelor.

Celulele reţelei sunt numerotate începând cu 0, de la stânga spre dreapta, după care de sus în jos, în cazul nostru până la *Cols* * *Rows* – 1, adică 11. Indicele celulei situate în coloana *cl* (= 0, 1, 2, 3) şi linia *ln* (= 0, 1, 2) se calculează cu formula:

indice = **MSHFlexGrid1**.*Cols* * ln + cl

	0	1	2	3
0	*0*	*1*	*2*	*3*
1	*4*	*5*	*6*	*7*
2	*8*	*9*	*10*	*11*

Pentru încărcarea unui text şi/sau a unei imagini într-o celulă:

Varianta 1

Se desemnează coordonatele celulei active, prin stabilirea proprietăţilor **Col** şi **Row**. După ce s-a stabilit celula activă, folosind proprietăţile **Text** şi **CellPicture** se poate introduce un şir de caractere şi/sau o imagine în celula activă situată în linia *ln* şi coloana *cl* prin următoarea secvenţă:

```
MSHFlexGrid1.Row = ln
MSHFlexGrid1.Col = cl
MSHFlexGrid1.Text = "test"
Set MSHFlexGrid1.CellPicture = LoadPicture("Foto.ico")
```

Varianta 2

Introducerea unui text într-o celulă situată în linia *ln* şi coloana *cl*, folosind proprietatea **TextMatrix** (celulele sunt elementele unei matrice bidimensionale).

```
MSHFlexGrid1.TextMatrix(ln, cl) = "test"
```

Varianta 3

Introducerea unui text într-o celulă situată în linia *ln* şi coloana *cl*, folosind proprietatea **TextArray** (celulele sunt elementele unui vector, obţinut prin liniarizarea unei matrice bidimensionale).

```
indice = MSHFlexGrid1.Cols * ln  + cl
MSHFlexGrid1.TextArray(indice) = "test"
```

EXEMPLE:

Încărcarea datelor de tip utilizator într-un control **MSHFlexGrid**, format din 3 coloane şi 3 linii, în procedura-eveniment **Load** de încărcare a formei în memorie. Se utilizează proprietăţile **Col**, **Row** şi **Text** ale controlului **MSHFlexGrid**.

```
Private Sub Form_Load()
  With MSHFlexGrid1
     .Cols = 3
     .Rows = 3
     .Col = 0
     .Row = 0:    .Text = "Nr"
     .Row = 1:    .Text = "1"
     .Row = 2:    .Text = "2"
     .Col = 1
     .Row = 0:    .Text = "Tara"
     .Row = 1:    .Text = "Romania"
     .Row = 2:    .Text = "Franta"
     .Col = 2
     .Row = 0:    .Text = "Capitala"
     .Row = 1:    .Text = "Bucuresti"
     .Row = 2:    .Text = "Paris"
    End With
End Sub
```

Controlul **MSHFlexGrid** are aspectul următor:

Încărcarea datelor de tip utilizator într-un control **MSHFlexGrid**, format din 3 coloane şi 11 linii. Aici se utilizează proprietatea **TextMatrix**.

```
Private Sub Form_Load()
Dim i As Integer
Dim Nume(1 To 10) As String
Dim Salar(1 To 10) As Single
  Nume(1) = "Ion":              Nume(2) = "Maria"
  Nume(3) = "Stefan":           Nume(4) = "Margareta"
  Nume(5) = "Marius":   Nume(6) = "Angela"
  Nume(7) = "Daniel":           Nume(8) = "Ioana"
  Nume(9) = "Anton":            Nume(10) = "Stela"
  Salar(1) = 3.5: Salar(2) = 3
  Salar(3) = 3.1: Salar(4) = 2.5
  Salar(5) = 2.9: Salar(6) = 2.6
  Salar(7) = 2.9: Salar(8) = 3
  Salar(9) = 3.5: Salar(10) = 3.2
  MSHFlexGrid1.Cols = 3
  MSHFlexGrid1.Rows = 11
  MSHFlexGrid1.TextMatrix(0, 0) = "Nr"
  MSHFlexGrid1.TextMatrix(0, 1) = "Nume"
  MSHFlexGrid1.TextMatrix(0, 2) = "Salar"
  For i = 1 To 10
    MSHFlexGrid1.TextMatrix(i, 0) = i
    MSHFlexGrid1.TextMatrix(i, 1) = Nume(i)
    MSHFlexGrid1.TextMatrix(i, 2) = Salar(i)
  Next i
End Sub
```

Controlul **MSHFlexGrid** are aspectul următor:

Nr	Nume	Salar
1	Ion	3.5
2	Maria	3
3	Stefan	3.1
4	Margareta	2.5
5	Marius	2.9
6	Angela	2.6
7	Daniel	2.9
8	Ioana	3
9	Anton	3.5
10	Stela	3.2

Încărcarea datelor într-un control **MSHFlexGrid**, format din 4 coloane şi 5 linii. Se afişează rădăcina pătrată a numerelor naturale de la 0 la 19. Aici se utilizează proprietatea **TextArray**.

```
Private Sub Form_Load()
Dim indice As Integer
  MSHFlexGrid1.Rows = 5
  MSHFlexGrid1.Cols = 4
  For indice = 0 To 19
```

```
    MSHFlexGrid1.TextArray(indice) = _
                                Format(Sqr(indice), "0.0000")
  Next indice
End Sub
```

Controlul **MSHFlexGrid** are aspectul următor:

0.0000	1.0000	1.4142	1.7321
2.0000	2.2361	2.4495	2.6458
2.8284	3.0000	3.1623	3.3166
3.4641	3.6056	3.7417	3.8730
4.0000	4.1231	4.2426	4.3589

5.4. Principalele proprietăţi ale controlului

- *Proprietăţile* **Cols** *şi* **Rows** (de tip **Long**)

  Stabilesc numărul coloanelor, respectiv numărul liniilor în controlul **MSHFlexGrid**.

  MSHFlexGrid1.**Cols** = *nr*
  MSHFlexGrid1.**Rows** = *nr*

  Argumentul *nr* desemnează numărul coloanelor (liniilor). Valoarea minimă a acestui argument este 0 iar valoarea maximă este delimitată de capacitatea de memorie a calculatorului utilizat.

- *Proprietăţile* **FixedCols** şi **FixedRows** (de tip **Long**)

  Stabilesc numărul coloanelor (liniilor) fixe din interiorul controlului **MSHFlexGrid**. Coloanele şi liniile fixe nu participă la procesul de defilare (deci ele rămân întotdeauna vizibile). Implicit numărul coloanelor şi al liniilor fixe este egal cu 1.

  MSHFlexGrid1.**FixedCols** = *nr*
  MSHFlexGrid1.**FixedRows** = *nr*

  Argumentul *nr* desemnează numărul coloanelor (liniilor) fixe; valorile posibile sunt în intervalele [0, **Cols** – 1], respectiv [0, **Rows** – 1].

- *Proprietăţile* **Col** *şi* **Row** (de tip **Long**)

  Stabilesc sau livrează coordonatele celulei active din controlul **MSHFlexGrid**. Aceste proprietăţi sunt accesibile numai în execuţie.

  Dim numar **As Long**
  MSHFlexGrid1.**Col** = *numar* 'Stabilirea poziţiei celulei active (număr coloană)

MSHFlexGrid1.**Row** = *numar*	'Stabilirea poziției celulei active (număr linie)
numar = *MSHFlexGrid1*.**Col**	'Citirea poziției celulei active (număr coloană)
numar = *MSHFlexGrid1*.**Row**	'Citirea poziției celulei active (număr linie)

Observații:

1. Coloanele și liniile sunt numerotate de la 0.

2. Stabilirea celulei active în execuție se realizează de obicei cu mouse-ul, prin efectuarea unui clic pe celula dorită. În evenimentul **Click** aferent controlului **MSHFlexGrid** se poate încărca conținutul celulei active.

```
Private Sub Form_Load ()
  MSHFlexGrid1.Rows =8
  MSHFlexGrid1.Cols =5
End Sub

Private Sub MSHFlexGrid1_Click ()
  ' Scrie un text în celula activă
  MSHFlexGrid1.Text ="Sunt celula activa"
  ' Scrie un alt text în celula din coloana 2, linia 2
  MSHFlexGrid1.Col =2
  MSHFlexGrid1.Row =2
  MSHFlexGrid1.Text ="Acum eu sunt celula activa"
End Sub
```

3. Prin stabilirea proprietăților **Col** și **Row** se vor inițializa automat și proprietățile **RowSel** și **ColSel** (**ColSel** = **Col**; **RowSel** = **Row**), deci selecția va coincide cu celula activă. În consecință, dacă se dorește stabilirea selecției prin program, atunci prima dată se vor stabili proprietățile **Col** și **Row**, după care proprietățile **RowSel** și **ColSel**.

4. Dacă se dorește modificarea conținutului unei celule fără modificarea proprietăților **Row** și **Col**, atunci se vor utiliza proprietățile **TextMatrix** sau **TextArray**.

- *Proprietățile* **ColSel** *și* **RowSel** (de tip **Long**)

Proprietatea **ColSel** stabilește sau livrează numărul coloanei de sfârșit sau de început al unei regiuni de celule. Proprietatea **RowSel** stabilește sau livrează numărul liniei de sfârșit sau de început al unei regiuni de celule. Aceste proprietăți sunt accesibile numai în execuție.

Dim valoare **As Long**

MSHFlexGrid1.**ColSel** = *valoare*	'Stabilirea coloanei de sfârșit a regiunii selectate
MSHFlexGrid1.**RowSel** = *valoare*	'Stabilirea liniei de sfârșit a regiunii selectate
valoare = *MSHFlexGrid1*.**ColSel**	'Citirea coloanei de sfârșit a regiunii selectate

valoare = *MSHFlexGrid1*.**RowSel**   'Citirea liniei de sfârşit a regiunii selectate

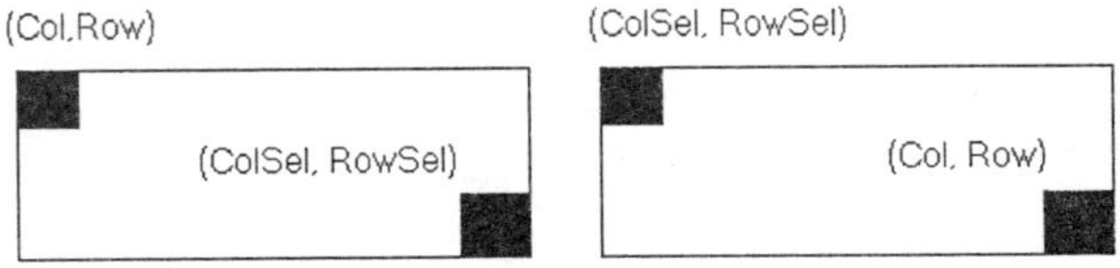

Proprietăţile se utilizează pentru a desemna, prin program, o regiune de celule sau pentru a citi dimensiunea regiunii selectate. În execuţie o regiune de celule se poate preciza cu ajutorul mouse-ului: se efectuează un clic pe o celulă, se ţine apăsat butonul şi se glisează mouse-ul într-o direcţie arbitrară. În momentul eliberării mouse-ului regiunea "măturată" devine selectată şi este afişată în video invers, exceptând celula activă a regiunii (celula indicată de **Col** şi **Row**). În fiecare celulă a regiunii selectate se poate introduce acelaşi text, aceeaşi imagine sau se poate stabili aceeaşi formatare, cu proprietăţile **Text**, **CellPicture** sau a proprietăţilor referitoare la formatare[1].

- *Proprietatea* **Text** (de tip **String**)

Stabileşte textul introdus în celula activă (cea desemnată cu ajutorul proprietăţilor **Col** şi **Row**) sau într-o regiune selectată de celule. Citeşte conţinutul celulei active (nu şi a selecţiei). Această proprietate este proprietatea implicită a controlului **MSHFlexGrid**.

Dim s **As String**
MSHFlexGrid1.**Text** = *s*   'Stabilire conţinut
s = *MSHFlexGrid1*.**Text**   'Citire conţinut

Variabila de tip şir de caractere *s* reprezintă conţinutul celulei.

- *Proprietatea* **TextMatrix** (de tip **String**)

Stabileşte sau returnează textul unei celule.

Dim s **As String**
MSHFlexGrid1.**TextMatrix**(*RowIndex, ColIndex*) = *s*   'Stabilire conţinut
s = *MSHFlexGrid1*.**TextMatrix**(*RowIndex, ColIndex*)   'Citire conţinut

În aceste construcţii *RowIndex* şi *ColIndex* sunt valori de tip întreg, care identifică celula (numărul liniei şi al coloanei celulei). Variabila de tip şir de caractere *s* reprezintă conţinutul celulei. Menţionăm că proprietatea **TextMatrix** permite stabilirea textului introdus într-o celulă sau

---

[1] În funcţie de modul în care a fost configurată proprietatea **FillStyle**.

citirea textului existent, fără modificarea valorilor proprietăţilor **Col** şi **Row**.

- *Proprietatea* **TextArray** (de tip **String**)

  Stabileşte sau returnează textul unei celule. Este asemănătoare proprietăţii **TextMatrix**, cu deosebirea că celula se referenţiază cu un singur argument (se liniarizează matricea bidimensională într-un vector).

  Dim s **As String**
  MSHFlexGrid1.**TextArray**(*CellIndex*) =*s* 'Stabilire conţinut
  s = *MSHFlexGrid1*.**TextArray**(*CellIndex*) 'Citire conţinut

  În aceste construcţii *CellIndex* este indicele de tip întreg al celulei. Prin acest indice se identifică celula. Indicele celulei din coloana *cl* şi linia *ln* se calculează cu formula:

  indice = **MSHFlexGrid1**.Cols * ln + cl

- *Proprietatea* **Clip** (de tip **String**)

  Stabileşte sau returnează textul unei regiuni selectate de celule. Proprietatea este accesibilă numai în execuţie.

  Dim s **As String**
  MSHFlexGrid1.**Clip** = *s* 'Stabilirea conţinutului regiunii selectate
  s = *MSHFlexGrid1*.**Clip** 'Citirea conţinutului regiunii selectate

  Variabila de tip şir de caractere *s* reprezintă conţinutul regiunii selectate de celule: se pot reprezenta valori care se referă la mai multe coloane şi la mai multe linii. În acest şir de caractere caracterul Tab (dat de constanta *vbTab*) indică trecerea la o nouă celulă din linia curentă. Caracterul de retur de car (dat de constanta *vbCR*) indică trecerea la începutul unei linii noi.
  La încărcarea regiunilor selectate, dacă sunt mai multe celule decât valorile descrise în variabila *s*, atunci celulele rămase nu sunt iniţializate. Dacă sunt selectate mai puţine celule decât valorile descrise în variabila *s*, atunci porţiunea neutilizată a variabilei *s* este ignorată.

EXEMPLU:

În regiunea de celule selectată se introduc valorile *Ion*, *Maria* şi *Nicu*. Selecţia se realizează cu ajutorul mouse-ului. Valorile se introduc în celulele consecutive ale liniei selectate.

```
Private Sub Form1_Load ()
  MSHFlexGrid1.Rows =8
```

```
  MSHFlexGrid1.Cols =5
End Sub

Private Sub MSHFlexGrid1_MouseUp (Button As Integer, _
                     Shift As Integer, X As Single, Y As Single)
Dim s As String
   s ="Ion" & vbTab & "Maria" & vbTab & "Nicu"
   MSHFlexGrid1.Clip =s
End Sub
```

- *Proprietatea* **CellPicture** (de tip **Picture**)

  Stabileşte imaginea care se afişează în celula activă sau în celulele regiunii selectate, în funcţie de configurarea proprietăţii **FillStyle**. Proprietatea poate fi utilizată citirea imaginii depuse în celula activă, în vederea atribuirii ei unui alt control. Proprietatea poate fi utilizată numai în execuţie.

  Set *MSHFlexGrid1*.**CellPicture** = imagine 'Afişarea imaginii

  Proprietatea **CellPicture** poate fi configurată cu ajutorul funcţiei **LoadPicture** sau a proprietăţii **Picture** a unui control. Se pot utiliza imagini de tip bitmap (de extensie **BMP**), icon (de extensie **ICO**) sau metafile (de extensie **WMF**), de exemplu:

```
Set MSHFlexGrid1.CellPicture = _
              LoadPicture("Masina.ico")
```

  Fiecare celulă poate conţine un text şi/sau o imagine. Poziţia relativă a textului şi a imaginii este determinată de proprietăţile **CellAlignment** şi **CellPictureAlignment**.

- *Proprietatea* **ScrollBars** (de tip **Integer**)

  Stabileşte tipul barelor orizontale şi/sau verticale ale controlului **MSHFlexGrid**[2].

  MSHFlexGrid1.**ScrollBars** = *valoare*

  Pentru configurarea proprietăţii se vor utiliza următoarele constante predefinite:

Constantă	Valoare	Descriere
flexScrollNone	0	Controlul nu este prevăzut cu bare de defilare.
flexScrollHorizontal	1	Controlul are o bară de defilare orizontală.

2 Barele de defilare apar doar când în zona rezervată controlului nu încap toate celulele.

Constantă	Valoare	Descriere
flexScrollVertical	2	Controlul are o bară de defilare verticală.
flexScrollBoth	3	Controlul este prevăzut cu bare de defilare orizontale şi verticale. Valoare implicită.

- *Proprietatea* **FocusRect** (de tip **Integer**)

  Stabileşte stilul dreptunghiului utilizat pentru evidenţierea celulei active (aflate în focar).

  MSHFlexGrid1.**FocusRect** = *valoare*

  Pentru configurarea proprietăţii se vor utiliza următoarele constante predefinite:

Constantă	Valoare	Descriere
flexFocusNone	0	Celula activă nu este evidenţiată.
flexFocusLight	1	Celula activă este evidenţiată printr-un dreptunghi având muchii de lăţime mică. Valoare implicită.
flexFocusHeavy	2	Celula activă este evidenţiată printr-un dreptunghi având muchii de lăţime mare.

- *Proprietatea* **SelectionMode** (de tip **Integer**)

  Stabileşte modul de selectare utilizat în controlul **MSHFlexGrid**.

  MSHFlexGrid1.**SelectionMode** = *valoare*

  Pentru configurarea proprietăţii se vor utiliza următoarele constante predefinite:

Constantă	Valoare	Descriere
flexSelectionFree	0	Selecţie liberă, caz în care se pot selecta liber regiuni de celule, similar selectărilor de celule realizate cu programul **Excel**. Valoare implicită.
flexSelectionByRow	1	Selecţia realizată se referă la întreaga linie.
flexSelectionByColumn	2	Selecţia realizată se referă la întreaga coloană.

- *Proprietatea* **AllowBigSelection** (de tip **Boolean**)

  Stabileşte dacă prin efectuarea unui clic pe antetul coloanei sau pe cel al liniei se selectează întreaga linie sau întreaga coloană.

  MSHFlexGrid1.**AllowBigSelection** = *ValoareLogică*

Dacă se selectează valoarea True, care este şi valoarea implicită, efectuarea unui clic pe o celulă din linia antetului sau pe o celulă din coloana antetului va cauza selectarea întregii coloane sau a liniei aferente celulei. Dacă se foloseşte valoarea False, printr-un clic cu mouse-ul pe antet se selectează doar celula din antetul respectiv.

- *Proprietatea* **HighLight** (de tip **Integer**)

  Stabileşte modul de evidenţiere a celulelor selectate în controlul **MSHFlexGrid**.

  MSHFlexGrid1.**HighLight** = *valoare*

  Pentru configurarea proprietăţii se vor utiliza următoarele constante predefinite:

Constantă	Valoare	Descriere
flexHighlightNever	0	Celulele selectate nu sunt supraluminate.
flexHighlightAlways	1	Celulele selectate sunt întotdeauna supraluminate. Valoare implicită.
flexHighlightWithFocus	2	Supraluminarea celulelor selectate apare numai când controlul **MSHFlexGrid** este în focar.

- *Proprietatea* **FillStyle** (de tip **Integer**)

  Stabileşte stilul de umplere (încărcare) a celulelor selectate. Se foloseşte în contextul proprietăţilor **Text**, **CellPicture** şi a celor de formatare. Modificarea acestor proprietăţi poate afecta fie celula activă, fie toate celulele selecţiei curente.

  MSHFlexGrid1.**FillStyle** = *valoare*

  Pentru configurarea proprietăţii se vor utiliza următoarele constante predefinite:

Constantă	Valoare	Descriere
flexFillSingle	0	*Umplere simplă* Modificând valoarea proprietăţii **Text**, noul text se introduce doar în celula activă a selecţiei, nu şi în celelalte celule ale selecţiei. Analog, valoarea proprietăţii **CellPicture** se va referi doar la celula activă a selecţiei, deci imaginea utilizată se va afişa doar în celula activă a selecţiei. Dacă se modifică valoarea proprietăţilor de formatare a celulelor, formatarea respectivă se va aplica doar celulei active. Valoare implicită.

Constantă	Valoare	Descriere
flexFillRepeat	1	*Umplere multiplă* Modificarea proprietății **Text**, **CellPicture** sau a proprietăților de formatare se va referi la fiecare celulă a selecției, nu numai la celula activă.

- *Proprietatea* **AllowUserResizing** (de tip **Integer**)

  Stabilește dacă utilizatorul poate redimensiona lățimea coloanelor și înălțimea liniilor cu ajutorul mouse-ului[3].

  MSHFlexGrid1.**AllowUserResizing** = *valoare*

  Pentru configurarea proprietății se vor utiliza următoarele constante predefinite:

Constantă	Valoare	Descriere
flexResizeNone	0	Utilizatorul nu poate redimensiona coloanele și liniile cu ajutorul mouse-ului. Valoare implicită.
flexResizeColumns	1	Utilizatorul poate redimensiona coloanele cu ajutorul mouse-ului.
flexResizeRows	2	Utilizatorul poate redimensiona liniile cu ajutorul mouse-ului.
flexResizeBoth	3	Utilizatorul poate redimensiona coloanele și liniile cu ajutorul mouse-ului.

- *Proprietatea* **RowSizingMode** (de tip **Integer**)

  Stabilește modul de redimensionare a liniilor controlului **MSHFlexGrid** dacă proprietatea **AllowUserResizing** a fost configurată cu una din constantele *flexResizeRows* sau *flexResizeBoth*.

  MSHFlexGrid1.**RowSizingMode** = *valoare*

  Pentru configurarea proprietății se vor utiliza următoarele constante predefinite:

Constantă	Valoare	Descriere
flexRowSizeIndividual	0	Redimensionarea unei linii modifică doar înălțimea liniei respective. Valoare implicită.

---

3 Redimensionarea lățimii unei coloane se realizează astfel: se așează cursorul mouse-ului pe linia fixă a controlului, pe o muchie verticală . Forma cursorului mouse-ului va fi o săgeată dublă. Se deplasează mouse-ul orizontal. Redimensionarea înălțimii unei linii se realizează asemănător.

Constantă	Valoare	Descriere
flexRowSizeAll	1	Prin redimensionarea unei linii şi celelalte linii ale controlului vor avea înălţimea liniei respective.

- *Proprietatea* **ScrollTrack** (de tip **Boolean**)

  Stabileşte dacă conţinutul afişat de controlul **MSHFlexGrid** este defilat în timp ce utilizatorul deplasează cu mouse-ul dreptunghiul de defilare de-a lungul barei de defilare.

  MSHFlexGrid1.**ScrollTrack** =*ValoareLogică*

  Dacă *ValoareLogică* este True, conţinutul afişat de control este defilat în timp ce se trage dreptunghiul de defilare. Dacă se foloseşte valoarea False, care este şi valoarea implicită, conţinutul afişat de control se modifică o singură dată, şi anume după ce utilizatorul a eliberat dreptunghiul de defilare. Modul de configurare a acestei proprietăţi stabileşte frecvenţa de declanşare a evenimentului **Scroll**.

- *Proprietatea* **LeftCol** (de tip **Integer**)

  Comunică sau stabileşte numărul coloanei (nefixate şi vizibile) situată în dreptul muchiei din stânga controlului **MSHFlexGrid**. Proprietatea este accesibilă numai în execuţie.

  ```
  Dim NrCol As Integer
  NrCol = MSHFlexGrid1.LeftCol      'Citirea numărului coloanei vizibile
  MSHFlexGrid1.LeftCol = NrCol      'Stabilirea coloanei vizibile.
  ```

  Conţinutul controlului, dacă este cazul, este defilat automat.

- *Proprietatea* **TopRow** (de tip **Long**)

  Comunică sau stabileşte numărul liniei (nefixate şi vizibile) situată în dreptul muchiei superioare a controlului **MSHFlexGrid**. Proprietatea este accesibilă numai în execuţie.

  ```
  Dim NrLin As Long
  Nrlin = MSHFlexGrid1.TopRow     'Citirea numărului liniei vizibile
  MSHFlexGrid1.LeftCol = NrCol    'Stabilirea liniei vizibile.
  ```

  Conţinutul controlului, dacă este cazul, este defilat automat.

- *Proprietăţile* **MouseCol** *şi* **MouseRow** (de tip **Long**)

  Comunică poziţia curentă a mouse-ului.

Dim NrLin **As Long**, NrCol **As Long**
NrCol = *MSHFlexGrid1*.**MouseCol** 'Numărul coloanei actuale a mouse-ului
NrLin = *MSHFlexGrid1*.**MouseRow** 'Numărul liniei actuale a mouse-ului

- *Proprietățile* **ColPosition** *și* **RowPosition** (de tip **Long**)

Permit mutarea coloanei sau a liniei specificate într-o nouă poziție.

MSHFlexGrid1.**ColPosition**(*Veche*) = *Nou* 'Mutare de coloană
MSHFlexGrid1.**RowPosition** (*Veche*) = *Nou* 'Mutare de linie

În aceste construcții argumentul *Veche* (de tip întreg) reprezintă poziția veche, argumentul *Nou* (de tip întreg) reprezintă poziția nouă. Valorile argumentelor aparțin intervalelor [0, **Cols** - 1] respectiv [0, **Rows** - 1]. În procesul de mutare sunt conservate toate proprietățile de formatare ale obiectului mutat: dimensiune, aliniere, culori și corpul literelor. Dacă se dorește doar mutarea textului, atunci se va utiliza proprietatea **Clip**.

EXEMPLU:

Efectuând un clic pe o coloană arbitrară ea este mutată în prima poziție.

```
Sub MSHFlexGrid1_Click ()
Dim Veche As Long
  Veche = MSFlexGrid1.MouseCol
  MSHFlexGrid1.ColPosition(Veche) = 0
End Sub
```

- *Proprietatea* **Sort** (de tip **Integer**)

Sortează liniile (nefixate) selectate ale tabelului. Dacă nu s-a selectat nici o linie (valorile proprietăților **Row** și **RowSel** coincid), atunci se vor sorta toate liniile (nefixate) ale tabelului. Sortarea se realizează pe baza valorilor existente în coloana selectată, stabilită prin proprietatea **Col**. Dacă se utilizează mai multe criterii de sortare, atunci se vor selecta mai multe coloane (valoarea proprietății **ColSel** este diferită de valoarea livrată de proprietatea **Col**). De exemplu, dacă **Col** =3 și **ColSel** = 4, atunci primul criteriu de sortare este livrat de valorile existente în coloana 3. În cazul în care în această coloană există valori egale, pentru stabilirea ordinii se sortare se va utiliza un al doilea criteriu de sortare: valorile existente în coloana 4. Dacă **Col** = 3 și **ColSel** = 2, atunci primul criteriu de sortare este precizat de valorile existente în coloana 2 iar al doilea criteriu de sortare este precizat de valorile existente în coloana 3 (adică ordinea criteriilor de sortare este de la stânga spre dreapta). Proprietatea **Sort** este accesibilă numai în execuție.

MSHFlexGrid1.**Sort** = *Ordine*

Argumentul *Ordine* stabileşte ordinea de sortare. Pentru stabilirea ordinii de sortare se vor utiliza constante predefinite. Unele dintre ele sunt centralizate în tabelul următor:

Constantă	**Valoare**	**Descriere**
flexSortNone	0	Liniile nu sunt sortate.
flexSortGenericAscending	1	Sortare în ordinea crescătoare a liniilor.
flexSortGenericDescending	2	Sortare în ordinea descrescătoare a liniilor.

- *Proprietăţile* **MergeCol** *şi* **MergeRow** (de tip **Boolean**)

  Stabilesc coloanele (liniile) ale căror conţinut poate fi contopit. Prin *contopire* se înţelege reunirea celulelor vecine ale căror conţinut este identic. Contopirea propriu-zisă a celulelor cu conţinut identic se realizează prin configurarea proprietăţii **MergeCells**.

  MSHFlexGrid1.**MergeCol**(*număr*) = *ValoareLogică*
  MSHFlexGrid1.**MergeRow**(*număr*) = *ValoareLogică*

  În aceste construcţii *număr* desemnează numărul unei coloane sau numărul unei linii. Dacă *ValoareLogică* este True, conţinutul coloanei (liniei) respective poate fi contopit folosind proprietatea **MergeCells**. În cazul utilizării valorii False, care este şi valoarea implicită, conţinutul coloanei (liniei) referienţiate nu se poate contopi.

- *Proprietatea* **MergeCells** (de tip **Integer**)

  Specifică o valoare prin care se defineşte metoda de contopire utilizată la celulele cu conţinut identic. Se pot contopi celule situate în coloanele (liniile) pentru care proprietatea **MergeCol** (**MergeRow**) a fost configurată anterior cu valoarea True.

  MSHFlexGrid1.**MergeCells** = *val*

  Prin argumentul *val* se stabileşte metoda de contopire utilizată. Pentru stabilirea valorii argumentului se pot utiliza, printre altele, şi următoarele constante predefinite:

Constantă	**Valoare**	**Descriere**
flexMergeNever	0	Nu se efectuează contopirea celulelor. Valoare implicită.
flexMergeFree	1	Se contopesc celulele care au conţinut identic.

- *Proprietățile* **CellHeight**, **CellLeft**, **CellTop** *și* **CellWidth** (de tip **Long**)

  Comunică poziția și dimensiunea celulei active a controlului **MSHFlexGrid**, în unități *twip*. Menționăm că se folosește întotdeauna acest tip de unități, indiferent de configurarea proprietății **ScaleMode**. Poziția celulei se măsoară față de poziția colțului stânga sus a controlului **MSHFlexGrid**. Proprietățile sunt accesibile numai în execuție.

```
Dim nr As Long
nr = MSHFlexGrid1.CellLeft       ' Abscisa colțului stânga sus a celulei active
nr = MSHFlexGrid1.CellTop        ' Ordonata colțului stânga sus a celulei active
nr = MSHFlexGrid1.CellWidth      ' Lățimea celulei active
nr = MSHFlexGrid1.CellHeight     ' Înălțimea celulei active
```

EXEMPLU:

Proprietățile de mai sus pot fi folosite la simularea editării directe a unei celule. Se așează pe formă un control **MSHFlexGrid** și o cutie text. Poziția și dimensiunea cutiei text este arbitrară. La desemnarea cu mouse-ul a celulei active (în evenimentul **EnterCell**) se mută cutia text pe celula activă și conținutul curent al celulei se copiază în cutia text, după care cutia se așează în focar. La părăsirea unei celule (evenimentul **LeaveCell**) conținutul curent al cutiei text se copiază în celula părăsită.

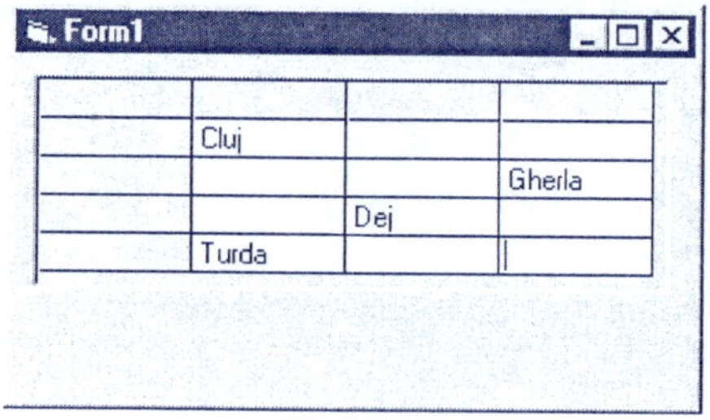


```
Private Sub Form_Paint()
  MSHFlexGrid1.Cols = 4
  MSHFlexGrid1.Rows = 5
  Text1.BorderStyle = 0
  Text1.Text = ""
  Call Mutare                'Mută cutia text în celula activă.
  Text1.SetFocus
End Sub

Private Sub MSHFlexGrid1_EnterCell()       ' Se activează o celulă cu mouse-ul.
  Call Mutare          ' Se mută cutia text în celula respectivă.
  Text1.Text = MSHFlexGrid1.Text     ' Conținutul celulei este copiat în cutia text.
  Text1.SetFocus   ' Pune cutia text în focar
```

```
End Sub

Private Sub MSHFlexGrid1_LeaveCell()          'Se părăseşte celula activă
  MSHFlexGrid1.Text = Text1.Text              ' Se copiază conţinutul cutiei text
                                              ' în celula părăsită.
End Sub

Private Sub Mutare()
  Text1.Left = MSHFlexGrid1.CellLeft + MSHFlexGrid1.Left
  Text1.Top = MSHFlexGrid1.CellTop + MSHFlexGrid1.Top
  Text1.Width = MSHFlexGrid1.CellWidth - 8
  Text1.Height = MSHFlexGrid1.CellHeight - 8
End Sub
```

Observaţie:

Controlul **MSHFlexGrid** este prevăzut cu un număr mare de proprietăţi referitoare la formatarea textului aflat în celula activă (sau în regiunea selectată de celule, în funcţie de configurarea proprietăţii **FillStyle**). Toate aceste proprietăţi sunt accesibile în execuţie. Astfel, de exemplu prin secvenţa

```
MSHFlexGrid1.CellFontBold = True
```

textul inserat în celula activă va fi îngroşat.

5.5. Principalele metode ale controlului

- *Metoda* **AddItem**

Adaugă o linie nouă la controlul **MSHFlexGrid**. După adăugarea noii linii, valoarea proprietăţii **Rows** este incrementată automat. Metoda nu poate fi utilizată când reţeaua afişează articole ierarhizate. Această metodă poate fi apelată printr-o construcţie de forma:

*MSHFlexGrid1.***AddItem** *şir, indice*

Argumentul *şir*, de tip **String**, specifică conţinutul liniei care se adaugă. Valorile care se depun în coloanele distincte ale liniei sunt separate prin caracterul Tab (constanta simbolică *vbTab*). Argumentul opţional *indice*, de tip **Long**, specifică poziţia liniei noi în interiorul controlului. Poziţia primei linii este 0. Dacă argumentul nu se specifică atunci noua linie va deveni ultima linie a controlului.

- *Metoda* **RemoveItem**

  Şterge o linie specificată din controlul **MSHFlexGrid**. După ştergerea liniei valoarea proprietăţii **Rows** este decrementată automat cu 1 şi liniile rămase în control sunt renumerotate automat. Metoda nu poate fi utilizată când reţeaua afişează articole ierarhizate. Această metodă se apelează printr-o construcţie de forma:

  MSHFlexGrid1.**RemoveItem** *indice*

  Argumentul *indice* este un întreg care specifică numărul liniei care se şterge. Dacă se doreşte ştergerea primei linii, atunci valoarea argumentului este 0.

- *Metoda* **Clear**

  Şterge conţinutul controlului **MSHFlexGrid** (se vor şterge toate textele, imaginile şi formatările existente în celule). Prin ştergerea conţinutului nu se modifică valorile proprietăţilor **Cols** şi **Rows**, deci structura controlului se conservă. Metoda se apelează printr-o construcţie de forma:

  MSHFlexGrid1.**Clear**

EXEMPLU:

```
Private i As Integer
Private Sub Command1_Click()
  MSHFlexGrid1.Cols = 2
  For i = 1 To 100
    MSHFlexGrid1.AddItem "Linia " & vbTab & i
  Next i
  Form1.Caption = MSHFlexGrid1.Rows
End Sub

Private Sub Command2_Click()
  For i = 1 To 50
    MSHFlexGrid1.RemoveItem i
  Next i
  Form1.Caption = MSHFlexGrid1.Rows
End Sub

Private Sub Command3_Click()
  MSHFlexGrid1.Clear
  Form1.Caption = MSHFlexGrid1.Rows
End Sub
```

- *Metoda* **CollapseAll**

  Condensează toate liniile unei benzi specificate în interiorul controlului **MSHFlexGrid**. Metoda se apelează printr-o construcție de forma:

  MSHFlexGrid1.**CollapseAll** *număr*

  Argumentul *număr*, de tip **Long**, specifică banda care conține liniile care se vor condensa (0, 1, ...).

- *Metoda* **ExpandAll**

  Dilatează toate liniile unei benzi specificate în interiorul controlului **MSHFlexGrid**. Metoda se apelează printr-o construcție de forma:

  MSHFlexGrid1.**ExpandAll** *număr*

  Argumentul *număr*, de tip **Long**, specifică banda care conține liniile care se vor dilata (0, 1, ...).

- *Metoda* **BandColIndex**

  Comunică numărul coloanei celulei active în raport cu banda care conține celula respectivă (0, 1, ...). Metoda se apelează printr-o construcție de forma:

  Dim i **As Long**
  i = MSHFlexGrid1.**BandColIndex**

EXEMPLU:

```
Private Sub Command1_Click()
  MSHFlexGrid1.CollapseAll 0
End Sub

Private Sub Command2_Click()
  MSHFlexGrid1.ExpandAll 0
End Sub

Private Sub Command3_Click()
Dim i As Long
  i = MSHFlexGrid1.BandColIndex
  Form1.Caption = i
End Sub
```

- *Metoda* **ClearStructure**

  Șterge informațiile referitoare la structura controlului **MSHFlexGrid**. Aceste informații au fost specificate de utilizator în perioada de elaborare a proiectului, prin fişa *Band* a paginii de proprietăţi sau prin apelarea comenzii *Retrieve Structure* a meniului local. Informaţiile stabilesc câmpurile articolelor care se afişează, numele afişat în linia antetului şi ordinea câmpurilor. Metoda se apelează printr-o construcţie de forma:

MSHFlexGrid1.**ClearStructure**

După ştergerea structurii de tip utilizator, pentru reafişarea tabelului în cadrul controlului:

- fie se va apela **Refresh** a controlului de date **ADO**;
- fie se va reiniţializa proprietatea *DataSource* a controlului **MSHFlexGrid**.

5.6. Principalele evenimente ale controlului

- *Evenimentul* **LeaveCell**

Se declanşează când se părăseşte celula activă (utilizatorul a activat o nouă celulă). Coordonatele celulei părăsite pot fi citite cu ajutorul proprietăţilor **Col** şi **Row**. Evenimentul se utilizează la validarea conţinutului celulei părăsite. Acest eveniment nu se declanşează când în focar se află un alt control al formei. Prototipul procedurii ataşate evenimentului este:

Private Sub *MSHFlexGrid1*_**LeaveCell()**

End Sub

- *Evenimentul* **EnterCell**

Se declanşează când se părăseşte celula activă şi urmează să fie activată una nouă. Coordonatele celulei activate se pot obţine cu ajutorul proprietăţilor **Col** şi **Row**. Dacă s-a efectuat un clic pe o celulă a unei linii fixe, atunci evenimentul se declanşează pentru prima celulă a coloanei respective, nesituată într-o linie fixată. Dacă s-a efectuat un clic pe o celulă a unei coloane fixe, atunci evenimentul se declanşează pentru prima celulă din linia respectivă, nesituată într-o coloană fixată. Deplasarea mouse-ului deasupra unei celule nu declanşează acest eveniment. Evenimentul **EnterCell** se declanşează după evenimentul **LeaveCell**. Prototipul procedurii ataşate evenimentului este:

Private Sub *MSHFlexGrid1*_**EnterCell()**

End Sub

EXEMPLU:

```
Private Sub MSHFlexGrid1_LeaveCell()
  MSHFlexGrid1.CellForeColor = MSHFlexGrid1.ForeColor
  MSHFlexGrid1.CellBackColor = MSHFlexGrid1.BackColor
End Sub

Private Sub MSHFlexGrid1_EnterCell()
  MSHFlexGrid1.CellForeColor = vbWhite
  MSHFlexGrid1.CellBackColor = vbBlue
End Sub
```

- *Evenimentul* **RowColChange**

  Se declanşează când se părăseşte celula activă şi se activează o nouă celulă. Coordonatele celulei activate se pot obţine cu ajutorul proprietăţilor **Col** şi **Row**. Evenimentul **RowColChange** se declanşează după evenimentul **EnterCell**. Prototipul procedurii ataşate evenimentului este:

  Private Sub *MSHFlexGrid1*_**RowColChange()**

  End Sub

- *Evenimentul* **SelChange**

  Se declanşează după ce selecţia actuală se modifică la o nouă celulă sau la o nouă selecţie. Coordonatele celulei active a selecţiei se pot obţine cu ajutorul proprietăţilor **Col** şi **Row**, coordonatele colţului regiunii selectate se pot obţine cu ajutorul proprietăţilor **ColSel** şi **RowSel**. Evenimentul **SelChange** se declanşează după evenimentul **RowColChange**. Evenimentul **SelChange** poate fi declanşat şi prin program: se modifică regiunea selectată schimbând valorile proprietăţilor **Col**, **Row**, **SelCol** şi **SelRow**. Prototipul procedurii ataşate evenimentului este:

  Private Sub *MSHFlexGrid1*_**SelChange()**

  End Sub

- *Evenimentul* **Click**

  Se declanşează când se efectuează un clic pe o celulă a controlului **MSHFlexGrid**. Este evenimentul implicit al controlului; se declanşează după evenimentul **SelChange**. Prototipul procedurii ataşate evenimentului este:

  Private Sub MSHFlexGrid1_Click()

  End Sub

- *Evenimentul* **Scroll**

  Se declanşează când conţinutul controlului **MSHFlexGrid** se defilează cu ajutorul barelor de defilare, a tastelor sau prin program (modificând valorile proprietăţilor **TopRow** sau **LeftCol**). Prototipul procedurii ataşate evenimentului este:

  Private Sub *MSHFlexGrid1_***Scroll()**

  End Sub

  Dacă proprietatea **ScrollTrack** are valoarea False, acest eveniment se declanşează o singură dată, şi anume după terminarea defilării conţinutului afişat în controlul **MSHFlexGrid**. Dacă proprietatea **ScrollTrack** are valoarea False, evenimentul se declanşează şi în timpul defilării conţinutului afişat în controlul **MSHFlexGrid**.

- *Evenimentul* **Expand**

  Se declanşează când utilizatorul dilatează o bandă în interiorul controlului **MSHFlexGrid**. Proprietăţile **Col** şi **Row** conţin coordonatele celulei folosite la dilatarea benzii respective. Prototipul procedurii ataşate evenimentului este:

  Private Sub *MSHFlexGrid1_***Expand(***Cancel* **As Boolean)**

  End Sub

  Parametrul *Cancel* are valoarea implicită True. Dacă utilizatorul atribuie valoarea False acestui parametru, operaţia de dilatare a benzii se anulează.

- *Evenimentul* **Collapse**

  Se declanşează când utilizatorul condensează o bandă în interiorul controlului **MSHFlexGrid**. Proprietăţile **Col** şi **Row** conţin coordonatele celulei utilizate la condensarea benzii respective. Prototipul procedurii ataşate evenimentului este:

  Private Sub *MSHFlexGrid1_* **Collapse(***Cancel* **As Boolean)**

  End Sub

  Parametrul *Cancel* are valoarea implicită True. Dacă utilizatorul atribuie valoarea False acestui parametru, operaţia de condensare a benzii se anulează.

EXEMPLUL 1:

Forma aplicației conține un control **MSHFlexGrid** şi trei butoane de comandă etichetate cu *Generare*, *Stergere* şi *Contopire*. Prin acționarea butonului de comandă *Generare* controlul **MSHFlexGrid** este configurat şi încărcat cu diverse informații. Se utilizează o rețea formată din 4 coloane şi 11 linii. Unele celule ale rețelei conțin informații identice. Prin acționarea butonului de comandă *Contopire*, celulele având conținut identic se contopesc. Dacă se acționează butonul de comandă *Stergere*, celulele rețelei sunt şterse.

Rezultatele afişate de aplicație au aspectul următor:

– *Înainte de contopire*:

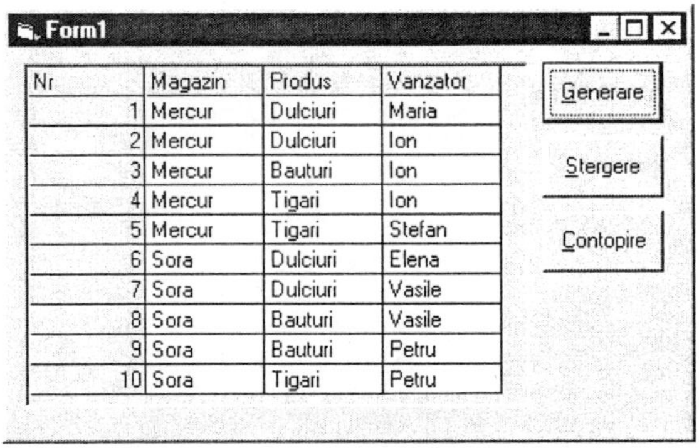

– *După contopire*:

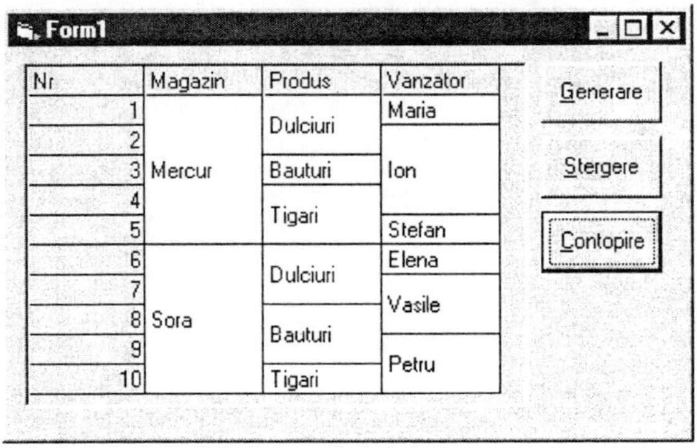

Textul sursă al programului este:

```
Option Explicit
Private i As Integer
Private Sub Command1_Click()          'Generare
```

```
  MSHFlexGrid1.Cols = 4
  MSHFlexGrid1.Rows = 11
  For i = 0 To 3
    MSHFlexGrid1.MergeCol(i) = False
  Next i
  MSHFlexGrid1.TextMatrix(0, 0) = "Nr"
  MSHFlexGrid1.TextMatrix(0, 1) = "Magazin"
  MSHFlexGrid1.TextMatrix(0, 2) = "Produs"
  MSHFlexGrid1.TextMatrix(0, 3) = "Vanzator"
  For i = 1 To 10
    MSHFlexGrid1.TextMatrix(i, 0) = i
  Next i
  For i = 1 To 5
    MSHFlexGrid1.TextMatrix(i, 1) = "Mercur"
  Next
  For i = 6 To 10
    MSHFlexGrid1.TextMatrix(i, 1) = "Sora"
  Next
  MSHFlexGrid1.TextMatrix(1, 2) = "Dulciuri"     'Mercur
  MSHFlexGrid1.TextMatrix(2, 2) = "Dulciuri"
  MSHFlexGrid1.TextMatrix(3, 2) = "Bauturi"
  MSHFlexGrid1.TextMatrix(4, 2) = "Tigari"
  MSHFlexGrid1.TextMatrix(5, 2) = "Tigari"
  MSHFlexGrid1.TextMatrix(1, 3) = "Maria"
  MSHFlexGrid1.TextMatrix(2, 3) = "Ion"
  MSHFlexGrid1.TextMatrix(3, 3) = "Ion"
  MSHFlexGrid1.TextMatrix(4, 3) = "Ion"
  MSHFlexGrid1.TextMatrix(5, 3) = "Stefan"
  MSHFlexGrid1.TextMatrix(6, 2) = "Dulciuri"     'Sora
  MSHFlexGrid1.TextMatrix(7, 2) = "Dulciuri"
  MSHFlexGrid1.TextMatrix(8, 2) = "Bauturi"
  MSHFlexGrid1.TextMatrix(9, 2) = "Bauturi"
  MSHFlexGrid1.TextMatrix(10, 2) = "Tigari"
  MSHFlexGrid1.TextMatrix(6, 3) = "Elena"
  MSHFlexGrid1.TextMatrix(7, 3) = "Vasile"
  MSHFlexGrid1.TextMatrix(8, 3) = "Vasile"
  MSHFlexGrid1.TextMatrix(9, 3) = "Petru"
  MSHFlexGrid1.TextMatrix(10, 3) = "Petru"
End Sub

Private Sub Command2_Click()          'Ştergere
  MSHFlexGrid1.Clear
  For i = 0 To 3
    MSHFlexGrid1.MergeCol(i) = False
  Next i
End Sub

Private Sub Command3_Click()          'Contopire
  For i = 0 To 3
    MSHFlexGrid1.MergeCol(i) = True
  Next i
  MSHFlexGrid1.MergeCells = flexMergeFree
End Sub
```

EXEMPLUL 2:

Forma aplicației următoare conține un control **MSHFlexGrid**, care se încarcă cu diverse informații, folosind procedura-eveniment **Load** de încărcare a formei în memorie. Rețeaua este formată din 3 coloane și 10 linii. Aplicația ilustrează mutarea liniilor și a coloanelor rețelei cu ajutorul procedeului de tragere cu mouse-ul. De exemplu, pentru mutarea unei coloane se efectuează un clic pe linia antetului coloanei și se trage coloana respectivă la o nouă locație.

Rezultatele afișate de aplicație au aspectul următor:

– *Înainte de mutare*:

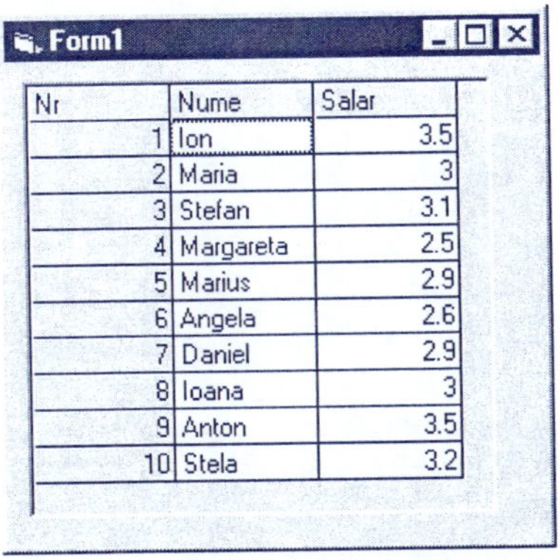

– *După mutarea coloanei a 3-a pe prima poziție*:

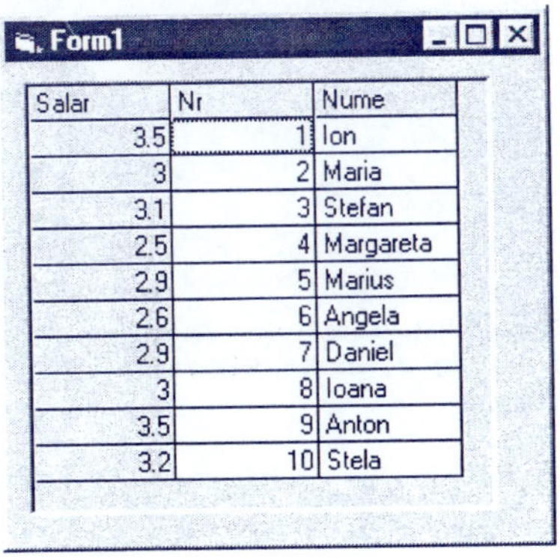

Textul sursă al programului este:

```
Option Explicit
Dim NrCol As Integer
Dim NrLin As Integer
```

```
Private Sub Form_Load()
Dim i As Integer
Dim Nume(1 To 10) As String
Dim Salar(1 To 10) As Single
  Nume(1) = "Ion":     Nume(2) = "Maria"
  Nume(3) = "Stefan":  Nume(4) = "Margareta"
  Nume(5) = "Marius":  Nume(6) = "Angela"
  Nume(7) = "Daniel":  Nume(8) = "Ioana"
  Nume(9) = "Anton":   Nume(10) = "Stela"
  Salar(1) = 3.5:  Salar(2) = 3
  Salar(3) = 3.1:  Salar(4) = 2.5
  Salar(5) = 2.9:  Salar(6) = 2.6
  Salar(7) = 2.9:  Salar(8) = 3
  Salar(9) = 3.5:  Salar(10) = 3.2
  MSHFlexGrid1.Cols = 3
  MSHFlexGrid1.Rows = 11
  MSHFlexGrid1.TextMatrix(0, 0) = "Nr"
  MSHFlexGrid1.TextMatrix(0, 1) = "Nume"
  MSHFlexGrid1.TextMatrix(0, 2) = "Salar"
  For i = 1 To 10
    MSHFlexGrid1.TextMatrix(i, 0) = i
    MSHFlexGrid1.TextMatrix(i, 1) = Nume(i)
    MSHFlexGrid1.TextMatrix(i, 2) = Salar(i)
  Next i
End Sub

Private Sub MSHFlexGrid1_MouseDown(Button As Integer,_
                  Shift As Integer, x As Single, y As Single)
'Apăsarea butonului de mouse
  If MSHFlexGrid1.MouseRow = 0 Then
    NrCol = MSHFlexGrid1.MouseCol
  Else
    NrCol = -1
  End If
  If MSHFlexGrid1.MouseCol = 0 Then
    NrLin = MSHFlexGrid1.MouseRow
  Else
    NrLin = -1
  End If
End Sub

Private Sub MSHFlexGrid1_MouseUp(Button As Integer, _
                  Shift As Integer, x As Single, y As Single)
'Eliberarea butonului de mouse, dup□ tragere
  If NrCol <> -1 Then
    MSHFlexGrid1.ColPosition(NrCol) = MSHFlexGrid1.MouseCol
  End If
  If NrLin <> -1 Then
    MSHFlexGrid1.RowPosition(NrLin) = MSHFlexGrid1.MouseRow
  End If
End Sub
```

EXEMPLUL 3:

Forma aplicației conține un control **MSHFlexGrid**, două controale de tip etichetă și un buton de comandă. Rețeaua este formată din 6 coloane și 7 linii, iar proprietatea **FillStyle** este configurată cu valoarea *flexFillRepeat*. Aplicația ilustrează selectarea cu ajutorul mouse-ului a unei regiuni de celule. În celulele regiunii selectate se introduce cuvântul "test" și se aplică o formatare cu caractere îngroșate și înclinate, folosind o culoare de fond galbenă și o culoare a scrisului roșie. Coordonatele regiunii selectate sunt afișate în cele două controale de tip etichetă. Dacă se acționează butonul de comandă, textele și formatările celulelor mături-rate sunt șterse.

Fereastra afișată de aplicație poate avea aspectul următor:

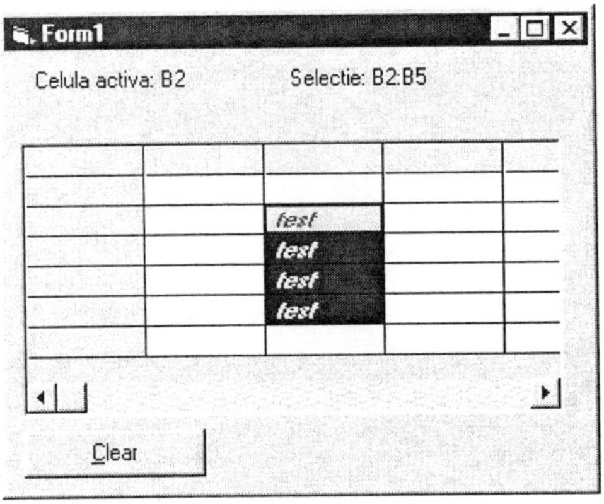

Textul sursă al programului este:

```
Option Explicit
Private m As String
Private Sub Form_Load()
  MSHFlexGrid1.Cols = 6
  MSHFlexGrid1.Rows = 7
  MSHFlexGrid1.FillStyle = flexFillRepeat
End Sub

Private Sub MSHFlexGrid1_RowColChange()
  m = "Celula activa: " & Chr(64 + MSHFlexGrid1.Col)
  m = m & MSHFlexGrid1.Row
  Label1.Caption = m
End Sub

Private Sub MSHFlexGrid1_SelChange()
  m = "Selectie: " & Chr(64 + MSHFlexGrid1.Col)
  m = m & MSHFlexGrid1.Row
  m = m & ":" & Chr(64 + MSHFlexGrid1.ColSel)
```

```
  m = m & MSHFlexGrid1.RowSel
  Label2.Caption = m
  MSHFlexGrid1.Text = "test"
  MSHFlexGrid1.CellBackColor = vbYellow
  MSHFlexGrid1.CellForeColor = vbRed
  MSHFlexGrid1.CellFontBold = True
  MSHFlexGrid1.CellFontItalic = True
End Sub

Private Sub Command1_Click()
  MSHFlexGrid1.Clear
End Sub
```

EXEMPLUL 4:

Forma aplicației conține un control **MSHFlexGrid**, 4 butoane de comandă etichetate cu *BandColIndex*, *Clear*, *RemoveItem* și *Regenerare*, precum și 6 controale de tip etichetă. În procedura-eveniment **Load** de încărcare a formei în memorie se configurează rețeaua (se folosesc 27 de coloane și 100 de linii) și se inițializează celulele rețelei. Dacă se efectuează un clic pe celula antetului unei coloane, celulele din coloana respectivă sunt reîncărcate cu textul "test" și în fiecare celulă se introduce și o imagine. Se realizează o reîncărcare identică și în caz că se selectează o regiune de celule sau dacă se efectuează un clic pe o celulă. Dacă se acționează butonul de comandă *BandColIndex*, atunci se afișează o fereastră cu informații care comunică indicele coloanei selectată anterior. Prin intermediul butonului de comandă *Clear* se șterg informațiile conținute de celulele rețelei. Cu ajutorul butonului de comandă *RemoveItem* se poate îndepărta o linie a rețelei, specificată de utilizator. Prin butonul de comandă *Regenerare* se

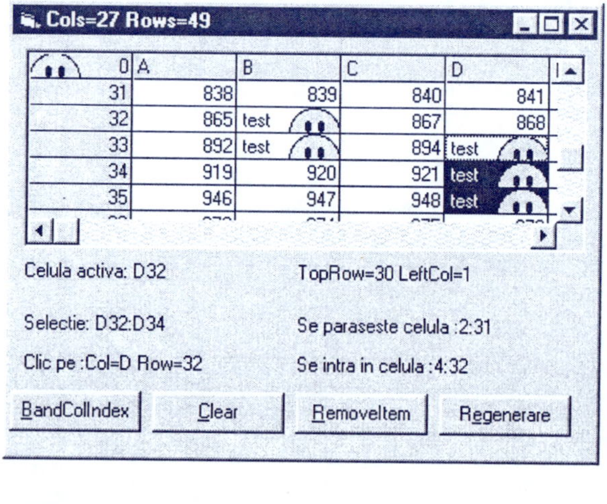

afişează forma iniţială a reţelei. În controale de tip etichetă se afişează diverse informaţii despre activitatea curentă a reţelei.
Fereastra afişată de aplicaţie poate avea aspectul de mai sus.

Textul sursă al programului este:

```
Option Explicit
Private m As String
Const cale = "E:\My Programs\MSHFlexGrid\Face05.ico"
Private Sub Form_Load()
Dim i As Integer, j As Integer
Dim k As Integer
  MSHFlexGrid1.Cols = 27
  MSHFlexGrid1.Rows = 50
  MSHFlexGrid1.FillStyle = flexFillRepeat
  m = "Cols=" & MSHFlexGrid1.Cols & " Rows=" & MSHFlexGrid1.Rows
  Form1.Caption = m
  k = 0
  For i = 0 To MSHFlexGrid1.Rows - 1
    For j = 0 To MSHFlexGrid1.Cols - 1
      MSHFlexGrid1.TextMatrix(i, j) = k
      k = k + 1
    Next j
  Next i
  MSHFlexGrid1.Col = 0
  MSHFlexGrid1.Row = 0
  Set MSHFlexGrid1.CellPicture = LoadPicture(cale)
'Prima linie
  For j = 1 To MSHFlexGrid1.Cols - 1
    MSHFlexGrid1.TextMatrix(0, j) = Chr(64 + j)
  Next j
'Prima coloană
  For i = 1 To MSHFlexGrid1.Rows - 1
    MSHFlexGrid1.TextMatrix(i, 0) = i
  Next i
End Sub

Private Sub MSHFlexGrid1_Click()
Dim co As Integer
Dim li As Integer
  co = MSHFlexGrid1.Col
  li = MSHFlexGrid1.Row
  m = "Col=" & Chr(64 + co) & " Row=" & li
  Label3.Caption = "Clic pe :" & m
  Set MSHFlexGrid1.CellPicture = LoadPicture(cale)
End Sub

Private Sub MSHFlexGrid1_LeaveCell()
   m = MSHFlexGrid1.Col & ":" & _
          MSHFlexGrid1.Row
   Label5.Caption = "Se paraseste celula :" & m
End Sub
```

```
Private Sub MSHFlexGrid1_EnterCell()
   m = MSHFlexGrid1.Col & ":" & _
         MSHFlexGrid1.Row
   Label6.Caption = "Se intra in celula :" & m
End Sub

Private Sub MSHFlexGrid1_RowColChange()
   m = "Celula activa: " & Chr(64 + MSHFlexGrid1.Col)
   m = m & MSHFlexGrid1.Row
   Label1.Caption = m
End Sub

Private Sub MSHFlexGrid1_SelChange()
  m = "Selectie: " & Chr(64 + MSHFlexGrid1.Col)
  m = m & MSHFlexGrid1.Row
  m = m & ":" & Chr(64 + MSHFlexGrid1.ColSel)
  m = m & MSHFlexGrid1.RowSel
  Label2.Caption = m
  Set MSHFlexGrid1.CellPicture = LoadPicture(cale)
  MSHFlexGrid1.CellPictureAlignment = 6
  MSHFlexGrid1.Text = "test"
End Sub

Private Sub MSHFlexGrid1_Scroll()
  m = "TopRow=" & MSHFlexGrid1.TopRow & _
  " LeftCol=" & MSHFlexGrid1.LeftCol
  Label4.Caption = m
End Sub

Private Sub Command1_Click()          'BandColIndex
Dim bci As Long
  bci = MSHFlexGrid1.BandColIndex
  MsgBox "BandColIndex=" & bci
End Sub

Private Sub Command2_Click()          'Clear
  MSHFlexGrid1.Clear
End Sub

Private Sub Command3_Click()          'RemoveItem
Dim lin As Integer
On Error GoTo 1
  lin = InputBox("Linie=?", "Stergere de linie", 1)
  MSHFlexGrid1.RemoveItem lin
  m = "Cols=" & MSHFlexGrid1.Cols & " Rows=" & MSHFlexGrid1.Rows
  Form1.Caption = m
1:
  Exit Sub
End Sub

Private Sub Command4_Click()          'Regenerarea reţelei
  Call Form_Load
End Sub
```

EXEMPLUL 5:

Forma aplicației conține un control **MSHFlexGrid** și două butoane de opțiune inserate în cadrul unui control de tip chenar. În procedura-eveniment **Load** de încărcare a formei în memorie se inițializează celulele rețelei cu diverse informații. Rețeaua este formată din 3 coloane și 11 linii. Selectând o coloană (sau mai multe coloane) și efectuând un clic pe un buton de opțiune se sortează liniile rețelei în ordinea dorită.

– *Starea inițială a rețelei*:

– *Sortarea după coloanele Nume și Salar*:

Textul sursă al programului este:

```
Option Explicit
Private Sub Form_Load()
Dim i As Integer
Dim Nume(1 To 10) As String
Dim Salar(1 To 10) As Single
  Nume(1) = "Ion":      Nume(2) = "Maria"
  Nume(3) = "Stefan":   Nume(4) = "Margareta"
  Nume(5) = "Ion":  Nume(6) = "Angela"
  Nume(7) = "Daniel":   Nume(8) = "Ioana"
  Nume(9) = "Anton":    Nume(10) = "Stela"
  Salar(1) = 3.5:  Salar(2) = 3
  Salar(3) = 3.1:  Salar(4) = 2.5
  Salar(5) = 2.9:  Salar(6) = 2.6
  Salar(7) = 2.9:  Salar(8) = 3
  Salar(9) = 3.5:  Salar(10) = 3.2
  MSHFlexGrid1.Cols = 3
  MSHFlexGrid1.Rows = 11
  MSHFlexGrid1.TextMatrix(0, 0) = "Nr"
  MSHFlexGrid1.TextMatrix(0, 1) = "Nume"
  MSHFlexGrid1.TextMatrix(0, 2) = "Salar"
  For i = 1 To 10
    MSHFlexGrid1.TextMatrix(i, 0) = i
    MSHFlexGrid1.TextMatrix(i, 1) = Nume(i)
    MSHFlexGrid1.TextMatrix(i, 2) = Salar(i)
  Next i
End Sub

Private Sub Option1_Click()          'Sortare crescătoare
  MSHFlexGrid1.Sort = flexSortGenericAscending '1
End Sub

Private Sub Option2_Click()          'Sortare descrescătoare
  MSHFlexGrid1.Sort = flexSortGenericDescending '2
End Sub
```

EXEMPLUL 6:

Forma aplicației conține un control de date **ADO**, un control **MSHFlexGrid** și două butoane de comandă. Controlul de date **ADO** conectează tabelul *Products* al bazei de date standard **NWIND.MDB**. Controlul **MSHFlexGrid** este înlănțuit la controlul **ADO**. În perioada de elaborare a proiectului, folosind fișa *Bands* a paginii de proprietăți, se realizează o configurare prin care devin vizibile doar câmpurile *ProductName*, *ProductID* și *UnitPrice* ale tabelului *Products*. Controlul de date **ADO**, invizibil la execuție, a fost configurat astfel:

Proprietate	Valoare
Name	Adodc1
ConnectionString	Provider=Microsoft.Jet.OLEDB.3.51;Persist Security Info=False;Data Source=C:\Program Files\Microsoft Visual Studio\VB98\NWIND.MDB
CommandType	2 (adCmdTable)
RecordSource	Products
Visible	False

Proprietatea **DataSource** a controlului **MSHFlexGrid** a fost configurată cu numele controlului de date **ADO** (*Adodc1*).
Fereastra aplicației are inițial aspectul următor:

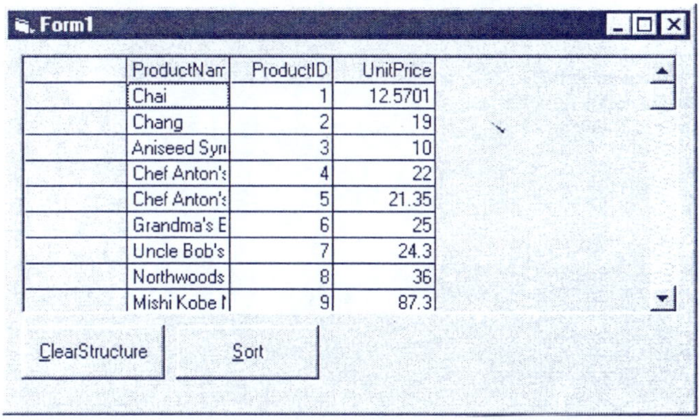

Dacă se acționează butonul de comandă etichetat cu *ClearStructure*, atunci structura inițială definită de utilizator este ştearsă şi se reinițializează controlul **MSHFlexGrid** cu structura implicită a tabelului *Products*. Această operație trebuie confirmată de utilizator.

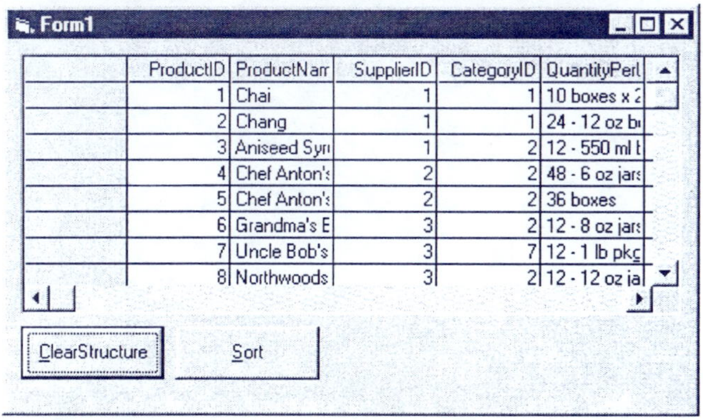

În urma acestei reinițializări fereastra aplicației va fi cea prezentată în figura de mai sus.
Prin acționarea butonului de comandă etichetat cu *Sort* se sortează crescător articolele rețelei, în funcție de valorile existente în coloana activă.

Textul sursă al programului este:

```
Option Explicit
Private Sub Command1_Click()
Dim raspuns As String
  raspuns = InputBox("Se sterge structura? (d,n)", _
                     "Stergerea structurii", "n")
  If LCase(raspuns) = "d" Then
    MSHFlexGrid1.ClearStructure
    'Restabilirea structurii inițiale
    Set MSHFlexGrid1.DataSource = Adodc1
  End If
End Sub

Private Sub Command2_Click()
  MSHFlexGrid1.Sort = flexSortGenericAscending
End Sub
```

6. CONTROLUL RichTextBox

Controlul **RichTextBox** (*cutie text îmbogăţită cu facilităţi de formatare*) reprezintă o generalizare a controlului standard cutie text. Acest control moşteneşte aproape toate proprietăţile, metodele şi evenimentele cutiei text (de exemplu **Text**, **MaxLength**, **MultiLine**, **ScrollBars**, **SelLength**, **SelStart**, **SelText**), însă posedă şi proprietăţi, metode şi evenimente specifice.

Metodele specifice controlului **RichTextBox** sunt următoarele:

- încărcarea controlului cu un fişier de extensie **RTF** sau **TXT** (metoda **LoadFile**); încărcarea poate fi realizată şi cu metoda tragerii cu mouse-ul;
- salvarea conţinutului controlului într-un fişier de extensie **RTF** sau **TXT** (metoda **SaveFile**);
- tipărirea conţinutului controlului sau a unei selecţii (metoda **SelPrint**);
- căutarea unui text specificat (metoda **Find**) şi comunicarea numărului liniei sursă în care se găseşte textul respectiv (metoda **GetLine**);
- deplasarea liniei de inserţie, de exemplu până la sfârşitul propoziţiei curente sau până la sfârşitul cuvântului curent (metoda **Upto**);
- extinderea selecţiei, de exemplu până la sfârşitul propoziţiei curente sau până la sfârşitul cuvântului curent (metoda **Span**).

Proprietăţile specifice controlului **RichTextBox** sunt următoarele:

- testarea sau asocierea de atribute caracteristice formatării caracterelor textului selectat sau caracterelor care se vor tasta

  Atributele se referă la:

  - stilul caracterelor: îngroşat, înclinat, subliniat şi tăiat (proprietăţile **SelBold**, **SelItalic**, **SelUnderline** şi **SelStrikethru**);
  - crearea indicilor şi a exponenţilor (proprietatea **SelCharOffset**);
  - fontul (corpul literei) (proprietatea **FontName**);
  - dimensiunea fontului (proprietatea **SelFontSize**);
  - culoarea fontului (proprietatea **SelColor**).

- testarea sau asocierea de atribute caracteristice formatării paragrafelor pentru paragraful curent sau pentru paragrafele selectate

  Atributele se referă la:

  – alinierea paragrafului curent sau a paragrafelor selectate (proprietatea **SelAlignment**);
  – liste marcate (**SelBullet** şi **BulletIndent**);
  – retragerea paragrafului curent sau a paragrafelor selectate (proprietăţile **SelIndent**, **SelHangingIndent** şi **SelRightIndent**).

- posibilitatea ca în timpul execuţiei să fie încapsulate diferite obiecte, în cadrul controlului **RichTextBox**

  Pot fi încapsulate, de exemplu, imagini, documente **Word**, foi de calcul **Excel** şi altele. Încapsularea poate fi realizată folosind operaţia de tragere cu mouse-ul a simbolului grafic asociat obiectului care se încapsulează: în acest scop se va trage simbolul documentului dorit din **Windows Explorer** în controlul **RichTextBox**. Încapsularea poate fi realizată şi prin program. În acest scop se va utiliza metoda **Add** a colecţiei **OLEObjects**.

- posibilitatea ca la rândul său controlul **RichTextBox** să poată fi înlănţuit

  Înlănţuirea se face la un control **Data** sau **ADO**, prin intermediul proprietăţii **DataSource**. Câmpul afişat de control se specifică cu ajutorul proprietăţii **DataField**. Se foloseşte la afişarea câmpurilor de dimensiuni mari, de exemplu a câmpurilor de tip *Binary* sau *Memo* într-o bază de date creată cu programul **Access**.

Controlul **RichTextBox** este de tip ActiveX. Pentru afişarea simbolului grafic al controlului pe paleta de controale, din meniul **Project** se va da comanda **Components** (Ctrl+T). În fereastra care se afişează se va selecta pagina *Controls*. În continuare se va selecta printr-un clic cutia de validare care are eticheta *Microsoft Rich Textbox Control 6.0*. Datele referitoare la acest control se găsesc în fişierul:

C:\WINDOWS\System\RICHTX32.OCX

sau

C:\WINNT\System32\RICHTX32.OCX

Simbolul grafic aferent controlului are forma . Numele clasei este **RichTextBox**. Controalele au denumirile standard *RichTextBox1*, *RichTextBox2*, ...

6.1. Metodele specifice ale controlului

- *Metoda* **LoadFile**

  Încarcă un fişier de extensie **.RTF** sau un fişier text de extensie **.TXT** în controlul **RichTextBox**. Dacă controlul conţine informaţii, acestea sunt înlocuite de conţinutul fişierului încărcat. Metoda se apelează printr-o construcţie de forma

  RichTextBox1.**LoadFile** *PathName*, *FileType*

  Argumentele au următoarea semnificaţie:

Argument	Descriere
PathName	Expresie de tip **String** prin care se specifică unitatea, calea şi numele fişierului care se încarcă în controlul **RichTextBox**
FileType	Argument opţional. Este un întreg sau o constantă care specifică tipul fişierului care se încarcă: – **rtfRTF** (de valoare 0) Valoare implicită. Fişierul încărcat are extensia **.RTF**. – **rtfText** (de valoare 1) Fişierul încărcat este de tip text, având extensia **.TXT**.

Observaţie:

Metoda **LoadFile** este echivalentă cu proprietatea **FileName** (de tip **String**). Proprietatea este însă accesibilă atât în faza de proiectare, cât şi în execuţie:

RichTextBox1.**FileName** = *PathName*

- *Metoda* **SaveFile**

  Salvează conţinutul controlului **RichTextBox** într-un fişier de extensie **.RTF** sau într-un fişier text de extensie **.TXT**. Metoda se apelează printr-o construcţie de forma

  RichTextBox1.**SaveFile** *PathName*, *FileType*

  Argumentele au următoarea semnificaţie:

Argument	Descriere
PathName	Expresie de tip **String** care specifică unitatea, calea şi numele fişierului în care se salvează conţinutul controlului **RichTextBox**
FileType	Argument opţional. Este un întreg sau o constantă care specifică tipul fişierului în care se face salvarea:

Argument	Descriere
	– **rtfRTF** (de valoare 0) Valoare implicită. Fişierul salvat are extensia **.RTF**. – **rtfText** (de valoare 1) Fişierul salvat este de tip text, având extensia **.TXT**.

- *Metoda* **SelPrint**

Trimite textul formatat aflat în controlul **RichTextBox** spre un echipament în vederea tipăririi lui. Metoda se apelează printr-o construcţie de forma

RichTextBox1.**SelPrint** *hdc* , *vStartDoc*

Argumentele au următoarea semnificaţie:

Argument	Descriere
hdc	Handler-ul contextului dispozitiv[1] al dispozitivului utilizat la tipărire. Acest handler este construit de sistemul de operare **Windows** şi poate fi citit cu ajutorul proprietăţii **hDC** a unei imprimante (obiectul **Printer**), a unei forme, a unui control **PictureBox** sau a unui control **CommonDialog** (dialogul *Print*).
vStartDoc	Argument opţional de tip **Boolean**. Specifică comportarea controlului **RichTextBox** faţă de comenzile *StartDoc* (începutul documentului) şi *EndDoc* (sfârşitul documentului) ale imprimantei. – **True** Controlul trimite comenzile *StartDoc*, *EndDoc*, *StartPage* (începutul paginii) şi *EndPage* (sfârşitul paginii) spre imprimantă. Valoare implicită. – **False** Controlul nu trimite comenzile *StartDoc* şi *EndDoc* spre imprimantă, ci doar comenzile *StartPage* şi *EndPage*.

Observaţii:

1. Dacă în controlul **RichTextBox** se selectează un text, atunci numai acesta se tipăreşte. Dacă nu există text selectat, atunci întregul conţinut al controlului se tipăreşte.
2. Dacă pentru tipărirea conţinutului unui control **RichTextBox** se utilizează obiectul **Printer**, atunci trebuie iniţializat contextul

---

1 O legătură între aplicaţie, un driver de echipament şi un echipament de ieşire (de exemplu imprimantă sau plotter).

dispozitiv al obiectului **Printer** prin tipărirea unui şir, de exemplu a unui şir vid.

3. Pentru tipărirea la imprimantă a conţinutului curent al controlului **RichTextBox** se va utiliza secvenţa următoare:

```
Printer.Print ""            ' Iniţializarea tipăririi cu un şir vid
RichTextBox1.SelPrint  Printer.hDC, False
```

4. Argumentul *vStartDoc* se utilizează dacă imprimanta refuză operaţia de tipărire. Când se apelează metoda **SelPrint**, atât sistemul **Visual Basic** cât şi controlul **RichTextBox** trimit spre imprimantă câte o pereche de comenzi *StartDoc* şi *EndDoc*. Unele tipuri de imprimante pot prelucra doar o singură pereche de comenzi *StartDoc* şi *EndDoc*. Pentru remedierea situaţiei se va folosi argumentul *vStartDoc* configurat cu valoarea False.

- *Metoda* **Find**

Caută în textul inserat în controlul **RichTextBox** un şir specificat de utilizator (de exemplu un cuvânt). Metoda se apelează printr-o construcţie de forma:

Dim *indice* **As Long**
indice = RichTextBox.**Find** (*String, Start, End, Options*)

Valoarea returnată de metodă este un număr întreg prin care se comunică utilizatorului locaţia şirului căutat (indicele primului caracter din şir) în controlul **RichTextBox**. Fiecărui caracter inserat în controlul **RichTextBox** îi corespunde un indice unic. Indicele primului caracter este 0, celui de-al doilea caracter este 1 ş.a.m.d. Dacă şirul căutat nu a fost localizat, atunci metoda returnează valoarea -1. Argumentele au următoarea semnificaţie:

Argument	Descriere
String	Argument de tip **String** care specifică şirul de caractere căutat în controlul **RichTextBox**
Start	Argument opţional. Un indice întreg care specifică locaţia începând cu care se lansează în execuţie procesul de căutare.
End	Un indice întreg care specifică locaţia în care se termină procesul de căutare.
Options	Argument opţional. Una sau mai multe constante care specifică opţiunile utilizate în procesul de căutare. • **rtfWholeWord** (având valoarea 2): Căutarea se referă numai la cuvinte întregi (şi nu la fracţiuni de cuvinte).

Argument	Descriere
	• **rtfMatchCase** (având valoarea 4): Se face distincție între majuscule și minuscule. • **rtfNoHighlight** (având valoarea 8): Textul găsit nu va fi supraluminat. Pentru combinarea acestor constante se va utiliza operatorul **Or**.

Comportarea metodei **Find** depinde de combinația valorilor specificată în argumentele *Start* și *End*, conform următoarelor:

Argumentul *Start* este	Argumentul *End* este	Comportarea metodei Search
Specificat	Specificat	Se caută începând cu locația specificată de argumentul *Start* până la locația specificată de argumentul *End*.
Specificat	Omis	Se caută începând cu locația specificată de argumentul *Start* până la sfârșitul textului depus în control.
Omis	Specificat	Se caută începând cu locația curentă a liniei de inserție până la locația specificată de argumentul *End*.
Omis	Omis	Dacă a fost selectat un text, atunci se caută în selecția curentă. Dacă nu a fost selectat nici un text, atunci se caută în întregul conținut al controlului.

- *Metoda* **GetLineFromChar**

Returnează numărul liniei care conține caracterul având indicele specificat. Metoda se apelează printr-o construcție de forma:

Dim *NrLin* **As Long**
NrLin = RichTextBox1.**GetLineFromChar** (*indice*)

- *Metoda* **Span**

Selectează o porțiune dintr-un text aflat în controlul **RichTextBox**. Selecția se bazează pe o mulțime de caractere specificate. Se utilizează mai ales la selectări de cuvinte și propoziții. Metoda se apelează printr-o construcție de forma:

RichTextBox1.**Span** *Characterset, Forward, Negate*

Argumentele acestei metode sunt următoarele:

Argument	Descriere
Characterset	Un șir de caractere de tip **String** care stabilește mulțimea caracterelor care reprezintă limita selecției realizate (caracterele de "oprire" ale selecției). De exemplu, pentru selectarea unei porțiuni dintr-un text

Argument	Descriere
	începând cu poziția curentă a liniei de inserție și până la sfârșitul propoziției curente se va folosi șirul ".?!:". Pentru selectarea unei porțiuni dintr-un text începând cu poziția curentă a liniei de inserție și până la sfârșitul cuvântului curent se va folosi șirul " ,;:.?!".
Forward	Argument opțional de tip **Boolean**. Stabilește direcția de selecție. – **True** (Valoare implicită) Selecția se realizează înainte (spre sfârșitul textului). – **False** Selecția se realizează înapoi (spre începutul textului).
Negate	Argument opțional de tip **Boolean**. Stabilește dacă caracterele de "oprire" sunt incluse sau nu în selecție. – **True** Caracterele de "oprire" sunt incluse în selecție. – **False** (Valoare implicită) Caracterele de "oprire" sunt excluse din selecție.

- *Metoda* **Upto**

Deplasează linia de inserție până la locația specificată de o mulțime de caractere de "oprire". Se utilizează mai ales la deplasarea liniei de inserție până la sfârșitul unui cuvânt sau la sfârșitul unei propoziții. Metoda se apelează printr-o construcție de forma:

RichTextBox1.**Upto** *Characterset, Forward, Negate*

Argumentele acestei metode sunt următoarele:

Argument	Descriere
Characterset	Un șir de caractere de tip **String** care stabilește mulțimea caracterelor care reprezintă limita deplasării liniei de inserție (caracterele de "oprire" ale deplasării).
Forward	Argument opțional de tip **Boolean**. Stabilește direcția de deplasare a liniei de inserție. – **True** (Valoare implicită) Linia de inserție se deplasează înainte (spre sfârșitul textului). – **False** Linia de inserție se deplasează înapoi (spre începutul textului).
Negate	Argument opțional de tip **Boolean**. Stabilește dacă linia de inserție se deplasează până la primul caracter de "oprire" sau după el. – **True** Linia se inserție se deplasează până la primul caracter de

Argument	Descriere
	"oprire". – **False** (Valoare implicită) Linia de inserție se deplasează după primul caracter de "oprire".

6.2. Proprietățile specifice ale controlului

- *Proprietatea* **SelFontName** (de tip **String**)

  Stabilește sau returnează numele fontului folosit la afișarea textului selectat. În cazul în care nu s-a selectat text, atunci proprietatea stabilește numele fontului care va fi utilizat la formatarea caracterelor ce urmează a fi tastate după linia de inserție. Nu este accesibilă în faza de elaborare a proiectului.

```
Dim NumeFont As String
RichTextBox1.SelFontName = NumeFont      ' Stabilirea fontului utilizat
NumeFont = RichTextBox1.SelFontName      ' Citirea fontului utilizat
```

  Dacă selecția conține caractere care aparțin diferitelor categorii de fonturi, atunci proprietatea returnează valoarea **Null**.

- *Proprietatea* **SelFontSize** (de tip **Integer**)

  Stabilește sau returnează dimensiunea fontului folosit la afișarea textului selectat. În cazul în care nu s-a selectat text, atunci proprietatea stabilește dimensiunea fontului care va fi utilizat la formatarea caracterelor ce urmează a fi tastate după linia de inserție. Dimensiunea este specificată în puncte (1 punct = 20 twip). Nu este accesibilă în faza de elaborare a proiectului.

```
Dim Dimensiune As Integer
RichTextBox1.SelFontSize = puncte          ' Stabilirea dimensiunii fontului
Dimensiune = RichTextBox1.SelFontName      ' Citirea dimensiunii fontului
```

  Dacă selecția conține caractere ce au dimensiuni diferite, atunci proprietatea returnează valoarea **Null**.

- *Proprietatea* **SelColor** (de tip **Long**)

  Stabilește sau returnează culoarea fontului folosit la afișarea textului selectat. În cazul în care nu s-a selectat text, atunci proprietatea stabilește culoarea fontului care va fi utilizat la formatarea caracterelor ce urmează a fi tastate după linia de inserție. Nu este accesibilă în faza de elaborare a proiectului.

Dim *Culoare* **As Long**
RichTextBox1.**SelColor** = *Culoare* ' Stabilirea culorii fontului
Culoare = *RichTextBox1*.**SelFontName** ' Citirea culorii fontului

Culoarea poate fi stabilită cu ajutorul funcțiilor **RGB** sau **QBColor**, respectiv cu ajutorul constantelor de culoare.

- *Proprietățile* **SelBold**, **SelItalic**, **SelStrikethru** *și* **SelUnderline** (de tip **Boolean**)

Stabilesc sau returnează stilul fontului folosit la selecția curentă. Dacă nu s-a selectat text, atunci proprietățile stabilesc stilul utilizat la formatarea caracterelor ce urmează a fi tastate după linia de inserție.

Dim *Atribut* **As Boolean**
RichTextBox1.**SelBold** = *ValoareLogică* ' Stabilirea/anularea stilului **îngroșat**
RichTextBox1.**SelItalic** = *ValoareLogică* ' Stabilirea/anularea stilului *înclinat*
RichTextBox1.**SelStrikethru** = *ValoareLogică* ' Stabilirea/anularea stilului ~~tăiat~~
RichTextBox1.**SelUnderline** = *ValoareLogică* ' Stabilirea/anularea stilului
' subliniat
Atribut = *RichTextBox1*.**SelBold** ' Testarea stilului **îngroșat**
Atribut = *RichTextBox1*.**SelItalic** ' Testarea stilului *înclinat*
Atribut = *RichTextBox1*.**SelStrikethru** ' Testarea stilului ~~tăiat~~
Atribut = *RichTextBox1*.**SelUnderline** ' Testarea stilului subliniat

Valoarea returnată de proprietate este True dacă selecția are stilul analizat și False dacă selecția nu are stilul analizat. Dacă selecția conține caractere formatate cu stiluri diferite, atunci valoarea returnată este **Null**. Pentru gestiunea acestor proprietăți se poate utiliza funcția `IsNull` în felul următor:

```
If IsNull(RichTextBox1.SelBold) = True Then
    ' Codul în cazul în care selecția este mixtă, de exemplu:
    RichTextBox1.SelBold = True
ElseIf RichTextBox1.SelBold = False Then
    ' Codul în cazul în care selecția nu are atributul de
    ' caractere îngroșate, de exemplu:
    RichTextBox1.SelBold = True
Else
    ' Codul în cazul în care selecția are atributul de
    ' caractere îngroșate, de exemplu:
    RichTextBox1.SelBold = False
End If
```

- *Proprietatea* **SelCharOffset** (de tip **Integer**)

  Stabileşte distanţa faţă de linia de bază[2] a textului selectat sau a textului care se va tasta după linia de inserţie

  sau

  returnează distanţa textului selectat faţă de linia de bază a textului. Această distanţă este pozitivă în cazul exponenţilor[3], negativă în cazul indicilor[4] şi este egală cu 0 în cazul textelor situate pe linia de bază. Se măsoară în *twip*. Proprietatea este accesibilă numai în execuţie.

  ```
  Dim val As Integer
  RichTextBox1.SelCharOffset = întreg   ' Stabilirea distanţei faţă de linia de bază
  val = RichTextBox1.SelCharOffset      ' Citirea distanţei faţă de linia de bază
  ```

  Valoarea returnată de proprietate este **Null** dacă selecţia cuprinde caractere având distanţe diferite faţă de linia de bază. Valoarea implicită a proprietăţii este 0 (aşezare pe linie de bază).

- *Proprietatea* **SelAlignment** (de tip **Integer**)

  Stabileşte alinierea paragrafelor selectate sau a paragrafului curent în cazul în care nu s-a făcut vreo selecţie

  sau

  returnează o valoare cu ajutorul căreia se poate testa tipul alinierii paragrafelor selectate sau a paragrafului curent în cazul în care nu s-a făcut vreo selecţie.
  Este accesibilă numai în execuţie.

  ```
  RichTextBox1.SelAlignment = Constantă   'Stabilirea alinierii
  ```

  Constantele utilizate la stabilirea alinierii sunt:

  – *rtfLeft* (având valoarea 0):

    Alinierea se face la stânga, valoare implicită.

  – *rtfRight* (având valoarea 1):

    Alinierea se face la dreapta.

---

2 O linie virtuală pe care sunt aşezate caracterele.

3 Un exponent este situat deasupra liniei de bază.

4 Un indice este situat dedesubtul liniei de bază.

– *rtfCenter* (având valoarea 2):

  Aliniere se face în centru.

```
Dim Valoare As Variant
Valoare = RichTextBox1.SelAlignment      ' Testarea alinierii
```

Valorile returnate de proprietate sunt:

– *rtfLeft* (având valoarea 0):

  Paragrafele selectate sunt aliniate la stânga.

– *rtfRight* (având valoarea 1):

  Paragrafele selectate sunt aliniate la dreapta.

– *rtfCenter* (având valoarea 2):

  Paragrafele selectate sunt centrate.

– *Null*:

  Paragrafele selectate conțin diferite tipuri de alinieri.

- *Proprietatea* **SelBullet** (de tip **Boolean**)

  Stabileşte o formatare de tip listă marcată a paragrafelor selectate sau a paragrafului curent în cazul în care nu s-a făcut vreo selecție

  sau

  returnează o valoare cu ajutorul căreia se testează dacă paragrafele selectate au fost formatate sub formă de liste marcate sau dacă paragraful curent, în cazul în care nu s-a selectat nimic, este o listă marcată. Este accesibilă numai în execuție.

  ```
  RichTextBox1.SelBullet = Constantă      ' Stabilirea formatării ca listă marcată
  ```

  Constantele utilizate pentru stabilirea formatării de listă marcată sunt:

  – True:

    Paragrafele selectate vor fi formatate ca listă marcată.

  – False:

    Paragrafele selectate nu vor fi formatate ca listă marcată (valoare implicită).

```
Dim Valoare As Variant
Valoare = RichTextBox1.SelBullet      ' Testarea formatării ca listă marcată
```

Valorile returnate de proprietate sunt:

- True:

  Paragrafele selectate sunt formatate ca listă marcată.

- False:

  Paragrafele selectate nu sunt formatate ca listă marcată.

- **Null**:

  Paragrafele selectate conțin atât liste marcate, cât și paragrafe care nu sunt formatate ca listă marcată.

- *Proprietatea* **BulletIndent** (de tip **Integer**)

  Stabilește mărimea retragerii în cazul în care proprietatea **SelBullet** are valoarea **True**

  sau

  returnează o valoare cu ajutorul căreia se poate citi mărimea retragerii în cazul paragrafelor formatate ca listă marcată.
  Proprietatea folosește unitatea de măsură a formei care conține controlul **RichTextBox**.

```
Dim valoare As Variant
RichTextBox1.BulletIndent = întreg          'Stabilirea retragerii
valoare = RichTextBox1.BulletIndent         'Citirea retragerii
```

  Dacă selecția conține paragrafe cu retrageri diferite, valoarea returnată de proprietate este **Null**.

- *Proprietatea* **RightMargin** (de tip **Integer**)

  Stabilește dimensiunea marginii din dreapta textului inserat într-un control **RichTextBox**, măsurată în twip

  sau

  returnează dimensiunea marginii din dreapta controlului **RichTextBox**, măsurată în twip.
  Valoarea implicită este 0.

```
Dim valoare As Integer
RichTextBox1.RightMargin = întreg           ' Stabilirea marginii din dreapta
valoare = RichTextBox1. RightMargin         ' Citirea marginii din dreapta
```

- *Proprietățile* **SelIndent**, **SelHangingIndent** *și* **SelRightIndent** (de tip **Integer**)

  – Proprietatea **SelIndent**

    Stabilește sau returnează valoarea retragerii din stânga paragrafelor selectate (distanța dintre începutul liniilor paragrafelor și muchia din stânga controlului **RichTextBox**).

  – Proprietatea **SelRightIndent**

    Stabilește sau returnează valoarea retragerii din dreapta paragrafelor selectate (distanța dintre sfârșitul liniilor paragrafelor și muchia din dreapta controlului **RichTextBox**, corectat cu valoarea proprietății **RightMargin**).

  – Proprietatea **SelHangingIndent**

    Stabilește sau returnează valoarea retragerii din stânga liniilor 2, 3, 4, .. a paragrafelor selectate.

Aceste proprietăți sunt accesibile numai în execuție. Unitatea de măsură utilizată coincide cu unitatea de măsură folosită de forma care conține controlul **RichTextBox**.

```
Dim val As Integer
RichTextBox1.SelIndent = întreg              'Stabilirea retragerii
RichTextBox1.SelRightIndent = întreg
RichTextBox1.SelHangingIndent = întreg
val = RichTextBox1.SelIndent                 'Citirea valorii retragerii
val = RichTextBox1.SelRightIndent
val = RichTextBox1.SelHangingIndent
```

Într-un control **RichTextBox** se pot încapsula obiecte create cu diverse aplicații, de exemplu imagini create cu programul **Paint**, documente **Word**, foi de calcul **Excel** și altele. Aceste obiecte pot fi inserate în timpul execuției fie prin metoda tragerii cu mouse-ul[5], fie prin program. Ele vor fi inserate în locația curentă a liniei de inserție.
În execuție, pentru încapsularea unui obiect, se va utiliza metoda **Add** a colecției **OLEObjects**, printr-o construcție de forma:

```
RichTextBox1.OLEObjects.Add  Index, Key, SourceDoc, Class
```

Argumentele acestei metode sunt următoarele:

---

5 Se deschide programul **Windows Explorer sau My Computer** și se trage simbolul grafic asociat obiectului dorit în controlul **RichTextBox**.

Argument	Semnificație
Index	Argument opțional de tip **Long**. Un indice care identifică în mod unic un element al colecției *OLEObjects*. Dacă nu este specificat, atunci indicele va fi generat de sistem automat. Dacă s-a specificat un indice, noul element va fi inserat după elementul precizat.
Key	Argument opțional de tip **String**. Un şir unic de caractere cu ajutorul căruia se poate accesa un membru al colecței *OLEObjects*.
SourceDoc	Argument de tip **String**, care specifică unitatea, calea şi numele fişierului care se încapsulează în controlul **RichTextBox**. În caz că se doreşte crearea unui obiect nou, atunci acest argument nu trebuie utilizat.
Class	Argument de tip **String**. Se foloseşte atunci când se doreşte crearea unui obiect nou. Prin acest argument se specifică numele clasei OLE al noului obiect, de exemplu "Paint.Picture", "Word.Document.8", "Excel.Sheet.8". Argumentul se ignoră dacă s-a specificat argumentul *SourceDoc*.

Când se adaugă un obiect colecției, el devine activ şi poate fi editat "pe loc".

Următoarea instrucțiune încapsulează un document **Word** (existent) la locația liniei de inserție:

```
RichTextBox1.OLEObjects.Add , , "C:\My Documents\CV.DOC"
```

Următoarea instrucțiune încapsulează o foaie **Excel** nouă la locația liniei de inserție:

```
RichTextBox1.OLEObjects.Add   , , , "Excel.Sheet.8"
```

Dacă proprietatea **AutoVerbMenu** (de tip **Boolean**) a controlului **RichTextBox** se configurează cu valoarea True atunci, când se efectuează un clic cu butonul drept pe obiectul încapsulat, se afişează automat un meniul local. Comenzile ("verbele") acestui meniu depind de clasa obiectului. Cele mai uzuale comenzi sunt:

- **Open**:

  Se lansează în execuție programul cu care s-a creat obiectul încapsulat şi într-o fereastră separată el poate fi editat. După editare, prin meniul **File** comanda **Return**, se părăseşte programul respectiv şi se revine în fereastra inițială.

- **Edit**:

  În fereastra aplicației obiectul poate fi editat (editare "pe loc").

Evenimentul specific unui control **RichTextBox** este evenimentul **SelChange**, care se declanşează când selecția curentă a fost modificată sau dacă linia de inserţie a fost deplasată. Se poate folosi, de exemplu, la "urmărirea" stilului de formatare cu caractere îngroşate. Procedura-eveniment asociată este:

```
Private Sub RichTextBox1_SelChange ( )

End Sub
```

EXEMPLUL 1:

Forma aplicaţiei conţine un control **RichTextBox** prevăzut cu bare de defilare, un control **CommonDialog**, cinci butoane de comandă şi o cutie text. Primul buton de comandă, etichetat cu *LoadFile*, afişează fereastra de dialog specializată în deschiderea fişierelor. Conţinutul fişierului selectat, de extensie ***.RTF** sau ***.TXT**, este încărcat în controlul **RichTextBox**. Al doilea buton de comandă, etichetat cu *SaveFile*, afişează fereastra de dialog specializată în salvarea fişierelor, care permite salvarea conţinutului controlului **RichTextBox** în locaţia şi sub numele specificat de utilizator. Al treilea buton de comandă, etichetat cu *Find*, caută cuvântul introdus în cutia text. În cazul în care s-a găsit cuvântul se comunică linia în care acesta se află. Al patrulea buton de comandă, etichetat cu *SelPrint*, tipăreşte conţinutul sau selecţia controlului **RichTextBox**. Al cincilea buton de comandă, etichetat cu *Bold*, cuplează sau decuplează stilul cu caractere îngroşate.

Prin combinaţia de taste CTRL+S se selectează textul începând cu

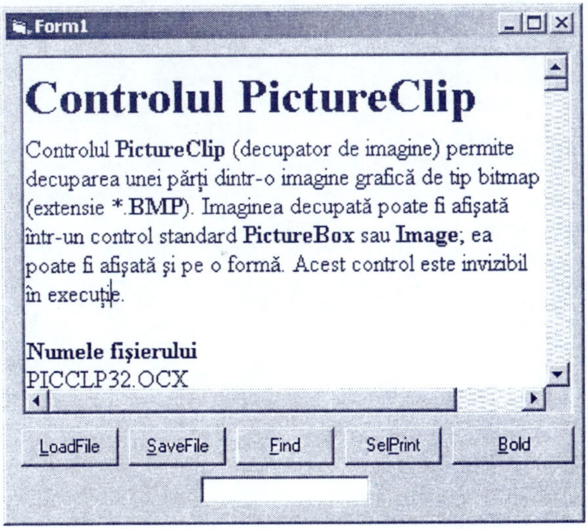

locația curentă a liniei de inserție și până la sfârșitul propoziției, iar prin CTRL+W până la sfârșitul cuvântului.

Prin combinația de taste CTRL+ P se deplasează linia de inserție la sfârșitul propoziției, iar prin CTRL+C la sfârșitul cuvântului.

Fereastra afișată de aplicație are aspectul prezentat mai sus.

Textul sursă al programului este:

```
Option Explicit

Private Sub Command1_Click()           ' LoadFile
  Dim f As String
  On Error GoTo Eroare
  With CommonDialog1
    .Filter = "Fisiere RTF (*.RTF)|*.RTF|" & _
              "Fisiere text (*.TXT)|*.TXT"
    .CancelError = True
    .ShowOpen
    f = .FileName
    If UCase(Right(f, 3)) = "RTF" Then
      RichTextBox1.LoadFile  f, rtfRTF
    Else
      RichTextBox1.LoadFile  f, rtfText
    End If
  End With
  Exit Sub
Eroare:
  MsgBox "Nu s-a selectat nimic"
End Sub

Private Sub Command2_Click()           ' SaveFile
  Dim f As String
  On Error GoTo Eroare
  With CommonDialog1
    .Filter = "Fisiere RTF (*.RTF)|*.RTF|" & _
                  "Fisiere text (*.TXT)|*.TXT"
    .CancelError = True
    .ShowSave
    f = .FileName
    If  UCase(Right(f, 3)) = "RTF" Then
      RichTextBox1.SaveFile  f, rtfRTF
    Else
      RichTextBox1.SaveFile  f, rtfText
    End If
  End With
  Exit Sub
Eroare:
  MsgBox "Nu s-a selectat nimic"
End Sub

Private Sub Command3_Click() 'Find & GetLine
  Dim Poz As Integer
```

```
  Dim Linie As Integer
  ' Căutarea cuvântului specificat
  Poz = RichTextBox1.Find(Text1.Text, , , rtfWholeWord)
  If Poz <> -1 Then                ' Returnează numărul liniei în care se află cuvântul.
    MsgBox "Cuvant gasit!"
    Linie = RichTextBox1.GetLineFromChar(Poz)
    MsgBox "Cuvantul cautat se afla in linia " & Linie
  Else
    MsgBox "Cuvant negasit!"
  End If
End Sub

Private Sub Command4_Click()          ' SelPrint
  On Error GoTo Eroare:
  CommonDialog1.Flags = cdlPDReturnDC + cdlPDNoPageNums
  If RichTextBox1.SelLength = 0 Then
    CommonDialog1.Flags = CommonDialog1.Flags + cdlPDAllPages
  Else
    CommonDialog1.Flags = CommonDialog1.Flags + cdlPDSelection
  End If
  CommonDialog1.ShowPrinter
  Printer.Copies = CommonDialog1.Copies
  Printer.Print  ""                   ' Inițializarea imprimantei cu un sir vid
  RichTextBox1.SelPrint  CommonDialog1.hDC
  Exit Sub
Eroare:
  MsgBox "S-a actionat butonul Cancel"
End Sub

Private Sub Command5_Click()          'Bold
  If IsNull(RichTextBox1.SelBold) = True Then
    RichTextBox1.SelBold = False      ' Selecție mixtă (caractere cu şi fără
                                      ' atributul Bold).
  ElseIf RichTextBox1.SelBold = False Then
    RichTextBox1.SelBold = True       ' Selecția nu are atributul Bold
  Else
    RichTextBox1.SelBold = False      ' Selecția are atributul Bold
  End If
End Sub

Private Sub RichTextBox1_KeyUp(KeyCode As Integer, _
                              Shift As Integer)
  If Shift = vbCtrlMask Then
    Select Case KeyCode
      Case vbKeyS             ' Ctrl+S selecție până la sfârşitul propoziției
          RichTextBox1.Span ".?!:", True, True
          ' Extinde selecția pt. a include şi punctuația.
          RichTextBox1.SelLength = RichTextBox1.SelLength + 1
      Case vbKeyW             ' Ctrl+W selectare până la sfârşitul cuvântului.
          RichTextBox1.Span " ,;:.?!", True, True
      Case vbKeyP             ' Ctrl + P mută linia de inserție până la sfârşitul propoziției
        RichTextBox1.UpTo ".?!:", True, False
      Case vbKeyC             ' Ctrl + W mută linia de inserție până la sfârşitul cuvântului.
```

```
        RichTextBox1.UpTo " .?!:", True, False
    End Select
  End If
End Sub
```

EXEMPLUL 2:

Exemplul ilustrează diferite posibilităţi de formatare a caracterelor şi paragrafelor situate în controlul **RichTextBox**. S-a definit meniul următor:

Proprietatea *Caption* a elementului de meniu	**Proprietatea *Name* a elementului de meniu**	**Nivel**	**Funcţie**
Character	mnuCharacter	1	Formatarea caracterelor
Name	mnuCharacter	2	Nume de fonturi (corpuri de literă)
Times New Roman	mnuTimes	3	Selectarea fontului Times New Roman
Arial	mnuArial	3	Selectarea fontului Arial
Courier New	mnuCourier	3	Selectarea fontului Courier New
Tahoma	mnuTahoma	3	Selectarea fontului Tahoma
Size	mnuSize	2	Dimensiuni ale caracterelor
12	mnu12	3	Selectarea dimensiunii 12 puncte
14	mnu14	3	Selectarea dimensiunii 14 puncte
16	mnu16	3	Selectarea dimensiunii 16 puncte
Color	mnuColor	2	Culori asociate fonturilor
Black	mnuBlack	3	Selectarea culorii negre
Red	mnuRed	3	Selectarea culorii roşii
Green	mnuGreen	3	Selectarea culorii verzi
Blue	mnuBlue	3	Selectarea culorii albastre
Style	mnuStyle	2	Stiluri ale caracterelor
Bold	mnuBold	3	Selectarea/deselectarea stilului îngroşat. Cheia de prescurtare CTRL+B
Italic	mnuItalic	3	Selectarea/deselectarea stilului înclinat. Cheia de prescurtare CTRL+I
Underline	mnuUnderline	3	Selectarea/deselectarea stilului subliniat. Cheia de prescurtare CTRL+U

Proprietatea *Caption* a elementului de meniu	**Proprietatea *Name* a elementului de meniu**	**Nivel**	**Funcţie**
Strikethru	mnuStrikethru	3	Selectarea/deselectarea stilului tăiat. Cheia de prescurtare CTRL+S
Offset	mnuOffset	2	Deplasament faţă de linia de bază
Subscript	mnuSubscript	3	Selectarea stilului indice
Superscript	mnuSuperscript	3	Selectarea stilului exponent
Paragraph	mnuParagraph	1	Formatarea paragrafelor
Alignment	mnuAlignment	2	Selectarea alinierii
Left	mnuLeft	3	Aliniere la stânga
Right	mnuRight	3	Aliniere la dreapta
Center	mnuCenter	3	Aliniere centrată
Indent	mnuIndent	2	Selectarea/deselectarea retragerii liniilor
Bullet	mnuBullet	2	Selectarea/deselectarea stilului cu listă marcată

Fereastra afişată de aplicaţie poate avea aspectul următor:

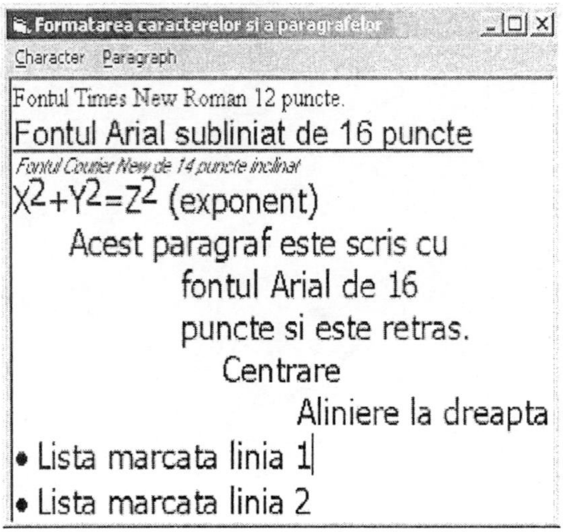

Textul sursă al programului este:

```
Option Explicit

Private Sub Form_Load()
  With RichTextBox1
    .Left = Form1.ScaleLeft
    .Top = Form1.ScaleTop
    .Width = Form1.ScaleWidth
    .Height = Form1.ScaleHeight
  End With
  RichTextBox1.SelFontName = "Times New Roman"
  mnuTimes.Checked = True
  RichTextBox1.SelFontSize = 12
  mnu12.Checked = True
  RichTextBox1.SelColor = vbBlack
  mnuBlack.Checked = True
  mnuLeft.Checked = True
End Sub

Private Sub mnuTimes_Click()
  RichTextBox1.SelFontName = "Times New Roman"
  mnuTimes.Checked = True
  mnuArial.Checked = False
  mnuCourier.Checked = False
  mnuTahoma.Checked = False
End Sub

Private Sub mnuArial_Click()
  RichTextBox1.SelFontName = "Arial"
  mnuTimes.Checked = False
  mnuArial.Checked = True
  mnuCourier.Checked = False
  mnuTahoma.Checked = False
End Sub

Private Sub mnuCourier_Click()
  RichTextBox1.SelFontName = "Courier New"
  mnuTimes.Checked = False
  mnuArial.Checked = False
  mnuCourier.Checked = True
  mnuTahoma.Checked = False
End Sub

Private Sub mnuTahoma_Click()
  RichTextBox1.SelFontName = "Tahoma"
  mnuTimes.Checked = False
  mnuArial.Checked = False
  mnuCourier.Checked = False
  mnuTahoma.Checked = True
End Sub

Private Sub mnu12_Click()
  RichTextBox1.SelFontSize = 12
```

```
  mnu12.Checked = True
  mnu14.Checked = False
  mnu16.Checked = False
End Sub

Private Sub mnu14_Click()
  RichTextBox1.SelFontSize = 14
  mnu12.Checked = False
  mnu14.Checked = True
  mnu16.Checked = False
End Sub

Private Sub mnu16_Click()
  RichTextBox1.SelFontSize = 16
  mnu12.Checked = False
  mnu14.Checked = False
  mnu16.Checked = True
End Sub

Private Sub mnuBlack_Click()
  RichTextBox1.SelColor = vbBlack
  mnuBlack.Checked = True
  mnuRed.Checked = False
  mnuGreen.Checked = False
  mnuBlue.Checked = False
End Sub

Private Sub mnuRed_Click()
  RichTextBox1.SelColor = vbRed
  mnuBlack.Checked = False
  mnuRed.Checked = True
  mnuGreen.Checked = False
  mnuBlue.Checked = False
End Sub

Private Sub mnuGreen_Click()
  RichTextBox1.SelColor = vbGreen
  mnuBlack.Checked = False
  mnuRed.Checked = False
  mnuGreen.Checked = True
  mnuBlue.Checked = False
End Sub

Private Sub mnuBlue_Click()
  RichTextBox1.SelColor = vbBlue
  mnuBlack.Checked = False
  mnuRed.Checked = False
  mnuGreen.Checked = False
  mnuBlue.Checked = True
End Sub

Private Sub mnuBold_Click()
  If IsNull(RichTextBox1.SelBold) = True Then
    RichTextBox1.SelBold = True
```

```
    mnuBold.Checked = True
  ElseIf RichTextBox1.SelBold = False Then
    RichTextBox1.SelBold = True
    mnuBold.Checked = True
  Else
    RichTextBox1.SelBold = False
    mnuBold.Checked = False
  End If
End Sub

Private Sub mnuItalic_Click()
  If IsNull(RichTextBox1.SelItalic) = True Then
    RichTextBox1.SelItalic = True
    mnuItalic.Checked = True
  ElseIf RichTextBox1.SelItalic = False Then
    RichTextBox1.SelItalic = True
    mnuItalic.Checked = True
  Else
    RichTextBox1.SelItalic = False
    mnuItalic.Checked = False
  End If
End Sub

Private Sub mnuUnderline_Click()
  If IsNull(RichTextBox1.SelUnderline) = True Then
    RichTextBox1.SelUnderline = True
    mnuUnderline.Checked = True
  ElseIf RichTextBox1.SelUnderline = False Then
    RichTextBox1.SelUnderline = True
    mnuUnderline.Checked = True
  Else
    RichTextBox1.SelUnderline = False
    mnuUnderline.Checked = False
  End If
End Sub

Private Sub mnuStrikethru_Click()
  If IsNull(RichTextBox1.SelStrikeThru) = True Then
    RichTextBox1.SelStrikeThru = True
    mnuStrikethru.Checked = True
  ElseIf RichTextBox1.SelStrikeThru = False Then
    RichTextBox1.SelStrikeThru = True
    mnuStrikethru.Checked = True
  Else
    RichTextBox1.SelStrikeThru = False
    mnuStrikethru.Checked = False
  End If
End Sub

Private Sub mnuSubscript_Click()          'Exponent
  If IsNull(RichTextBox1.SelCharOffset) = True Then
    RichTextBox1.SelCharOffset = -RichTextBox1.SelFontSize * 20
    mnuSubscript.Checked = True
  ElseIf RichTextBox1.SelCharOffset = 0 Then
```

```
    RichTextBox1.SelCharOffset = -RichTextBox1.SelFontSize * 20
    mnuSubscript.Checked = True
  Else
    RichTextBox1.SelCharOffset = 0
    mnuSubscript.Checked = False
  End If
End Sub

Private Sub mnuSuperscript_Click()          'Indice
  If IsNull(RichTextBox1.SelCharOffset) = True Then
    RichTextBox1.SelCharOffset = RichTextBox1.SelFontSize * 20
    mnuSuperscript.Checked = True
  ElseIf RichTextBox1.SelCharOffset = 0 Then
    RichTextBox1.SelCharOffset = RichTextBox1.SelFontSize * 20
    mnuSuperscript.Checked = True
  Else
    RichTextBox1.SelCharOffset = 0
    mnuSuperscript.Checked = False
 End If
End Sub

Private Sub mnuLeft_Click()
  If RichTextBox1.SelLength > 0 Then
    RichTextBox1.SelAlignment = rtfLeft
    mnuLeft.Checked = True
    mnuRight.Checked = False
    mnuCenter.Checked = False
  End If
End Sub

Private Sub mnuRight_Click()
  If RichTextBox1.SelLength > 0 Then
    RichTextBox1.SelAlignment = rtfRight
    mnuLeft.Checked = False
    mnuRight.Checked = True
    mnuCenter.Checked = False
  End If
End Sub

Private Sub mnuCenter_Click()
  If RichTextBox1.SelLength > 0 Then
    RichTextBox1.SelAlignment = rtfCenter
    mnuLeft.Checked = False
    mnuRight.Checked = False
    mnuCenter.Checked = True
  End If
End Sub

Private Sub mnuIndent_Click()
  If IsNull(RichTextBox1.SelIndent) = True Then
    RichTextBox1.SelIndent = 567                 '1 cm
    RichTextBox1.SelRightIndent = 567
    RichTextBox1.SelHangingIndent = 1134         '2 cm
    mnuIndent.Checked = True
```

```
  ElseIf RichTextBox1.SelIndent = False Then
    RichTextBox1.SelIndent = 567
    RichTextBox1.SelRightIndent = 567
    RichTextBox1.SelHangingIndent = 1134
    mnuIndent.Checked = True
  Else
    RichTextBox1.SelIndent = 0
    RichTextBox1.SelRightIndent = 0
    RichTextBox1.SelHangingIndent = 0
    mnuIndent.Checked = False
  End If
End Sub

Private Sub mnuBullet_Click()
  If IsNull(RichTextBox1.SelBullet) = True Then
    RichTextBox1.SelBullet = True
    RichTextBox1.BulletIndent = 567
    mnuBullet.Checked = True
  ElseIf RichTextBox1.SelBullet = False Then
    RichTextBox1.SelBullet = True
    RichTextBox1.BulletIndent = 567
    mnuBullet.Checked = True
  Else
    RichTextBox1.SelBullet = False
    RichTextBox1.BulletIndent = 0
    mnuBullet.Checked = False
  End If
End Sub
```

EXEMPLUL 3:

Forma aplicației conține un control **RichTextBox** prevăzut cu cele două bare de defilare, șase butoane de comandă, un control **CommonDialog** utilizat la tipărire și o cutie de validare. Rolul butoanelor de comandă este centralizat în tabelul următor:

Eticheta butonului	Funcție
LoadFile	Încarcă un fișier în controlul **RichTextBox**.
SaveFile	Salvează conținutul curent al controlului **RichTextBox** într-un fișier.
Obiect	Încarcă un obiect specificat la locația liniei de inserție.
Proprietăți	Afișează într-o fereastră de mesaje numărul, clasa și tipul de afișare al obiectelor inserate în controlul **RichTextBox**..
SelPrint	Afișează fereastra de dialog predefinită referitoare la tipărire și tipărește conținutul controlului **RichTextBox**.
Bold	Atribuie sau elimină stilul cu font îngroșat. Starea curentă a stilului îngroșat este semnalat în cutia de validare.

În execuție au fost încapsulate în controlul **RichTextBox** următoarele obiecte: un document **Word**, o foaie de calcul **Excel**, o imagine bitmap creată cu programul **Paint** şi un fişier text creat cu programul **Notepad**. Rolul cutiei de validare este vizualizarea permanentă a stării atributului "îngroşat". În acest scop s-a folosit evenimentul **SelChange** al controlului **RichTextBox**.
Fereastra afişată de aplicaţie are aspectul următor:

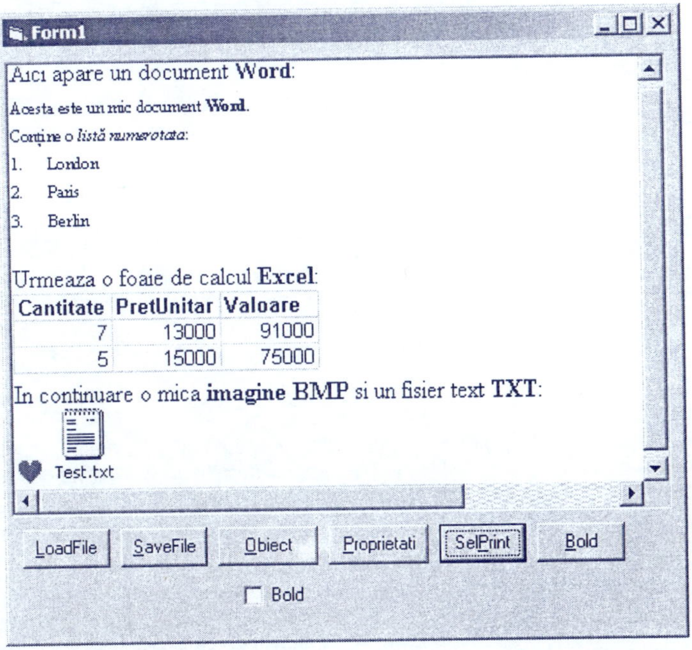

Textul sursă al programului este:

```
Option Explicit
Const nume = "Test.rtf"

Private Sub Command1_Click()            ' LoadFile
  RichTextBox1.LoadFile App.Path & "\" & nume, rtfRTF
End Sub

Private Sub Command2_Click()            ' SaveFile
  RichTextBox1.SaveFile nume, rtfRTF
End Sub

Private Sub Command3_Click()            ' Obiect
Dim s As String
  s = InputBox("Obiect=?", "Inserare obiect")
  If s <> "" Then
```

```
    s = App.Path & "\" & s
    RichTextBox1.OLEObjects.Add , , s
  End If
End Sub

Private Sub Command4_Click()            ' Proprietăți
Dim nr As Integer
Dim i As Integer
Dim s As String
  nr = RichTextBox1.OLEObjects.Count    ' Citește numărul obiectelor încapsulate
  s = CStr(nr) & vbCrLf
  If nr > 0 Then
    For i = 0 To nr - 1
      s = s & RichTextBox1.OLEObjects(i).Class & "  " & _
                    RichTextBox1.OLEObjects(i).DisplayType & vbCrLf
    Next
  End If
  MsgBox s
End Sub

Private Sub Command5_Click()             ' SelPrint
  CommonDialog1.Flags = cdlPDReturnDC + cdlPDNoPageNums
  If RichTextBox1.SelLength = 0 Then
    CommonDialog1.Flags = CommonDialog1.Flags + cdlPDAllPages
  Else
    CommonDialog1.Flags = CommonDialog1.Flags + cdlPDSelection
  End If
  CommonDialog1.ShowPrinter
  Printer.Print ""                      ' Inițializarea procesului de imprimare
  RichTextBox1.SelPrint CommonDialog1.hDC
End Sub

Private Sub Command6_Click()            ' Bold
  If IsNull(RichTextBox1.SelBold) = True Then
    RichTextBox1.SelBold = False        ' Selecție mixtă (caractere cu și fără
                                        ' atributul Bold).
  ElseIf RichTextBox1.SelBold = False Then
    RichTextBox1.SelBold = True         ' Selecția nu are atributul Bold
  Else
    RichTextBox1.SelBold = False        ' Selecția are atributul Bold
  End If
End Sub

Private Sub RichTextBox1_SelChange()
  Select Case RichTextBox1.SelBold
    Case False
      Check1.Value = 0              ' Neselectat
    Case True
      Check1.Value = 1              ' Selectat
    Case Else
      Check1.Value = 2              ' Stare Gri
  End Select
End Sub
```

7. CONTROLUL MSChart

Controlul **MSChart** (*diagramă Microsoft*) se utilizează la reprezentarea datelor numerice sub formă de diagramă. Sunt disponibile cele mai variate tipuri de diagrame (inclusiv diagramele tridimensionale). Datele care urmează să fie reprezentate se pot specifica atât în faza de elaborare a programului (prin intermediul ferestrei de proprietăți), cât şi în execuție. Datele pot fi precizate de utilizator, dar şi aleator. Controlul **MSChart** este asociat unei rețele virtuale de date, corespunzătoare obiectului **DataGrid**. Celulele acestei rețele conțin atât date numerice, cât şi etichete de tip linie şi coloană, care fac ca identificarea datelor să fie mai uşoară. Există de asemenea posibilitatea importării datelor dintr-o foaie de calcul **Excel** sau dintr-un tabel sau o interogare a unei baze de date **Access**.

O rețea virtuală de date, formată din *n* linii şi *m* coloane prevăzută cu etichete de tip linie şi coloană, are aspectul următor:

Neutilizat	f_1	f_2	...	f_{m-1}
x_1	$f_1(x_1)$	$f_2(x_1)$	...	$f_{m-1}(x_1)$
x_2	$f_1(x_2)$	$f_2(x_2)$	...	$f_{m-1}(x_2)$
...	...	...	...	...
x_{n-1}	$f_1(x_{n-1})$	$f_2(x_{n-1})$	...	$f_{m-1}(x_{n-1})$

Argumentele x_1, x_2, ..., x_{n-1} din prima coloană sunt etichetele de tip linie. Ele se vor reprezenta pe axa orizontală Ox, numită *axa categoriilor*. Valorile f_1, f_2, ..., f_{m-1} din prima linie sunt etichetele de tip coloană şi ele reprezintă nume de funcții care desemnează informațiile legendei ataşată diagramei. Valoarea $f_i(x_k)$, depusă în linia *i* şi coloana *k*, este denumită *punct de date* şi reprezintă valoarea funcției f_i în punctul x_k. Valorile situate într-o coloană f_k (adică punctele de date $f_k(x_1)$, $f_k(x_2)$, ..., $f_k(x_{n-1})$) au numele de *serie de date* şi sunt reprezentate pe axa verticală Oy, numită *axa valorilor*. În rețeaua anterioară s-a presupus că datele situate în prima coloană şi în prima linie sunt de tip text (şi nu valori numerice).

EXEMPLU:

Să considerăm următoarea rețea de date:

	Ianuarie	Februarie	Martie
Sora	13	9	8
Mercur	11	8	12

Etichetele liniilor (argumentele) sunt *Sora* şi *Mercur*. Tabelul conţine valorile funcţiilor *Ianuarie*, *Februarie* şi *Martie*. Prima serie de date este 13 şi 11. A doua serie de date este 9 şi 8. Cea de-a treia serie de dată este 8 şi 12. Diagrama de tip bară bidimensională bazată pe această reţea de date are aspectul următor:

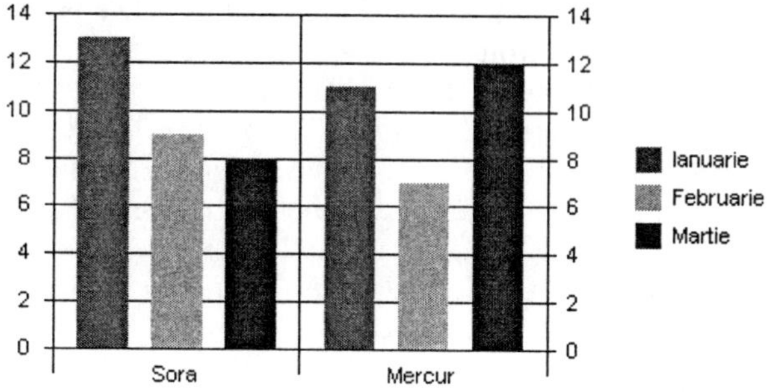

Controlul **MSChart** este de tip ActiveX. Pentru afişarea pe paleta de controale a simbolului grafic asociat controlului, din meniul **Project** se dă comanda **Components** (Ctrl+T). În fereastra care se afişează se selectează pagina *Controls*. În continuare printr-un clic se selectează cutia de validare care are eticheta *Microsoft Chart Control 6.0 (OLEDB)*. Datele referitoare la acest control se găsesc în fişierul:

C:\WINDOWS\System\MSCHRT20.OCX

sau

C:\WINNT\System32\MSCHRT20.OCX

Simbolul grafic aferent controlului are forma . Numele clasei este **MSChart**. Controalele au denumirile standard *MSChart1*, *MSChart2*, ...

7.1. Proprietăţile şi evenimentele specifice ale controlului

- *Proprietatea* **ChartType** (de tip **Integer**)

Stabileşte tipul diagramei care se va utiliza la reprezentarea datelor.

MSChart1.**ChartType** = *constantă*

Valorile posibile ale constantei sunt centralizate în tabelul următor:

Constantă	Valoare	Descriere
VtChChartType3dBar	0	Bară (coloană) tridimensinală
VtChChartType2dBar	1	Bară (coloană) bidimensională
VtChChartType3dLine	2	Linie (bandă) tridimensinală
VtChChartType2dLine	3	Linie bidimensională
VtChChartType3dArea	4	Arie tridimensională
VtChChartType2dArea	5	Arie bidimensională
VtChChartType3dStep	6	Scară tridimensională
VtChChartType2dStep	7	Scară bidimensională
VtChChartType3dCombination	8	Combinație tridimensională
VtChChartType2dCombination	9	Combinație bidimensională
VtChChartType2dPie	14	Sector de cerc ("plăcintă")
VtChChartType2dXY	16	XY (matematic)

- *Proprietatea* **RowCount** (de tip **Integer**)

  Stabileşte numărul liniilor rețelei virtuale[1] de date asociate diagramei (numărul absciselor).

  MSChart1.**RowCount** = *NrLin*

- *Proprietatea* **ColumnCount** (de tip **Integer**)

  Stabileşte numărul coloanelor rețelei virtuale de date asociate diagramei (numărul funcțiilor care se reprezintă).

  MSChart1.**ColumnCount** = *NrCol*

- *Proprietatea* **Row** (de tip **Integer**)

  Stabileşte numărul liniei curente din rețeaua virtuală de date asociate diagramei. Liniile sunt numerotate de sus în jos, începând cu 1.

  MSChart1.**Row** = *NrLinAct*

---

[1] Reprezentată prin obiectul **DataGrid**

- *Proprietatea* **Column** (de tip **Integer**)

  Stabileşte numărul coloanei curente din reţeaua virtuală de date asociate diagramei. Coloanele sunt numerotate de la stânga spre dreapta, începând cu 1.

  *MSChart1.***Column** = *NrColAct*

- *Proprietatea* **Data** (de tip **Double**)

  Stabileşte valoarea inserată în punctul curent al datelor, adică valoarea care se inserează în celula din linia şi coloana curentă a reţelei virtuale de date asociată diagramei. Linia curentă este desemnată prin proprietatea **Row**, iar coloana curentă prin proprietatea **Column**.

  *MSChart1.***Data** = *valoare*

  Dacă punctul curent al datelor conţine o valoare atunci vechea valoare este înlocuită cu cea nouă şi diagrama este redesenată automat.

- *Proprietatea* **RowLabel** (de tip **String**)

  Stabileşte eticheta (textul) ataşată liniei curente. Linia curentă se identifică prin proprietatea **Row**. În majoritatea cazurilor eticheta se afişează dedesubtul axei Ox (axa categoriilor). Dacă textul este prea lung, eticheta nu se afişează. Valoarea implicită a proprietăţii este "R1", "R2", ...

  *MSChart1.***RowLabel** = *EtichetăLinie*

- *Proprietatea* **ColumnLabel** (de tip **String**)

  Stabileşte eticheta (textul) ataşată coloanei curente. Coloana curentă se identifică prin proprietatea **Col**. În cazul diagramelor bidimensionale joacă rolul legendei. Valoarea implicită a proprietăţii este "C1", "C2", ...

  *MSChart1.***ColumnLabel** = *EtichetăColoană*

- *Proprietatea* **RowLabelCount** (de tip **Integer**)

  Stabileşte numărul nivelelor etichetelor de tip linie.

  *MSChart1.***RowLabelCount** = *NrEticLin*

  Proprietatea are valoarea implicită 1. Dacă proprietatea se configurează cu o valoare mai mare ca 1, atunci se pot adăuga şi şterge nivele ale etichetelor de tip linie din rețeaua virtuală de date atașată diagramei. Nivelele se numerotează de la dreapta spre stânga, începând cu 1. Nivelele se adaugă și se șterg de la stânga spre dreapta.

- *Proprietatea* **ColumnLabelCount** (de tip **Integer**)

  Stabilește numărul nivelelor etichetelor de tip coloană.

  *MSChart1.***ColumnLabelCount** = *NrEticCol*

  Proprietatea are valoarea implicită 1. Dacă proprietatea se configurează cu o valoare mai mare ca 1, atunci se pot adăuga și șterge nivele ale etichetelor de tip coloană din rețeaua virtuală de date atașată diagramei. Nivelele se numerotează de sus în jos, începând cu 1. Nivelele se adaugă și se șterg de sus în jos.

- *Proprietatea* **ShowLegend** (de tip **Boolean**)

  Stabilește dacă legenda atașată diagramei este vizibilă (True) sau nu (False). Valoarea implicită a proprietății este False.

  *MSChart1.***ShowLegend** = *boolean*

- *Proprietatea* **TitleText** (de tip **String**)

  Stabilește titlul atașat diagramei.

  *MSChart1.***TitleText** = *titlu*

- *Proprietatea* **FootNoteText** (de tip **String**)

  Stabilește textul notei de picior atașată diagramei.

  *MSChart1.***FootNoteText** = *notă*

- *Proprietatea* **AllowDynamicRotation** (de tip **Boolean**)

  Stabilește dacă o diagramă tridimensională poate fi rotită interactiv (True) sau nu (False). Dacă se ține apăsată tasta Ctrl, cursorul obișnuit al mouse-ului se transformă într-un cursor de rotație și diagrama poate fi trasă cu mouse-ul într-o altă poziție, ea putând fi văzută sub un alt unghi. Valoarea implicită a proprietății este True.

  *MSChart1.***AllowDynamicRotation** = *boolean*

* *Proprietatea* **AllowSelections** (de tip **Boolean**)

  Stabileşte dacă utilizatorul poate selecta interactiv (True) sau nu (False) obiectele diagramei, în vederea editării lor. Valoarea implicită a proprietăţii este True.

  *MSChart1.***AllowSelections** = *boolean*

* *Proprietatea* **AllowSeriesSelection** (de tip **Boolean**)

  Stabileşte dacă se selectează sau nu o serie întreagă de date când se efectuează un clic pe un punct arbitrar al datelor corespunzător seriei respective. Valoarea implicită a proprietăţii este True

  *MSChart1.***AllowSeriesSelection** = *boolean*

* *Proprietatea* **RandomFill** (de tip **Boolean**)

  Stabileşte dacă datele pe care se bazează diagrama s-au generate aleator sau au fost precizate de utilizator.

  Dim *variabila* **As Boolean**
  variabila = *MSChart1.***RandomFill**

  Valoarea implicită a proprietăţii este True (datele au fost generate aleator, folosind metoda **RandomDataFill** a obiectului **DataGrid**).

* *Proprietatea* **DataSource** (de tip **Recordset**)

  Controlul *MSChart1* poate fi utilizat la afişarea informaţiilor provenite dintr-o bază de date, adică controlul poate fi înlănţuit la un control de date **ADODC**. Controlul **ADODC** la rândul lui realizează legătura spre o bază de date specificată de utilizator. În faza de proiectare proprietatea trebuie configurată cu numele sursei de date **ADODC**, de exemplu *ADODC1*. În execuţie această proprietate se configurează cu o instrucţiune de forma

  Set *MSChart1.***DataSource** = *ADODC1*

  Sursa de date utilizată de controlul **MDChart** poate fi şi un control standard **Data**, caz în care proprietatea **DataSource** nu poate fi iniţializată în execuţie.

- *Proprietatea* **ChartData** (de tip **Variant**)

  Permite desemnarea unui tabel bidimensional care conţine valorile care vor fi afişate de diagramă. Proprietatea este accesibilă numai în execuţie.

  MSChart1.**ChartData** = *tabel*

  Dacă prima coloană a tabelului conţine şiruri de caractere, ele vor juca rolul etichetelor de tip linie. Dacă prima linie a tabelului conţine şiruri de caractere, ele vor juca rolul etichetelor de tip coloană. Această proprietate este proprietatea implicită a controlului **MSChart**.

- *Proprietatea* **Stacking** (de tip **Boolean**)

  Stabileşte dacă seriile de date ale diagramei se afişează sau nu sub formă de stivă. Proprietatea este accesibilă numai în execuţie. Valoarea implicită este False (seriile de date ale diagramei nu se afişează sub formă de stivă).

  MSChart1.**Stacking** = *boolean*

- *Evenimentul* **PointSelected**

  Se declanşează când utilizatorul efectuează un clic pe un punct de date. Prototipul procedurii-eveniment este:

  Private Sub *MSChart1*_**PointSelected** (*series* **As Integer**, _
  dataPoint **As Integer**, *mouseFlags* **As Integer**, *cancel* **As Integer**)

  End Sub

  Argumentele acestei proceduri sunt următoarele:

Argument	Descriere
series	De tip **Integer**. Comunică numărul coloanei care conţine punctul de date pe care s-a efectuat un clic, deci poate fi utilizat la configurarea proprietăţii **Column**: `MSChart1.Column = series`
dataPoint	De tip **Integer**. Comunică numărul liniei care conţine punctul de date pe care s-a efectuat un clic, deci poate fi utilizat la configurarea proprietăţii **Row**:
mouseFlags	De tip **Integer**. Indică dacă utilizatorul a apăsat tasta SHIFT sau tasta CTRL când a efectuat un clic pe punctul de date. • Dacă a apăsat tasta SHIFT, parametrul are valoarea *VtChMouseFlagShiftKeyDown* (egală cu 4). • Dacă a apăsat tasta CTRL, parametrul are valoarea *VtChMouseFlagControlKeyDown* (egală cu 8).

Argument	Descriere
cancel	De tip **Integer**. În această versiune, argumentul nu se utilizează.

Evenimentul se utilizează de obicei la afişarea valorii punctului de date pe care s-a efectuat un clic.

- *Evenimentul* **PointActivated**

Se declanşează în momentul în care utilizatorul efectuează un dublu clic pe un punct de dată. Prototipul procedurii-eveniment este:

Private Sub *MSChart1*_**PointActivated** (*series* **As Integer**, _
dataPoint **As Integer**, *mouseFlags* **As Integer**, *cancel* **As Integer**)

End Sub

Argumentele procedurii-eveniment sunt identice cu cele ale procedurii-eveniment **PointSelected**. Evenimentul se utilizează în cele mai multe cazuri la modificarea valorii punctului de date pe care s-a efectuat un clic dublu.

7.2. Obiectul DataGrid

Proprietatea **DataGrid** a controlului **MSChart** returnează o referinţă spre un obiect de tip **DataGrid**, care descrie reţeaua virtuală de date asociată unei diagrame. Metodele şi proprietăţile obiectului **DataGrid** se pot apela prin construcţii de forma:

MSChart1.*DataGrid*.NumeMetodă ' Apel de metodă
variabilă = **MSChart1**.*DataGrid*.NumeProprietate 'Citirea valorii proprietăţii
MSChart1.*DataGrid*.NumeMetodă = valoare 'Stabilirea valorii proprietăţii

Obiectul **DataGrid** (*reţea de date*) reprezintă a matrice virtuală care livrează datele necesare unui control **MChart**. Acest obiect este format din linii şi coloane. Numărul liniilor este egal cu numărul argumentelor x_1, x_2, ..., x_n al funcţiilor care se reprezintă. Argumentele sunt situate în prima coloană a matricei virtuale. În diagramă argumentele se vor reprezenta pe axa orizontală Ox (axa categoriei). În coloanele 2, 3, ..., *m* sunt situate valorile a *m* - 1 funcţii f_1, f_2, ..., f_{m-1} : în linia *i* coloana *j* + 1 se găseşte valoarea funcţiei f_j în punctul x_i (i = 1, 2, ..., n; j =1, 2, ..., m - 1). În diagramă valorile funcţiilor se vor reprezenta pe axa verticală Oy (axa valorilor). Aspectul exterior al diagramei asociate matricei virtuale poate fi modificat prin adăugarea şi îndepărtarea de linii, coloane şi etichete aferente obiectului **DataGrid**.

Proprietățile obiectului DataGrid

- *Proprietatea* **RowCount** (de tip **Integer**)

  Stabileşte sau citeşte numărul liniilor din rețeaua de date asociată diagramei.

  *MsChart1.DataGrid.***RowCount** = *NrLin* ' Stabilirea numărului de linii

  Valoarea *NrLin* desemnează numărul liniilor.

- *Proprietatea* **ColumnCount** (de tip **Integer**)

  Stabileşte sau citeşte numărul coloanelor din rețeaua de date asociată diagramei.

  *MsChart1.DataGrid.***ColumnCount** = *NrCol* ' Stabilirea numărului de coloane

  Valoarea *NrCol* desemnează numărul coloanelor.

- *Proprietatea* **RowLabelCount** (de tip **Integer**)

  Stabileşte sau citeşte numărul nivelelor etichetelor de tip linie din rețeaua de date asociată diagramei.

  *MsChart1.DataGrid.***RowLabelCount** = *nr* 'Stabilirea numărului nivelelor
  ' etichetelor de tip linie

  Valoarea *nr* desemnează numărul nivelelor etichetelor de tip linie. Prin stabilirea acestei proprietăți se pot adăuga sau şterge nivele din rețeaua de date. Nivelele se numerotează de la dreapta spre stânga, începând cu 1. Nivelele se adaugă la stânga sau se şterg de la stânga.

- *Proprietatea* **RowLabel** (de tip **String**)

  Stabileşte sau citeşte o etichetă de tip linie din rețeaua de date asociată diagramei.

  *MsChart1.DataGrid.***RowLabel** (*row, labelIndex*) = *text* 'Stabileşte valoarea

  Argumentul *row* de tip întreg specifică numărul liniei iar argumentul *labelIndex* de tip întreg specifică numărul nivelului. Liniile se numerotează de sus în jos, începând cu 1. Numerele de nivel se numerotează de la stânga spre dreapta, începând cu 1. Valoarea *text* este un şir de caractere care specifică textul ataşat etichetei.

- *Proprietatea* **ColumnLabelCount** (de tip **Integer**)

  Stabileşte sau citeşte numărul nivelelor etichetelor de tip coloană din rețeaua de date asociată diagramei.

  *MsChart1.DataGrid.***ColumnLabelCount** = *nr* 'Stabilirea numărului
  ' nivelelor etichetelor de tip coloană

  Valoarea *nr* desemnează numărul nivelelor etichetelor de tip coloană. Nivelele se numerotează de jos în sus, începând cu 1. Nivelele se adaugă în sus sau se şterg de sus.

- *Proprietatea* **ColumnLabel** (de tip **String**)

  Stabileşte sau citeşte o etichetă de tip coloană din rețeaua de date asociată diagramei.

  *MsChart1.DataGrid.***ColumnLabel** (*column, labelIndex*) = *text* 'Stabileşte valoare

  Argumentul *column* de tip întreg specifică numărul coloanei iar argumentul *labelIndex* de tip întreg specifică numărul nivelului. Coloanele se numerotează de la stânga spre dreapta, începând cu 1. Numerele de nivel se numerotează de jos în sus, începând cu 1. Valoarea *text* este un şir de caractere care specifică textul ataşat etichetei.

- *Proprietatea* **CompositeRowLabel** (de tip **String**)

  Returnează un şir format prin concatenarea tuturor etichetelor de nivel de tip linie corespunzătoare unei linii specificate. Prin acest şir se poate identifica în mod unic o linie din rețeaua de date asociate diagramei.

  sir = *MSChar1. DataGrid.***CompositeRowLabel** (*lin*)

  Argumentul *lin* este de tip întreg şi identifică o linie din rețeaua de date. Liniile se numerotează de sus în jos începând cu 1.

EXEMPLU:

Să presupunem că în linia 12 eticheta de nivel 1 este "Jibou", eticheta de nivel 2 este "Sălaj", iar eticheta de nivel 3 este "România". Atunci referința

```
sir = MSChar1.DataGrid.CompositeRowLabel (12)
```

returnează valoarea "Romania Salaj Jibou".

- *Proprietatea* **CompositeColumnLabel** (de tip **String**)

  Returnează un şir format prin concatenarea tuturor etichetelor de nivel de tip coloană corespunzătoare unei coloane specificate. Prin acest şir se poate identifica în mod unic o coloană din reţeaua de date asociate diagramei.

  *sir = MSChar1.DataGrid.***CompositeColumnLabel** (*col*)

  Argumentul *col* este de tip întreg şi identifică o coloană din reţeaua de date. Coloanele se numerotează de la stânga spre dreapta începând cu 1.

- *Metoda* **SetSize**

  Defineşte (sau redefineşte) numărul liniilor şi al coloanelor matricei virtuale asociată diagramei precum şi numărul nivelelor etichetelor de linii şi coloane. Metoda se apelează printr-o construcţie de forma:

  *MSChart1.DataGrid.***SetSize** *rowLabelCount, columnLabelCount, _*
  dataRowCount, dataColumnCount

  Argumentele metodei sunt următoarele:

Argument	Semnificaţie
rowLabelCount	De tip **Integer**. Stabileşte sau citeşte numărul nivelelor etichetelor de linie din matricea virtuală ataşată diagramei.
columnLabelCount	De tip **Integer**. Stabileşte sau citeşte numărul nivelelor etichetelor de linie din matricea virtuală ataşată diagramei.
dataRowCount	De tip **Integer**. Stabileşte sau citeşte numărul liniilor din matricea virtuală ataşată diagramei.
dataColumnCount	De tip **Integer**. Stabileşte sau citeşte numărul coloanelor din matricea virtuală ataşată diagramei.

  Metoda poate fi apelată în locul utilizării proprietăţilor **RowCount**, **ColumnCount**, **RowLabelCount** şi **ColumnLabelCount**. Dacă se micşorează dimensiunea matricei virtuale ataşată diagramei, atunci datele depuse în liniile şi coloanele şterse se vor pierde.

- *Metoda* **SetData**

  Stabileşte valoarea unui punct de date din matricea virtuală asociată diagramei. Metoda se apelează printr-o construcţie de forma:

  *MSChart1.DataGrid.***SetData** *row, column, dataPoint, nullFlag*

  Argumentele metodei sunt următoarele:

Argument	Semnificație
row	De tip **Integer**. Specifică linia care conține punctul de date căruia i se atribuie o valoare.
column	De tip **Integer**. Specifică coloana care conține punctul de date căruia i se atribuie o valoare.
dataPoint	De tip **Double**. Valoarea cu care se inițializează punctul de date.
nullFlag	De tip **Integer**. Specifică dacă punctul de date are valoarea Null (*nullFlag* = 1) sau o valoare diferită de Null (*nullFlag* = 0).

- *Metoda* **GetData**

Returnează valoarea curentă a unui punct de date din matricea virtuală asociată diagramei. Metoda se apelează printr-o construcție de forma:

MSChart1.DataGrid.**GetData** *row, column, dataPoint, nullFlag*

Argumentele metodei sunt următoarele:

Argument	Semnificație
row	De tip **Integer**. Specifică linia care conține punctul de date a cărui valoare se citește.
column	De tip **Integer**. Specifică coloana care conține punctul de date a cărui valoare se citește.
dataPoint	De tip **Double**. Valoarea curentă a punctului de date.
nullFlag	De tip **Integer**. Specifică dacă punctul de date are valoarea Null (*nullFlag* = 1) sau o valoare diferită de Null (*nullFlag* = 0).

- *Metoda* **MoveData**

Deplasează o regiune dreptunghiulară de date din interiorul matricei virtuale asociată diagramei. Regiunea deplasată se specifică prin colțul stânga sus și colțul dreapta jos al dreptunghiului. Metoda se apelează printr-o construcție de forma:

MSChart1.DataGrid.**MoveData** *top, left, bottom, right, overOffset, downOffset*

Argumentele metodei sunt următoarele:

Argument	Semnificație
top	De tip **Integer**. Identifică prima linie a regiunii care se deplasează.
left	De tip **Integer**. Identifică prima coloană a regiunii care se deplasează.
bottom	De tip **Integer**. Identifică ultima linie a regiunii care se deplasează.
right	De tip **Integer**. Identifică ultima coloană a regiunii care se deplasează.
overOffset	De tip **Integer**. Specifică noua poziție relativă a colțului stânga sus al

Argument	Semnificație
	dreptunghiului pe direcția orizontală. Dacă se specifică o valoare pozitivă, regiunea se deplasează spre dreapta. Dacă se specifică o valoare negativă, regiunea se deplasează spre stânga.
downOffset	De tip **Integer**. Specifică noua poziție relativă a colțului stânga sus al dreptunghiului pe direcția verticală. Dacă se specifică o valoare pozitivă, regiunea se deplasează în jos. Dacă se specifică o valoare negativă, regiunea se deplasează în sus.

- *Metoda* **RandomDataFill**

  Completează matricea virtuală asociată diagramei cu date generate aleator. Elementele matricei vor fi numere întregi care aparțin intervalului [0,100). Metoda se apelează printr-o construcție de forma:

  *MSChart1.DataGrid.***RandomDataFill**

- *Metoda* **RandomFillRows**

  Completează liniile specificate ale matricei virtuale asociate diagramei cu date generate aleator. Elementele liniilor vor fi numere întregi care aparțin intervalului [0,100). Metoda se apelează printr-o construcție de forma:

  *MSChart1.DataGrid.***RandomFillRows** *row, count*

  Argumentele metodei sunt următoarele:

Argument	Semnificație
row	De tip **Integer**. Specifică prima linie care se completează cu date aleatoare. Liniile sunt numerotate de sus în jos începând cu 1.
count	De tip **Integer**. Specifică numărul liniilor care se completează cu date aleatoare.

- *Metoda* **RandomFillColumns**

  Completează coloanele specificate ale matricei virtuale asociate diagramei cu date generate aleator. Elementele coloanelor vor fi numere întregi care aparțin intervalului [0,100). Metoda se apelează printr-o construcție de forma:

  *MSChart1.DataGrid.***RandomFillColumns** *column, count*

  Argumentele metodei sunt următoarele:

Argument	Semnificație
column	De tip **Integer**. Specifică prima coloană care se completează cu date aleatoare. Coloanele se numerotează de la stânga spre dreapta începând cu 1.
count	De tip **Integer**. Specifică numărul coloanelor care se completează cu date aleatoare.

- *Metoda* **InsertRows**

Adaugă una sau mai multe linii la matricea virtuală asociată diagramei. Metoda se apelează printr-o construcție de forma:

*MSChart1. DataGrid.***InsertRows** *row, count*

Argumentele metodei sunt următoarele:

Argument	Semnificație
row	De tip **Integer**. Specifică o linie a matricii virtuale deasupra căreia se vor adăuga linii noi. Liniile se numerotează de sus în jos începând cu 1.
count	De tip **Integer**. Specifică numărul liniilor care se adaugă la matricea virtuală asociată diagramei. Liniile adăugate inițial conțin valori de tip Null, astfel că ele trebuiesc completate cu date reale.

- *Metoda* **InsertColumns**

Adaugă una sau mai multe coloane la matricea virtuală asociată diagramei. Metoda se apelează printr-o construcție de forma:

*MSChart1.DataGrid.***InsertColumns** *column, count*

Argumentele metodei sunt următoarele:

Argument	Semnificație
column	De tip **Integer**. Specifică o coloană a matricei virtuale în stânga căreia se vor adăuga coloane noi. Coloanele se numerotează de la stânga spre dreapta începând cu 1.
count	De tip **Integer**. Specifică numărul coloanelor care se adaugă la matricea virtuală asociată diagramei. Coloanele adăugate inițial conțin valori de tip Null, astfel că ele trebuiesc completate cu date reale.

- *Metoda* **InsertRowLabels**

Inserează nivele ale etichetelor de tip linie provenite din liniile de date ale unei rețele de date asociată unei diagrame. Metoda se apelează printr-o construcție de forma:

*MSChart1.DataGrid.***InsertRowLabels** *labelIndex, count*

Argumentele metodei sunt următoarele:

Argument	Semnificație
labelIndex	De tip **Integer**. Identifică numărul etichetelor de tip linie de nivel unu care se inserează. Etichetele se numerotează de la stânga spre dreapta, începând cu 1.
count	De tip **Integer**. Specifică numărul nivelelor etichetelor care se inserează. Etichetele de tip linie se inserează în linia identificată de argumentul *labelIndex*, spre stânga.

- *Metoda* **InsertColumnLabels**

  Inserează nivele ale etichetelor de tip coloană provenite din coloanele de date ale unei rețele de date asociată unei diagrame. Metoda se apelează printr-o construcție de forma:

  MSChart1.DataGrid.**InsertColumnLabels** *labelIndex, count*

  Argumentele metodei sunt următoarele:

Argument	Semnificație
labelIndex	De tip **Integer**. Identifică numărul etichetelor de tip coloană de nivel unu care se inserează. Etichetele se numerotează de jos în sus, începând cu 1.
count	De tip **Integer**. Specifică numărul nivelelor etichetelor care se inserează. Etichetele de tip coloană se inserează în coloana identificată de argumentul *labelIndex*, în sus.

- *Metoda* **InitializeLabels**

  Atribuie etichetelor de nivel 1 denumiri unice. Etichetele de nivel 1 de tip linie vor avea denumirile "R1", "R2", "R3", ... iar cele de tip coloană vor avea denumirile "C1", "C2", "C3", ... Metoda se apelează printr-o construcție de forma:

  MSChart1.DataGrid.**InitializeLabels**

- *Metoda* **DeleteRows**

  Șterge liniile de date și etichetele asociate lor din rețeaua de date aferentă diagramei. Metoda se apelează printr-o construcție de forma:

  MSChart1.DataGrid.**DeleteRows** *row, count*

  Argumentele metodei sunt următoarele:

Argument	Semnificație
row	De tip **Integer**. Identifică o linie, dedesubtul căreia se vor șterge linii. Liniile se numerotează de sus în jos începând cu 1.
count	De tip **Integer**. Specifică numărul liniilor care se șterg.

- *Metoda* **DeleteColumns**

Șterge coloanele de date și etichetele asociate lor din rețeaua de date aferentă diagramei. Metoda se apelează printr-o construcție de forma:

MSChart1.DataGrid.**DeleteColumns** *column, count*

Argumentele metodei sunt următoarele:

Argument	Semnificație
column	De tip **Integer**. Identifică o coloană, în stânga căreia se vor șterge coloane. Coloanele se numerotează de la stânga spre dreapta începând cu 1.
count	De tip **Integer**. Specifică numărul coloanelor care se șterg.

- *Metoda* **DeleteRowLabels**

Șterge nivelele etichetelor din liniile de date dintr-o rețea de date asociată unei diagrame. Metoda se apelează printr-o construcție de forma:

MSChart1.DataGrid.**DeleteRowLabels** *labelIndex, count*

Argumentele metodei sunt următoarele:

Argument	Semnificație
labelIndex	De tip **Integer**. Identifică numărul primului nivel de etichete de tip linie care se șterge. Nivelele se numerotează de la dreapta spre stânga începând cu 1.
count	De tip **Integer**. Specifică numărul nivelelor etichetelor care se șterge. Nivelele se șterg începând cu linia identificată de argumentul *labelIndex* spre stânga.

- *Metoda* **DeleteColumnLabels**

Șterge nivelele etichetelor din coloanele de date dintr-o rețea de date asociată unei diagrame. Metoda se apelează printr-o construcție de forma:

MSChart1.DataGrid.**DeleteColumnLabels** *labelIndex, count*

Argumentele metodei sunt următoarele:

Argument	Semnificaţie
labelIndex	De tip **Integer**. Identifică numărul primului nivel de etichete de tip coloană care se şterge. Nivelele se numerotează de jos în sus începând cu 1.
count	De tip **Integer**. Specifică numărul nivelelor etichetelor care se şterge. Nivelele set şterg începând cu coloana identificată de argumentul *labelIndex* în sus.

EXEMPLUL 1:

Aplicaţia generează o diagramă care se bazează pe următoarea reţea de date:

	Ianuarie	**Februarie**	**Martie**
Sora	13	9	8
Mercur	11	8	12

Forma conţine un control **MSChart**. Pentru introducerea datelor se va folosi fereastra de proprietăţi a controlului. Proprietăţile se vor configura astfel:

<table>
<tr><th>Proprietate</th><th colspan="2">Valoare</th></tr>
<tr><td>chartType</td><td colspan="2">1 - VtChChartType2dBar</td></tr>
<tr><td>RowCount</td><td colspan="2">2</td></tr>
<tr><td>ColumnCount</td><td colspan="2">3</td></tr>
<tr><td>ShowLegend</td><td colspan="2">True</td></tr>
<tr><td>TitleText</td><td colspan="2">Titlu</td></tr>
<tr><td>FootnoteText</td><td colspan="2">Nota de picior</td></tr>
<tr><td rowspan="2">Row = 1</td><td>Proprietate</td><td>Valoare</td></tr>
<tr><td>RowLabel
Column
Data
ColumnLabel
Column
Data
ColumnLabel
Column
Data
ColumnLabel</td><td>Sora
1
13
Ianuarie
2
9
Februarie
3
8
Martie</td></tr>
<tr><td rowspan="2">Row = 2</td><td>Proprietate</td><td>Valoare</td></tr>
<tr><td>RowLabel
Column
Data
Column
Data
Column
Data</td><td>Mercur
1
11
2
7
3
12</td></tr>
</table>

Diagrama afişată de aplicaţie are aspectul următor:

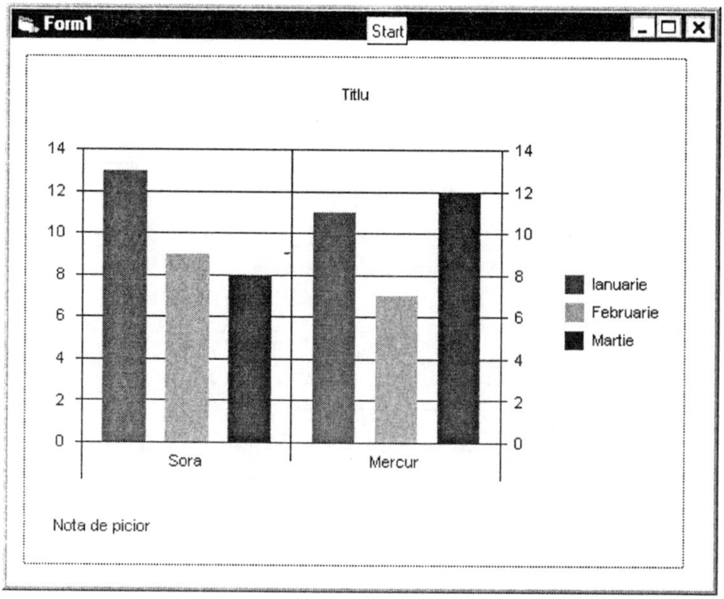

Textul sursă al programului este:

Pentru realizarea diagramei nu s-a scris cod.

EXEMPLUL 2:

Aplicaţia este asemănătoare cu cea din exemplul anterior. Datele diagramei s-au stabilit însă în execuţie, în cadrul procedurii **Load** aferente formei. Diagrama afişată de aplicaţie este identică cu cea anterioară.

Textul sursă al programului este:

```
Option Explicit
Private Sub Form_Load()
  With MSChart1
    .chartType = VtChChartType2dBar
    .RowCount = 2
    .ColumnCount = 3
    .ShowLegend = True
    .TitleText = "Titlu"
    .FootnoteText = "Nota de picior"

    .Row = 1
    .RowLabel = "Sora"
```

```
    .Column = 1
    .Data = 13
    .ColumnLabel = "Ianuarie"
    .Column = 2
    .Data = 9
    .ColumnLabel = "Februarie"
    .Column = 3
    .Data = 8
    .ColumnLabel = "Martie"

    .Row = 2
    .RowLabel = "Mercur"
    .Column = 1
    .Data = 11
    .Column = 2
    .Data = 7
    .Column = 3
    .Data = 12
  End With
End Sub
```

EXEMPLUL 3:

Forma aplicației conține un control **MSChart**, un control **Frame** care include două butoane de opțiune și un control tip etichetă. Datele pe care se bazează diagrama sunt următoarele:

Magazine	**Ian**	**Feb**
Mercur	3	4
Big	4	6
Sora	6	8

Diagrama se configurează în execuție: tipul ei este sub formă de bară tridimensională și se cere afișarea legendei. Butoanele de opțiune stabilesc dacă se folosește sau nu reprezentarea de tip stivă. Datele diagramei se află într-un tabel bidimensional; proprietatea **ChartData** a diagramei se încarcă cu tabelul astfel construit. Dacă se efectuează un clic pe un punct de date (după ce în prealabil celelalte puncte de date din cadrul seriei au fost deselectate printr-un clic), atunci în controlul etichetă se afișează coordonatele punctului de date selectat (linie, coloană, valoare). Această afișare de informații se realizează în procedura-eveniment **PointSelected**.
Fereastra afișată de aplicație poate avea aspectul următor:

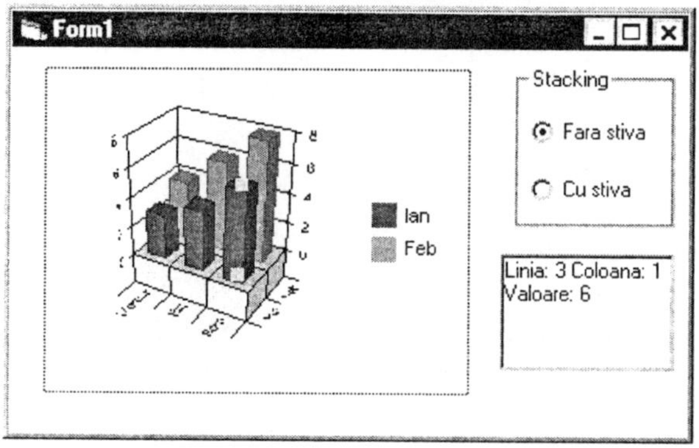

Textul sursă al programului este:

```
Option Explicit
Private Sub Form_Load()
Dim t(1 To 4, 1 To 3) As Variant
  MSChart1.chartType = VtChChartType3dBar
  MSChart1.ShowLegend = True
  MSChart1.Stacking = False
  Option1.Value = True
  ' Etichete tip linie (axa Ox)
  t(1, 1) = "Magazine" 'Neutilizat
  t(2, 1) = "Mercur"
  t(3, 1) = "Big"
  t(4, 1) = "Sora"
  ' Etichete tip coloană (axa Oz)+ legenda
  t(1, 2) = "Ian"
  t(1, 3) = "Feb"
  ' Prima serie de date pe axa de valori(Oy)
  t(2, 2) = 3
  t(3, 2) = 4
  t(4, 2) = 6
  ' A doua serie de date pe axa de valori(Oy)
  t(2, 3) = 4
  t(3, 3) = 6
  t(4, 3) = 8
  MSChart1.ChartData = t
End Sub

Private Sub MSChart1_PointSelected(Series As Integer, _
                        DataPoint As Integer, _
                        MouseFlags As Integer, Cancel As Integer)
  MSChart1.Row = DataPoint
  MSChart1.Column = Series
  Label1.Caption = "Linia: " & DataPoint _
  & " Coloana: " & Series _
  & " Valoare: " & MSChart1.Data
End Sub
```

```
Private Sub Option1_Click()
  MSChart1.Stacking = False
End Sub

Private Sub Option2_Click()
  MSChart1.Stacking = True
End Sub
```

EXEMPLUL 4:

Forma aplicației conține un control **MSChart**. Datele reprezentate de diagramă se bazează pe următoarea rețea de date:

	Ianuarie	Februarie
Mercur	3	4
Big	5	7
Sora	6	8

Datele din rețea sunt încărcate – în execuție – într-un tabel bidimensional, cu care se va configura proprietatea **ChartData** a diagramei. Forma conține o listă combinată, inițializată cu toate tipurile de diagrame, din care se poate selecta tipul de diagramă dorit. Cutiile de validare etichetate cu *Legenda* și *Stiva* permit afișarea legendei atașată diagramei și/sau folosirea reprezentării de tip stivă. Sunt tratate evenimentele **PoitSelected** (afișarea informațiilor referitoare la punctul de date

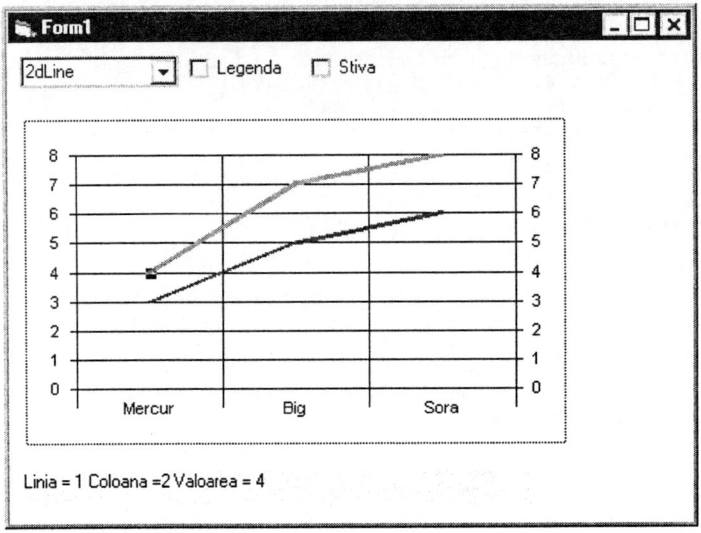

selectat printr-un clic) şi **PointActivated** (modificarea informaţiilor referitoare la punctul de date selectat printr-un clic dublu).
În cazul selectării tipului de diagramă de tip linie fereastra afişată de aplicaţie are aspectul de mai sus.

Textul sursă al programului este:

```
Option Explicit

Private Sub Form_Load()
  Dim t(1 To 4, 1 To 3) As Variant
  ' Configurarea listei combinate cu tipuri de diagramă.
  With Combo1
    .AddItem "3dBar"          '0
    .AddItem "2dBar"          '1
    .AddItem "3dLine"         '2
    .AddItem "2dLine"         '3
    .AddItem "3dArea"         '4
    .AddItem "2dArea"         '5
    .AddItem "3dStep"         '6
    .AddItem "2dStep"         '7
    .AddItem "3dCombination"  '8
    .AddItem "2dCombination"  '9
    .AddItem "2dPie"          '14
    .AddItem "2dXY"           '16
    .ListIndex = 1         'Indicele elementului selectat
  End With
  t(1, 1) = "": t(2, 1) = "Mercur"
  t(3, 1) = "Big": t(4, 1) = "Sora"
  t(1, 2) = "Ianuarie": t(2, 2) = 3
  t(3, 2) = 5: t(4, 2) = 6
  t(1, 3) = "Februarie": t(2, 3) = 4
  t(3, 3) = 7: t(4, 3) = 8
  MSChart1.chartType = VtChChartType2dBar
  MSChart1.ChartData = t
End Sub

Private Sub Combo1_Click()
Dim tip As Integer
  tip = Combo1.ListIndex
  Select Case tip
    Case 0: MSChart1.chartType = VtChChartType3dBar
    Case 1: MSChart1.chartType = VtChChartType2dBar
    Case 2: MSChart1.chartType = VtChChartType3dLine
    Case 3: MSChart1.chartType = VtChChartType2dLine
    Case 4: MSChart1.chartType = VtChChartType3dArea
    Case 5: MSChart1.chartType = VtChChartType2dArea
    Case 6: MSChart1.chartType = VtChChartType3dStep
    Case 7: MSChart1.chartType = VtChChartType2dStep
    Case 8: MSChart1.chartType = VtChChartType3dCombination
    Case 9: MSChart1.chartType = VtChChartType2dCombination
    Case 10: MSChart1.chartType = VtChChartType2dPie
```

```
    Case 11: MSChart1.chartType = VtChChartType2dXY
  End Select
End Sub

Private Sub Check1_Click()
  If Check1.Value = vbChecked Then
    MSChart1.ShowLegend = True
  Else
    MSChart1.ShowLegend = False
  End If
End Sub

Private Sub Check2_Click()
  If Check2.Value = vbChecked Then
    MSChart1.Stacking = True
  Else
    MSChart1.Stacking = False
  End If
End Sub

Private Sub Mschart1_PointSelected(Series As Integer, _
                DataPoint As Integer, MouseFlags As Integer,_
                Cancel As Integer)
  MSChart1.Column = Series
  MSChart1.Row = DataPoint
  Label1.Caption = "Linia = " & DataPoint & _
    " Coloana =" & Series & _
    " Valoarea = " & MSChart1.Data
End Sub

Private Sub Mschart1_PointActivated(Series As Integer, _
                DataPoint As Integer, MouseFlags As Integer,_
                Cancel As Integer)
Dim p As Variant
  MSChart1.Column = Series
  MSChart1.Row = DataPoint
  p = InputBox("Modificare:", "Noua valoare ?", MSChart1.Data)
  If p <> "" Then
    If IsNumeric(p) Then
      MSChart1.Data = p
    Else
      MsgBox "Nu este valoare numerica!"
    End If
  End If
End Sub
```

EXEMPLUL 5:

Aplicația ilustrează utilizarea obiectului **DataGrid**. Forma aplicației conține 4 butoane de comandă. Prin acționarea primului buton de comandă se construiește o diagramă bazată pe o rețea de date care conține 6 linii şi 4 coloane. Nivelul etichetelor de tip linie şi coloană este fixat la 3. În această rețea se vor încărca date aleatoare utilizând metoda **RandomDataFill**. Prin acționarea celui de-al doilea buton de comandă se şterge prima linie a diagramei. Cu ajutorul celui de-al treilea buton de comandă se adaugă rețelei o nouă linie, plasată în fața primei linii precum şi o nouă etichetă. Rețeaua astfel obținută se încarcă cu date aleatoare. Prin acționarea celui de-al patrulea buton de comandă se citesc datele încărcate în rețea, care se afişează într-o fereastră de mesaje.

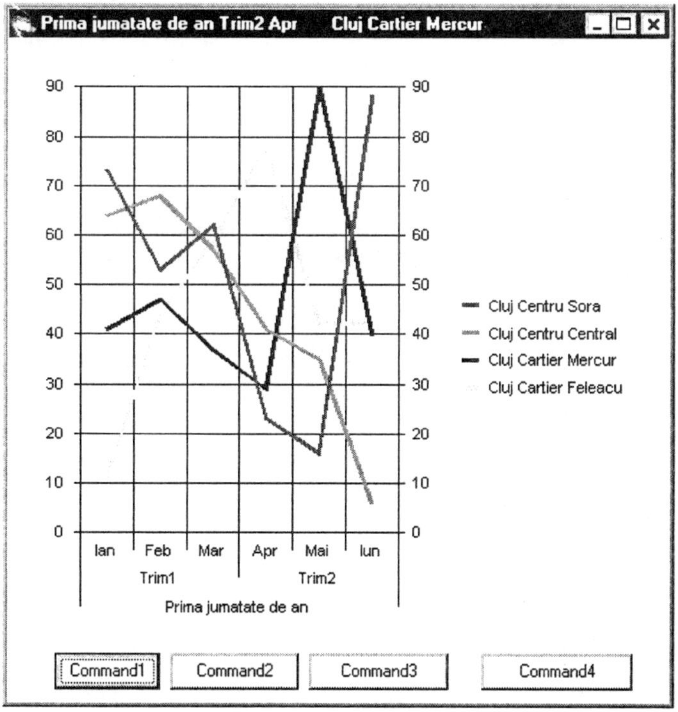

Textul sursă al programului este:

```
Option Explicit
  Private Linii As Integer, Coloane As Integer
Private Sub Command1_Click()
  Dim NrEticPeLinii, NrEticPeColoane As Integer
  Dim nivel As Integer
  ' Stabilirea tipului diagramei
  MSChart1.chartType = VtChChartType2dLine
  MSChart1.ShowLegend = True
  ' Configurarea rețelei de date.
  Linii = 6            ' Numărul absciselor
  Coloane = 4          ' Numărul funcțiilor
```

```
  NrEticPeLinii = 3
  NrEticPeColoane = 3
  MSChart1.DataGrid.SetSize  NrEticPeLinii, NrEticPeColoane, _
     Linii, Coloane
  ' Etichete de linii şi coloane de nivel 1.
  nivel = 1
  MSChart1.DataGrid.RowLabel(1, nivel) = "Ian"
  MSChart1.DataGrid.RowLabel(2, nivel) = "Feb"
  MSChart1.DataGrid.RowLabel(3, nivel) = "Mar"
  MSChart1.DataGrid.RowLabel(4, nivel) = "Apr"
  MSChart1.DataGrid.RowLabel(5, nivel) = "Mai"
  MSChart1.DataGrid.RowLabel(6, nivel) = "Iun"
  MSChart1.DataGrid.ColumnLabel(1, nivel) = "Sora"
  MSChart1.DataGrid.ColumnLabel(2, nivel) = "Central"
  MSChart1.DataGrid.ColumnLabel(3, nivel) = "Mercur"
  MSChart1.DataGrid.ColumnLabel(4, nivel) = "Feleacu"
  ' Etichete de linii şi coloane de nivel 2
  nivel = 2
  MSChart1.DataGrid.RowLabel(1, nivel) = "Trim1"
  MSChart1.DataGrid.RowLabel(4, nivel) = "Trim2"
  MSChart1.DataGrid.ColumnLabel(1, nivel) = "Centru"
  MSChart1.DataGrid.ColumnLabel(3, nivel) = "Cartier"
  ' Etichete de linii şi coloane nivel 3
  nivel = 3
  MSChart1.DataGrid.RowLabel(1, nivel) = "Prima jumatate de an"
  MSChart1.DataGrid.ColumnLabel(1, nivel) = "Cluj"
  ' Incărcare cu numere aleatoare din intervalul 0 - 100.
  MSChart1.DataGrid.RandomDataFill
  Form1.Caption = MSChart1.DataGrid.CompositeRowLabel(4) _
  & "       " & MSChart1.DataGrid.CompositeColumnLabel(3)
End Sub

Private Sub Command2_Click()
  MSChart1.DataGrid.DeleteRows 1, 1
  Linii = Linii - 1
End Sub

Private Sub Command3_Click()
  MSChart1.DataGrid.InsertRows 1, 1
  Linii = Linii + 1
  MSChart1.DataGrid.RandomFillRows 1, 1
  MSChart1.DataGrid.InitializeLabels
  MSChart1.DataGrid.InsertRowLabels 1, 1
End Sub

Private Sub Command4_Click()
  Dim dp As Double
  Dim r As String
  Dim i As Integer
  Dim j As Integer
  ' Afişarea valorile generate aleator
  For i = 1 To Linii
    For j = 1 To Coloane
      MSChart1.DataGrid.GetData i, j, dp, 0
```

```
      r = r & " " & dp
    Next j
    r = r & vbCrLf
  Next i
  MsgBox r
End Sub
```

EXEMPLUL 6:

Forma aplicației conține un control de date **ADO** având numele *ADODC1* și un control **MSChart**. Controlul **ADO** se conectează la baza de date **NWIND.MDB** creată cu programul **Access**. Proprietatea **ConnectionString** a controlului de date se inițializează cu șirul de caractere:

Provider=Microsoft.Jet.OLEDB.3.51;Persist Security Info=False;Data Source=C:\Program Files\Microsoft Visual Studio\VB98\NWIND.MDB

Proprietatea **RecordSource** a controlului de date se configurează cu o instrucțiune **SQL** de forma:

```
SELECT ProductName, UnitPrice, UnitsInStock FROM
    Products WHERE (UnitPrice >=  50) AND
                   (UnitPrice <= 100)
```

Prin această instrucțiune din tabelul *Products* se selectează câmpurile *ProductName*, *UnitPrice* și *UnitsInStock*. Se livrează articolele pentru care valoarea câmpului *UnitPrice* se află în intervalul [50, 100]. Proprietatea **DataSource** a controlului **MSChart1** se configurează cu *ADODC1*. Interogarea livrează următoarele 5 articole:

ProductName	UnitPrice	UnitsInStock
Mishi Koba Niku	$97.00	29
Carnarvon Tigers	$62.50	42
Sir Rodney's Marmalade	$81.00	40
ManjimupDried Apples	$53.00	20
Raclette Courdavault	$55.00	79

Articolele livrate de interogare se reprezintă ca diagramă. Se utilizează și evenimentul de selectare a unui punct de date (**PointSelected**).
Fereastra afișată de aplicație are aspectul următor:

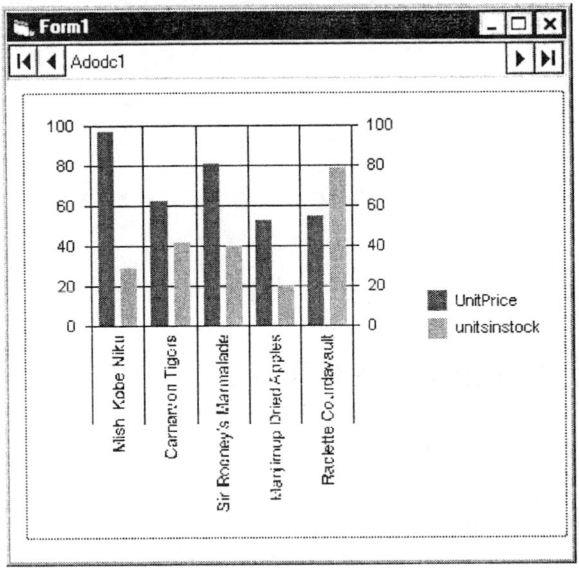

Textul sursă al programului este:

```
Option Explicit

Private Sub MSChart1_PointSelected(Series As Integer, _
                  DataPoint As Integer, MouseFlags As Integer,_
                  Cancel As Integer)
  Dim c As MSChart
  Set c = MSChart1
  c.Row = DataPoint
  c.Column = Series
  MsgBox "ProductName = " & c.RowLabel & vbCrLf & _
         "Linia = " & c.Row & vbCrLf & _
         "Coloana = " & c.Column & vbCrLf & _
         c.ColumnLabel & " = " & c.Data
End Sub
```

EXEMPLUL 7:

Prima foaie de calcul (*Sheet1*) a unei agende **Excel** conține următoarele date, situate în regiunea A1:C8:

	A	B	C
1	**Vanzari**	**Saptamana 1**	**Saptamana 2**
2	**Luni**	15	13
3	**Marti**	12	10
4	**Miercuri**	16	17
5	**Joi**	14	15
6	**Vineri**	18	15
7	**Sambata**	20	17
8	**Duminica**	16	17

Datele regiunii se importă dintr-un tabel bidimensional *t* în **Visual Basic**. După importarea datelor se construieşte o diagramă, care va avea aspectul următor:

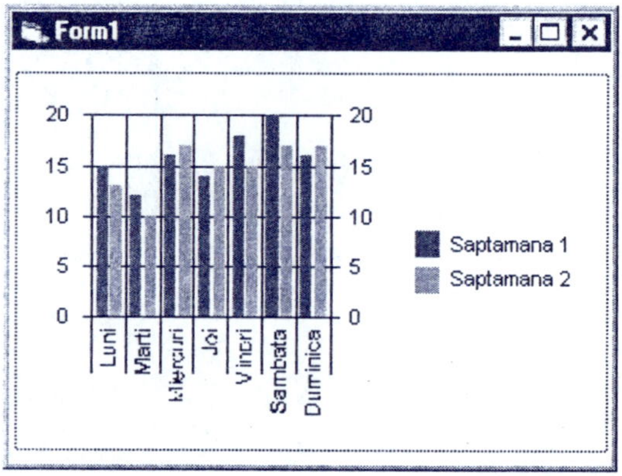

Pentru importarea datelor se vor utiliza referinţe din biblioteca de obiecte **Excel**. În acest scop din meniul **Project** se dă comanda **References** şi se selectează cutia de validare având inscripţia *Microsoft Excel 8.0 Object Library* (*Excel.olb*). Agenda de lucru **Excel** are numele *Vanzari.xls* şi este situată în dosarul în care se găseşte aplicaţia **Visual Basic**.

Textul sursă al programului este:

```
Option Explicit
' Project/References: Microsoft Excel 8.0 Object Library (Excel.olb)

Private Sub Form_Load()
  Dim agenda As Workbook
  Dim t(1 To 8, 1 To 3) As Variant
  Dim i As Integer
  Set agenda = GetObject(App.Path & "\" & "Vanzari.xls")
  For i = 1 To 8
    t(i, 1) = agenda.Worksheets(1).Range("A" & i).Value
    t(i, 2) = agenda.Worksheets(1).Range("B" & i).Value
    t(i, 3) = agenda.Worksheets(1).Range("C" & i).Value
```

```
  Next i
  Set agenda = Nothing
  MSChart1.ShowLegend = True
  MSChart1.ChartData = t
End Sub
```

8. CONTROLUL ImageList

Controlul **ImageList** (*listă de imagini*) permite crearea unei colecţii de imagini cu dimensiuni identice. Dimensiunea este definită în pixeli. Imaginile pot fi referenţiate prin intermediul unui indice sau a unei chei. Acest control este utilizat pentru gestiunea mai simplă a unui proiect care conţine un număr mare de:

- simboluri grafice (*.**ICO**);
- imagini (*.**BMP**, *.**DIB**, *.**GIF**, *.**JPG**);
- imagini ale cursorului mouse-ului (*.**CUR**).

Se foloseşte la proiectarea controalelor **Toolbar**, **TabStrip**, **ListView**, **TreeView**, **ImageCombo** şi **CoolBar**. Mai general, imaginile memorate într-un control **ImageList** pot fi utilizate la încărcarea proprietăţii **Picture** cu diverse obiecte (de exemplu **PictureBox**, **Image**, **CommandButton**). Numărul imaginilor depozitate într-un control **ImageList** nu este limitat, el depinzând numai de cantitatea de memorie accesibilă de pe calculatorul utilizat.

Controlul **ImageList** este de tip ActiveX. Pentru afişarea simbolului grafic al controlului pe paleta de controale, din meniul **Project** se dă comanda **Components** (Ctrl+T). În fereastra care se afişează se selectează pagina *Controls*. În continuare, printr-un clic, se selectează cutia de validare care are eticheta *Microsoft Windows Common Controls 6.0*. Datele referitoare la acest control se găsesc în fişierul:

C:\Windows\System\MSCOMCTL.OCX

sau

C:\WINNT\System32\ MSCOMCTL.OCX

Simbolul grafic aferent controlului are forma . Numele clasei este **ImageList**. Controalele au denumirile standard *ImageList1*, *ImageList2*, ...

Imaginile unui control **ImageControl** pot fi încărcate atât în execuţie (cu ajutorul metodei **Add**), cât şi în perioada de elaborare a proiectului.

*Pentru adăugarea de imagini la controlul **ImageList***
în timpul elaborării proiectului:

1. Cu butonul drept se efectuează un clic pe controlul **ImageList**[1]. Din meniul local afişat se selectează comanda **Properties**. Se afişează o fereastră de dialog care are trei pagini: *General*, *Images* şi *Color*.
2. Se efectuează un clic pe eticheta paginii *Images*. Pagina afişată va avea aspectul următor (controlul **ImageList** a fost încărcat cu patru imagini):

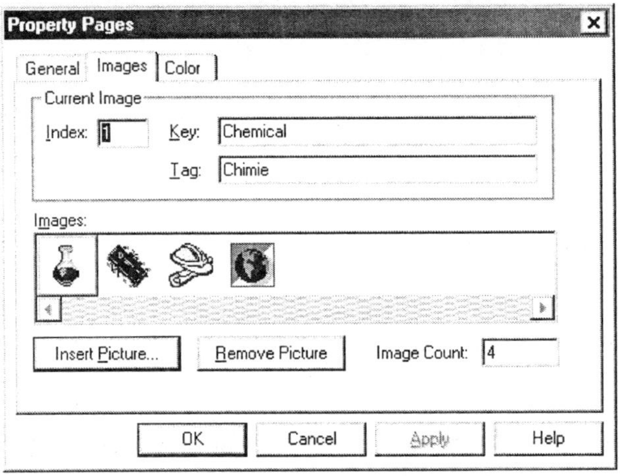

3. Se efectuează un clic pe butonul de comandă **Insert Picture.** Se afişează o fereastră de dialog etichetată cu *Select picture* specializată în selectarea imaginilor.
4. Se alege un fişier de tip *.**BMP**, *.**DIB**, *.**GIF**, *.**JPG**, *.**ICO** sau *.**CUR** care va fi încărcat în controlul **ImageList** (pot fi selectate simultan mai multe imagini). După selecţie se acţionează butonul de comandă **Open**.
5. Imaginea selectată va fi afişată în zona *Images*, şi i se va atribui automat un indice (proprietatea **Index** a imaginii). Pentru prima imagine indicele asociat are valoarea 1. Numărul imaginilor introduse (proprietatea **ImageCount**) va fi actualizat. Imaginii respective eventual i se atribuie şi o cheie (un şir de caractere, prin care imaginea poate fi identificată biunivoc, proprietatea **Key** a imaginii).
6. Opţional imaginea poate fi însoţită şi de o informaţie adiţională (un şir de caractere, proprietatea **Tag** a imaginii).

---

[1] Alte variante:

- în fereastra de proprietăţi se selectează proprietatea **Custom** şi se efectuează un clic pe butonul prevăzut cu trei puncte;
- din meniul **View** se alege comanda **Property Pages** (Shift+F4).

7. Se repetă paşii 3 - 6, până când în controlul **ImageList** vor fi introduse toate imaginile dorite.

Pentru îndepărtarea unei imagini aflată într-un control **ImageBox**, prima dată se selectează printr-un clic imaginea nedorită, după care se acţionează butonul de comandă **Remove Picture**.

Dimensiunea comună a tuturor imaginilor controlului **ImageList** poate fi selectată prin intermediul paginii *General*. Dimensiunile posibile sunt 16 × 16, 32 × 32, 48 × 48 pixeli, sau dimensiuni stabilite de utilizator. Dacă dimensiunea nu se selectează, atunci dimensiunea primei imagini selectate defineşte dimensiunea comună a tuturor imaginilor listei. Această pagină permite şi stabilirea valorii corespunzătoare proprietăţii **UseMaskColor** (dacă se utilizează sau nu masca de culoare, valoarea implicită fiind "da").

Culoarea fondului (proprietatea **BackColor**) şi culoarea măştii (proprietatea **MaskColor**) aferente controlului **ImageList** pot fi selectate prin intermediul paginii *Color*.

Principalele proprietăţi şi metode ale controlului ImageList

- *Metoda* **Overlay**

Suprapune două imagini specificate ale unei liste de imagini. Metoda poate fi apelată printr-o construcţie de forma următoare:

ImageList1.**Overlay** (*Index1*, *Index2*)

În această construcţie *Index1* este un număr întreg (proprietatea **Index**) sau un şir de caractere (proprietatea **Key**) prin care se desemnează imaginea din listă peste care se va suprapune o a doua imagine; *Index2* este un număr întreg (proprietatea **Index**) sau un şir de caractere (proprietatea **Key**) prin care se desemnează imaginea din listă care se va suprapune peste prima imagine. De exemplu:

```
' Referenţiere prin indice (proprietatea Index):
Picture1.Picture = ImageList1.Overlay(1, 2)
' Referenţiere prin cheie (proprietatea Key):
Picture1.Picture = ImageList1.Overlay("Tigara", "Nu")
```

Culoarea fondului corespunzătoare celei de-a doua imagini a fost mascată.

- *Proprietățile* **ImageHeight** *și* **ImageWidth** (de tip **Integer**)

  Se referă la înălțimea și lățimea comună a tuturor imaginilor din lista de imagini. Aceste dimensiuni sunt date în pixeli. De exemplu:

```
Dim Lat As Integer, Inalt As Integer
Inalt = ImageList1.ImageHeight 'Citirea înălțimii comune
                               ' a imaginilor.
Lat = ImageList1.ImageWidth    'Citirea lățimii comune a imaginilor
ImageList1.ImageHeight = Inalt 'Stabilirea înălțimii comune a
                               ' imaginilor.
ImageList1.ImageWidth = Lat    'Stabilirea lățimii comune
                               ' a imaginilor.
```

- *Proprietatea* **BackColor** (de tip **Long**)

  Se referă la culoarea fondului utilizată de controlul **ImageList**. Culoarea poate fi definită cu ajutorul unor constante predefinite, folosind funcția **QBColor** sau funcția **RGB**. De exemplu:

```
ImageList1.BackColor = vbYellow   'Stabilirea culorii de fond
```

- *Proprietatea* **MaskColor** (de tip **Long**)

  Se referă la culoarea utilizată de masca de culoare. Culoarea poate fi definită cu ajutorul unor constante predefinite, folosind funcția **QBColor** sau funcția **RGB**. Dacă proprietatea **UseMaskColor** este configurată cu valoarea True, atunci zonele din cadrul imaginilor care au culoarea stabilită de proprietatea **MaskColor**, vor fi transparente. Proprietatea poate fi utilizată printr-o secvență de forma:

```
ImageList1.MaskColor = vbYellow   'Stabilirea culorii de mască
```

- *Proprietatea* **UseMaskColor** (de tip **Boolean**)

  Stabilește dacă controlul **ImageList** utilizează sau nu masca de culoare definită de proprietatea **MaskColor**. Dacă se folosește valoarea True, care este și valoarea implicită, atunci în procesul de afișare a imaginilor zonele care au culoarea definită de proprietatea **MaskColor** vor fi transparente. Dacă se folosește valoarea False, atunci culoarea precizată de proprietatea **MaskColor** nu se utilizează. De exemplu:

```
Dim Masca As Boolean
ImageList1.UseMaskColor = Masca   'Stabilirea valorii proprietății
Masca = ImageList1.UseMaskColor   'Citirea valorii proprietății
```

- *Proprietatea* **ListImages** (de tip **ListImage**)

  Livrează o referinţă la colecţia de imagini **ListImages** a controlului **ImageList**. Elementele colecţiei au tipul **ListImage**. Prin intermediul acestei referinţe se pot apela:

  - metodele standard ale colecţiei utilizate la gestiunea imaginilor (**Add**, **Remove** şi **Clear**);
  - proprietăţile standard ale colecţiei (**Count**, **Item**).

  Imaginile colecţiei sunt numerotate automat, începând cu 1. Proprietatea **ListImages** este accesibilă numai în execuţie.
  Fiecare membru al colecţiei poate fi referenţiat printr-un indice (proprietatea **Index**) sau printr-o cheie (proprietatea **Key**). Aceste proprietăţi se memorează când se adaugă un element nou la lista de imagini (în execuţie cu metoda **Add** sau în perioada de elaborare a proiectului, cu ajutorul paginilor de proprietăţi).

- *Metoda* **Add**

  Adaugă o imagine de tip **ListImage** la colecţia de imagini de tip **ListImages**. Metoda poate fi apelată printr-o construcţie de forma:

  Dim i **As ListImage**
  Set *i = ImageList1.ListImages.***Add** (*Index, Key, Picture*)

  Valoarea *i* reprezintă o referinţă la imaginea adăugată şi este creată de sistem. Argumente metodei **Add** sunt următoarele:

Argument	Descriere
Index	Indicele (un număr întreg pozitiv) opţional care specifică poziţia imaginii care se adaugă controlului **ImageList**. Dacă nu se specifică nici un indice, noua imagine va fi inserată la sfârşitul listei de imagini. Valorile utilizate sunt 1, 2, 3, ...
Key	Un şir de caractere opţional (cheia) prin care imaginea se poate identifica în mod unic în cadrul unui control de tip listă de imagini. Cheile asociate imaginilor din listă trebuie să fie distincte.
Picture	Specifică imaginea care se adaugă la lista de imagini, de exemplu prin intermediul funcţiei **LoadPicture** sau prin intermediul proprietăţii **Picture** a unui control de tip **Image** sau **PictureBox**. Fiecare imagine a listei trebuie să aibă aceaşi dimensiune. Se pot adăuga imagini de extensie **BMP**, **DIB**, **GIF**, **JPG**, **ICO** sau **CUR**.

Deoarece metoda **Add** livrează o referinţă la imaginea nou creată, cu ajutorul ei se pot configura uşor proprietăţile imaginii respective.

EXEMPLU:

În secvența următoare se adaugă două imagini la o listă de imagini:

```
Dim i As ListImage
Set i = ImageList1.ListImages.Add ( 1,_
        "Cheia 1",LoadPicture("C:\Imagini\Imag1.ICO"))
Set i = ImageList1.ListImages.Add ( 2,_
        "Cheia 2",LoadPicture("C:\Imagini\Imag2.ICO"))
```

- *Metoda* **Remove**

Îndepărtează o imagine specificată din lista de imagini. Metoda poate fi apelată printr-o construcție de forma:

*ImageList1.ListImages.***Remove** *Index* 'Indicele imaginii care se şterge
' (proprietatea **Index**)

sau

*ImageList1.ListImages.***Remove** *Key* 'Cheia imaginii care se şterge
' (proprietatea **Key**)

Următoarea instrucțiune şterge a doua imagine dintr-o listă de imagini:

```
ImageList1.ListImages.Remove 2
```

sau

```
ImageList1.ListImages.Remove "Cheia 2"
```

- *Metoda* **Clear**

Îndepărtează toate imaginile dintr-o listă de imagini. Apelarea metodei se realizează printr-o construcție de forma:

*ImageList1.ListImages.***Clear**

- *Proprietatea* **Count** (de tip **Long**)

Returnează o valoare de tip **Long** care comunică utilizatorului numărul total de imagini ale colecției **ListImages**. Proprietatea este read-only (poate fi citită, nu şi modificată prin program). Această proprietate poate fi utilizată printr-o construcție de forma următoare:

Dim NrImag **As Long**
*NrImag = ImageList1.ListImages.***Count**

- *Proprietatea* **Item** (de tip **ListImage**)

Livrează o referință la o imagine specificată (printr-un indice sau printr-o cheie) a colecției de imagini. Această proprietate este proprietatea implicită a imaginilor şi poate fi utilizată printr-o construcţie de forma următoare:

```
Dim ref As ListImage
Set ref = ImageList1.ListImages.Item(k)
```

sau

```
Set ref = ImageList1.ListImages(k)
```

unde *k* este un număr întreg (proprietatea **Index**, *k* = 1, 2, 3, ...) sau un şir de caractere (proprietatea **Key**). Cu ajutorul referinţei obţinute *ref* se pot citi sau modifica proprietăţile unei imagini specificate:

```
Dim Valoare
Valoare = ref.NumeProprietate      ' Citirea valorii proprietăţii
ref.NumeProprietate = Valoare      ' Stabilirea valorii proprietăţii
```

În construcţia anterioară prin *NumeProprietate* se înţelege una din proprietăţile **Key**, **Index**, **Tag** şi **Picture**.

EXEMPLU:

```
Dim Indice As Integer, Cheie As String, InfoAd As String
Dim ref As ListImage
Set ref = ImageList1.ListImages(1)
Indice = ref.Index            ' Citirea indicelui
Cheie = ref.Key               ' Citirea cheii
InfoAd = ref.Tag              ' Citirea informaţiei adiţionale
Picture1.Picture = ref.Picture     ' Depune imaginea într-un
                                   ' control PictureBox.
ref.Tag = "Info"              'Adăugare de informaţie auxiliar□ imaginii.
```

- *Metoda* **ExtractIcon**

Creează un simbol grafic (*.**ICO**) dintr-o imagine memorată într-un control **ImageList**. Metoda poate fi aplicată, de exemplu, printr-o secvenţă de forma următoare:

```
Set Command1.MouseIcon = _
            ImageList1.ListImages(1).ExtractIcon
```

Cu această instrucţiune se încarcă proprietatea **MouseIcon** a unui buton de comandă.

EXEMPLUL 1:

Forma aplicaţiei următoare conţine un control **ImageList**, în care în perioada de elaborare a programului s-au încărcat patru imagini. Pentru fiecare imagine s-au configurat proprietăţile **Key** şi **Tag**. Forma conţine

şi un buton de comandă etichetat cu *Info*, şase etichete precum şi un control **PictureBox**. Prin aplicarea de clicuri succesive pe butonul *Info*, în fereastra aplicaţiei se vor afişa imaginile controlului **ImageList**, precum şi valoarea proprietăţii particulare ale imaginilor (**Index**, **Key**, **Tag**). De asemenea se afişează numărul imaginilor din lista de imagini şi dimensiunea lor comună.
Fereastra afişată poate avea aspectul următor:

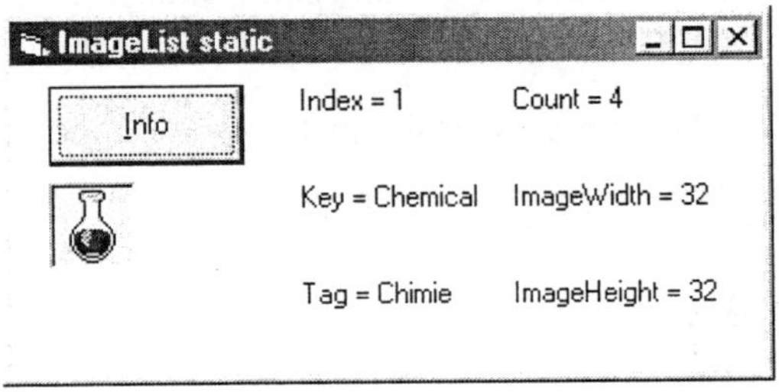

Textul sursă al programului este:

```
Option Explicit

Dim NrImagini As Integer
Dim NrAct As Integer

Private Sub Form_Load()
Dim Lat As Integer, Inalt As Integer
  Form1.Caption = "ImageList static"
  Command1.Caption = "&Info"
  NrImagini = ImageList1.ListImages.Count
  Label4.Caption = "Count = " & NrImagini
  Lat = ImageList1.ImageWidth
  Label5.Caption = "ImageWidth = " & Lat
  Inalt = ImageList1.ImageHeight
  Label6.Caption = "ImageHeight = " & Inalt
  NrAct = 1
  Picture1.AutoSize = True
End Sub

Private Sub Command1_Click()
Dim Info As String
  Picture1.Picture = ImageList1.ListImages(NrAct).Picture
  Label1.Caption = "Index = " & ImageList1.ListImages(NrAct).Index
  Label2.Caption = "Key = " & ImageList1.ListImages(NrAct).Key
  Label3.Caption = "Tag = " & ImageList1.ListImages(NrAct).Tag
  NrAct = NrAct + 1
  If NrAct > NrImagini Then NrAct = 1
End Sub
```

EXEMPLUL 2:

Aplicația ilustrează încărcarea dinamică a imaginilor într-un control **ImageList**. În procedura corespunzătoare evenimentului **Load** asociat formei, în lista de imagini, se încarcă cinci imagini. Forma conține şi un control de defilare verticală, care are domeniul de valori în intervalul [1, 5]. În execuție, prin modificarea poziției butonului glisant, se selectează o imagine din listă, care se afişează într-un control **Image**. Proprietățile imaginii selectate (**Index**, **Key**, **Tag**) sunt afişate în trei controale de tip etichetă.

Fereastra afişată de aplicație are aspectul următor:

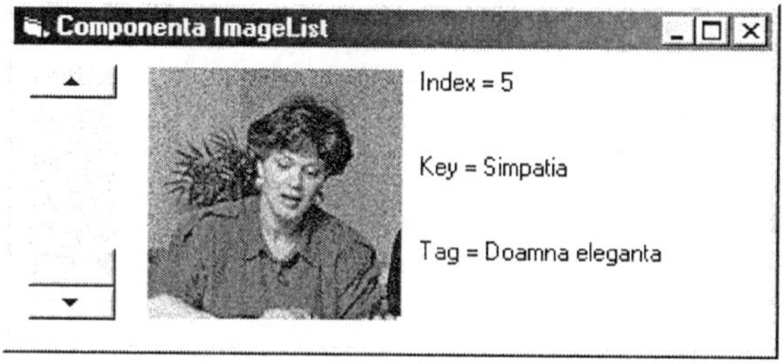

Textul sursă al programului este:

```
Private Sub Form_Load()
  Form1.Caption = "Componenta ImageList"
  ImageList1.ListImages.Add _
    1, "Bruneta", LoadPicture("C:\My Programs\Imagini\Cus1.BMP")
  ImageList1.ListImages(1).Tag = "Fata bruneta"
  ImageList1.ListImages.Add _
    2, "Copilul", LoadPicture("C:\My Programs\Imagini\Cus2.BMP")
  ImageList1.ListImages(2).Tag = "Tata cu copilul"
  ImageList1.ListImages.Add _
    3, "Blonda", LoadPicture("C:\My Programs\Imagini\Cus3.BMP")
  ImageList1.ListImages(3).Tag = "Fata blonda"
  ImageList1.ListImages.Add _
    4, "Batranul", LoadPicture("C:\My Programs\Imagini\Cus4.BMP")
  ImageList1.ListImages(4).Tag = "Pensionarul fericit"
  ImageList1.ListImages.Add _
    5, "Simpatia", LoadPicture("C:\My Programs\Imagini\Cus5.BMP")
  ImageList1.ListImages(5).Tag = "Doamna eleganta"
  VScroll1.Min = 1
  VScroll1.Max = ImageList1.ListImages.Count
  VScroll1.Value = VScroll1.Max
  ' Simulare mişcare în bara de defilare pt. a afişa imaginea inițială
  Call VScroll1_Change
End Sub

Private Sub VScroll1_Change()
Dim i As Integer
```

```
  i = VScroll1.Value
  Image1.Picture = ImageList1.ListImages(i).Picture
  Label1.Caption = "Index = " & ImageList1.ListImages(i).Index
  Label2.Caption = "Key = " & ImageList1.ListImages(i).Key
  Label3.Caption = "Tag = " & ImageList1.ListImages(i).Tag
End Sub
```

EXEMPLUL 3:

Forma aplicației conține două controale **ImageList**, un control **PictureBox** și un buton de comandă etichetat cu *Afișare*. Prima listă de imagini conține nouă imagini ***.ICO**, fiecare având dimensiunea de 32 × 32 pixeli. Lista a doua conține două imagini, fiecare având dimensiunea de 120 × 120 pixeli. Imaginile memorate în cele două liste au fost încărcate în perioada de elaborare a proiectului. Prin acționarea butonului de comandă *Afișare* imaginile primei liste se afișează în colțul stânga sus al ferestrei, iar imaginile celei de-a doua liste se afișează în controlul **PictureBox**. Pentru afișarea imaginilor se utilizează metoda **PaintPicture**.

Fereastra afișată de aplicație poate avea aspectul următor:

Textul sursă al programului este:

```
Option Explicit
Private Sub Form_Load()
  Form1.ScaleMode = vbPixels
  Picture1.ScaleMode = vbPixels
  Form1.Caption = "Controlul ImageList"
End Sub

Private Sub Command1_Click()
Dim lat As Integer, inalt As Integer
Dim Nr As Integer, i As Integer
  Nr = ImageList1.ListImages.Count
  inalt = ImageList1.ImageHeight
  lat = ImageList1.ImageWidth
  For i = 1 To Nr
```

```
    Form1.PaintPicture ImageList1.ListImages(i).Picture, _
        lat * ((i - 1) Mod 3), inalt * ((i - 1) \ 3)
  Next i
  lat = ImageList2.ImageWidth
  Picture1.PaintPicture ImageList2.ListImages(1).Picture, 0, 0
  Picture1.PaintPicture ImageList2.ListImages(2).Picture, _
                                               lat + 3, 0
End Sub
```

EXEMPLUL 4:

Scopul aplicației este ilustrarea utilizării metodei **Overlay**. Forma aplicației conține un control **ImageList**, două liste combinate, trei cutii cu pictură și un buton de comandă etichetat cu *Overlay*. În procedura **Load** atașată formei se încarcă dinamic controlul **ImageList** cu cinci imagini. Cele două liste combinate se încarcă cu numele imaginilor respective. Din cele două liste combinate – prin clicuri – se selectează câte un nume de imagine. Imaginile selectate se afişează în primele două cutii cu pictură. Prin aplicarea unui clic pe butonul de comandă *Overlay* imaginile selectate se suprapun și rezultatul se afişează în cea de-a treia cutie cu pictură.

Fereastra afişată de aplicație poate avea aspectul următor:

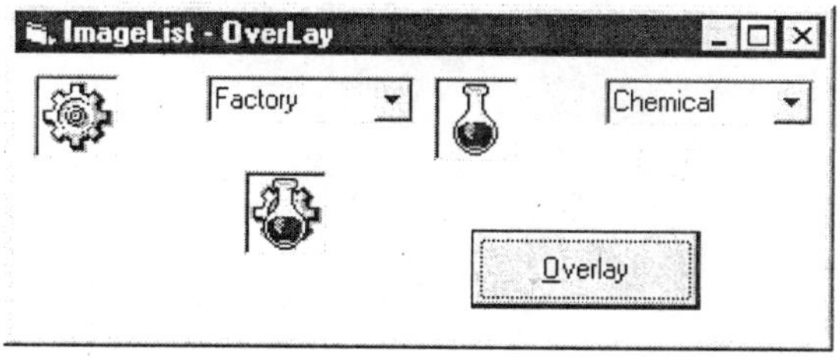

Textul sursă al programului este:

```
Option Explicit

Private Sub Form_Load()
  Command1.Caption = "&Overlay"
  Form1.Caption = "ImageList - OverLay"
  With ImageList1.ListImages          ' Adăugarea a 5 imagini la colecția ListImages.
    .Add 1, , LoadPicture("C:\My Programs\Imagini\Chemical.ico")
    .Add 2, , LoadPicture("C:\My Programs\Imagini\Chip.ico")
    .Add 3, , LoadPicture("C:\My Programs\Imagini\Finance.ico")
    .Add 4, , LoadPicture("C:\My Programs\Imagini\Construc.ico")
    .Add 5, , LoadPicture("C:\My Programs\Imagini\Factory.ico")
  End With
  With Combo1                         ' Încărcarea controlului Combo1
    .AddItem "Chemical"
    .AddItem "Chip"
```

```
    .AddItem "Finance"
    .AddItem "Construc"
    .AddItem "Factory"
    .ListIndex = 4                  ' Indicele elementului selectat din Combo1
  End With
  With Combo2                       ' Încărcarea controlului Combo2
    .AddItem "Chemical"
    .AddItem "Chip"
    .AddItem "Finance"
    .AddItem "Construc"
    .AddItem "Factory"
    .ListIndex = 0                  ' Indicele elementului selectat din Combo2
  End With
  With ImageList1
    .BackColor = vbWhite
    .MaskColor = vbWhite
    .UseMaskColor = True
  End With
  Picture1.BackColor = vbWhite      ' Culoarea fondului este alb.
  Picture2.BackColor = vbWhite
  Picture3.BackColor = vbWhite
End Sub

Private Sub Combo1_Click()
Dim Selectat As Integer
  Selectat = Combo1.ListIndex Indicele elementului selectat
  Picture1.Picture = _
          ImageList1.ListImages(Selectat + 1).ExtractIcon
End Sub

Private Sub Combo2_Click()
Dim Selectat As Integer
  Selectat = Combo2.ListIndex       ' Indicele elementului selectat
  Picture2.Picture = _
          ImageList1.ListImages(Selectat + 1).ExtractIcon
End Sub

Private Sub Command1_Click()
  Dim i1 As Integer, i2 As Integer
  ' Suprapunerea celor doua imagini; afişare în PictureBox3.
  i1 = Combo1.ListIndex + 1   ' Citirea indicelui elementului selectat din prima listă
  i2 = Combo2.ListIndex + 1   ' Citirea indicelui  elementului selectat din lista a doua
  Picture3.Picture = ImageList1.Overlay(i1, i2) ' Suprapunerea imaginilor
End Sub
```

9. CONTROLUL TreeView

Controlul **TreeView** (*vizualizarea datelor sub formă de arbore*) este destinat afişării datelor sub forma unei liste ierarhizate de noduri. Arborele este format dintr-o mulţime de noduri. Fiecare nod conţine o etichetă (proprietatea **Text** a nodului), eventual şi o imagine (proprietatea **Image** a nodului). Imaginile din noduri sunt livrate de un control **ImageList**, ataşat controlului **TreeView**. Nodurile aparţin unei colecţii de tip **Nodes** şi un nod al colecţiei are tipul **Node**. Oricare dintre noduri poate conţine noduri descendente. În exemplul următor arborele este format dintr-un nod rădăcină şi cinci noduri descendente.

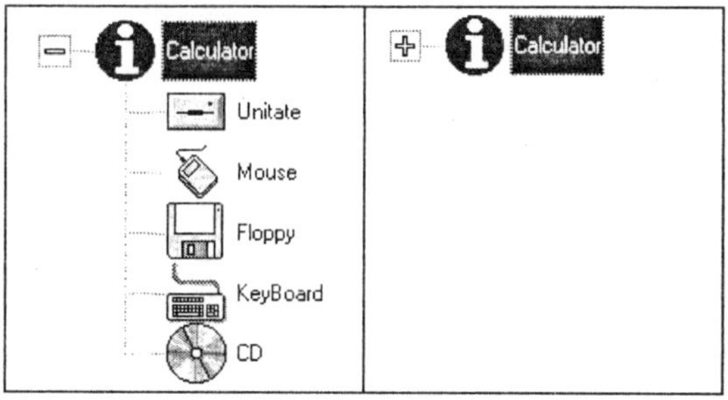

Dacă un nod are noduri descendente (noduri copii), el este precedat fie de simbolul ⊞, fie de simbolul ⊟.

- Dacă se efectuează un clic pe simbolul ⊟ aferent unui nod, nodurile lui descendente sunt ascunse, adică nodul se "condensează".
- Dacă se efectuează un clic pe simbolul ⊞ aferent unui nod, nodurile lui descendente vor fi afişate, adică nodul se "dilată".

Pe nivelul cel mai înalt al ierarhiei sunt situate nodurile rădăcină. Fiecare nod poate avea un număr arbitrar de copii (noduri descendente). Numărul total al nodurilor unui control **TreeView** nu este limitat (el depinde doar de capacitatea de memorie a calculatorului utilizat).

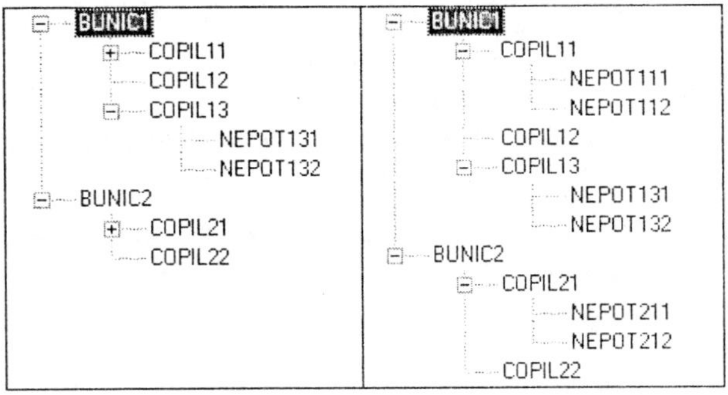

Figura de mai sus afişează un arbore cu două noduri rădăcină: *Bunic1* şi *Bunic2*. Nodul *Bunic1* are trei noduri copil: *Copil11*, *Copil12* şi *Copil13*. Nodul *Bunic2* are două noduri copil: *Copil21* şi *Copil22*. Nodurile *Copil11* şi *Copil21* sunt precedate de semnul ⊞, deci ele au noduri copil, care însă nu sunt dilatate. Oricare dintre noduri poate fi nod părinte sau nod copil, în funcţie de relaţia nodului respectiv cu celelalte noduri.

Deoarece nodurile aparţin unei colecţii, fiecare nod are o cheie unică (proprietatea **Key** a nodului) şi un indice unic (proprietatea **Index** a nodului).

Nodurile unui control **TreeView** se creează cu metoda **Add** a colecţiei **Nodes**. Această metodă se apelează de obicei în procedura-eveniment **Load** a formei. Metoda **Add** se apelează printr-o construcţie de forma:

Dim *n* **As Node**
Set *n = TreeView1.Nodes.***Add** (*Relative, Relationship, Key, Text, Image, SelectedImage*)

Valoarea *n* returnată de metodă reprezintă o referinţă la nodul adăugat şi este creată de sistem. Primele două argumente stabilesc locul unde se va adăuga noul nod şi relaţia acestuia cu un nod creat anterior.

- Primul argument (*Relative*) desemnează un nod creat anterior. Pentru desemnarea nodului creat anterior se foloseşte cheia (**Key**) sau indicele (**Index**) nodului respectiv.
- Al doilea argument (*Relationship*) stabileşte relaţia noului nod cu nodul specificat în argumentul (*Relative*). Dacă, de exemplu, argumentul este egal cu valoarea *tvwChild*, atunci noul nod va fi copilul nodului specificat de argumentul *Relative*.

În cazul nodurilor rădăcină (situate pe nivelul cel mai înalt) argumentele *Relative* şi *Relationship* nu se configurează.

- Argumentul *Key* atribuie o cheie unică noului nod.
- Argumentul obligatoriu *Text* stabileşte eticheta ataşată noului nod.

- Argumentul *Image* este indicele sau cheia unei imagini dintr-un control **Imagelist** ataşat controlului **TreeView**. Imaginea astfel referenţiată este ataşată noului nod.
- Argumentul *SelectedImage* este indicele sau cheia imaginii utilizate când noul nod va fi selectat.

Pentru crearea structurii de arbore prezentată în figura de mai sus, procedura–eveniment **Load** a formei a fost codificată astfel:

```
Private Sub Form_Load()
  Dim n As Node
  TreeView1.LineStyle = tvwRootLines
  Set n = TreeView1.Nodes.Add(, , "b1", "BUNIC1")
  Set n = TreeView1.Nodes.Add("b1", tvwChild, "c11", "COPIL11")
  Set n = TreeView1.Nodes.Add("b1", tvwChild, "c12", "COPIL12")
  Set n = TreeView1.Nodes.Add("b1", tvwChild, "c13", "COPIL13")
  Set n = TreeView1.Nodes.Add("c11", tvwChild, "n111", "NEPOT111")
  Set n = TreeView1.Nodes.Add("c11", tvwChild, "n112", "NEPOT112")
  Set n = TreeView1.Nodes.Add("c13", tvwChild, "n131", "NEPOT131")
  Set n = TreeView1.Nodes.Add("c13", tvwChild, "n132", "NEPOT132")
  Set n = TreeView1.Nodes.Add(, , "b2", "BUNIC2")
  Set n = TreeView1.Nodes.Add("b2", tvwChild, "c21", "COPIL21")
  Set n = TreeView1.Nodes.Add("b2", tvwChild, "c22", "COPIL22")
  Set n = TreeView1.Nodes.Add("c21", tvwChild, "n211", "NEPOT211")
  Set n = TreeView1.Nodes.Add("c21", tvwChild, "n212", "NEPOT212")
End Sub
```

Controlul **TreeView** este de tip ActiveX. Pentru afişarea simbolului grafic ataşat controlului pe paleta de controale, din meniul **Project** se dă comanda **Components** (Ctrl+T). În fereastra care se afişează se selectează pagina *Controls*. În continuare se selectează printr-un clic cutia de validare care are eticheta *Microsoft Windows Common Controls 6.0*. Datele referitoare la acest control se găsesc în fişierul:

C:\WINDOWS\System\MSCOMCTL.OCX

sau

C:\WINNT\System32\MSCOMCTL.OCX

Simbolul grafic aferent controlului are forma . Numele clasei este **TreeView**. Controalele au denumirile standard *TreeView1*, *TreeView2*, ...

9.1. Proprietăţile specifice ale controlului

- *Proprietatea* **Style** (de tip **Integer**)

Stabileşte sau returnează tipul graficii (imagini, texte, simboluri plus/ minus şi linii) şi a textului care se afişează în nodurile din structura de arbore a controlului **TreeView**.

TreeView1.**Style** = *constantă* 'Stabilirea stilului

Pentru stabilirea stilului structurii de arbore se vor utiliza următoarele constante predefinite:

Constantă	Valoare	Descriere
tvwTextOnly	0	Numai text.
tvwPictureText	1	Imagine şi text.
tvwPlusMinusText	2	Plus/minus şi text.
tvwPlusPictureText	3	Plus/minus, imagine şi text.
tvwTreelinesText	4	Linii şi text.
tvwTreelinesPictureText	5	Linii, imagine şi text.
tvwTreelinesPlusMinusText	6	Linii, plus/minus şi text.
tvwTreelinesPlusMinusPictureText	7	Linii, plus/minus, imagine şi text. Valoare implicită.

Dacă se foloseşte un stil care include şi linii, aspectul exterior al liniilor este definit de proprietatea **LineStyle**. Dacă stilul utilizat nu foloseşte linii, proprietatea **LineStyle** este ignorată.

- *Proprietatea* **LineStyle** (de tip **Integer**)

  Stabileşte sau returnează stilul liniilor desenate pentru noduri.

  TreeView1.**LineStyle** = *constantă*

  Pentru stabilirea stilului de linii se vor folosi următoarele constante predefinite:

Constantă	Valoare	Descriere
tvwTreeLines	0	*Linii de tip arbore* Nodurile sunt prevăzute cu linii, cu excepţia nodurilor rădăcină (de nivel 1). Valoare implicită.
tvwRootLines	1	*Linii de tip rădăcină* Fiecare nod este prevăzut cu o linie (inclusiv nodurile rădăcină).

- *Proprietatea* **LabelEdit** (de tip **Integer**)

  Stabileşte sau returnează o valoare care indică dacă utilizatorul poate edita automat sau nu etichetele nodurilor.

TreeView1.**LabelEdit** = *constantă*

Pentru configurarea proprietății se vor utiliza următoarele constante predefinite:

Constantă	Valoare	Descriere
tvwAutomatic	0	*Editare automată* Editarea poate fi demarată fără apelul metodei de validare a editărilor **StartLabelEdit**. Valoare implicită.
tvwManual	1	*Editare manuală* Editarea etichetei poate fi demarată doar după ce s-a apelat metoda **StartLabelEdit**.

Editarea automată se realizează astfel:

- se efectuează un clic pe un nod pentru selectarea lui;
- în continuare se execută un al doilea clic pe obiect, pentru demararea procesului de editare.

EXEMPLU:

Să presupunem că proprietatea **LabelEdit** s-a configurat cu valoarea 1. Dacă nodul selectat este rădăcina arborelui, atunci este permisă editarea lui. Secvența se inserează în evenimentul **Click** asociat unui buton de comandă.

```
Private Sub Command1_Click()
   If TreeView1.SelectedItem.Index = 1 Then
      TreeView1.StartLabelEdit
   End If
End Sub
```

- *Proprietatea* **PathSeparator** (de tip **String**)

  Stabileşte caracterul separator utilizat la descrierea căii spre un nod. Calea este returnată de proprietatea **FullPath**. Valoarea implicită a proprietății este caracterul "\" (backslash).

  TreeView1.**PathSeparator** = *caracter*

- *Proprietatea* **Sorted** (de tip **Boolean**)

  - Stabileşte sau testează dacă nodurile copil ale unui nod sunt sortate în ordine alfabetică crescătoare.
  - Stabileşte sau testează dacă nodurile rădăcină (situate la nivelul 1) sunt sortate în ordine alfabetică crescătoare.

TreeView1.**Sorted** = *ValoareLogică*

Dacă se foloseşte valoarea True, nodurile se vor sorta în ordine alfabetică crescătoare, pe baza etichetelor nodurilor. Dacă se foloseşte valoarea False, nu se face sortarea nodurilor (valoare implicită).

EXEMPLE:

În exemplul următor în procedura-eveniment **Click** aferentă unui buton de comandă se creează şi se sortează nodurile rădăcină ale unei structuri de arbore.

```
Option Explicit
Dim i As Integer
Private Sub Form_Load()              ' Încărcarea formei în memorie
  i = 100
  TreeView1.Sorted = True
End Sub

Private Sub Command1_Click()  ' Clic pe buton de comandă
Dim nod As Node
  i = i - 1
  Set nod = TreeView1.Nodes.Add( ,  , _
                "Cheia" & CStr(i), "Nodul" & CStr(i))
End Sub
```

În exemplul următor sunt create şi sortate nodurile situate la nivelul doi:

```
Option Explicit
Dim i As Integer
Dim r As Node
Private Sub Form_Load()
  i = 100
  Set r = TreeView1.Nodes.Add(, , "R", "Radacina")
  TreeView1.LineStyle = tvwRootLines
End Sub

Private Sub Command1_Click()
Dim nod As Node
  i = i - 1
  Set nod = TreeView1.Nodes.Add(1, tvwChild, _
                "Cheia" & CStr(i), "Nodul" & CStr(i))
  r.Sorted = True
End Sub
```

- *Proprietatea* **Checkboxes** (de tip **Boolean**)

  Stabileşte sau testează dacă nodurile sunt prevăzute sau nu cu cutii de validare.

  TreeView1.**Checkboxes** = *ValoareLogică*

Dacă se foloseşte valoarea False, nodurile nu sunt prevăzute cu cutii de validare (valoare implicită). Dacă se foloseşte valoarea True, nodurile au cutii de validare.

- *Proprietatea* **SingleSel** (de tip **Boolean**)

  Stabileşte dacă nodul va fi dilatat sau nu în momentul selectării lui.

  TreeView1.**SingleSel** = *ValoareLogică*

  Dacă *ValoareLogică* este False, nodul nu se dilată la selectarea lui. Valoare implicită. Dacă *ValoareLogică* este True, nodul se dilată.

- *Proprietatea* **Scroll** (de tip **Boolean**)

  Stabileşte dacă controlul **TreeView** poate utiliza sau nu bare de defilare.

  TreeView1.**Scroll** = *ValoareLogică*

  Dacă *ValoareLogică* este True, controlul poate utiliza, dacă este necesar, bare de defilare. Valoare implicită. Dacă *ValoareLogică* este falsă, crearea barelor de defilare este interzisă.

- *Proprietatea* **HotTracking** (de tip **Boolean**)

  Stabileşte sau testează dacă prin indicarea unui nod cu mouse-ul eticheta lui este sau nu subliniată.

  TreeView1.**HotTracking** = *ValoareLogică*

  Dacă *ValoareLogică* este False, eticheta indicată cu mouse-ul nu este subliniată. Valoare implicită. Dacă se configurează cu valoarea True, eticheta va fi subliniată.

- *Proprietatea* **ImageList** (de tip **ImageList**)

  Stabileşte o referinţă la un control **ImageList** care este asociat controlului **TreeView**.

  Set *TreeView1*.**ImageList** = *listă*

  Valoarea *listă* reprezintă numele unui control **ImageList**.

- *Proprietatea* **SelectedItem** (de tip **Node**)

  Returnează o referinţă la nodul selectat de utilizator (de tip **Node**). Cu ajutorul referinţei obţinute se pot configura proprietăţile şi se pot apela metodele nodului selectat. Proprietatea este accesibilă numai în execuţie.

Dim n **As** Node
Set *n* = *TreeView1*.**SelectedItem**

EXEMPLU:

Dacă nodul selectat nu este nodul rădăcină, atunci nodul respectiv este îndepărtat din structura de arbore.

```
Private Sub Command1_Click()  'Ştergerea nodului selectat
Dim n As Node
  Set n = TreeView1.SelectedItem
  If n.Index <> 1 Then
    TreeView1.Nodes.Remove  n.Index
  End If
End Sub
```

- *Proprietatea* **Nodes** (de tip **Node**)

  Livrează o referinţă la colecţia de noduri a controlului **TreeView**. Elementele colecţiei au tipul **Node**. Prin intermediul acestei referinţe se pot apela:

  – metodele standard ale colecţiei utilizate la gestiunea nodurilor (**Add**, **Remove** şi **Clear**);
  – proprietăţile standard ale colecţiei (**Count**, **Item**).

  Nodurile colecţiei se numerotează automat, începând cu 1. Proprietatea **Nodes** este accesibilă numai în execuţie.

- *Metoda* **Add**

  Adaugă un nod la colecţia de noduri a controlului **TreeView**. Metoda poate fi apelată printr-o construcţie de forma:

  Dim *n* **As Node**
  Set *n* = *TreeView1.Nodes*.**Add** (*Relative, Relationship, Key, Text,_ Image, SelectedImage*)

  Valoarea *n* reprezintă o referinţă la nodul adăugat şi este creată de sistem. Argumentele metodei **Add** sunt următoarele:

Argument	Descriere
Relative	Argument opţional. Indicele (**Index**) sau cheia (**Key**) unui obiect **Node** creat anterior. Nodul curent se află într-o anumită relaţie cu nodul creat anterior. Relaţia se specifică cu ajutorul argumentului *Relationship*. În cazul primului nod al colecţiei acest argument nu trebuie specificat.

Argument	Descriere
Relationship	Argument opțional. Specifică poziția relativă a nodului curent în raport cu un nod creat anterior (indicat cu ajutorul argumentului *Relative*). În cazul primului nod al colecției acest argument nu trebuie specificat. Pentru argumentul *Relative* se folosesc următoarele cinci constante predefinite: • *TvwFirst* (de valoare 0) Nivelul noului nod este egal cu nivelul nodului specificat de argumentul *Relative*. Nodul curent se plasează în fața nodurilor aflate în grupa curentă de noduri. • *TvwLast* (de valoare 1) Nivelul noului nod este egal cu nivelul nodului specificat de argumentul *Relative*. Nodul curent se plasează după nodurile aflate în grupa curentă de noduri. • *TvwNext* (de valore 2) Nodul curent se plasează după nodul specificat de argumentul *Relative*; cele două noduri au același nivel. Valoare implicită. • *TvwPrevious* (de valore 3) Nodul curent se plasează în fața nodului specificat de argumentul *Relative*; cele două noduri au același nivel. • *TvwChild* (de valore 4) Nodul curent este un descendent (copil) al nodului specificat de argumentul *Relative* (adică nivelul nodului curent este mai mare cu 1 decât nivelul nodului specificat de argumentul *Relative*).
Key	Argument opțional. Cheia unică a nodului (un șir de caractere care poate fi utilizat de proprietatea **Item** pentru acces la proprietățile nodului).
Text	Argument opțional. Eticheta atașată nodului (un șir de caractere).
Image	Argument opțional. Indicele unei imagini din controlul **ImageList** asociat.
SelectedImage	Argument opțional. Indicele unei imagini din controlul **ImageList** asociat care se afișează când nodul este selectat.

Observații:

1. Metoda **Add** asociază automat un indice unic nodului creat. Indicele este memorat în proprietatea **Index** a nodului. Indicele primului nod este egal cu 1.

2. Dacă în argumentul *Relative* nu se specifică nici un nod, noul nod se plasează la sfârșitul structurii de arbore a nodurilor, pe nivel 1.

3. Deoarece metoda **Add** livrează o referință la nodul nou creat, cu ajutorul acestei referințe se pot configura uşor proprietățile noului nod.

EXEMPLU:

În următoarea secvență se creează 4 noduri, situate pe nivelul 1. Nodurile sunt prevăzute cu cutii de validare. Cutiile de validare sunt selectate.

```
Dim ref As Node
Dim i As Integer
TreeView1.LineStyle = tvwRootLines
TreeView1.CheckBoxes = True
For i = 1 To 4
  Set ref = TreeView1.Nodes.Add( , , ,_
                              "Nodul " & Cstr(i))
  ref.Checked = True
Next
```

- *Metoda* **Remove**

Îndepărtează un nod specificat din colecția de noduri. Metoda se apelează printr-o construcție de forma:

*TreeView1.Nodes.***Remove** *indice* ' Indicele nodului care se şterge ' (proprietatea **Index**).

sau

*TreeView1.Nodes.***Remove** *cheie* ' Cheia nodului care se şterge ' (proprietatea **Key**).

- *Metoda* **Clear**

Îndepărtează toate nodurile controlului **TreeView**. Metoda se apelează printr-o construcție de forma:

*TreeView1.Nodes.***Clear**

- *Proprietatea* **Count** (de tip **Long**)

Returnează o valoare de tip **Long** care comunică utilizatorului numărul total de noduri din colecția **Nodes**. Această proprietate este read-only (poate fi citită, nu şi modificată prin program). Proprietatea poate fi utilizată printr-o construcție de forma:

Dim *nr* **As Long**
*Nr = TreeView1.Nodes.***Count**

- *Proprietatea* **Item** (de tip **Node**)

  Livrează o referință la un nod specificat (prin indice sau cheie) din colecția de noduri. Această proprietate este proprietatea implicită a nodurilor și poate fi utilizată printr-o construcție de forma următoare:

```
Dim ref As Node
Set ref = TreeView1.Nodes.Item(k)
```

sau

```
Set ref = TreeView1.Nodes(k)
```

unde *k* este un număr întreg (proprietatea **Index**, *k* = 1, 2, 3, ...) sau un șir de caractere (proprietatea **Key**). Cu ajutorul referinței obținute *ref* se pot citi sau modifica proprietățile nodului specificat:

```
Dim Valoare
Valoare = ref.NumeProprietate      'Citirea valorii proprietății
ref.NumeProprietate = Valoare      'Stabilirea valorii proprietății
```

În construcția anterioară prin *NumeProprietate* se înțelege una din proprietățile de bază (**Key**, **Index**, **Text**, ...), precum și următoarele proprietăți:

Proprietate	Valoare returnată de proprietate
Parent	Livrează o referință la părintele (ascendentul) nodului analizat. Dacă nodul analizat este pe nivelul 1, referința returnată este **Nothing**.
Child	Livrează o referință la primul copil (descendentul) al nodului analizat. Dacă nodul analizat nu are copii, referința returnată este **Nothing**.
Next	Livrează o referință la nodul următor din grupul curent de noduri. Dacă nodul analizat este ultimul nod al grupului, referința returnată este **Nothing**.
Previous	Livrează o referință la nodul precedent din grupul curent de noduri. Dacă nodul analizat este primul nod al grupului, referința returnată este **Nothing**.
Root	Livrează o referință la nodul rădăcină (de nivel 1) al structurii de arbore.
FirstSibling	Livrează o referință la fratele cel mai mare din cadrul grupului curent de noduri (primul nod al grupului).
LastSibling	Livrează o referință la fratele cel mai mic din cadrul grupului curent de noduri (ultimul nod al grupului).
Children	Livrează numărul copiilor nodului analizat. Dacă nodul analizat nu are copii, proprietatea returnează valoarea 0.
FullPath	Livrează calea completă (de tip **String**) spre nodul analizat, în care se utilizează separatorul specificat de proprietatea **PathSeparator**. Calea completă se creează prin concatenarea proprietăților **Text** a nodurilor anterioare nodului analizat, pornind de la rădăcina structurii de arbore.

Proprietate	Valoare returnată de proprietate
Expanded	Returnează sau stabileşte o valoare care determină dacă nodul analizat este dilatat (True) sau condensat (False).
Selected	Returnează sau stabileşte o valoare care determină dacă nodul analizat este selectat (True) sau neselectat (False).
Checked	Returnează sau stabileşte o valoare care determină dacă cutia de validare asociată nodului analizat este selectată (True) sau nu (False).

În figura de mai jos nodul analizat este supraluminat. Etichetele celorlalte noduri conţin informaţii privind "gradul lor de rudenie" cu nodul analizat:

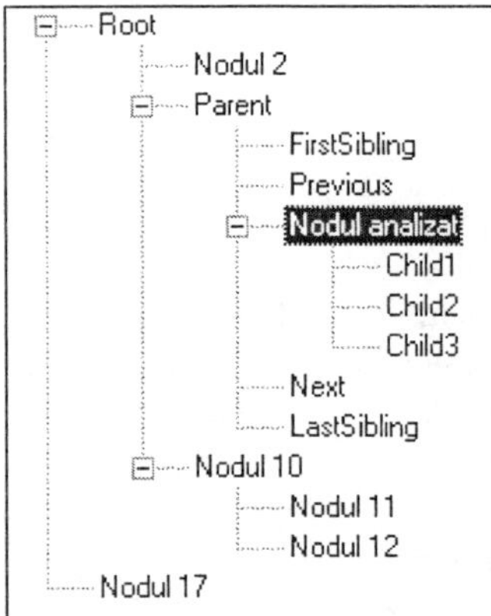

- primul copil (proprietatea **Child**);
- părinte (proprietatea **Parent**);
- rădăcină (proprietatea **Root**);
- precedent (proprietatea **Previous**);
- următor (proprietatea **Next**);
- fratele cel mai mare (proprietatea **FirsSibling**);
- fratele cel mai mic (proprietatea **LastSibling**).

Calea completă spre nodul analizat (proprietatea **FullPath**) este:

Root\Parent\Nodul analizat

9.2. Metodele specifice controlului

- *Metoda* **GetVisibleCount**

Returnează numărul nodurilor situate în interiorul unui control **TreeView** (adică sunt vizibile).

```
Dim c As Long
c = TreeView1.GetVisibleCount
```

EXEMPLU:

Într-un control **TreeView** se creează 10 noduri. Iniţial nu toate nodurile sunt vizibile, deoarece înălţimea controlului a fost fixată la o valoare mică. În evenimentul **Click** aferent formei se majorează înălţimea controlului până când se vor vedea toate nodurile structurii de arbore.

```
Private Sub Form_Load()
   Dim nodX As Node
   Dim i As Integer
   TreeView1.BorderStyle = 1
   For i = 1 To 10
      Set nodX = TreeView1.Nodes.Add(, , , _
                                 "Nodul " & CStr(i))
   Next
   TreeView1.Height = 1500 ' Controlul TreeView are înălţime mică.
End Sub

Private Sub Form_Click()
   While TreeView1.GetVisibleCount < 10
   ' Majorarea înălţimii controlului.
      TreeView1.Height = _
            TreeView1.Height + TreeView1.Font.Size
   Wend
End Sub
```

- *Metoda* **EnsureVisible**

Asigură vizibilitatea unui nod specificat prin indice sau cheie. Dacă este cazul, metoda dilatează nodul şi/sau defilează automat controlul **TreeView**. Metoda nu este operantă dacă proprietatea **Scroll** a controlului **TreeView** a fost configurată cu valoarea *False*.

Dim Efect **As Boolean**
*Efect = TreeView1.Nodes(nr).***EnsureVisible**

Valoarea returnată de funcţie este:

- *True*, dacă controlul **TreeView** a fost defilat sau dacă nodul specificat a fost dilatat.
- *False*, dacă controlul **TreeView** nu a fost defilat, nici dilatat.

EXEMPLU:

Unui control **TreeView** i se atribuie 16 noduri. În evenimentul clic pe formă se apelează metoda **EnsureVisible** pentru dilatarea ultimului nod şi pentru defilarea controlului.

```
Private Sub Form_Load()
Dim n As Node
Dim i As Integer
  TreeView1.BorderStyle = vbFixedSingle
  TreeView1.LineStyle = tvwRootLines
  Set n = TreeView1.Nodes.Add(, , "r", "Radacina")    ' Adaugă
                                                 ' nodul rădăcină.
  For i = 1 To 15          ' Adaugă încă 15 noduri
     Set n = TreeView1.Nodes.Add("r", tvwChild, , _
                                "Copil " & CStr(i))
```

```
  Next
End Sub

Private Sub Form_Click()
Dim viz As Boolean
  viz = TreeView1.Nodes(16).EnsureVisible          ' Defilare - dilatare.
  If viz Then
    Form1.Caption = "Cu dilarare - defilare"
  Else
    Form1.Caption = "Fara dilatare - defilare"
  End If
End Sub
```

- *Metoda* **HitTest**

Returnează o referinţă la nodul situat în punctul de coordonatele *x* şi *y* specificate (originea sistemului de coordonate este în colţul stânga sus al formei). Cu ajutorul referinţei returnate se pot configura proprietăţile şi se pot apela metodele nodului respectiv. Dacă în locaţia specificată nu există nici un nod, atunci metoda returnează valoarea **Nothing**. Metoda se utilizează de obicei în contextul operaţiilor de tragere şi aruncare cu mouse-ul, pentru a determina dacă în locaţia destinaţie există sau nu un nod.

Dim n **As Node**
Set n = *TreeView1*.**HitTest** (*x* **As Single,** *y* **As Single)**

Valoarea *n* va conţine o referinţa la un nod sau **Nothing**.

EXEMPLU:

Dacă în locaţia selectată cu mouse-ul există un nod, el se şterge; în caz contrar se emite un mesaj de eroare.

```
Private Sub Form_Load()
  Dim n As Node
  With TreeView1
    .LineStyle = tvwRootLines
    Set n = .Nodes.Add(, , "r", "Pictori")
    n.Expanded = True
    .Nodes.Add   "r", tvwChild, , "Titian"
    .Nodes.Add   "r", tvwChild, , "Rembrandt"
    .Nodes.Add   "r", tvwChild, , "Goya"
    .Nodes.Add   "r", tvwChild, , "David"
    .Nodes.Add   "r", tvwChild, , "Van Gogh"
  End With
End Sub

Private Sub TreeView1_MouseDown(Button As Integer, _
                  Shift As Integer, x As Single, y As Single)
Dim n As Node
```

```
    Set n = TreeView1.HitTest(x, y)
    If n Is Nothing Then
      MsgBox "Nod inexistent la locatia selectata"
    Else
      TreeView1.Nodes.Remove n.Index
    End If
End Sub
```

- *Metoda* **StartLabelEdit**

Demarează procesul de editare a etichetei ataşate nodului selectat. Metoda se utilizează pentru iniţierea editării unei etichete, dacă proprietatea **LabelEdit** a fost configurată cu 1 (editare manuală).

TreeView1.**StartLabelEdit**

EXEMPLU:

Proprietatea **LabelEdit** a controlului **TreeView** este configurată cu valoarea 1 (editare manuală a etichetelor). Pentru editarea unei etichete prima dată, printr-un clic, se selectează eticheta dorită. Pentru demararea editării se efectuează un clic pe formă. Se interzice editarea nodului rădăcină.

```
Private Sub Form_Load()
   Dim nodX As Node
   TreeView1.LabelEdit = tvwManual
   Set nodX = TreeView1.Nodes.Add(, , "r", "Pictori")
   Set nodX = TreeView1.Nodes.Add("r", tvwChild, , "Titian")
   Set nodX = TreeView1.Nodes.Add("r", tvwChild, ,_
                                  "Rembrandt")
   Set nodX = TreeView1.Nodes.Add("r", tvwChild, , "Goya")
   Set nodX = TreeView1.Nodes.Add("r", tvwChild, , "David")
End Sub

Private Sub Form_Click()
   If TreeView1.SelectedItem.Index <> 1 Then
      TreeView1.StartLabelEdit
   End If
End Sub
```

9.3. Evenimentele specifice controlului

- *Evenimentul* **NodeClick**

Se declanşează când se efectuează un clic pe un nod. Evenimentul **NodeClick** se declanşează înaintea evenimentului **Click**. Prototipul procedurii-eveniment este:

```
Private Sub TreeView1_NodeClick(ByVal Node As MSComctlLib.Node)

End Sub
```

Parametrul *Node* este încărcat de sistem şi reprezintă o referinţă la nodul pe care s-a efectuat un clic.

- *Evenimentul* **NodeCheck**

Se declanşează numai dacă proprietatea **CheckBoxes** a fost configurată cu valoarea True şi utilizatorul a modificat starea de selecţie a cutiei de validare aferentă unui nod. Prototipul procedurii-eveniment este:

```
Private Sub TreeView1_ NodeCheck(ByVal Node As MSComctlLib.Node)

End Sub
```

În argumentul *Node* sistemul comunică o referinţă la nodul pentru care starea de selecţie a cutiei de validare a fost modificată.

- *Evenimentul* **BeforeLabelEdit**

Se declanşează când utilizatorul începe editarea textului din nodul selectat. Pentru a demara editarea unui text:

1. Prima dată, printr-un clic, se selectează nodul dorit.
2. În continuare, printr-un alt clic, se lansează în execuţie procesul de editare. Evenimentul **BeforeLabelEdit** se declanşează după cel de-al doilea clic.

Este evenimentul implicit al controlului **ListView** şi se declanşează după evenimentul **Click**. Prototipul procedurii-eveniment este:

```
Private Sub ListView1_BeforeLabelEdit(Cancel As Integer)

End Sub
```

Prin parametrul *Cancel* utilizatorul poate valida sau interzice editarea textului. Dacă acestui argument i se atribuie o valoare diferită de zero, se interzice editarea textului. Prin atribuirea valorii zero, care este şi valoarea implicită, se permite editarea textului. În program, pentru determinarea textului editat se va utiliza proprietatea **SelectedItem**.

EXEMPLU:

În acest exemplu înaintea editării se testează indicele nodului selectat. Dacă indicele este egal cu 1 (adică este primul nod), operaţia de editare este abandonată.

```
Private Sub ListView1_BeforeLabelEdit(Cancel As Integer)
   If ListView1.SelectedItem.Index = 1 Then
      Cancel = 1    'Anularea editării primului articol.
   End If
End Sub
```

- *Evenimentul* **AfterLabelEdit**

Se declanşează după ce utilizatorul a editat textul nodului selectat (adică a efectuat un clic pe un alt nod sau a acţionat tasta Enter). Prototipul procedurii-eveniment este:

Private Sub *TreeView1*_**AfterLabelEdit(***Cancel* **As Integer, _**
NewString **As String)**

End Sub

Cu ajutorul parametrului *Cancel* utilizatorul poate accepta sau refuza editarea efectuată. Dacă acestui parametru i se atribuie o valoare diferită de zero, se invalidează editarea efectuată şi se conservă eticheta existentă anterior. Dacă parametrului *Cancel* i se atribuie valoarea zero, care este şi valoarea implicită, se acceptă editarea efectuată. În parametrul *NewString* sistemul comunică noua valoare a etichetei; acest argument este utilizat pentru a verifica dacă noua valoare a fost corectă.

EXEMPLU:

Dacă noua etichetă este numerică, editarea se anulează:

```
Private Sub TreeView1_AfterLabelEdit(Cancel As Integer,_
                                    NewString As String)
   If IsNumeric(NewString) Then
      MsgBox "Nu sunt admise numere"
      Cancel = True      'Editarea este anulată
   End If
End Sub
```

- *Evenimentul* **Expand**

Se declanşează când se dilată un nod al unui control **TreeView** (adică devin vizibile nodurile copil ale nodului respectiv). Pentru dilatarea unui nod se poate utiliza una din următoarele trei metode:

– se efectuează un clic dublu pe un nod care are noduri copil;
– proprietăţii **Expanded** a nodului i se atribuie valoarea True;
– se efectuează un clic pe simbolul plus/minus.

Evenimentul **Expand** se declanşează după declanşarea evenimentelor **Click** şi **DblClick**. Prototipul procedurii-eveniment este:

Private Sub *TreeView1*_**Expand(ByVal** Node **As** MSComctlLib.Node)

End Sub

Parametrul *Node* este încărcat de sistem şi reprezintă o referinţă la nodul care se dilată.

EXEMPLU:

Dacă nodul care urmează să fie dilatat este diferit de nodul rădăcină, se interzice dilatarea lui.

```
Private Sub TreeView1_Expand(ByVal Node As MSComctlLib.Node)
   If Node.Index <> 1 Then
      Node.Expanded = False
   End If
End Sub
```

- *Evenimentul* **Collapse**

Se declanşează când se condensează un nod al unui control **TreeView** (adică devin invizibile nodurile copil ale nodului respectiv). Pentru condensarea unui nod se poate utiliza una din următoarele trei metode:

- proprietăţii **Expanded** a nodului i se atribuie valoarea False;
- se efectuează un clic dublu pe nod;
- se efectuează un clic pe simbolul plus/minus dacă stilul utilizat include şi acest simbol.

Evenimentul **Collapse** se declanşează înaintea declanşării evenimentului **Click**. Prototipul procedurii-eveniment este:

Private Sub *TreeView1*_**Collapse(ByVal** Node **As** MSComctlLib.Node)

End Sub

Parametrul *Node* este încărcat de sistem şi reprezintă o referinţă la nodul care se condensează.

EXEMPLU:

Dacă nodul care urmează să fie condensat este nodul rădăcină, se interzice condensarea lui.

```
Private Sub TreeView1_Collapse(ByVal Node As_
                                    MSComctlLib.Node)
   If Node.Index = 1 Then
```

```
        Node.Expanded = True
    End If
End Sub
```

EXEMPLUL 1:

Forma aplicației conține un control **TreeView**. În control sunt afişate două noduri rădăcină, etichetate cu *Radacina 1* şi *Radacina 2*. Fiecărui nod rădăcină îi corespund câte 10 noduri copil, etichetate cu *Copilul x* (unde *x* are valori de la 1 la 20). Stilul liniilor folosite la desenarea nodurilor este configurat cu *tvwRootLines* (linii de tip rădăcină). Nodurile copii sunt prevăzute cu cutii de validare. Controlul **TreeView** poate utiliza bare de defilare. Când se efectuează un clic pe un nod (în procedura-eveniment **NodeClick**), în bara de titlu a ferestrei se afişează valorile proprietăților **Index** şi **Text** ale nodului selectat. Când se efectuează un clic pe o cutie de validare (în procedura-eveniment **NodeCheck**), se analizează starea curentă a cutiei de validare aferentă nodului. Textul corespunzător nodului şi starea cutiei se afişează în bara de titlu a ferestrei. Fereastra afişată de aplicație are aspectul alăturat.

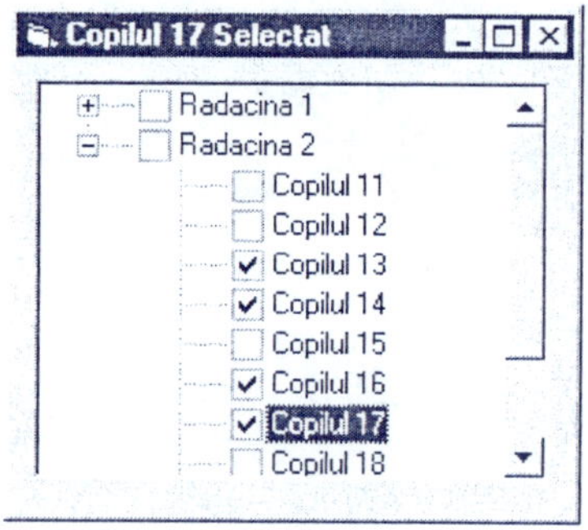

Textul sursă al programului este:

```
Option Explicit

Private Sub Form_Load()
Dim nod As Node
Dim i As Integer
  With TreeView1
     .LineStyle = tvwRootLines
     .Checkboxes = True
     .HotTracking = True
     .FullRowSelect = False        ' False = valoare implicit□
     .Scroll = True                ' True = valoare implicit□
  End With
  Set nod = TreeView1.Nodes.Add(, , "R1", "Radacina 1")
  nod.Expanded = True              ' Inițial dilatat
  Set nod = TreeView1.Nodes.Add(, , "R2", "Radacina 2")
  nod.Expanded = True
  For i = 1 To 10
      Set nod = TreeView1.Nodes.Add("R1", tvwChild, , _
```

```
                                    "Copilul " & i)
  Next i
  For i = 11 To 20
     Set nod = TreeView1.Nodes.Add("R2", tvwChild, , _
                                    "Copilul " & i)
  Next i
End Sub

Private Sub TreeView1_NodeCheck(ByVal Node As MSComctlLib.Node)
  Form1.Caption = Node.Text
  ' După ce s-a efectuat un clic pe o cutie de validare, valoarea din cutie va fi:
  If Node.Checked Then
    Form1.Caption = Form1.Caption & " Selectat"
  Else
    Form1.Caption = Form1.Caption & " Neselectat"
  End If
End Sub

Private Sub TreeView1_NodeClick(ByVal Node As MSComctlLib.Node)
   Form1.Caption = "Index = " & Node.Index & " Text= " & Node.Text
End Sub
```

EXEMPLUL 2:

Forma aplicației conține un control **TreeView**, un control chenar prevăzut cu 5 butoane de opțiune, 5 butoane de comandă și un control etichetă. Inițial controlul **TreeView** conține un sigur nod rădăcină. Stilul folosit la desenarea liniilor nodurilor este configurat cu *tvwRootLines* (linii de tip rădăcină). Cele 5 butoane de opțiune sunt etichetate cu *First* (0), *Last* (1), *Next* (2), *Previous* (3) și *Child* (4). Butoanele de comandă au etichetele *Adauga*, *Sterge*, *Informatii*, *Copii* și *Fratii*. Controlul etichetă afișează inițial textul "noduri = 1" (numărul total de noduri din controlul **TreeView**). Fiind selectat un nod, prin butonul de comandă etichetat cu *Adauga* se creează un nod nou. Relația nodului creat cu nodul selectat depinde de butonul de opțiune selectat. După fiecare adăugare de nod se actualizează informația afișată de controlul etichetă. Textul afișat de noul nod este *Nodul n*, unde *n* este numărul de ordine al nodului. Prin butonul de comandă *Sterge* se îndepărtează din controlul **TreeView** nodul selectat și se actualizează numărul nodurilor existente. Dacă se selectează un nod și se acționează butonul de comandă etichetat cu *Informatii*, atunci într-o fereastră de informații se afișează următoarele: primul copil, părinte, rădăcina, următorul, precedentul, fratele cel mai mare, fratele cel mai mic respectiv calea completă spre nodul analizat. Dacă se acționează butonul etichetat prin *Copii*, atunci într-o fereastră se comunică nodurile copil ale nodului selectat. Prin acționarea butonului de comandă *Fratii* într-o fereastră se comunică nodurile frate cu nodul selectat.

Fereastra afişată de aplicaţie poate avea aspectul următor:

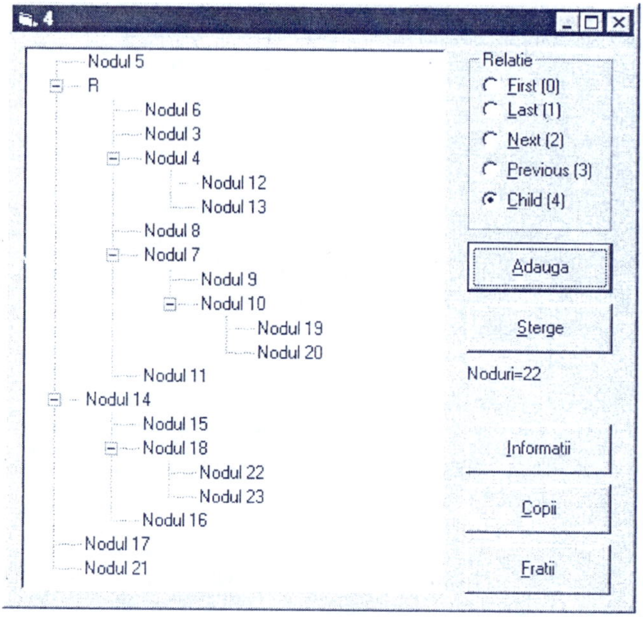

Textul sursă al programului este:

```
Option Explicit
Dim Index As Integer
Dim Relative As String
Dim Relationship As Integer
Dim Key As String
Dim Text As String
Dim nod As Node
Dim nrNoduri As Integer

Private Sub Form_Load()
  Option5.Value = True
  TreeView1.LineStyle = tvwRootLines
  TreeView1.Nodes.Add , , "R", "R"
  TreeView1.Nodes.Item(1).Expanded = True
  Index = 1
  Relationship = 4      'Child
  Form1.Caption = Relationship
  Label1.Caption = "noduri=1"
End Sub

Private Sub Command1_Click()     'Adaugă
  If Option1.Value = True Then
    Relationship = 0     'tvwFirst
```

```
  ElseIf Option2.Value = True Then
    Relationship = 1     'tvwLast
  ElseIf Option3.Value = True Then
    Relationship = 2     'tvwNext
  ElseIf Option4.Value = True Then
    Relationship = 3     'tvwPrevious
  Else
    Relationship = 4     'tvwChild
  End If
  Form1.Caption = Relationship
  Index = Index + 1
  Key = "Nodul " & CStr(Index)
  Text = Key
  If TreeView1.SelectedItem Is Nothing Then
    MsgBox "Nu s-a selectat nimic"
    Exit Sub
  End If
  Set nod = TreeView1.SelectedItem
  Relative = nod.Key
  Set nod = TreeView1.Nodes.Add(Relative, Relationship, Key, Text)
  nrNoduri = TreeView1.Nodes.Count
  Label1.Caption = "Noduri=" & nrNoduri
  nod.Expanded = True
End Sub

Private Sub Command2_Click()     'Şterge
Dim c As String
  Set nod = TreeView1.SelectedItem
  If nod Is Nothing Then
    MsgBox "Nu s-a selectat nimic"
    Exit Sub
  End If
  c = nod.Key
  If c <> "R" Then
    TreeView1.Nodes.Remove c
  End If
  nrNoduri = TreeView1.Nodes.Count
  Label1.Caption = "Noduri=" & nrNoduri
End Sub

Private Sub Command3_Click()     'Informaţii
Dim m As String
Dim titlu As String
  Set nod = TreeView1.SelectedItem
  If nod Is Nothing Then
    MsgBox "Nu s-a selectat nimic."
    Exit Sub
  End If
  titlu = "Analiza nodului:" & nod.Key
  ' Copil (Child)
  m = "*** Primul copil:" & vbCrLf
  If nod.Child Is Nothing Then
    m = m & "Nu are copii" & vbCrLf
  Else
```

```
      m = m & nod.Child.Text & vbCrLf
    End If
    ' Părinte (Parent)
    m = m & "*** Parinte:" & vbCrLf
    If nod.Parent Is Nothing Then
      m = m & "Fara parinte (nivel 1)" & vbCrLf
    Else
      m = m & nod.Parent.Text & vbCrLf
    End If
    ' Rădăcină (Root)
    m = m & "*** Radacina:" & vbCrLf
    m = m & nod.Root.Text & vbCrLf
    ' Următorul (Next)
    m = m & "*** Urmatorul:" & vbCrLf
    If nod.Next Is Nothing Then
      m = m & "Nu exista nod urmator" & vbCrLf
    Else
      m = m & nod.Next.Text & vbCrLf
    End If
    ' Precedentul (Previous)
    m = m & "*** Precedentul:" & vbCrLf
    If nod.Previous Is Nothing Then
      m = m & "Nu exista nod precedent" & vbCrLf
    Else
      m = m & nod.Previous.Text & vbCrLf
    End If
    ' Fratele cel mai mare (First Sibling)
    m = m & "*** Fratele cel mai mare:" & vbCrLf
    m = m & nod.FirstSibling.Text & vbCrLf
    ' Fratele cel mai mic (Last Sibling)
    m = m & "*** Fratele cel mai mic:" & vbCrLf
    m = m & nod.LastSibling.Text & vbCrLf
    ' Calea completă spre nodul analizat (Fullpath)
    m = m & "*** Calea completa:" & vbCrLf
    m = m & nod.FullPath & vbCrLf
MsgBox m, , titlu
End Sub

Private Sub Command4_Click()      'Copii
Dim s As String
Dim n As Integer
    Set nod = TreeView1.SelectedItem
    If nod Is Nothing Then
      MsgBox "Nu s-a selectat nimic."
      Exit Sub
    End If
    If TreeView1.SelectedItem.Children > 0 Then
      ' Nodul are copii. Citeşte eticheta primului copil,
      ' şi memoreaza în n indicele lui.
      s = TreeView1.SelectedItem.Child.Text & vbCrLf
      n = TreeView1.SelectedItem.Child.Index
      ' Cât timp n nu este egal cu indicele celui mai
      ' mic copil, citeşte eticheta urm□torului copil.
      While n <> TreeView1.SelectedItem.Child.LastSibling.Index
```

```
      s = s & TreeView1.Nodes(n).Next.Text & vbCrLf
      ' Repoziţionarea lui n la indicele urm□torului copil.
      n = TreeView1.Nodes(n).Next.Index
    Wend
    MsgBox "Copii nodului " & TreeView1.SelectedItem.Text & _
      " sunt: " & vbCrLf & s & vbCrLf
  Else    ' Nodul nu are copii.
    MsgBox TreeView1.SelectedItem.Text & " nu are copii"
  End If
End Sub

Private Sub Command5_Click()     'Fraţii
Dim s As String
Dim n As Node
Dim nr1 As Integer
Dim nr2 As Integer
  Set nod = TreeView1.SelectedItem
  If nod Is Nothing Then
    MsgBox "Nu s-a selectat nimic."
    Exit Sub
  End If
  nr1 = TreeView1.SelectedItem.FirstSibling.Index
  nr2 = TreeView1.SelectedItem.LastSibling.Index
  If (nr1 = nr2) Then
    MsgBox nod.Text & " nu are frati" & vbCrLf
  Else
    Set n = TreeView1.SelectedItem.FirstSibling
    While nr1 <> nr2
      s = s & n.Text & vbCrLf
      nr1 = n.Next.Index
      Set n = n.Next
    Wend
    s = s & n.Text & vbCrLf
    MsgBox "Fratii sunt: " & vbCrLf & s, , nod.Text
  End If
End Sub
```

EXEMPLUL 3:

Forma aplicaţiei conţine un control **TreeView** şi un control chenar în care sunt inserate două butoane de opţiune. Controlului **TreeView** i se asociază tabelul *Products* din baza de date standard **NWIND.MDB**. Asocierea se realizează în procedura-eveniment **Load** a formei. Pentru accesul la articolele tabelului *Products* se utilizează o referinţă la obiectele situate în biblioteca *Microsoft DAO 3.51 Object Library*. În acest scop, în perioada de elaborare a proiectului, din meniul **Project** se dă comanda **References** şi în fereastra afişată se selectează butonul de validare corespunzător elementului *Microsoft DAO 3.51 Object Library*. Nodul rădăcină al controlului afişează textul "NWIND.MDB/Products". Fiecărui articol din tabelul *Products* i se asociază un nod care este copilul nodului rădăcină. Textele afişate de nodurile copil sunt preluate din valorile existente în câmpul *ProductName* al tabelului *Products*. Cheile corespunzătoare nodurilor copil se generează pe baza valorilor existente în câmpul *ProductID* al tabelului *Products*. Articolele prezentate sunt ordonate crescător. Numărul articolelor existente în tabelul *Products* se afişează în bara de titlu a ferestrei. Stilul liniilor utilizate de controlul **TreeView** se selectează cu ajutorul celor două butoane de opţiune.

Fereastra afişată de aplicaţie are aspectul următor:

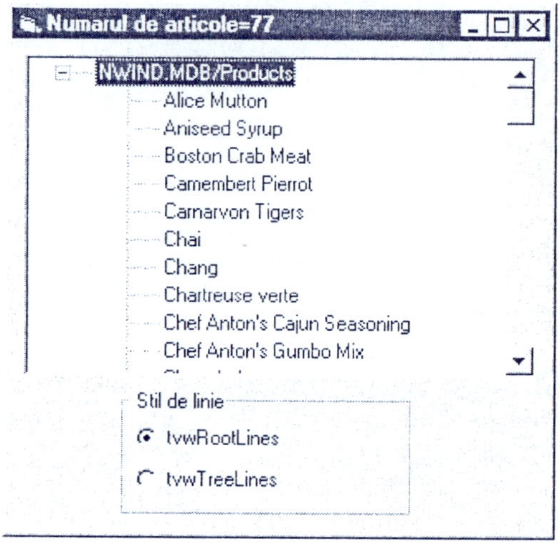

Textul sursă al programului este:

```
Option Explicit
' Tools/References: Microsoft DAO 3.6 (sau 3.51) Object Library
Const BazaDeDate = "C:\Program Files\" & _
                        "Microsoft Visual Studio\VB98\NWIND.MDB"
Private Sub Form_Load()
Dim bd As Database
Dim rs As Recordset
Dim n As Node, r As Node
Dim NrArt As Long
  Set bd = OpenDatabase(BazaDeDate)
  Set rs = bd.OpenRecordset("Products", dbOpenDynaset)
  rs.MoveLast
  rs.MoveFirst
  NrArt = rs.RecordCount
  Form1.Caption = "Numarul de articole=" & NrArt
  TreeView1.LineStyle = tvwRootLines
  Set r = TreeView1.Nodes.Add(, , "Radacina",_
                                   "NWIND.MDB/Products")
  Do Until rs.EOF
```

```
    Set n = TreeView1.Nodes.Add("Radacina", tvwChild)
    n.Key = "Cheia " & rs!ProductID
    n.Text = rs!ProductName
    r.Sorted = True
    rs.MoveNext              ' Trecere la articolul următor.
  Loop
End Sub

Private Sub Option1_Click()
  TreeView1.LineStyle = tvwRootLines
End Sub

Private Sub Option2_Click()
  TreeView1.LineStyle = tvwTreeLines
End Sub
```

EXEMPLUL 4:

Tabelele *tblCategories* şi *tblProducts* ale bazei de date **NWIND.MDB** sunt în relaţia de tipul "de la unu la mai mulţi". În partea "unu" a relaţiei este situat tabelul *tblCategories*, iar în partea "mai mulţi" a relaţiei este situat tabelul *tblProducts* (adică unui articol din tabelul *tblCategories* îi corespund mai multe articole din tabelul *tblProducts*). Cheia primară a tabelului *tblCategories* este câmpul CategoryID. Cheia primară a tabelului *tblProducts* este câmpul ProductID iar cheia străină a tabelului *tblProducts* este câmpul CategoryID.

În această aplicaţie se utilizează un control **TreeView**, care este configurat în procedura-eveniment **Load** de încărcare a formei în memorie. Se utilizează trei nivele de noduri. În nodul rădăcină se afişează textul "Categories". Pe nivelul unu al nodurilor se află informaţii provenite din

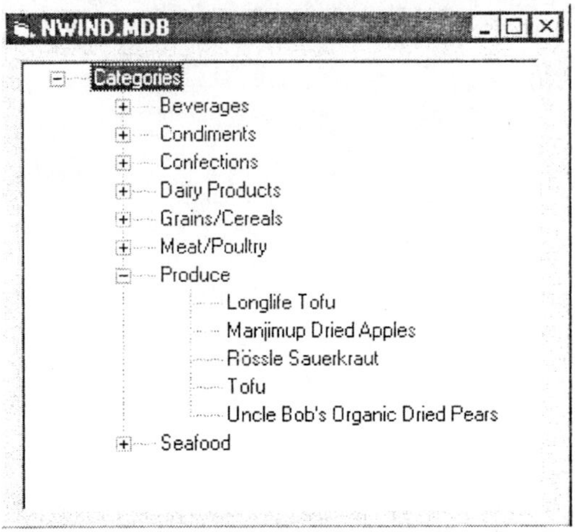

tabelul *Categories*: textele afişate de noduri sunt preluate din valorile câmpului CategoryName; cheile corespunzătoare nodurilor se creează pe baza valorilor existente în câmpul CategoryID. Pe nivelul al doilea al nodurilor se afişează informaţii provenite din tabelul *Products*: fiecărei categorii de produse i se pun în corespondenţă produsele din categoria respectivă. Textele afişate de nodurile de pe nivelul al doilea sunt preluate din valorile câmpului ProductName, iar cheile corespunzătoare nodurilor se creează pe baza valorilor existente în câmpul ProductID. Fereastra afişată de aplicaţie are aspectulde mai sus.

Textul sursă al programului este:

```
Option Explicit
' Reference: DAO 3.51 Object Library
Const Cale = "C:\Program Files\" & _
                      "Microsoft Visual Studio\VB98\NWIND.MDB"
Private Sub Form_Load()
Dim db As Database
Dim rsCategories As Recordset
Dim rsProducts As Recordset
Dim r As Node
Dim i As Long
Dim Interogare As String
Dim nod As Node, nod1 As Node
  Form1.Caption = "NWIND.MDB"
  Set db = OpenDatabase(Cale)
  Set r = TreeView1.Nodes.Add(, , "r", "Categories")
  TreeView1.LineStyle = tvwRootLines
  Set rsCategories = db.OpenRecordset("Categories", dbOpenDynaset)
  Do Until rsCategories.EOF
    Set nod = TreeView1.Nodes.Add("r", tvwChild)
    nod.Text = rsCategories!CategoryName
    nod.Key = "Cat " & rsCategories!CategoryID
    r.Sorted = True
    i = rsCategories!CategoryID
    Interogare = "SELECT * FROM Products WHERE CategoryID = " & i
    Set rsProducts = db.OpenRecordset(Interogare)
    Do Until rsProducts.EOF
      Set nod1 = TreeView1.Nodes.Add(nod.Key, tvwChild)
      nod1.Text = rsProducts!ProductName
      nod1.Key = "Prod " & rsProducts!ProductID
      nod.Sorted = True
      rsProducts.MoveNext
    Loop
    rsCategories.MoveNext
  Loop
End Sub
```

10. CONTROLUL ListView

Controlul **ListView** este destinat vizualizării datelor sub formă de listă. Lista este formată din mai multe elemente (intrări). Un element al listei poate fi un text, eventual şi o imagine. Datele reprezentate de control se vizualizează în patru moduri diferite, în funcţie de configurarea proprietăţii **View**.

Modul de vizualizare	**Avantaj**
Simbol grafic (*Icon*)	Elementele pot fi manipulate cu ajutorul mouse-ului, permiţând utilizatorului realizarea operaţiei de tragere a obiectelor (drag & drop), deci şi rearanjarea lor. Se utilizează simboluri grafice de mare dimensiune (32 × 32 pixeli). 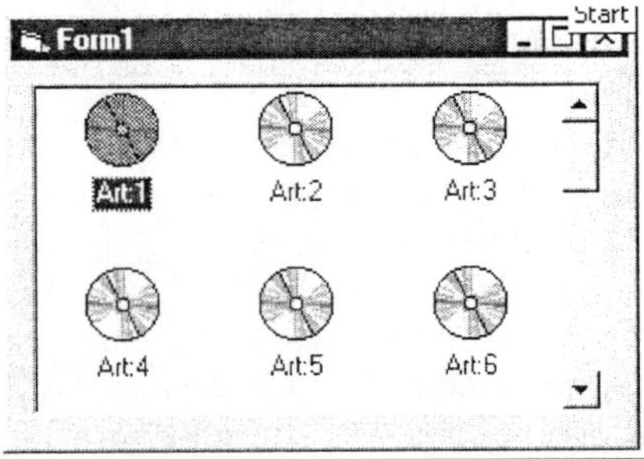
Simbol grafic de mic□ dimensiune (*SmallIcon*)	Este asemănător cu modul de vizualizare de tip simbol grafic, însă se pot vizualiza simultan mai multe elemente. Se utilizează simboluri grafice de dimensiune mică (16 × 16 pixeli). Articolele consecutive sunt afişate orizontal. Dacă este cazul, controlului i se poate ataşa o bară de defilare verticală. 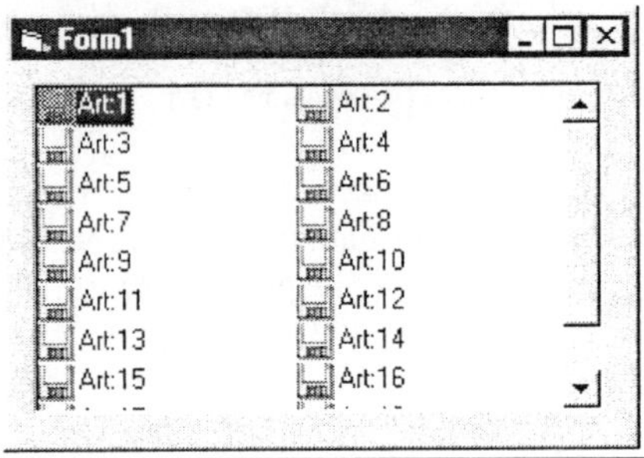
List□ (*List*)	Este asemănător cu modul de vizualizare de tip simbol grafic de mică dimensiune. Articolele consecutive sunt afişate vertical. Dacă este cazul, controlului i se poate ataşa o bară de defilare orizontală.

Modul de vizualizare	Avantaj
	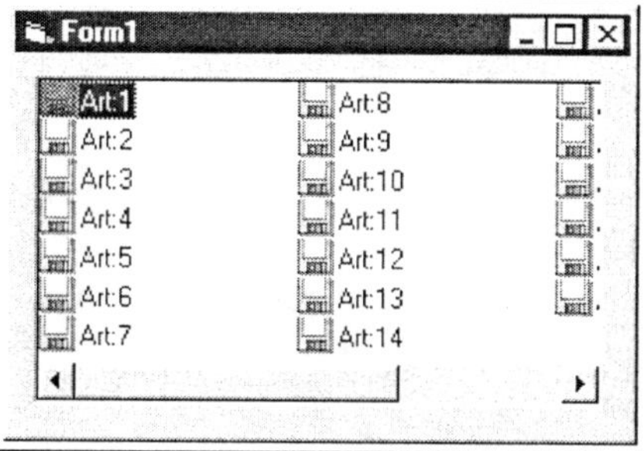
Raport (*Report*)	Prezintă o vizualizare în care se poate afişa şi o linie de antet. Fiecare articol (element al listei) poate avea şi un număr de subarticole, care conţin informaţii suplimentare despre articolul curent. Prezenţa subarticolelor ataşate unui articol este condiţionată de existenţa liniei de antet. Dacă în linia de antet se utilizează *n* elemente, atunci unui articol îi corespund cel mult *n*-1 subarticole (deoarece primul element al liniei de antet este rezervat elementelor listei).

Controlul **ListView** poate utiliza trei controale de tip **ImageList**. Listele de imagini se ataşează controlului **ListView** prin intermediul proprietăţilor **Icons**, **SmallIcons** şi **ColumnHeaderIcons**. Imaginile specificate prin proprietatea **Icons** sunt folosite la vizualizarea de tip simbol grafic. Imaginile specificate prin proprietatea **SmallIcons** sunt folosite la vizualizarea de tip simbol grafic de mică dimensiune, de tip listă precum şi la vizualizarea de tip raport (pentru articole şi subarticole). Imaginile specificate de proprietatea **ColumnHeaderIcons** sunt folosite de elementele liniei de antet.

Controlul **ListView** gestionează trei colecţii:

- colecţia de anteturi (**ColumnHeaders**);
- colecţia de articole (**ListItems**);
- colecţia de subarticole (**ListSubItems**).

Elementele acestor colecţii se creează cu metode **Add**, specifice colecţiei.

În figura de mai jos s-a utilizat modul de vizualizare de tip raport. Raportul conţine o linie de antet formată din 5 elemente. Lista conţine la rândul ei 20 de articole şi fiecărui articol îi corespund 4 subarticole.

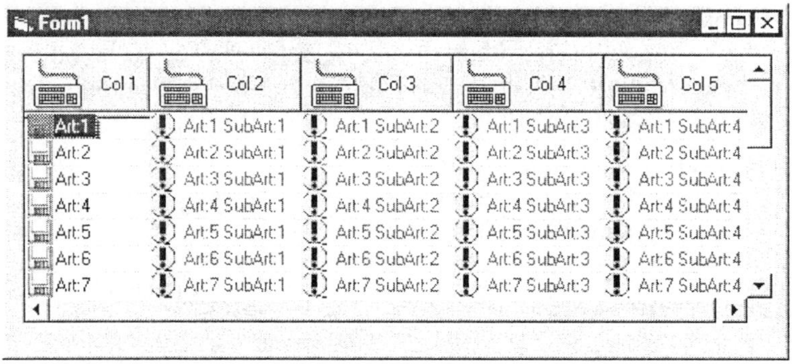

Lista s-a creat în procedura–eveniment **Load** a formei.

```
Private Sub Form_Load()
  Dim antet As ColumnHeader
  Dim a As ListItem                   ' Referință la un articol
  Dim sa As ListSubItem               ' Referință la un subarticol
  Dim i As Integer                    ' Contor de articole (ListItem)
  Dim j As Integer                    ' Contor de subarticole (ListSubItems)
  Dim k As Integer                    ' Contor de anteturi de coloană (CilumnHeader)
  Dim LatColoana As Single            ' Lățimea unei coloane
   ListView1.View = lvwReport         ' Vizualizare de tip raport
  ListView1.GridLines = True
  Set ListView1.Icons = ImageList1
  Set ListView1.SmallIcons = ImageList2
  Set ListView1.ColumnHeaderIcons = ImageList3
  ' Se creează 5 elemente de antet (obiecte de tip ColumnHeader).
  LatColoana = ListView1.Width / 5  ' Se calculează lățimea unui element de antet.
  ' Primul element de antet se referă la articole, următorii 4 la subarticole.
  For k = 1 To 5
    Set antet = ListView1.ColumnHeaders.Add(, , "Col " & k, _
                                                  LatColoana)
  Next k
  ' Se creează 20 articole (obiecte de tip ListItem). Articolele sunt scrise cu albastru.
  ' Pentru fiecare articol se creează 4 subarticole (obiecte de tip ListSubItem).
  ' Subarticolele sunt scrise cu roşu.
  For i = 1 To 20
    Set a = ListView1.ListItems.Add(, , "Art:" & i)
    a.ForeColor = vbBlue
    For j = 1 To 4
      Set sa = a.ListSubItems.Add(, , "Art:" & i & " SubArt:" & j)
      sa.ForeColor = vbRed
    Next j
  Next i
End Sub
```

Controlul **ListView** este de tip ActiveX. Pentru afişarea simbolului grafic asociat controlului pe paleta de controale, din meniul **Project** se dă comanda **Components** (Ctrl+T). În fereastra care se afişează se selectează pagina *Controls*. În continuare, printr-un clic, se selectează cutia de validare care are eticheta *Microsoft Windows Common Controls 6.0*. Datele referitoare la acest control se găsesc în fişierul:

C:\WINDOWS\System\MSCOMCTL.OCX

sau

C:\WINNT\System32\MSCOMCTL.OCX

Simbolul grafic aferent controlului are forma 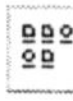. Numele clasei este **ListView**. Controalele au denumirile standard *ListView1*, *ListView2*, ...

10.1. Proprietăţile specifice ale controlului

- *Proprietatea* **View** (de tip **Integer**)

  Stabileşte sau testează modul de vizualizare a articolelor (de tip **ListItem**) unui control **ListView**.

  ListView1.**View** = *constantă* 'Stabilirea modului de vizualizare

  Pentru stabilirea modului de vizualizare a articolelor se vor utiliza următoarele constante predefinite:

Constantă	Valoare	Descriere
lvwIcon	0	*Modul de vizualizare de tip simbol grafic* Fiecare articol este reprezentat de un simbol grafic de dimensiune standard (32 × 32 pixeli) şi de un text (proprietatea **Text** a articolului). Valoare implicită. Simbolurile grafice utilizate aparţin unui control **ImageList**. Referinţa la lista de imagini este memorată în proprietatea **Icons**. În cazul acestui tip de vizualizare se poate utiliza proprietatea **LabelWrap**, care stabileşte dacă textele se pot fragmenta sau nu.
lvwSmallIcon	1	*Modul de vizualizare de tip simbol grafic de mică dimensiune* Fiecare articol este reprezentat de un simbol grafic de mică dimensiune (16 × 16 pixeli) şi de un text (proprietatea **Text** a articolului). Articolele consecutive se afişează pe orizontală. Simbolurile grafice utilizate aparţin unui control **ImageList**. Referinţa la lista de imagini este memorată în proprietatea **SmallIcons**.
lvwList	2	*Modul de vizualizare de tip listă* Fiecare articol este reprezentat de un simbol grafic

Constantă	Valoare	Descriere
		de mică dimensiune şi de un text (proprietatea **Text** a articolului). Articolele consecutive se afişează pe verticală. Simbolurile grafice utilizate aparţin unui control **ImageList**. Referinţa la lista de imagini este memorată în proprietatea **SmallIcons**.
lvwReport	3	*Modul de vizualizare de tip raport* Fiecare articol este reprezentat de un simbol grafic de mică dimensiune şi de un text (proprietatea **Text** a articolului). Sunt reprezentate şi subarticolele asociate articolelor precum şi o linie cu anteturi de coloane. Simbolurile grafice utilizate de articole sunt livrate de o listă de imagini, referenţiată prin proprietatea **SmallIcons**. Simbolurile grafice utilizate în linia de antet sunt livrate de o listă de imagini. Referinţa la lista de imagini este memorată în proprietatea **ColumnHeaderIcons**. Simbolurile grafice utilizate în subarticole sunt livrate de o listă de imagini, care este memorată în proprietatea **SmallIcons**. – Folosind proprietatea **HideColumnHeaders** se poate cere ascunderea anteturilor de coloană. – Utilizatorul poate redimensiona lăţimea coloanelor (se trage orizontal cu mouse-ul muchia din dreapta antetului de coloană). – Folosind evenimentul **ColumnClick** şi proprietăţile **Sorted**, **SortOrder** şi **SortKey** se pot sorta articolele şi subarticolele controlului.

- *Proprietatea* **Arrange** (de tip **Integer**)

Stabileşte sau testează modul de aliniere a articolelor în modurile de vizualizare tip simbol grafic standard sau simbol grafic de mică dimensiune.

ListView1.**Arrange** = *constantă* 'Stabilirea modului de aliniere

Pentru stabilirea modului de aliniere se vor utiliza următoarele constante predefinite:

Constantă	Valoare	Descriere
lvwNone	0	Fără aliniere (valoare implicită).
lvwAutoLeft	1	Aliniere automată a articolelor la muchia din stânga controlului **ListView**.
lvwAutoTop	2	Aliniere automată a articolelor la muchia superioară a controlului **ListView**.

- *Proprietatea* **LabelEdit** (de tip **Integer**)

  Stabileşte sau returnează o valoare care indică dacă utilizatorul poate edita automat sau nu textele articolelor.

  ListView1.**LabelEdit** = *constantă*

  Pentru configurarea proprietăţii se vor utiliza următoarele constante predefinite:

Constantă	Valoare	Descriere
lvwAutomatic	0	*Editare automată* Editarea se demarează fără apelul metodei de validare a editărilor **StartLabelEdit**. Valoare implicită.
lvwManual	1	*Editare manuală* Editarea etichetei se demarează doar după apelul metodei **StartLabelEdit**.

  Editarea automată se realizează astfel:

  – se efectuează un clic pe un articol pentru selectarea lui;
  – în continuare se execută un al doilea clic pe obiect, pentru a intra în regimul de editare.

EXEMPLU:

Să presupunem că proprietatea **LabelEdit** a fost configurată cu valoarea *lvwManual*. Dacă articolul selectat este primul articol, atunci se permite editarea articolului respectiv. Secvenţa este inserată în evenimentul **Click** aferent unui buton de comandă.

```
Private Sub Command1_Click()
If ListView1.SelectedItem.Index = 1 Then
     ListView1.StartLabelEdit
   End If
End Sub
```

- *Proprietatea* **HideColumnHeaders** (de tip **Boolean**)

  Stabileşte sau testează dacă linia de antet este sau nu ascunsă în modul de afişare detip raport.

  ListView1.**HideColumnHeaders** = *ValoareLogică*

  Dacă valoarea este True, linia de antet va fi invizibilă. Dacă valoarea este False, care este şi valoarea implicită, linia de antet va fi vizibilă.

- *Proprietatea* **LabelWrap** (de tip **Boolean**)

  Stabileşte sau testează dacă textele pot fi despărţite pe mai multe linii în modul de afişare de tip simbol grafic.

  ListView1.**LabelWrap** = *ValoareLogică*

  Dacă valoarea este True, care este şi valoarea implicită, textele pot fi despărţite. Dacă valoarea este False, textele nu se despart.

- *Proprietatea* **AllowColumnReorder** (de tip **Boolean**)

  Stabileşte sau testează dacă utilizatorul poate reordona sau nu coloanele prin procedura de tragere cu mouse-ul.

  ListView1.**AllowColumnReorder** = *ValoareLogică*

  Dacă valoarea este True, coloanele pot fi reordonate. Dacă valoarea este False, care este şi valoarea implicită, coloanele nu se pot reordona.

- *Proprietatea* **Checkboxes** (de tip **Boolean**)

  Stabileşte dacă articolele au asociate cutii de validare.

  ListView1.**Checkboxes** = *ValoareLogică*

  Dacă valoarea este False, articolele nu pot fi prevăzute cu cutii de validare (valoare implicită). Dacă valoarea este True, articolele vor fi prevăzute cu cutii de validare.

- *Proprietatea* **GridLines** (de tip **Boolean**)

  Stabileşte sau testează dacă în controlul **ListView** se desenează sau nu o reţea de linii destinată despărţirii articolelor şi a subarticolelor în modul de afişare de tip raport.

  ListView1.**GridLines** = *ValoareLogică*

  Dacă valoarea este False, controlul nu poate fi prevăzut cu o reţea de linii. Dacă valoarea este True, controlul este prevăzut cu o reţea de linii.

- *Proprietatea* **HotTracking** (de tip **Boolean**)

  Stabileşte sau testează dacă forma cursorului mouse-ului se modifică sau nu în cazul în care se indică cu el un articol.

  ListView1. **HotTracking** = *ValoareLogică*

Dacă valoarea este True, în cazul indicării unui articol cursorul mouse-ului se transformă într-o "mânuţă". Dacă valoarea este False, care este şi valoarea implicită, cursorul mouse-ului are tot timpul forma standard.

- *Proprietatea* **HoverSelection** (de tip **Boolean**)

  Stabileşte dacă articolul indicat cu mouse-ul va fi selectat automat sau nu.

  ListView1. **HotTracking** = *ValoareLogică*

  Dacă valoarea este True, atunci articolul indicat cu mouse-ul va fi selectat. Dacă valoarea este False, care este şi valoarea implicită, articolul indicat cu mouse-ul nu este selectat.

- *Proprietăţile referitoare la sortarea articolelor*

  Pentru sortarea articolelor se folosesc trei proprietăţi:

  1. **Sorted** (de tip **Boolean**)

     Stabileşte dacă articolele controlului **ListView** vor fi sortate (True) sau nu (False, valoare implicită).

  2. **SortOrder** (de tip **Integer**)

     În cazul în care s-a cerut sortarea articolelor, proprietatea stabileşte ordinea lor de sortare. Se vor utiliza următoarele constante predefinite:

     – *lvwAscending* (având valoarea 0), pentru sortarea articolelor în ordine crescătoare;
     – *lvwDescending* (având valoarea 1), pentru sortarea articolelor în ordine descrescătoare.

  3. **SortKey** (de tip **Integer**)

     În cazul în care s-a cerut sortarea articolelor, proprietatea stabileşte cheia de sortare. Dacă valoarea este 0, articolele se sortează în funcţie de textul articolelor (în modul de vizualizare de tip raport sunt afişate în prima coloană). Dacă se foloseşte un întreg pozitiv *k*, atunci articolele se sortează în funcţie de textul subarticolelor având indicele *k* (în modul de vizualizare de tip raport sunt afişate în coloana *k*+1).

- *Proprietăți referitoare la simboluri grafice utilizate*

  – *Proprietatea* **Icons**

    Stabileşte controlul **ImageList** utilizat în cadrul modului de afişare de tip simboluri grafice.

  – *Proprietatea* **SmallIcons**

    Stabileşte controlul **ImageList** utilizat în cadrul modului de afişare de tip simboluri grafice de dimensiune redusă şi a modului de afişare de tip raport.

  – *Proprietatea* **ColumnHeaderIcons**

    Stabileşte controlul **ImageList** utilizat în cadrul anteturilor de coloană (pentru obiectele de tip **ColumnHeader**).

```
Set ListView1.Icons = NumeControl1
Set ListView1.SmallIcons = NumeControl2
Set ListView1.ColumnHeaderIcons = NumeControl3
```

- *Proprietatea* **SelectedItem** (de tip **ListItem**)

  Returnează o referință la articolul selectat de utilizator (de tip **ListItem**). Cu ajutorul referinței obținute se pot configura proprietățile şi se pot apela metodele articolului selectat. Proprietatea este accesibilă numai în execuție.

```
Dim art As ListItem
Set art = ListView1.SelectedItem
```

EXEMPLU:

Dacă articolul selectat nu este primul articol, atunci el este îndepărtat.

```
Private Sub Command1_Click()   'Ştergerea articolului selectat
Dim art As ListItem
Set art = ListView1.SelectedItem
  If art.Index <> 1 Then
    ListView1.ListItems.Remove art.Index
  End If
End Sub
```

9.2. Colecția de anteturi

- *Proprietatea* **ColumnHeaders**

Proprietatea **ColumnHeaders** a controlului **ListView** livrează o referință la colecția de anteturi a unui control **ListView**. Elementele acestei colecții (elementele de antet) au tipul **ColumnHeader**. Prin intermediul acestei referințe se pot apela:

- metodele standard ale colecției utilizate în gestiunea anteturilor (**Add**, **Remove** şi **Clear**);
- proprietățile standard ale colecției (**Count**, **Item**).

Elementele de antet ale colecției sunt numerotate automat, începând cu valoarea 1. Proprietatea **ColumnHeaders** este accesibilă numai în execuție.

- *Metoda* **Add**

Adaugă un element de antet colecției de anteturi a controlului **ListView**. Metoda poate fi apelată printr-o construcție de forma:

```
Dim antet As ColumnHeader
Set antet = ListView1.ColumnHeaders.Add(Index, Key, Text, _
                                  Width, Alignment, Icon)
```

Valoarea *antet* reprezintă o referință la antetul adăugat şi este încărcată de sistem. Argumentele metodei **Add** sunt următoarele:

Argument	Descriere
Index	Argument opțional. Un număr întreg care specifică poziția în care se inserează noul element de antet. Dacă nu se specifică nici un indice, noul element de antet se adaugă la sfârşitul colecției. Primul element de antet inserat are indicele egal cu 1. Indicele poate fi utilizat în proprietatea **Item** pentru a accesa proprietățile elementului de antet.
Key	Argument opțional. Cheia unică a elementului de antet creat (un şir de caractere care poate fi utilizat de proprietatea **Item** pentru a accesa proprietățile elementului de antet).
Text	Argument opțional. Textul ataşat antetului creat.
Width	Argument opțional. O expresie numerică care specifică lățimea elementului de antet. Unitatea de măsură utilizată se moşteneşte de la containerul care conține controlul (de exemplu formă, **PictureBox**, **Frame**).
Alignment	Argument opțional. Un număr întreg care stabileşte alinierea textului ataşat antetului creat. Pentru stabilirea alinierii se vor utiliza următoarele constante predefinite:

Argument	Descriere
	– *lvwColumnLeft* (are valoarea 0) Aliniere la stânga. Valoare implicită. – *lvwColumnRight* (are valoarea 1) Aliniere la dreapta. – *lvwColumnCenter* (are valoarea 2) Aliniere centrată.
Icon	Argument opțional. Indicele sau cheia unei imagini dintr-un control **ImageList** asociat liniei de antet prin proprietatea **ColumnHeaderIcons**.

Deoarece metoda **Add** livrează o referință la elementul de antet creat, cu ajutorul acestei referințe se pot configura uşor proprietățile noului element de antet.
Se menționează că unui control **ListView** i se pot adăuga elemente de antet şi în perioada de elaborare a proiectului. În acest scop în fereastra de proprietăți se va acționa butonul cu trei puncte corespunzătoare proprietății (Custom). Se va afişa o fereastră de dialog formată din 7 fişe din care se va selecta fişa *Column Header*.

EXEMPLU:

În următoarea secvență în linia de antet se creează 3 elemente de antet.

```
Dim k As Integer
Dim Antet As ColumnHeader
  ListView1.View = lvwReport
  For k = 1 To 3
    Set Antet = ListView1.ColumnHeaders.Add
    Antet.Text = "Antet" & k
    Antet.Width = ListView1.Width / 3
  Next k
```

- *Metoda* **Remove**

Îndepărtează un element de antet specificat din colecția de anteturi. Metoda se apelează printr-o construcție de forma:

*ListView1.ColumnHeaders.***Remove** *indice* ' Indicele elementului de antet care
' se şterge (proprietatea **Index**).

sau

*ListView1.ColumnHeaders.***Remove** *cheie* ' Cheia elementului de antet care
' se şterge (proprietatea **Key**).

- *Metoda* **Clear**

  Îndepărtează toate elementele de antet ale controlului **ListView**. Această metodă se apelează printr-o construcţie de forma:

  *ListView1.ColumnHeaders.***Clear**

- *Proprietatea* **Count** (de tip **Long**)

  Returnează o valoare de tip **Long** care comunică utilizatorului numărul total de elemente de antet ale colecţiei **ColumnHeaders**. Această proprietate este read-only. Proprietatea poate fi utilizată printr-o construcţie de forma următoare:

  Dim nr **As Long**
  *Nr = ListView1.ColumnHeaders.***Count**

- *Proprietatea* **Item** (de tip **ColumnHeader**)

  Livrează o referinţă la un element de antet specificat (prin indice sau prin cheie) al colecţiei de anteturi. Această proprietate este proprietatea implicită a elementelor de antet şi poate fi utilizată printr-o construcţie de forma următoare:

  Dim ref **As** ColumnHeader
  Set *ref = ListView1.ColumnHeaders.***Item**(k)

  sau

  Set *ref = ListView1.ColumnHeaders(k)*

  unde *k* este un număr întreg (proprietatea **Index**, *k* = 1, 2, 3, ...) sau un şir de caractere (proprietatea **Key**). Cu ajutorul referinţei obţinute *ref* se pot citi sau modifica proprietăţile unui element de antet specificat:

```
Dim Valoare
Valoare = ref.NumeProprietate 'Citirea valorii proprietăţii
ref.NumeProprietate = Valoare 'Stabilirea valorii proprietăţii
```

  În construcţia anterioară prin *NumeProprietate* se înţelege una din proprietăţile **Index**, **Key**, **Text**, **Width**, **Alignment**, **Icon**, precum şi următoarele proprietăţi:

  – **Left**:

    Este distanţa dintre muchia din stânga liniei de antet şi muchia din stânga elementului de antet.

  – **Position**:

    Este poziţia elementului de antet din linia de antet (1, 2, ...).

- **Tag**:

  Este o informaţie suplimentară de tip şir de caractere ataşată elementului de antet.

9.3. Colecţia de articole

- *Proprietatea* **ListItems**

  Livrează o referinţă la colecţia de articole a controlului **ListView**. Articolele acestei colecţii au tipul **ListItem**. Prin intermediul referinţei se pot apela:

  - metodele standard ale colecţiei utilizate în gestiunea articolelor (**Add**, **Remove** şi **Clear**);
  - proprietăţile standard ale colecţiei (**Count**, **Item**).

  Articolele colecţiei sunt numerotate automat, începând cu 1. Proprietatea **ListItems** este accesibilă numai în execuţie.

- *Metoda* **Add**

  Adaugă un articol la colecţia de articole a controlului **ListView**. Metoda poate fi apelată printr-o construcţie de forma:

  ```
  Dim art As ListItem
  Set art = ListView1.ListItems.Add(Index, Key, Text, Icon, SmallIcon)
  ```

  Valoarea *art* reprezintă o referinţă la articolul adăugat şi este încărcat de sistem. Argumentele metodei **Add** sunt următoarele:

Argument	Descriere
Index	Argument opţional. Un număr întreg care specifică poziţia în care se va insera noul articol. Dacă nu se specifică nici un indice, noul articol se va adăuga la sfârşitul colecţiei. Primul articol inserat are indicele egal cu 1. Indicele poate fi utilizat în proprietatea **Item** pentru a accesa proprietăţile articolului.
Key	Argument opţional. Cheia unică a articolului creat (un şir de caractere care poate fi utilizat în proprietatea **Item** pentru a accesa proprietăţile articolului).
Text	Argument opţional. Textul ataşat articolului.
Icon	Argument opţional. Indicele sau cheia unei imagini dintr-un control **ImageList** asociat articolului prin proprietatea **Icons**.
SmallIcon	Argument opţional, care specifică indicele sau cheia simbolului grafic din controlul **ImageList** ataşat articolului. Este utilizat în modul de afişare de tip simbol grafic de dimensiune redusă.

Deoarece metoda **Add** livrează o referință la articolul creat, cu ajutorul acestei referințe se pot configura uşor proprietățile noului articol.

EXEMPLU:

În următoarea secvență se creează 100 de articole.

```
Dim i As Integer
Dim Art As ListItem
ListView1.View = lvwReport
  For i = 1 To 100
    Set Art = ListView1.ListItems.Add
    Art.Text = "Art." & i
    Art.Bold = True
    Art.ForeColor = vbRed
  Next i
```

- *Metoda* **Remove**

Îndepărtează un articol specificat din colecția de articole. Metoda se apelează printr-o construcție de forma:

ListView1.ListItems.**Remove** *indice* ' Indicele articolului care se ' şterge (proprietatea **Index**).

sau

ListView1.ListItems.**Remove** *cheie* ' Cheia articolului care se şterge ' (proprietatea **Key**).

- *Metoda* **Clear**

Îndepărtează toate articolele ale controlului **ListView**. Această metodă se apelează printr-o construcție de forma:

ListView1.ListItems.**Clear**

- *Proprietatea* **Count** (de tip **Long**)

Returnează o valoare de tip **Long** care comunică utilizatorului numărul total de articole ale colecției **ListItems**. Această proprietate este read-only. Proprietatea poate fi utilizată printr-o construcție de forma următoare:

Dim nr **As Long**
Nr = ListView1.ListItems.**Count**

- *Proprietatea* **Item** (de tip **ListItem**)

  Livrează o referință la un articol specificat (prin indice sau prin cheie) al colecției de articole. Această proprietate este proprietatea implicită a articolelor şi poate fi utilizată printr-o construcție de forma următoare:

  Set *ref* = *ListView1.ListItems*.**Item**(k)

  sau

  Set *ref* = *ListView1. ListItems*(k)

  unde *k* este un număr întreg (proprietatea **Index**, *k* = 1, 2, 3, ...) sau un şir de caractere (proprietatea **Key**). Cu ajutorul referinței obținute *ref* se pot citi sau modifica proprietățile unui articolului specificat sau se poate apela metoda **EnsureVisible**:

```
Dim Valoare
Valoare = ref.NumeProprietate      ' Citirea valorii proprietății
ref.NumeProprietate = Valoare      ' Stabilirea valorii proprietății
ref.EnsureVisible                  ' Se defilează articolele în aşa fel,
                                   ' încât articolul specificat devine vizibil.
```

  În construcția anterioară prin *NumeProprietate* se înțelege una din proprietățile **Index**, **Key**, **Text**, **Icon**, **SmallIcon**, precum şi următoarele proprietăți:

  – **Bold**: articolul este scris sau nu cu litere îngroşate;
  – **Checked**: cutia de validare ataşată articolului este sau nu selectată;
  – **ForeColor**: culoarea de scris ataşată articolului.
  – **Selected**: articolul este sau nu selectat;
  – **Left**, **Top**: coordonatele articolului;
  – **Width**, **Height**: lățimea şi înălțimea articolului;
  – **Tag**: informație suplimentară de tip şir de caractere ataşată articolului;
  – **ListSubItems**(*indice*).*Proprietate*: acces la proprietățile subarticolului având indicele specificat.

9.4. Colecția de subarticole

- *Proprietatea* **ListSubItems**

  Livrează o referință la colecția de subarticole a unui control **ListView**. Elementele acestei colecții au tipul **ListSubItem**. Prin intermediul referinței se pot apela:

  – metodele standard ale colecției utilizate la gestiunea subarticolelor (**Add**, **Remove** şi **Clear**);

- proprietățile standard ale colecției (**Count**, **Item**).

Articolele colecției sunt numerotate automat, începând cu 1. Proprietatea **ListSubItems** este accesibilă numai în execuție.

- *Metoda* **Add**

Adaugă un subarticol colecției de subarticole a controlului **ListView**. Metoda poate fi apelată printr-o construcție de forma:

```
Dim Art As ListItem
Dim SubArt As ListSubItem
Set Art = ListView1.ListItems.Add , ,"Articol"       'Se creează un articol
Set SubArt = Art.ListSubItems.Add (Index, Key, Text, ReportIcon, ToolTipText)
```

Valoarea *Art* reprezintă o referință la articolul adăugat și este încărcată de sistem. Valoarea *SubArt* reprezintă o referință la subarticolul adăugat și este încărcată de sistem. Argumentele metodei **Add** sunt următoarele:

Argument	Descriere
Index	Argument opțional. Un număr întreg care specifică poziția în care se va insera noul subarticol. Dacă nu se specifică nici un indice, noul subarticol se va adăuga la sfârșitul colecției. Primul subarticol inserat are indicele egal cu 1. Indicele poate fi utilizat în proprietatea **Item** pentru a accesa proprietățile subarticolului.
Key	Argument opțional. Cheia unică a subarticolului creat (un șir de caractere care poate fi utilizat de proprietatea **Item** pentru a accesa proprietățile subarticolului).
Text	Argument opțional. Textul atașat subarticolului.
ReportIcon	Argument opțional, prin care specifică indicele sau cheia simbolului grafic din controlul **ImageList** atașat subarticolului.
ToolTipText	Argument opțional. Textul care se afișează când cursorul mouse-ului indică subarticolul.

Deoarece metoda **Add** livrează o referință la subarticolul creat, cu ajutorul acestei referințe se pot configura ușor proprietățile noului subarticol.

EXEMPLU:

Se creează 20 de articole. Fiecare articol are 4 subarticole. Inițial se creează 5 elemente de antet (1 element de antet pentru articole, 4 elemente de antet pentru subarticole).

```
Dim i As Integer
Dim j As Integer
Dim lat As Single
Dim Art As ListItem
```

```
Dim SubArt As ListSubItem
ListView1.View = lvwReport
lat = ListView1.Width / 5          'Lățimea elementelor de antet
For i = 1 To 5
  ListView1.ColumnHeaders.Add  , ,"Col " & i, lat
Next i
For i = 1 To 20                     ' Se creează 20 de articole. Fiecare articol are
4 subarticole.
Set Art = ListView1.ListItems.Add  , ,"Art " & i"
  For j = 1 To 4                    ' Fiecare articol are 4 subarticole.
     Set SubArt = Art.ListSubItems.Add  , , "SubArt " & j"
     SubArt.ForeColor = vbRed   ' Subarticolele se scriu cu roşu.
   Next j
Next i
```

- *Metoda* **Remove**

  Îndepărtează un subarticol specificat din colecția de subarticole. Metoda se apelează printr-o construcție de forma:

  art.ListSubItems.**Remove** *indice* ' Indicele subarticolului care se ' șterge (proprietatea **Index**)

  sau

  art.ListSubItems.**Remove** *cheie* ' Cheia subarticolului care se șterge ' (proprietatea **Key**)

  unde *art* este o referință la un articol creat anterior.

EXEMPLU:

Ştergerea primului subarticol al articolului selectat.

```
Dim art As ListItem
Set art = ListView1.SelectedItem
If art Is Nothing Then
  MsgBox "Nu s-a selectat nici un articol"
Else
  If art.ListSubItems.Count > 0 Then
    art.ListSubItems.Remove 1
    art.Selected = False
  Else
    MsgBox "Nu exista nici un subarticol"
  End If
End If
```

- *Metoda* **Clear**

  Îndepărtează toate subarticolele din colecția de subarticole ale unui articol. Această metodă se apelează printr-o construcție de forma:

  art.ListSubItems.**Clear**

unde *art* este o referinţă la un articol creat anterior.

- *Proprietatea* **Count** (de tip **Long**)

  Returnează o valoare de tip **Long** care comunică utilizatorului numărul total de subarticole ale unui articol. Această proprietate este read-only. Proprietatea poate fi utilizată printr-o construcţie de forma următoare:

  Dim Nr **As Long**
  *Nr = art.ListSubItems.***Count**

  unde *art* este o referinţă la un articol creat anterior.

- *Proprietatea* **Item** (de tip **ListItem**)

  Livrează o referinţă la un subarticol specificat (prin indice sau prin cheie) al colecţiei de subarticole. Această proprietate este proprietatea implicită a subarticolelor şi poate fi utilizată printr-o construcţie de forma următoare:

  Dim ref **As** ListSubItem
  Set *ref = art.ListItems.***Item**(k)

  sau

  Set *ref = art. ListItems*(k)

  unde *k* este un număr întreg (proprietatea **Index**, *k* = 1, 2, 3, ...) sau un şir de caractere (proprietatea **Key**), iar *art* este o referinţă la un articol creat anterior. Cu ajutorul referinţei obţinute *ref* se pot citi sau modifica proprietăţile unui subarticol specificat:

```
Dim Valoare
Valoare = ref.NumeProprietate      ' Citirea valorii proprietăţii
ref.NumeProprietate = Valoare      ' Stabilirea valorii proprietăţii
```

  În construcţia anterioară prin *NumeProprietate* se înţelege una din proprietăţile **Index**, **Key**, **Text**, **ReportIcon**, **ToolTipText**, precum şi următoarele proprietăţi:

  – **Bold**: subarticolul este scris sau nu cu litere îngroşate;
  – **ForeColor**: culoarea de scris ataşată subarticolului;
  – **Tag**: informaţie auxiliară de tip şir de caractere ataşată subarticolului.

9.5. Metodele specifice ale controlului

- *Metoda* **GetFirstVisible**

Livrează o referință la primul articol vizibil din aria internă a controlului **ListView** (în modul de vizualizare de tip listă sau raport). Cu ajutorul referinței obținute se pot accesa proprietățile primului articol vizibil.

Dim ArtViz **As** ListItem
Set *ArtViz* = *ListView1*.**GetFirstVisible**()

EXEMPLU:

Prin acționarea butonului de comandă *Command1* se afişează într-o fereastră de mesaje textul primului articol vizibil în controlul **ListView**.

```
Private Sub Command1_Click()
Dim ArtViz As ListItem
  Set ArtViz = ListView1.GetFirstVisible()
  MsgBox  ArtViz.Text
End Sub
```

- *Metoda* **HitTest**

Returnează o referință la articolul (de tip **ListItem**) situat în punctul de coordonate *x* şi *y* specificate. Originea sistemului de coordonate este în colțul stânga sus al formei. Cu ajutorul referinței returnate se pot configura proprietățile şi se pot apela metodele articolului respectiv. Dacă în locația specificată nu există nici un articol, atunci metoda returnează valoarea **Nothing**. Metoda se utilizează în contextul operațiilor de tragere şi aruncare cu mouse-ul, pentru a determina dacă în locația destinație există sau nu un articol.

Dim n **As ListItem**
Set n = *TreeView1*.**HitTest** (*x* **As Single**, *y* **As Single**)

Valoarea *n* va conține o referința la un articol sau **Nothing**.

EXEMPLU:

Dacă în locația selectată cu mouse-ul există un articol, el se şterge; în caz contrar se emite un mesaj de eroare.

```
Private Sub ListView1_MouseDown(Button As Integer,_
            Shift As Integer, x As Single, y As Single)
Dim n As ListItem
  Set n = ListView1.HitTest(x, y)
  If n Is Nothing Then
    MsgBox "Articol inexistent la locația selectată"
```

```
    Else
      ListView1.ListItems.Remove  n.Index
    End If
End Sub
```

- *Metoda* **StartLabelEdit**

Permite lansarea procesului de editare a textului ataşat articolului selectat. Metoda se utilizează pentru iniţierea editării unui text, în cazul în care proprietatea **LabelEdit** a fost configurată cu 1 (editare manuală).

ListView1.**StartLabelEdit**

EXEMPLU:

Proprietatea **LabelEdit** a controlului **ListView** este configurată cu valoarea 1 (editare manuală a etichetelor). Pentru editarea unui text se selectează printr-un clic articolul dorit. Pentru demararea editării se efectuează un clic pe formă. Se interzice editarea textului articolului având indicele egal cu 1.

```
Private Sub Form_Click()
   If ListView1.SelectedItem.Index <> 1 Then
      ListView1.StartLabelEdit
   End If
End Sub
```

- *Metoda* **FindItem**

Caută un text specificat într-un control **ListView**. Dacă textul poate fi localizat, atunci metoda returnează o referinţă la articolul care conţine informaţia căutată. În caz că informaţia nu poate fi localizată, atunci valoarea returnată de metodă este **Nothing**.

Dim ref **As** ListItem
Set *ref* = *ListView1*.**FindItem** (*String*, *Value*, *Index*, *Match*)

Argumentele metodei sunt următoarele:

Argument	Descriere
String	Este de tip **String**. Specifică informaţia căutată (criteriul de căutare).
Value	Argument opţional de tip **Integer**. Specifică domeniul de căutare. Constantele predefinite utilizate pentru specificarea domeniului de căutare sunt: • *lvwText* (având valoarea 0): Se caută în prima coloană a controlului **ListView** (adică în proprietatea **Text** a articolelor **ListItem**). Valoare implicită.

Argument	Descriere
	• *lvwSubitem* (având valoarea 1): Se caută în coloanele 2, 3, ... ale controlului **ListView** (adică în proprietatea **Text** a subarticolelor **ListSubItem**). • *lvwTag* (având valoarea 2): Se caută în proprietatea **Tag** a articolelor **ListItem**.
Index	Argument opțional de tip **Integer** sau de tip **String**. Specifică indicele (proprietatea **Index**) sau cheia (proprietatea **Key**) articolului începând cu care se lansează în execuție procesul de căutare. Dacă nu s-a specificat indicele, valoarea implicită este 1.
Match	Argument opțional de tip **Integer**. Specifică dacă vor fi căutate cuvinte întregi sau fracțiuni de cuvinte. Pentru specificarea acestui argument se vor folosi următoarele constante predefinite: • *lvwWholeWord* (având valoarea 0): Se vor căuta cuvinte întregi. Valoare implicită. • *lvwPartial* (având valoarea 1): Se vor căuta fracțiuni de cuvinte. Acest argument este ignorat dacă criteriul de căutare nu este un text.

EXEMPLU:

Se caută cuvântul "Kinley" în prima coloană a controlului **ListView**. Dacă cuvântul nu poate fi localizat, se afişează un mesaj. În caz de reuşită se vizualizează şi se selectează articolul care conține în proprietatea **Text** cuvântul respectiv.

```
Private Sub Command1_Click()
Dim ref As ListItem
  Set ref = ListView1.FindItem("Kinley", lvwText, ,_
                                   lvwWholeWord)
  If ref Is Nothing Then
      MsgBox "Cuvantul cautat nu exista!"
  Else
      ref.EnsureVisible        ' Defilarea listei până când articolul
                               ' găsit devine vizibil.
      ref.Selected = True      ' Selectarea articolului.
      'Returnarea focarului la controlul ListView pentru a vedea selecția.
      ListView1.SetFocus
  End If
End Sub
```

9.6. Evenimentele specifice ale controlului

- *Evenimentul* **ItemClick**

Se declanşează când se efectuează un clic pe un articol al controlului **ListView** (adică se efectuează un clic pe textul sau pe imaginea unui obiect de tip **ListItem**). Evenimentul **ItemClick** se declanşează înaintea evenimentului **Click**. Prototipul procedurii-eveniment este:

```
Private Sub ListView1_ItemClick(ByVal Item As MSComctlLib.ListItem)

End Sub
```

Parametrul *Item* este încărcat de sistem şi reprezintă o referinţă la articolul pe care s-a efectuat un clic.

EXEMPLU:

Dacă se efectuează un clic pe un articol al controlului **ListView**, proprietatea **Bold** a articolului respectiv este modificată şi culoarea de afişare a primului subarticol se transformă în roşu.

```
Private Sub ListView1_ItemClick(ByVal Item As_
                                    MSComctlLib.ListItem)
' index: 1, 2, 3, ...
  Item.Bold = Not Item.Bold           ' Îngroşat - Normal
  Item.ListSubItems(1).ForeColor = vbRed
End Sub
```

- *Proprietatea* **ItemCheck**

Se declanşează numai dacă proprietatea **CheckBoxes** a fost configurată cu valoarea True şi utilizatorul a modificat starea de selecţie a cutiei de validare aferentă unui articol. Prototipul procedurii-eveniment este:

```
Private Sub ListView1_ItemCheck(ByVal Item As MSComctlLib.ListItem)

End Sub
```

În argumentul *Item* sistemul comunică o referinţă la articolul a cărui stare de selecţie a cutiei de validare aferentă a fost modificată.

EXEMPLU:

Dacă se modifică starea de selecţie a cutiei de validare a unui articol, în funcţie de valoarea proprietăţii **Checked** în cazul primului subarticol se va folosi fie culoarea de scriere roşie, fie verde.

```
Private Sub ListView1_ItemCheck(ByVal Item As_
                                    MSComctlLib.ListItem)
  If Item.Checked = True Then
    Item.ListSubItems(1).ForeColor = vbRed
  Else
    Item.ListSubItems(1).ForeColor = vbGreen
  End If
End Sub
```

- *Evenimentul* **ColumnClick**

Se declanşează atunci, când se efectuează un clic pe un antet de coloană (de tip **ColumnHeader**). Evenimentul este accesibil numai atunci, când se foloseşte modul de vizualizare tip raport. Prototipul proceduriieveniment este:

```
Private Sub ListView1_ColumnClick(ByVal ColumnHeader As ColumnHeader)

End
```

În argumentul *ColumnHeader* sistemul comunică o referinţă la antetul de coloană pe care s-a executat un clic. Se foloseşte de obicei pentru sortarea articolelor/subarticolelor, în funcţie de valorile depuse în coloana respectivă.

EXEMPLU:

Sortarea crescătoare a articolelor/subarticolelor în funcţie de valorile depuse într-o coloană selectată printr-un clic.

```
Private Sub ListView1_ColumnClick(ByVal ColumnHeader As_
                                      ColumnHeader)
' Index: 1, 2, 3, ... . SortKey: 0, 1, 2, ... .
   ListView1.Sorted = True
   ListView1.SortOrder = lvwAscending
   ListView1.SortKey = ColumnHeader.Index - 1
End Sub
```

- *Evenimentul* **BeforeLabelEdit**

Se declanşează când utilizatorul începe să editeze textul elementului selectat. Pentru demararea editării unei etichete:

1. Prima dată, printr-un clic, se selectează elementul dorit.
2. În continuare, printr-un alt clic, se lansează în execuţie procesul de editare. Evenimentul **BeforeLabelEdit** se declanşează doar după cel de-al doilea clic.

Este evenimentul implicit al controlului **TreeView** şi se declanşează după evenimentul **Click**. Prototipul procedurii-eveniment este:

```
Private Sub ListView1_BeforeLabelEdit(Cancel As Integer)

End Sub
```

Prin argumentul *Cancel* utilizatorul poate valida sau interzice editarea etichetei. Dacă acestui argument i se atribuie o valoare diferită de zero, se interzice editarea etichetei. Prin atribuirea valorii zero, care este şi valoarea implicită, se permite editarea etichetei. În program, pentru determinarea etichetei editate se va utiliza proprietatea **SelectedItem**.

EXEMPLU:

În acest exemplu înaintea editării se testează indicele elementului selectat. Dacă indicele este egal cu 1, operația de editare este abandonată.

```
Private Sub ListView1_BeforeLabelEdit(Cancel As Integer)
   If ListView1.SelectedItem.Index = 1 Then
      Cancel = 1   'Anularea editării.
   End If
End Sub
```

- *Evenimentul* **AfterLabelEdit**

Se declanşează după ce utilizatorul a editat textul articolului selectat (adică a efectuat un clic pe un alt articol sau a acționat tasta Enter). Prototipul procedurii-eveniment este:

```
Private Sub ListView1_AfterLabelEdit (Cancel As Integer, _
                                    NewString As String)

End Sub
```

Cu ajutorul parametrului *Cancel* utilizatorul poate accepta sau refuza editarea efectuată. Dacă acestui argument i se atribuie o valoare diferită de zero, se invalidează editarea efectuată şi se conservă textul existent anterior. Dacă parametrului *Cancel* i se atribuie valoarea zero, care este şi valoarea implicită, se acceptă editarea efectuată. În parametrul *NewString* sistemul comunică noua valoare a textului; acest argument este utilizat pentru a verifica dacă noul text a fost corect.

EXEMPLU:

Dacă noul text este numeric, editarea este anulată:

```
Private Sub ListView1_AfterLabelEdit(Cancel As Integer,_
                                    NewString As String)
```

```
   If IsNumeric(NewString) Then
      MsgBox "Nu sunt admise numere"
      Cancel = True       'Editarea este anulată
   End If
End Sub
```

EXEMPLUL 1:

Forma aplicației conține un control **ListView**, trei controale **ImageList** înlănțuite la controlul **ListView**, un control chenar în care sunt inserate patru butoane de opțiune precum şi un buton de comandă. Controlului **ListView** i se asociază tabelul *Products* din baza de date standard **NWIND.MDB**. Asocierea se realizează în procedura-eveniment **Load** a formei. Pentru acces la articolele tabelului *Products* se utilizează o referință la obiectele situate în biblioteca *Microsoft DAO 3.51 Object Library*. În acest scop, în perioada de elaborare a proiectului, din meniul **Project** se dă comanda **References** şi în fereastra afişată se selectează butonul de validare corespunzător elementului *Microsoft DAO 3.51 Object Library*. Controlul **ListView** conține o zonă de antet formată din trei elemente, etichetate cu *ProductName*, *UnitPrice* şi *CategoryID*. În prima coloană a listei afişate se află valorile câmpului *ProductName*. În următoarele două coloane se afişează valorile existente în câmpurile *UnitPrice* şi *CategoryID*. Cele patru butoane de opțiune permit selectarea modului de afişare utilizat de controlul **ListView**. Prin acționarea butonului de comandă se şterge articolul care a fost selectat de controlul **ListView**.

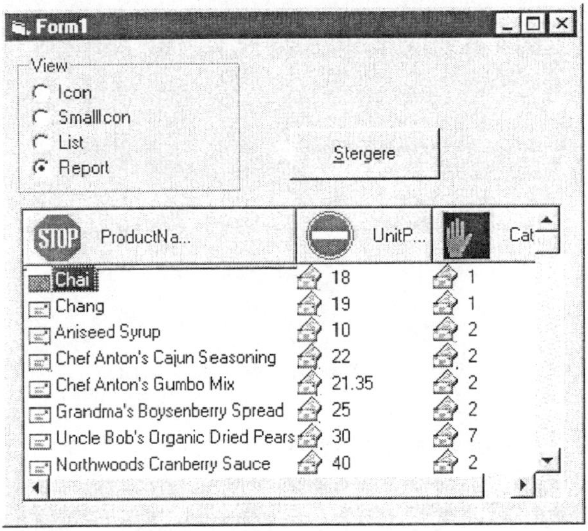

Fereastra afişată de aplicaţie are aspectul următor de mai sus.

Textul sursă al programului este:

```
Option Explicit
' Tool/References: Microsoft DAO 3.6 Object Library
Const BazaDeDate = "C:\Program Files\Microsoft Visual Studio\" & _
                   "VB98\NWIND.MDB"
Private Sub Form_Load()
Dim bd As Database
Dim rs As Recordset
Dim art As ListItem
Dim antet As ColumnHeader
Dim subart1 As ListSubItem
Dim subart2 As ListSubItem
  Option1.Caption = "Icon"
  Option2.Caption = "SmallIcon"
  Option3.Caption = "List"
  Option4.Caption = "Report"
  Option4.Value = True
  ListView1.View = lvwReport
  ListView1.Arrange = lvwAutoTop
  ListView1.BorderStyle = ccFixedSingle
  ListView1.HotTracking = True
  Set ListView1.Icons = ImageList1
  Set ListView1.SmallIcons = ImageList2
  Set ListView1.ColumnHeaderIcons = ImageList3
  Set antet = ListView1.ColumnHeaders. _
    Add(, , "ProductName", ListView1.Width / 2, , 1)
  Set antet = ListView1.ColumnHeaders. _
    Add(, , "UnitPrice", ListView1.Width / 4, , 2)
  Set antet = ListView1.ColumnHeaders. _
    Add(, , "CategoryID", ListView1.Width / 4, , 3)
  Set bd = OpenDatabase(BazaDeDate)
  Set rs = bd.OpenRecordset("Products", dbOpenDynaset)
  While Not rs.EOF
    Set art = ListView1.ListItems.Add(, , rs!ProductName, 1, 1)
    Set subart1 = art.ListSubItems.Add
     subart1.Text = rs!UnitPrice
     subart1.ReportIcon = 2
    Set subart2 = art.ListSubItems.Add
     subart2.Text = rs!CategoryID
     subart2.ReportIcon = 2
    rs.MoveNext  ' Trecere la articolul următor.
  Wend
End Sub

Private Sub Command1_Click()      'Ştergerea articolului selectat
Dim art As ListItem
  Set art = ListView1.SelectedItem
  ListView1.ListItems.Remove art.Index
End Sub
```

```
Private Sub Option1_Click()
  ListView1.View = lvwIcon
End Sub

Private Sub Option2_Click()
  ListView1.View = lvwSmallIcon
End Sub

Private Sub Option3_Click()
  ListView1.View = lvwList
End Sub

Private Sub Option4_Click()
  ListView1.View = lvwReport
End Sub
```

EXEMPLUL 2:

Aplicația este asemănătoare cu cea prezentată la exemplul 1. Forma conține un control **ListView**, care utilizează modul de afișare de tip raport, un buton de comandă și un chenar, în care sunt inserate trei butoane de opțiune. În cele trei coloane ale controlului **ListView** se afișează valorile câmpurilor *ProductName*, *CategoryID* și *UnitPrice* din tabelul *Products*. În această aplicație se ilustrează modul de utilizare a metodei **FindItem**. La acționarea butonului de comandă se trece la analiza stării de selecție a butoanelor de opțiune. În funcție de selecție se stabilește domeniul de căutare utilizat de metoda **FindItem** (*lvwText*, *lvwSubitem*, *lvwTag*). Informația căutată este precizată de utilizator cu ajutorul unei ferestre standard de introducere. Dacă informația căutată nu poate fi localizată, atunci se afișează o fereastră de informație. Dacă informația poate fi localizată, atunci se asigură vizibilitatea articolului care conține informația specificată, se selectează articolul respectiv și se

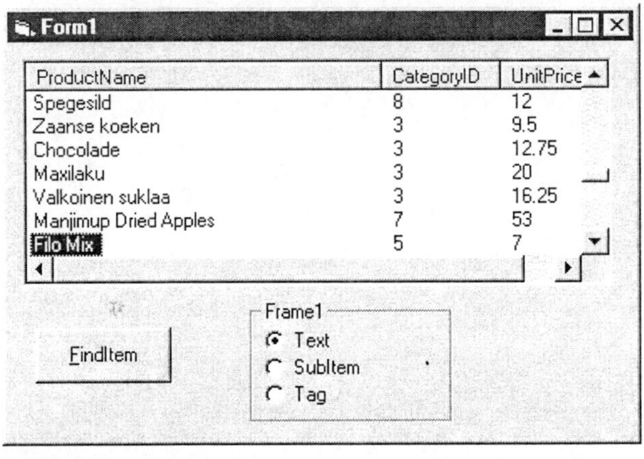

pune în focar controlul **ListView**. Când controlul **ListView** pierde focarul (procedura-eveniment **LostFocus**), elementele selectate anterior din lista **ListView** se deselectează.

Fereastra afişată de aplicaţie are aspectul de mai sus.

Textul sursă al programului este:

```
Option Explicit
' Tools/References: Microsoft DAO 3.51 Object Library
Const cale = "C:\Program Files\" & _
                     "Microsoft Visual Studio\VB98\Nwind.mdb"
Private Sub Form_Load()
Dim db As Database
Dim tbl As Recordset
Dim Art As ListItem
Dim col As ColumnHeader
Dim k As Integer    ' Contor
  Command1.Caption = "&FindItem"
  Option1.Caption = "Text"
  Option2.Caption = "SubItem"
  Option3.Caption = "Tag"
  Option1.Value = True
  Set col = ListView1.ColumnHeaders. _
    Add(, , "ProductName", ListView1.Width * 0.6)
  Set col = ListView1.ColumnHeaders. _
    Add(, , "CategoryID", ListView1.Width * 0.2)
  Set col = ListView1.ColumnHeaders. _
    Add(, , "UnitPrice", ListView1.Width * 0.2)
  ListView1.BorderStyle = ccFixedSingle
  ListView1.View = lvwReport
  Set db = OpenDatabase(cale)
  Set tbl = db.OpenRecordset("Products", dbOpenDynaset)
  While Not tbl.EOF
    Set Art = ListView1.ListItems.Add(, , tbl!ProductName)
    k = k + 1        ' Incremenare contor pt. Tag
    Art.Tag = "ListItem " & k  ' Configurare Tag
    Art.SubItems(1) = tbl!CategoryID
    Art.SubItems(2) = tbl!UnitPrice
    tbl.MoveNext     ' Trecere la articolul următor.
  Wend
End Sub

Private Sub Command1_Click()
Dim Optiune As Integer
Dim TextCautat As String
Dim Art As ListItem
  If Option1.Value = True Then
    TextCautat = InputBox("Cautare in " & Option1.Caption)
    Optiune = lvwText
  End If
  If Option2.Value = True Then
    TextCautat = InputBox("Cautare in " & Option2.Caption)
    Optiune = lvwSubItem
```

```
  End If
  If Option3.Value = True Then
    TextCautat = InputBox("Cautare in " & Option3.Caption)
    Optiune = lvwTag
  End If
  Set Art = ListView1.FindItem(TextCautat, Optiune, , lvwPartial)
  If Art Is Nothing Then
    MsgBox "Articol negasit!"
    Exit Sub
  Else
    Art.EnsureVisible
    Art.Selected = True
    ListView1.SetFocus
  End If
End Sub

Private Sub ListView1_LostFocus()
Dim i As Long
  For i = 1 To ListView1.ListItems.Count
    ListView1.ListItems(i).Selected = False
  Next
End Sub
```

EXEMPLUL 3:

Aplicația este asemănătoare cu cea prezentată la exemplul 1. Forma conține un control **ListView**, care utilizează modul de afişare de tip raport. În cele trei coloane ale controlului **ListView** se afişează valorile câmpurilor *ProductName*, *CategoryID* şi *UnitPrice* din tabelul *Products*. Articolele afişate în controlul **ListView** sunt precedate de cutii de validare (proprietatea *CheckBoxes* se configurează cu valoarea True). Dacă se efectuează un clic pe un element al liniei de antet, articolele situate în coloana selectată se ordonează crescător (în procedura-eveniment **ColumnClick** a controlului **ListView**). Dacă se efectuează un clic pe o cutie de validare, valoarea din coloana *UnitPrice* se afişează folosind fie un creion verde, fie un creion roşu (procedura-eveniment **ItemCheck** al controlului **ListView**). Dacă se efectuează un clic pe un element afişat în coloana *ProductName*, numele elementului respectiv se afişează cu litere îngroşate (procedura-eveniment **ItemClick** a controlului **ListView**).

Fereastra afişată de aplicație are aspectul următor:

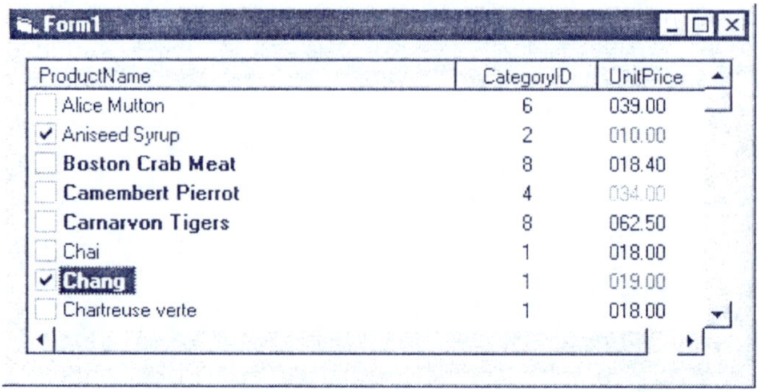

Textul sursă al programului este:

```
Option Explicit
' Project/References: Microsoft DAO 3.51 Object Library
Const cale = "C:\Program Files\Microsoft Visual Studio\" & _
                    "VB98\NWIND.MDB"
Private Sub Form_Load()
Dim b As Database
Dim Rs As Recordset
Dim art As ListItem
Dim lat As Single
  With ListView1
    lat = .Width / 5
    .ColumnHeaders.Add , , "ProductName", 3 * lat
    .ColumnHeaders.Add , , "CategoryID", lat, lvwColumnCenter
    .ColumnHeaders.Add , , "UnitPrice", lat
    .View = lvwReport
    .SortOrder = lvwAscending
    .Sorted = True
    .HotTracking = True
    .Checkboxes = True
  End With
  Set b = OpenDatabase(cale)
  Set Rs = b.OpenRecordset("Products", dbOpenDynaset)
  While Not Rs.EOF
    Set art = ListView1.ListItems.Add(, , Rs!ProductName)
    art.SubItems(1) = Rs!CategoryId
    art.SubItems(2) = Format(Rs!UnitPrice, "000.00")
    Rs.MoveNext
  Wend
End Sub

Private Sub ListView1_ColumnClick(ByVal ColumnHeader As _
                                 ColumnHeader)
  ' index: 1, 2, 3, ...
  ListView1.SortKey = ColumnHeader.Index - 1
End Sub
```

```
Private Sub ListView1_ItemCheck(ByVal Item As _
                                    MSComctlLib.ListItem)
  If Item.Checked = True Then
    Item.ListSubItems(2).ForeColor = vbRed
  Else
    Item.ListSubItems(2).ForeColor = vbGreen
  End If
End Sub

Private Sub ListView1_ItemClick(ByVal Item As _
                                    MSComctlLib.ListItem)
  ' index: 1, 2, 3, ...
  Item.Bold = True
End Sub
```

EXEMPLUL 4:

Tabelele *tblCategories* şi *tblProducts* ale bazei de date **NWIND.MDB** sunt într-o relaţie de tipul "de la unu la mai mulţi". În partea "unu" a relaţiei este situat tabelul *tblCategories*, iar în partea "mai mulţi" a relaţiei este situat tabelul *tblProducts* (adică unui articol din tabelul *tblCategories* îi corespund mai multe articole din tabelul *tblProducts*). Cheia primară a tabelului *tblCategories* este câmpul CategoryID. Cheia primară a tabelului *tblProducts* este câmpul ProductID iar cheia străină a tabelului *tblProducts* este câmpul CategoryID.

În această aplicaţie se utilizează un control **ListView**, care utilizează modul de afişare de tip raport. Controlul conţine patru coloane. În primele două coloane se afişează valorile câmpurilor CategoryName şi

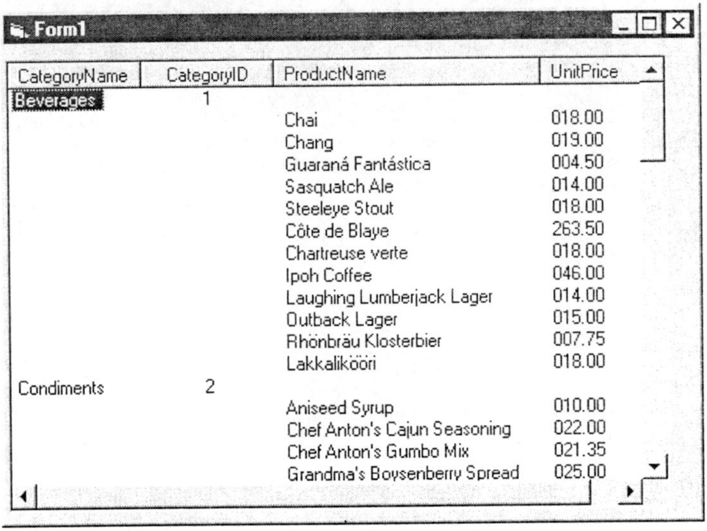

CategoryID din tabelul *tblCategories*. În ultimele două coloane se afişează valorile câmpurilor *ProductName* şi *UnitPrice* din tabelul *tblProducts*, corespunzătoare categoriei curente.
Fereastra afişată de aplicaţie are aspectul de mai sus.

Textul sursă al programului este:

```
Option Explicit
' Project/References: Microsoft DAO 3.51 Object Library
Private Sub Form_Load()
Const cale = "C:\Program Files\Microsoft Visual Studio\" & _
                    "VB98\NWIND.MDB"
Dim b As Database
Dim rs1 As Recordset, rs2 As Recordset
Dim itm1 As ListItem, itm2 As ListItem
Dim lat As Single
Dim s As String
  With ListView1
     lat = .Width / 5
    .ColumnHeaders.Add , , "CategoryName", 1 * lat
    .ColumnHeaders.Add , , "CategoryID", 1 * lat, lvwColumnCenter
    .ColumnHeaders.Add , , "ProductName", 2 * lat
    .ColumnHeaders.Add , , "UnitPrice", 1 * lat
    .View = lvwReport
  End With
  Set b = OpenDatabase(cale)
  Set rs1 = b.OpenRecordset("Categories", dbOpenDynaset)
  While Not rs1.EOF
    Set itm1 = ListView1.ListItems.Add(, , rs1!CategoryName)
    itm1.SubItems(1) = rs1!CategoryID
    s = "SELECT * FROM Products WHERE CategoryID = " _
        & rs1!CategoryID
    Set rs2 = b.OpenRecordset(s)
    While Not rs2.EOF
      Set itm2 = ListView1.ListItems.Add(, , "") 'Rs1!CategoryName
      itm2.SubItems(1) = ""                      'Rs1!CategoryID
      itm2.SubItems(2) = rs2!ProductName
      itm2.SubItems(3) = Format(rs2!UnitPrice, "000.00")
      rs2.MoveNext
    Wend
    rs1.MoveNext
  Wend
End Sub
```

11. CONTROLUL TabStrip

Controlul **TabStrip** (*câmpuri înguste de tab-uri*) creează un control format din două zone:

- În partea superioară se găseşte *zona tab-urilor*, formată din mai multe tab-uri ("urechi"). Fiecare tab conţine un text. Tab-urile afişate folosesc stilul caietelor repertoar. Fiecărui tab i se poate asocia opţional şi o imagine, provenită de la un control **ImageList** plasat anterior pe formă. La un moment dat este activ un singur tab. Activarea unui tab se realizează prin efectuarea unui clic pe el.
- În partea inferioară a controlului se găseşte *zona client*. În această zonă sunt afişate diverse grupuri de controale, incluse într-un control de tip container. Controalele afişate în zona client depind de tab-ul selectat.

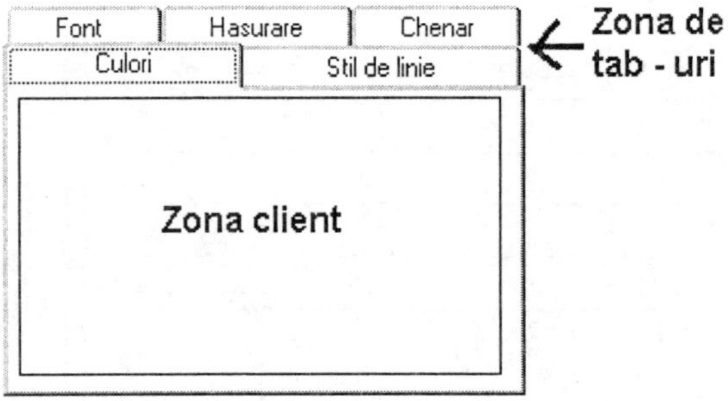

Tab-urile afişate în controlul **TabStrip** se pot crea atât în perioada de elaborare a proiectului (folosind fereastra de proprietăţi), cât şi în execuţie (folosind metoda **Add**). Implicit sistemul creează un singur tab. Încărcarea zonei client cu controalele corespunzătoare tab-ului selectat se realizează în execuţie.

Să presupunem că în zona tab-urilor sunt afişate *n* tab-uri. În perioada de elaborare a proiectului se vor aşeza pe formă *n* controale de tip container, de exemplu cutii cu pictură **PictureBox** sau chenare **Frame**. În fiecare control de tip container se vor insera alte controale. Fiecărui tab îi corespunde un singur container. În execuţie, în momentul încărcării formei în memorie, fiecare container se mută în zona client a controlului **TabStrip**. La selectarea unui tab, printr-un clic cu mouse-ul, se declanşează evenimentul **Click** al controlului

TabStrip. Pe baza indicelui tab-ului selectat, în corpul procedurii-eveniment, în zona client a controlului **TabStrip** se afişează containerul specific tab-ului selectat, iar celelalte containere se ascund. Cu alte cuvinte se va configura proprietatea **Visible** a containerului corespunzător tab-ului selectat cu valoarea True. În cazul containerelor ascunse, necorespunzătoare tab-ului selectat, proprietăţile **Visible** se vor configura cu valoarea False. O altă strategie de realizare a unei corespondenţe biunivoce între tab-ul selectat şi container-ul aferent tab-ului este folosirea metodei **ZOrder**. Prin această metodă, containerul corespunzător tab-ului selectat se afişează în faţa celorlalte containere.

Pentru crearea tab-urilor în perioada de elaborare a proiectului:

1. Se efectuează un clic cu butonul drept al mouse-ului pe controlul **TabStrip**[1]. Din meniul local care se afişează se alege comanda **Properties**, care afişează la rândul ei fereastra de proprietăţi formată din patru fişe (*General*, *Tabs*, *Font*, *Picture*).
2. Se efectuează un clic pe fişa *Tabs*. Fişa afişată are aspectul următor:

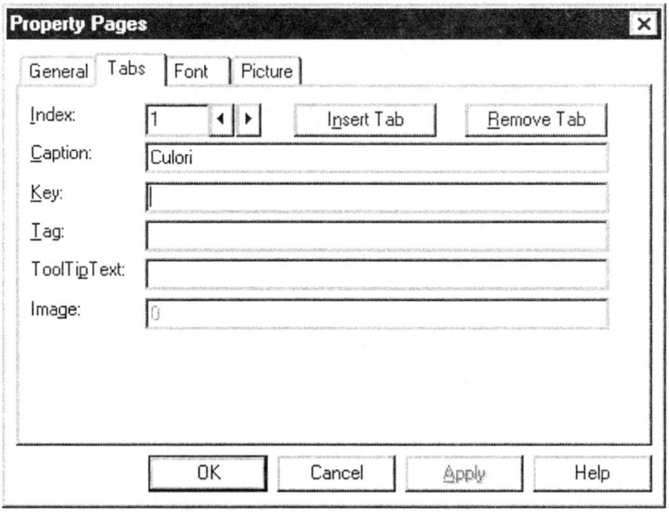

3. Sistemul a creat automat primul tab, care are indicele egal cu 1. Se configurează proprietatea *Caption* (textul afişat pe tab). Opţional se configurează şi proprietăţile *Key* (cheia), *Tag* (informaţii auxiliare), *ToolTipText*

---

[1] Alte variante:

- în fereastra de proprietăţi se selectează proprietatea *Custom* şi se efectuează un clic pe butonul de comandă prevăzut cu trei puncte, afişat în coloana de valori;
- din meniul **View** se alege comanda **Property Pages** (Sfift+F4).

(text explicativ afişat în execuţie în momentul indicării tab-ului cu mouse-ul) şi *Image* (indicele sau cheia imaginii ataşate tab-ului). Proprietatea *Image* poate fi configurată numai dacă pe formă se găseşte un control **ImageList** creat anterior.

4. Pentru a crea un nou tab se acţionează butonul de comandă *Insert Tab*. Indicele atribuit noului tab va fi 2, 3, ... Pentru tab-urile nou create se vor configura proprietăţile *Caption*, *Key*, *Tag*, *ToolTipText* şi *Image*. Parcurgerea tab-urilor se poate realiza prin butoanele de navigare afişate lângă cutia text aferentă proprietăţii *Index* (indice). Ştergerea unui tab se realizează prin acţionarea butonului de comandă *Remove Tab*. După crearea tuturor tab-urilor se dă comanda OK.

Controlul **TabStrip** este de tip ActiveX. Pentru afişarea simbolului grafic ataşat controlului pe paleta de controale, din meniul **Project** se dă comanda **Components** (Ctrl+T). În fereastra care se afişează se selectează pagina *Controls*. În continuare, printr-un clic, se selectează cutia de validare care are eticheta *Microsoft Windows Common Controls 6.0.* Datele referitoare la acest control se găsesc în fişierul

C:\WINDOWS\System\MSCOMCTL.OCX

sau

C:\WINNT\System32\MSCOMCTL.OCX

Simbolul grafic aferent controlului are forma 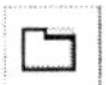. Numele clasei este **TabStrip**. Controalele au denumirile standard *TabStrip1*, *TabStrop2*, ...

11.1. Proprietăţile, metodele şi evenimentele specifice ale controlului

- *Proprietatea* **Style** (de tip **Integer**)

Stabileşte sau testează stilul unui control **TabStrip**.

TabStrip1.**Style** = *constantă* 'Stabilirea stilului

Pentru stabilirea stilului se utilizează următoarele constante predefinite:

Constantă	Valoare	Descriere
tabTabs	0	Tab-uri, similare celor utilizate la caietele repertoriu. Tab-ul selectat se află în faţa celorlalte tab-uri. Valoare implicită. 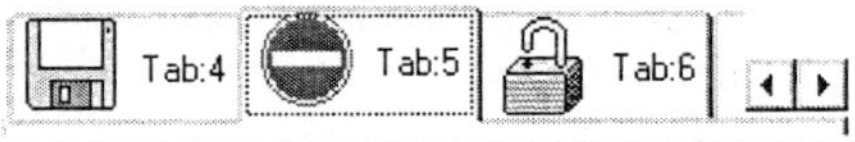

Constantă	Valoare	Descriere
tabButtons	1	Butoane de comandă standard. 
tabFlatButtons	2	Butoane de comandă netede. Butonul apăsat este afişat în planul îndepărtat. 

- *Proprietatea* **Separators** (de tip **Boolean**)

  În cazul stilului *tabButtons* sau *tabFlatButtons* între butoane se desenează separatori (liniuțe verticale).

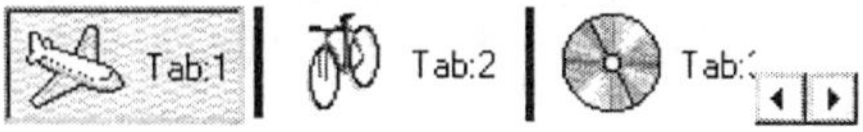

TabStrip1.**Separators** = *ValoareLogică*

Dacă *ValoareLogică* are valoarea:

– **False**, care este şi valoarea implicită, nu se desenează separatori;
– **True**, se desenează separatori.

- *Proprietatea* **MultiRow** (de tip **Boolean**)

  Stabileşte dacă controlul **TabStrip** va afişa unul sau mai multe rânduri de tab-uri.

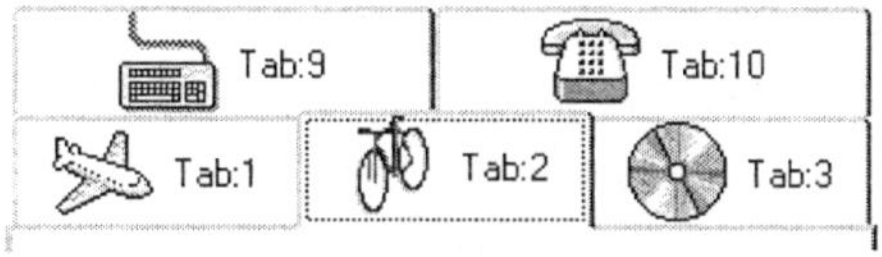

TabStrip1.**MultiRow** = *ValoareLogică*

Dacă *ValoareLogică* are valoarea:

– **True**, atunci se permite desenarea mai multor rânduri de tab-uri;
– **False**, atunci se va desena un singur rând de tab-uri. Dacă nu sunt vizibile toate tab-urile, atunci în partea dreaptă a rândului vor apare două butoane cu săgeți, cu ajutorul cărora se pot parcurge toate tab-urile existente.

- *Proprietatea* **Placement** (de tip **Integer**)

  Stabileşte locul de afişare a tab-urilor.

  TabStrip1.**Placement** = *constantă*

  Pentru stabilirea locului de afişare a tab-urilor se utilizează următoarele constante predefinite:

Constantă	Valoare	Descriere
tabPlacementTop	0	Tab-urile apar în partea superioară a controlului. Valoare implicită.
tabPlacementBottom	1	Tab-urile apar în partea inferioară a controlului.
tabPlacementLeft	2	Tab-urile apar în partea stângă a controlului.
tabPlacementRight	3	Tab-urile apar în partea dreaptă a controlului.

- *Proprietatea* **TabStyle** (de tip **Integer**)

  Stabileşte locul de afişare a rândurilor de tab-uri care nu conţin tab-ul selectat.

  TabStrip1.**TabStyle** = *constantă*

  Pentru stabilirea locului de afişare se utilizează următoarele constante predefinite:

Constantă	Valoare	Descriere
tabTabStandard	0	Rândurile de tab-uri care nu conţin tab-ul selectat rămân lângă rândul tab-ului selectat. Valoare implicită.
tabTabOpposite	1	Rândurile de tab-uri care nu conţin tab-ul selectat sunt afişate lângă muchia opusă a rândului conţinând tab-ul selectat.

- *Proprietatea* **MultiSelect** (de tip **Boolean**)

  Stabileşte dacă utilizatorul poate selecta simultan mai multe tab-uri, ţinând apăsată tasta CTRL. Selectarea multiplă este posibilă numai în cazul stilurilor *tabButtons* şi *tabFlatButtons*.

  TabStrip1.**MultiSelect** = *ValoareLogică*

  Dacă *ValoareLogică* are valoarea:

  – **True**, atunci se permite selectarea simultană a mai multor tab-uri;
  – **False**, atunci nu se permite selectarea simultană a mai multor tab-uri. Valoare implicită.

- *Proprietatea* **HotTracking** (de tip **Boolean**)

  Testează dacă tab-ul indicat cu mouse-ul foloseşte o culoare de scriere diferită de cea standard. Proprietatea poate fi:

  – configurată numai în perioada de elaborare a proiectului, în execuție are atributul read-only;
  – utilizată numai dacă proprietatea **Style** este configurată cu *tabTabs*.

  Dim Val **As Boolean**
  val = *TabStrip1*.**HotTracking**

  Valorile returnate de proprietate sunt:

  – **True**, tab-ul indicat cu mouse-ul foloseşte o culoare de scriere diferită de cea standard;
  – **False**, tab-ul indicat cu mouse-ul foloseşte culoarea de scriere standard. Valoare implicită.

- *Proprietatea* **TabWidthStyle** (de tip **Integer**)

  Stabileşte sau testează stilul utilizat la lățimea tab-urilor. Proprietatea este relevantă numai dacă proprietatea **MultiRow** se configurează cu valoarea True.

  TabStrip1.**TabWidthStyle** = *constantă*

  Pentru stabilirea stilului utilizat la lățimea tab-urilor se utilizează următoarele constante predefinite:

Constantă	Valoare	Descriere
tabJustified	0	Rândurile de tab-uri vor avea lungimi egale. Valoare implicită.
tabNonJustified	1	Fără aliniere la dreapta a rândurilor de tab-uri (rândurile de tab-uri au lungimi diferite).
tabFixed	2	Toate tab-urile au lățime identică, care se stabileşte cu ajutorul proprietății **TabFixedWidth**.

- *Proprietățile* **TabFixedHeight** *şi* **TabFixedWidth** (de tip **Integer**)

  Stabileşte sau testează înălțimea şi lățimea comună a tab-urilor în cazul în care proprietatea **TabWidthStyle** se configurează cu valoarea *tabFixed*.

  TabStrip1.**TabFixedHeight** = *întreg1*
  TabStrip1.**TabFixedWidth** = *întreg2*

Valoarea *întreg1* reprezintă înălţimea comună a tab-urilor. Valoarea *întreg2* reprezintă lăţimea comună a tab-urilor. Unitatea de măsură utilizată se moşteneşte de la containerul controlului.

- *Proprietatea* **TabMinWidth** (de tip **Integer**)

  Stabileşte sau testează lăţimea minimă a unui tab. Este neglijată în caz că proprietatea **TabWidthStyle** se configurează cu valoarea *tabFixed*.

  TabStrip1.**TabMinWidth** = *număr*

  Valoarea *număr* reprezintă lăţimea minimă a unui tab. Unitatea de măsură utilizată se moşteneşte de la containerul controlului.

- *Proprietatea* **ImageList** (de tip **ImageList**)

  Cu ajutorul acestei proprietăţi se ataşează unui control **TabStrip** imaginile conţinute într-un control **ImageList**.

  Set *TabStrip1*.**ImageList** = *Nume*

  unde *Nume* este numele controlului **ImageList**.

- *Proprietăţile* **ClientHeight**, **ClientWidth**, **ClientLeft** *şi* **ClientTop** (de tip **Integer**)

  Comunică dimensiunea şi coordonatele ariei interne (ariei de afişare) a unui control **TabStrip**. Este accesibilă numai în execuţie şi are atributul read-only. În aria internă a controlului se depun containere (**Frame** sau **PictureBox**) care conţin diverse categorii de controale. Depunerea controalelor se realizează când utilizatorul efectuează un clic pe un anumit tab. În funcţie de tab-ul selectat în aria internă se va depune containerul aferent tab-ului respectiv.

```
Dim inalt As Integer, lat As Integer
Dim x As Integer, y As Integer
inalt = TabStrip1.ClientHeight
lat = TabStrip1.ClientWidth
x = TabStrip1.ClientLeft
y = TabStrip1.ClientTop
```

EXEMPLU:

Forma conţine două containere **Frame1** şi **Frame2**, iar controlul **TabStrip** este prevăzut cu două tab-uri. În funcţie de tab-ul selectat în zona internă a controlului **TabStrip** se mută un anumit container.

```
Private Sub TabStrip1_Click()
  Dim t As Object       ' Tab
  Dim k As Integer
  Set t = TabStrip1.SelectedItem
  If t Is Nothing Then
    MsgBox "Nu s-a selectat nici un tab"
  Else
    k = t.Index              'Indicele tab-ului selectat
    If k = 1 Then            'Mutarea containerului Frame1 în aria internă
       Frame1.Left = TabStrip1.ClientLeft
       Frame1.Top = TabStrip1.ClientTop
       Frame1.Width = TabStrip1.ClientWidth
       Frame1.Height = TabStrip1.ClientHeight
    Else                     'Mutarea containerului Frame2 în aria internă
       Frame1.Left = TabStrip1.ClientLeft
       Frame1.Top = TabStrip1.ClientTop
       Frame1.Width = TabStrip1.ClientWidth
       Frame1.Height = TabStrip1.ClientHeight
   End If
  End If
End Sub
```

- *Proprietatea* **SelectedItem** (de tip **Tab**)

  Livrează o referință la tab-ul selectat. Cu ajutorul acestei referințe se pot accesa proprietățile şi metodele tab-ului selectat.

  Dim t **As Object** 'Tab
  Set *t* = *TabStrip1*.**SelectedItem**

EXEMPLU:

Forma conține două containere **Frame1** şi **Frame2**, iar controlul **TabStrip** este prevăzut cu două tab-uri. Cele două containere se mută în zona internă a controlului **TabStrip** la încărcarea formei în memorie, deci ele se suprapun. În funcție de tab-ul selectat în zona internă a controlului **TabStrip** se aşează în primul plan un anumit container, folosind metoda **ZOrder**.

```
Private Sub TabStrip1_Click()
  Dim t As Object              ' Tab
  Dim k As Integer
  Set t = TabStrip1.SelectedItem
  If t Is Nothing Then
    MsgBox "Nu s-a selectat nici un tab"
  Else
    k = t.Index
    If k = 1 Then
      Frame1.ZOrder  0         ' Frame1 în față
    Else                       ' k = 2
      Frame2.ZOrder  0         ' Frame2 în față
```

```
      End If
    End If
  End Sub
```

- *Metoda* **DeselectAll**

  Deselectează toate tab-urile selectate ale controlului **TabStrip**. De obicei se foloseşte când proprietatea **MultiSelect** a fost configurată cu valoarea True.

  TabStrip1.**DeselectAll**

EXEMPLU:

```
Private Sub Command1_Click()
Dim i As Integer
Dim NrSel As Integer
  NrSel = 0
  For i = 1 To TabStrip1.Tabs.Count
    If TabStrip1.Tabs(i).Selected = True Then
      NrSel = NrSel + 1
    End If
  Next i
  MsgBox NrSel
  TabStrip1.DeselectAll
End Sub
```

- *Evenimentul* **Click**

  Se declanşează când utilizatorul efectuează un clic pe un tab (pe textul afişat pe o "ureche" a controlului **TabStrip**). Acest eveniment se mai declanşează şi când se modifică proprietatea **Selected** a unui tab. Prototipul procedurii-eveniment este:

  Private Sub *TabStrip1*_**Click()**

  End Sub

  De obicei în cadrul acestui eveniment se testează indicele tab-ului selectat. În funcţie de rezultat se pune în primul plan chenarul aferent tab-ului. Toate chenarele utilizate se mută şi se suprapun în zona client a controlului **TabStrip**.

EXEMPLU:

În zona client a controlului **TabStrip** au fost mutate două chenare, care conţin mai multe controale. În funcţie de tab-ul selectat se pune în faţă primul sau al doilea chenar.

```
Private Sub TabStrip1_Click()
Dim i As Integer
  i = TabStrip1.SelectedItem.Index  ' 1 sau 2
  If i = 1 Then
    Frame1.ZOrder 0        ' Frame1 în fată
  Else                     ' i = 2
    Frame2.ZOrder 0        'Frame2 în faţă
  End If
End Sub
```

- *Evenimentul* **BeforeClick**

Acest eveniment este utilizat pentru validarea informaţiilor depuse pe un tab, înainte de a-l părăsi. Se declanşează când utilizatorul efectuează un clic pe un nou tab. Înaintea trecerii la noul tab se verifică corectitudinea informaţiilor existente în zona client a tab-ului care se părăseşte. Dacă informaţiile sunt corecte, atunci se trece la noul tab. În cazul informaţiilor eronate nu se trece la noul tab. Prototipul procedurii-eveniment este:

Private Sub *TabStrip1*_**BeforeClick(***Cancel* **As Integer)**

End Sub

Dacă parametrului *Cancel* i se atribuie valoarea 1 (sau **True**), tab-ul curent nu poate fi părăsit. Dacă argumentului *Cancel* i se atribuie valoarea 0 (sau **False**), tab-ul curent poate fi părăsit. Valoarea implicită este 0.

EXEMPLU:

```
Private Sub TabStrip1_BeforeClick(Cancel As Integer)
  If IsNumeric(Text1.Text) = True Then
    Cancel = 0     ' Conţinut numeric, se poate trece la noul tab.
  Else
    Cancel = 1     ' Conţinutul nu este numeric, se interzice părăsirea tab-ului.
  End If
End Sub
```

11.2. Colecţia Tabs

- *Proprietatea* **Tabs**

Proprietatea **Tabs** a controlului **TabStrip** livrează o referinţă la colecţia de tab-uri a unui control **TabStrip**. Elementele acestei colecţii (tab-urile) au tipul **Tab**. Prin intermediul acestei referinţe se pot apela:

– metodele standard ale colecţiei utilizate la gestiunea tab-urilor (**Add**, **Remove** şi **Clear**);
– proprietăţile standard ale colecţiei (**Count**, **Item**).

Tab-urile colecţiei sunt numerotate automat, începând cu 1. Proprietatea **Tabs** este accesibilă numai în execuţie.

- *Metoda* **Add**

Adaugă un tab colecţiei de tab-uri a controlului **TabStrip**. Metoda poate fi apelată printr-o construcţie de forma:

Dim t **As Object** ' Tab
Set *t* =*TabStrip1.Tabs*.**Add**(*Index, Key, Caption, Image*)

Valoarea *t* reprezintă o referinţă la tab-ul adăugat şi este încărcată de sistem. Argumentele acestei metode sunt următoarele:

Argument	Descriere
Index	Argument opţional. Un număr întreg care specifică poziţia în care se va insera noul tab. Dacă nu se specifică nici un indice, noul tab se va adăuga la sfârşitul colecţiei. Primul tab inserat are indicele egal cu 1. Indicele poate fi utilizat în proprietatea **Item** pentru a accesa proprietăţile tab-ului creat. Indicele poate fi accesat cu ajutorul proprietăţii **Index**. În momentul aşezării pe formă a unui control **TabStrip** se creează automat primul tab, care are indicele egal cu 1.
Key	Argument opţional. Cheia unică a tab-ului creat (un şir de caractere care poate fi utilizat de proprietatea **Item** pentru a accesa proprietăţile tab-ului). Cheia poate fi accesată cu ajutorul proprietăţii **Key**.
Caption	Argument opţional. Textul ataşat tab-ului (un şir de caractere). Textul poate fi accesat cu ajutorul proprietăţii **Caption**.
Image	Argument opţional. Indicele sau cheia unei imagini dintr-un control **ImageList** asociat controlului **TabStrip** prin proprietatea **ImageList**. Indicele sau cheia imaginii pot fi accesate cu ajutorul proprietăţii **Image**.

Deoarece metoda **Add** livrează o referinţă la tab-ul creat, cu ajutorul acestei referinţe se pot configura uşor proprietăţile noului tab.
Se menţionează că unui control **TabStrip** i se pot adăuga tab-uri şi în perioada de elaborare a proiectului. În acest scop în fereastra de proprietăţi se acţionează butonul cu trei puncte corespunzător proprietăţii (*Custom*). Se afişează fereastra de proprietăţi a controlului **TabStrip** formată din 4 fişe şi se selectează fişa *Tabs*.

EXEMPLU:

În momentul încărcării formei în memorie se adaugă încă două tab-uri colecției de tab-uri a controlului **TabStrip**. Colecția conține inițial un tab. Controlului i se asociază și o listă de imagini, care conține trei imagini: un avion, o bicicletă și un disc CD.

```
Private Sub Form_Load()
  Dim t As Object                 'Tab
  Set TabStrip1.ImageList = ImageList1
  Set t = TabStrip1.Tabs(1)       'Tab-ul creat automat
  t.Caption = "Unu"
  t.Image = 1
  Set t = TabStrip1.Tabs.Add      'Al doilea tab
  t.Caption = "Doi"
  t.Image = 2
  Set t = TabStrip1.Tabs.Add      'Al treilea tab
  t.Caption = "Trei"
  t.Image = 3
End Sub
```

Linia de tab-uri are aspectul următor:

- *Metoda* **Remove**

Îndepărtează un tab specificat din colecția de tab-uri. Metoda se apelează printr-o construcție de forma:

*TabStrip1.Tabs.***Remove** *indice*   ' Indicele tab-ului care se șterge
' (proprietatea **Index**).

sau

*TabStrip1.Tabs.***Remove** *cheie*   ' Cheia tab-ului care se șterge
' (proprietatea **Key**).

- *Metoda* **Clear**

Îndepărtează toate elementele de antet ale controlului **ListView**. Această metodă se apelează printr-o construcție de forma:

*TabStrip1.Tabs.***Clear**

- *Proprietatea* **Count** (de tip **Long**)

Returnează o valoare de tip **Long** care comunică utilizatorului numărul total de tab-uri ale colecției **Tabs**. Această proprietate este read-only (poate fi citită, nu şi modificată prin program). Proprietatea poate fi utilizată printr-o construcţie de forma următoare:

```
Dim Nr As Long
Nr = TabStrip1.Tabs.Count
```

- *Proprietatea* **Item** (de tip **Tab**)

Livrează o referinţă la un tab specificat (prin indice sau prin cheie) al colecţiei de tab-uri. Această proprietate este proprietatea implicită a tab-urilor şi poate fi utilizată printr-o construcţie de forma următoare:

```
Dim ref As Object                    ' Tab
Set ref = TabStrip1.Tabs.Item(k)
```

sau

```
Set ref = TabStrip1.Tabs(k)
```

unde *k* este un număr întreg (proprietatea **Index**, *k* = 1, 2, 3, ...) sau un şir de caractere (proprietatea **Key**). Cu ajutorul referinţei obţinute *ref* se pot citi sau modifica proprietăţile tab-ului specificat:

```
Dim Valoare
Valoare = ref.NumeProprietate        'Citirea valorii proprietăţii
ref.NumeProprietate = Valoare        'Stabilirea valorii proprietăţii
```

În construcţia anterioară prin *NumeProprietate* se înţelege una din proprietăţile **Index**, **Key**, **Caption**, **Image**, precum şi următoarele proprietăţi:

- **Selected**: tab-ul este sau nu selectat;
- **HighLighted**: tab-ul este sau nu supraluminat;
- **Left**, **Top**: coordonatele colţului stânga sus al tab-ului;
- **Width, Height**: lăţimea şi înălţimea tab-ului;
- **Tag**: informaţie auxiliară de tip şir de caractere ataşată tab-ului;
- **ToolTipText**: informaţia care se afişează când cursorul mouse-ului indică tab-ul.

EXEMPLUL 1:

Forma aplicaţiei conţine un control **TabStrip**, un control **ImageList** utilizat la afişarea imaginilor pe tab-urile controlului **TabStrip**, două containere **Frame**, un control **RichTextBox** şi două butoane de comandă etichetate cu *Încărcare* şi *Salvare*. Containerul *Frame1* conţine două liste combinate: *Combo1* şi *Combo2*. Containerul *Frame2* conţine două butoane de opţiune *Option1* şi *Option2*.
În perioada de elaborare a proiectului forma are aspectul următor:

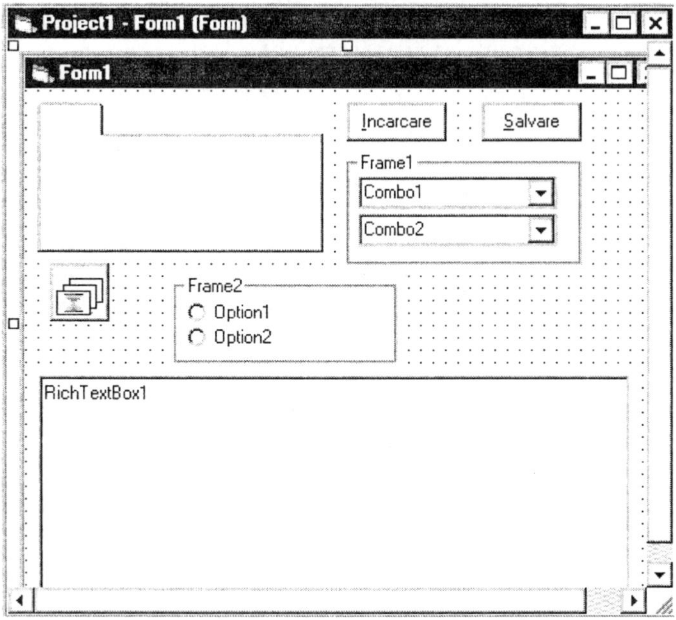

În evenimentul de încărcare a formei în memorie controlului **TabStrip** i se mai adaugă un obiect tab, astfel controlul va conține, împreună cu tab-ul creat implicit, două tab-uri. Etichetele celor două tab-uri se configurează cu şirurile de caractere "Font" şi "Listă". Fiecărui tab i se asociază şi o imagine provenită de la controlul **ImageList**. Prima listă combinată inserată în controlul *Frame1* conține numele fonturilor de tip imprimantă instalate pe calculatorul utilizat. Această listă permite selectarea fontului care se va asocia scrierii unui text care se va introduce în controlul **RichTextBox**. A doua listă combinată aflată în controlul *Frame1* conține o listă formată din numerele 12, 16 şi 24. Ea permite selectarea dimensiunii fontului utilizat la textul care se va introduce în **RichTextBox**. Cele două butoane de opțiune conținute în controlul *Frame2* permit selectarea stilului care se va utiliza la textele introduse în controlul **RichTextBox**: fără stilul listă, respectiv stilul listă. Cele două containere se mută, folosind metoda **Move**, în zona client a controlului **TabStrip**. Inițial este vizibil containerul *Frame1*, căruia îi corespunde tab-ul *Font*, iar containerul *Frame2* este invizibil.

În execuție, pentru selectarea opțiunilor utilizate la scriere, se vor aplica clicuri pe "urechile" controlului **TabStrip**. În funcție de tab-ul selectat, în zona client se afişează, în evenimentul **Click** pe controlul **TabStrip**:

– fie containerul *Frame1*, iar containerul *Frame2* este ascuns;

– fie containerul *Frame2*, iar containerul *Frame1* este ascuns.

După selectarea opţiunilor de scriere se activează controlul **RichTextBox**, în care utilizatorul tastează un text. Există şi posibilitatea inserării conţinutului unui text de tip **RTF**, salvat anterior, prin acţionarea butonului de comandă *Încărcare*. Conţinutul curent al controlului **RichTextBox** poate fi salvat într-un fişier de extensie **RTF**, prin acţionarea butonului de comandă *Salvare*. Programul prelucrează şi evenimentul de redimensionare a formei.
În execuţie, fereastra afişată de aplicaţie poate avea aspectul următor (este selectat primul tab):

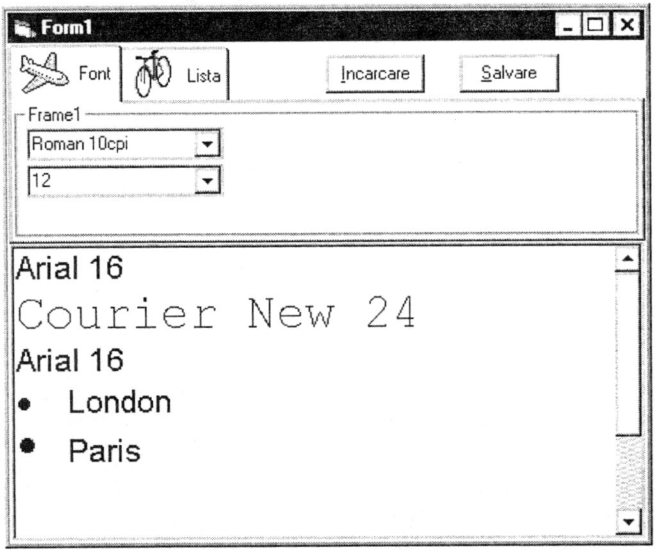

Textul sursă al programului este:

```
Option Explicit

Private Sub Form_Load()   ' Încărcarea formei în memorie
  Dim i As Integer
  RichTextBox1.Text = ""
  Set TabStrip1.ImageList = ImageList1
  TabStrip1.Tabs(1).Caption = "Font"
  TabStrip1.Tabs(1).Image = 1
  TabStrip1.Tabs.Add , , "Lista", 2
  For i = 0 To Printer.FontCount - 1
    Combo1.AddItem Printer.Fonts(i)
  Next i
  Combo1.ListIndex = 0
  Combo2.AddItem "12"
```

```
  Combo2.AddItem "16"
  Combo2.AddItem "24"
  Combo2.ListIndex = 0
  Option1.Value = True
  Option1.Caption = "Fara stil lista"
  Option2.Caption = "Cu stil lista"
  Frame1.Move TabStrip1.ClientLeft, TabStrip1.ClientTop, _
              TabStrip1.ClientWidth, TabStrip1.ClientHeight
  Frame2.Move TabStrip1.ClientLeft, TabStrip1.ClientTop, _
              TabStrip1.ClientWidth, TabStrip1.ClientHeight
  Frame1.Visible = True
  Frame2.Visible = False
End Sub

Private Sub Form_Resize()              ' Redimensionarea formei
Dim lat As Single, inalt As Single
Dim x0 As Single, y0 As Single
  lat = Form1.ScaleWidth
  inalt = Form1.ScaleHeight
  x0 = Form1.ScaleLeft
  y0 = Form1.ScaleTop
  With TabStrip1
    .Left = x0
    .Top = y0
    .Width = lat
    .Height = inalt * 0.4
  End With
  With Frame1
    .Left = TabStrip1.ClientLeft
    .Top = TabStrip1.ClientTop
    .Width = TabStrip1.ClientWidth
    .Height = TabStrip1.ClientHeight
  End With
  With Frame2
    .Left = TabStrip1.ClientLeft
    .Top = TabStrip1.ClientTop
    .Width = TabStrip1.ClientWidth
    .Height = TabStrip1.ClientHeight
  End With
  With RichTextBox1
    .Left = x0
    .Top = y0 + TabStrip1.Height
    .Width = lat
    .Height = inalt - .Top
  End With
End Sub

Private Sub TabStrip1_Click()
  Dim t As Object        'Tab
  Dim k As Integer
  Set t = TabStrip1.SelectedItem
  If t Is Nothing Then
    MsgBox "Nu s-a selectat nici un tab"
  Else
```

```
    k = t.Index
    If k = 1 Then         'k=1
      Frame1.Visible = True
      Frame2.Visible = False
    Else                  'k=2
      Frame1.Visible = False
      Frame2.Visible = True
    End If
  End If
End Sub

Private Sub Combo1_Click()
  RichTextBox1.SelFontName = Combo1.Text
End Sub

Private Sub Combo2_Click()
  RichTextBox1.SelFontSize = Combo2.Text
End Sub

Private Sub Option1_Click()
  RichTextBox1.SelBullet = False
End Sub

Private Sub Option2_Click()
  RichTextBox1.BulletIndent = 500
  RichTextBox1.SelBullet = True
End Sub

Private Sub Command1_Click()      ' Încărcarea unui fişier RTF
  RichTextBox1.LoadFile App.Path & "\" & "Test.rtf"
End Sub

Private Sub Command2_Click()      ' Salvarea unui fişier RTF
  RichTextBox1.SaveFile App.Path & "\" & "Test.rtf"
End Sub
```

EXEMPLUL 2:

Această aplicaţie este similară cu aplicaţia din exemplul 1. Diferenţa constă în faptul că se utilizează două forme. Prima formă, care este forma de lansare a proiectului, conţine un control **RichTextBox** şi trei butoane de comandă etichetate cu *Opţiuni*, *Încărcare* şi *Salvare*. În controlul **RichTextBox** utilizatorul poate tasta diverse texte. Controlul poate fi încărcat şi cu conţinutul unui fişier de extensie **RTF** salvat anterior, prin acţionarea butonului de comandă *Încărcare*. Textul existent în controlul **RichTextBox** poate fi salvat într-un fişier de extensie **RTF**, prin activarea butonului de comandă *Salvare*. Dacă se efectuează un clic pe butonul de comandă *Opţiuni*, atunci se afişează, nemodal, fereastra formei a doua, destinată selectării opţiunilor de editare.

Fereastra afişată de prima formă are aspectul următor:

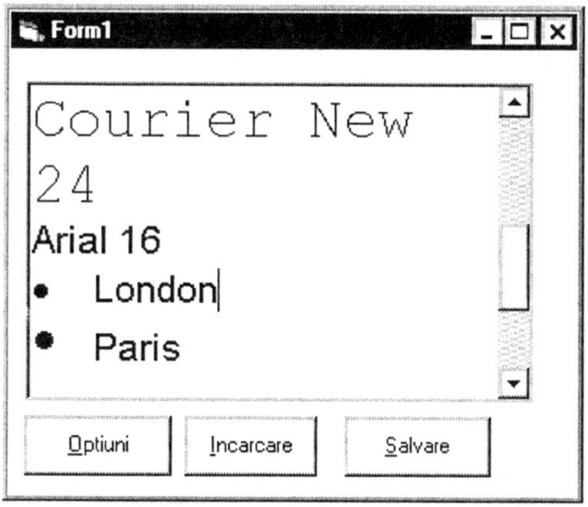

Forma a doua conţine un control **TabStrip** şi două controale chenar (*Frame1* şi *Frame2*). Primul chenar conţine două liste combinate, prin care se selectează fontul şi dimensiunea lui utilizate în cadrul controlului **RichTextBox**. Al doilea chenar conţine două butoane de opţiune, prin care se selectează stilul utilizat în cadrul controlului **RichTextBox**. Controlul **TabStrip** conţine două tab-uri. Primului tab i se asociază în execuţie chenarul *Frame1*, iar celui de-al doilea tab chenarul *Frame2*. Afişarea/ ascunderea chenarului aferent tab-ului selectat se realizează prin utilizarea metodei **ZOrder**.

Fereastra afişată de forma a doua are aspectul alăturat.

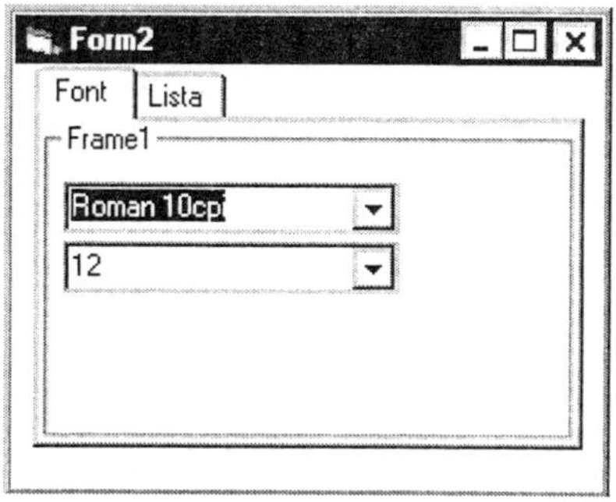

Textul sursă al programului este:

Forma 1 (forma de lansare):

```
Option Explicit
Private Sub Form_Load()
  Command1.Caption = "&Optiuni"
  Command2.Caption = "&Incarcare"
  Command3.Caption = "&Salvare"
  RichTextBox1.Text = ""
End Sub
```

```
Private Sub Command1_Click()  ' Opțiuni
   Form2.Show 0               ' Afişare nemodală
End Sub

Private Sub Command2_Click()  ' Încărcare
  RichTextBox1.LoadFile App.Path & "\" & "Test.rtf"
End Sub

Private Sub Command3_Click()  'Salvare
  RichTextBox1.SaveFile App.Path & "\" & "Test.rtf"
End Sub
```

Forma 2:

```
Option Explicit
Private Sub Form_Load()
  Dim i As Integer
  TabStrip1.Tabs(1).Caption = "Font"
  TabStrip1.Tabs.Add , , "Lista"
  For i = 0 To Printer.FontCount - 1
    Combo1.AddItem Printer.Fonts(i)
  Next i
  Combo1.ListIndex = 0
  Combo2.AddItem "12"
  Combo2.AddItem "16"
  Combo2.AddItem "24"
  Combo2.ListIndex = 0
  Option1.Value = True
  Option1.Caption = "Fara stil lista"
  Option2.Caption = "Cu stil lista"
  Frame1.Move TabStrip1.ClientLeft, TabStrip1.ClientTop, _
              TabStrip1.ClientWidth, TabStrip1.ClientHeight
  Frame2.Move TabStrip1.ClientLeft, TabStrip1.ClientTop, _
              TabStrip1.ClientWidth, TabStrip1.ClientHeight
  Frame1.ZOrder 0
End Sub

Private Sub TabStrip1_Click()
  Dim t As Object 'Tab
  Dim k As Integer
  Set t = TabStrip1.SelectedItem
  If t Is Nothing Then
    MsgBox "Nu s-a selectat nici un tab"
  Else
    k = t.Index
    If k = 1 Then
      Frame1.ZOrder 0
    Else 'k = 2
      Frame2.ZOrder 0
    End If
  End If
End Sub
```

```
Private Sub Combo1_Click()
  Form1.RichTextBox1.SelFontName = Combo1.Text
End Sub

Private Sub Combo2_Click()
  Form1.RichTextBox1.SelFontSize = Combo2.Text
End Sub

Private Sub Option1_Click()
  Form1.RichTextBox1.SelBullet = False
End Sub

Private Sub Option2_Click()
  Form1.RichTextBox1.BulletIndent = 500
  Form1.RichTextBox1.SelBullet = True
End Sub
```

12. CONTROLUL ToolBar

Controlul **ToolBar** (*bară de unelte*) creează o bară în partea superioară a formei proprietar, pe care se pot depune butoane. Butoanele pot fi prevăzute cu texte şi/sau imagini. Butoanele aparţin unei colecţii care are tipul **Buttons**. Un buton al colecţiei are tipul **Button**. Butoanelor barei le sunt asociate, de obicei, comenzile folosite mai frecvent de utilizator. Imaginile utilizate de butoanele barei sunt livrate de un control **ImageList**, care este asociat barei de unelte şi este configurat înainte de configurarea barei.

Controlul **ToolBar** este de tip ActiveX. Pentru afişarea simbolului grafic asociat controlului pe paleta de controale, din meniul **Project** se dă comanda **Components** (Ctrl+T). În fereastra care se afişează se selectează pagina *Controls*. În continuare se selectează printr-un clic cutia de validare care are eticheta *Microsoft Windows Common Controls 6.0*. Datele referitoare la acest control se găsesc în fişierul:

C:\WINDOWS\System\MSCOMCTL.OCX

sau

C:\WINNT\System32\MSCOMCTL.OCX

Simbolul grafic aferent controlului are forma  . Numele clasei este **Toolbar**. Controalele au denumirile standard *Toolbar1*, *Toolbar2*, ...

Bara de unelte poate fi configurată atât în perioada de elaborare a proiectului, cât şi în execuţie.

12.1. Configurarea barei de unelte în perioada de elaborare a proiectului

Pentru configurarea barei de unelte
în perioada de elaborare a proiectului:

1. Se aşează pe formă un control **ToolBar** şi cu butonul drept al mouse-ului se efectuează un clic pe acest control*.

---

* Alte variante:

- în fereastra de proprietăţi se selectează proprietatea **Custom** şi se efectuează un clic pe butonul prevăzut cu trei puncte;
- din meniul **View** se alege comanda **Property Pages** (Shift +F4).

2. Din meniul local care apare se selectează comanda **Properties**. Se afişează o fereastră de dialog care are trei pagini: *General*, *Buttons* şi *Picture*.

Pentru configurarea proprietăţilor generale ale controlului **ToolBar** se selectează pagina *General*. Această pagină are aspectul următor:

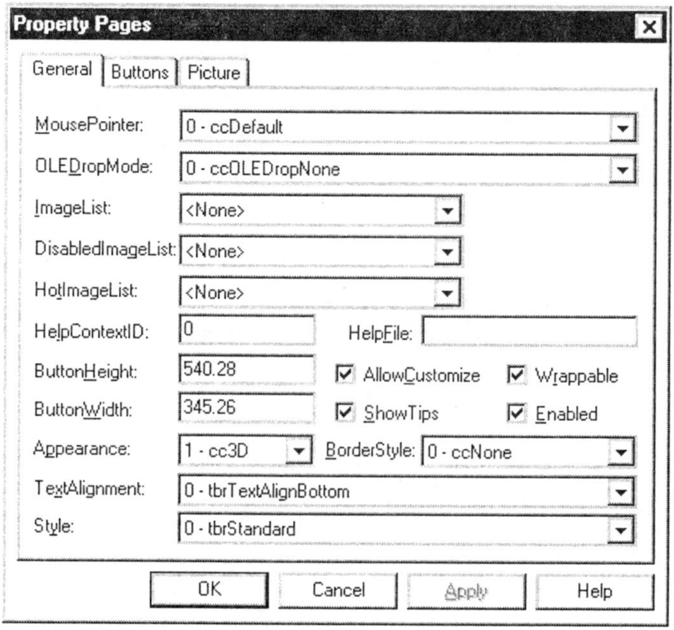

Lista combinată **ImageList**

Permite selectarea unui control de tip listă de imagini **ImageList** care se va asocia barei de unelte. Imaginile acestei liste pot fi afişate pe butoanele barei de unelte. Selectarea unei astfel de liste presupune că înainte de configurarea barei de unelte, pe formă a fost aşezată şi configurată o listă de imagini. Proprietatea **ImageList** poate fi configurată şi în execuţie, printr-o instrucţiune de forma:

Set *Toolbar1*.**ImageList** = *ImageList1*

Lista combinată **DisabledImageList**

Permite selectarea unui control de tip listă de imagini **ImageList**. Imaginea se va asocia butonului specificat când el este în stare inhibată (proprietatea **Enabled** a butonului este False).

Lista combinată **HotImageList**

Permite selectarea unui control de tip listă de imagini **ImageList**. Imaginea se va asocia butonului specificat când el este în stare "fierbinte" (proprietatea **Style** a barei se configurează cu valoarea *tbrTransparent* = 1 şi cursorul mouse-ului indică o zonă a butonului pe care se poate efectua un clic).

Unui buton specificat i se pot asocia deci trei imagini: cea utilizată în mod obişnuit, cea utilizată în caz că butonul este inhibat şi cea care corespunde stării "fierbinte". Imaginile utilizate de un buton trebuie să aibă aceeaşi cheie.

Cutiile text **ButtonHeight** şi **ButtonWidth**

Stabilesc înălţimea şi lăţimea comună a butoanelor barei de unelte, care au stilul *tbrDefault*, *tbrCheck* sau *tbrButtonGroup*. În proiectare, aceste măsurători sunt actualizate automat, în funcţie de proprietăţile **Caption** şi **Image** ale butoanelor barei (dimensiunea textelor şi imaginilor afişate pe butoane).

Lista combinată **TextAlignment**

Stabileşte poziţia textelor care se afişează pe butoanele barei de unelte. Se utilizează următoarele constante:

Constantă	**Valoare**	**Descriere**
tbrTextAlignBottom	0	Textul se aliniază la muchia de jos a butonului. Valoare implicită.
tbrTextAlignRight	1	Textul se aliniază la muchia din dreapta butonului.

Lista combinată **Style**

Permite stabilirea stilului utilizat de controlul **Toolbar**. Se pot utiliza următoarele constante:

Constantă	**Valoare**	**Descriere**
tbrStandard	0	Bară standard. Valoare implicită.
tbrTransparent	1	Butoanele şi bara de unelte sunt transparente.
tbrRight	2	Similar stilului *tbrTransparent*, însă textul aferent butonului este afişat în dreapta imaginii.

Cutia de validare **ShowTips**

Dacă se selectează atunci prin indicarea cu mouse-ul a unui buton, sub el se va afişa un scurt text. Acest text descrie pe scurt funcţia butonului indicat. Textul se specifică prin proprietatea **ToolTipText** aferentă butonului.

Cutia de validare **Wrappable**

Dacă se selectează, există posibilitatea afişării automate a butoanelor pe mai multe linii când fereastra se redimensionează.

Cutia de validare **AllowCustomize**

Se referă la posibilitatea reconfigurării, în execuţie, a barei de unelte. Dacă în execuţie se efectuează un clic dublu pe controlul **Toolbar**, atunci se afişează o fereastră de dialog intitulată *Customize Toolbar*, prin care utilizatorul poate ascunde, reafişa sau rearanja butoanele barei de unelte. Această fereastră se poate afişa numai dacă proprietatea **AllowCustomize** a barei de unelte s-a configurat cu valoarea True.

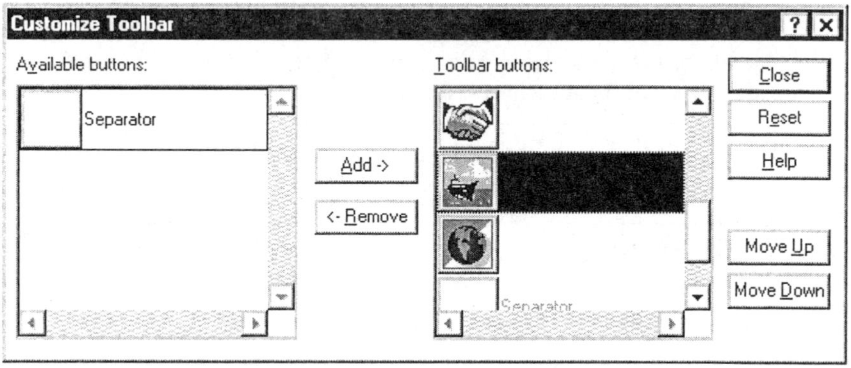

De menţionat este faptul că în execuţie fereastra *Customize Toolbar* poate fi afişată şi prin apelarea metodei **Customize**. Dacă utilizatorul modifică configurarea iniţială a barei de unelte, atunci se declanşează un eveniment **Change**. În procedura asociată acestui eveniment sunt de obicei apelate două metode:

- **SaveToolbar** (salvarea barei de unelte);
- **RestoreToolbar** (restabilirea barei de unelte).

Observație:

Folosind fereastra de proprietăți se poate configura proprietatea **Align** a controlului **ToolBar**. Pentru aceasta se utilizează următoarele constante predefinite:

Constantă	Valoare	Descriere
VbAlignNone	0	Fără aliniere.
VbAlignTop	1	Aliniere la muchia superioară a ferestrei. Lățimea controlului este egală cu valoarea proprietății **ScaleWidth** a formei. Valoare implicită.
VbAlignBottom	2	Aliniere la muchia inferioară a ferestrei. Lățimea controlului este egală cu valoarea proprietății **ScaleWidth** a formei.
VbAlignLeft	3	Aliniere la muchia din stânga ferestrei. Înălțimea controlului este egală cu valoarea proprietății **ScaleHeight** a formei.
VbAlignRight		Aliniere la muchia din dreapta ferestrei. Înălțimea controlului este egală cu valoarea proprietății **ScaleHeight** a formei.

Pentru configurarea proprietăților butoanelor individuale ale barei de unelte se selectează pagina intitulată *Buttons*. Pagina are aspectul următor:

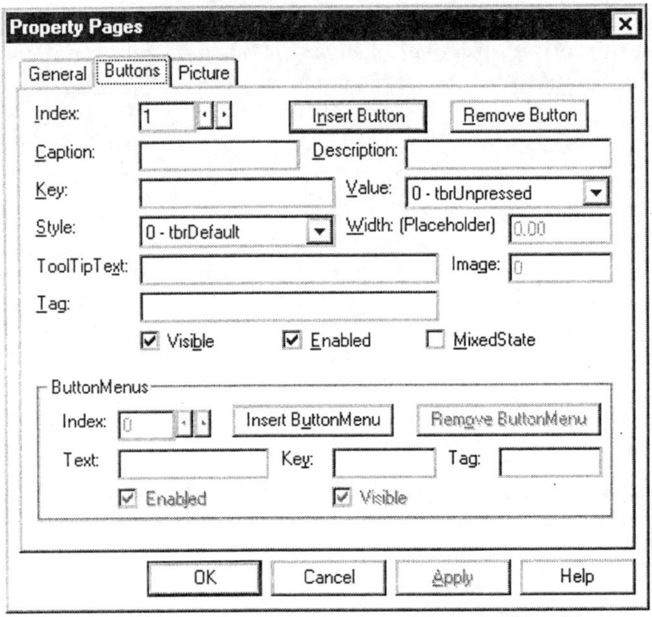

Această pagină, în partea ei superioară, este prevăzută cu patru butoane de comandă adiționale. Butoanele cu săgeți orizontale permit parcurgerea butoanelor controlului **Toolbar**. Butonul **Insert Button** permite inserarea în bara de unelte a unui nou buton iar butonul **Remove Button** servește la îndepărtarea din bara de unelte a butonului curent.

Cutia text **Index**

Conține un număr întreg care identifică în mod unic butonul curent din controlul **Toolbar**. Indicele primului buton este egal cu 1.

Cutia text **Key**

Permite stabilirea unei chei care identifică în mod unic butonul curent din controlul **Toolbar**. Cutia trebuie încărcată cu un şir de caractere; dacă şirul utilizat la specificarea cheii a mai fost folosit, atunci se declanşează o eroare.

Cutia text **Caption**

Stabileşte eticheta ataşată butonului curent (textul afişat pe buton).

Cutia text **Description**

Stabileşte textul afişat în colțul stânga jos al ferestrei de dialog *Customize Toolbar* când se selectează butonul respectiv.

Lista combinată **Value**

Permite selectarea stării butonului curent. Valorile posibile sunt următoarele:

Constantă	Valoare	Descriere
tbrUnPressed	0	Butonul nu este apăsat. Valoare implicită.
tbrPressed	1	Butonul este apăsat.

Lista combinată **Style**

Permite selectarea stilului butonului curent. Pentru stabilirea stilului se utilizează următoarele constante:

Constantă	Valoare	Descriere
tbrDefault	0	*Buton de comandă standard.* Valoare implicită.
tbrCheck	1	*Buton de validare,* cu două stări: selectat sau neselectat.
tbrButtonGroup	2	*Grup de butoane* Butonul rămâne apăsat până când se apasă un alt buton al grupului. La un moment dat poate fi apăsat un singur buton al grupului. Pentru realizarea unui grup de butoane care au stilul *tbrButtonGroup*, butoanele trebuiesc plasate între o pereche de butoane care au stilul *tbrSeparator*.
tbrSeparator	3	*Separator* Butonul joacă rolul unui separator, având lățimea fixă de 8 pixeli.
tbrPlaceholder	4	*Buton utilizat pentru rezervarea de spațiu* Butonul este asemănător butonului separator, cu deosebirea că lățimea lui se poate stabili de x[tre utilizator, în cutia text **Width** (**Placeholder**). Pe un astfel de buton se poate aşeza un alt control, de exemplu o listă combinată.
tbrDropdown	5	*Buton utilizat la afişarea unui meniu (listă derulantă)* Butonul este prevăzut cu un simbol "săgeată jos". Dacă se efectuează un clic pe acest simbol, se afişează o listă de elemente de meniu (comenzi). Lista fiind afişată, selectarea unui astfel de element se realizează prin efectuarea unui clic pe el. Elementele listei se află într-o colecție având tipul **ButtonMenus**. Un element al listei are tipul **ButtonMenu**.

Dacă pe un buton, care are stilul *tbrPlaceHolder*, se aşează un anumit control, atunci acesta – în momentul redimensionării formei – trebuie de asemenea redimensionat. În acest scop se va folosi o procedură de forma următoare (aici pe buton s-a aşezat o listă combinată):

```
Private Sub Form_Resize()
	' Se modifică valorile proprietăților Top, Left şi Width ale listei combinate
	' la valorile proprietăților Top, Left şi Width ale butonului.
	With Toolbar1.Buttons("Combo1")
		Combo1.Move   .Left, .Top, .Width
	End With
End Sub
```

Cutia text **Image**

Specifică indicele (proprietatea **Index**) sau cheia imaginii (proprietatea **Key**) din controlul **ImageList** utilizată de butonul curent.

Cutia de validare **MixedState**

Stabileşte dacă butonul curent se află într-o stare nedeterminată (mixtă). De obicei se foloseşte la butoanele având stilul *tbrCheck*. În acest caz proprietatea **Value** poate conţine şi o a treia valoare: stare estompată.

Cutia de validare **Enabled**

Se referă la posibilitatea de activare a butonului curent. Valoarea implicită este True (butonul poate fi activat). Dacă se alege valoarea False, butonul curent va fi inhibat.

Cutia de validare **Visible**

Se referă la vizibilitatea butonului curent. Valoarea implicită este True (butonul este vizibil).

Controalele afişate în subfereastra *ButtonMenus*

Aceste controale se utilizează când proprietatea **Style** a butonului curent se configurează cu ajutorul constantei *tbrDropdown*. În acest caz butonului curent îi corespunde o listă derulantă, care conţine comenzi (elemente de meniu).

- Cutia text **Index**, prevăzută cu două butoane cu săgeţi orizontale, conţine indicele comenzii curente. Indicele primei comenzi este 1.
- Butoanele cu săgeţi orizontale permit parcurgerea comenzilor ataşate butonului curent.
- Butonul de comandă **Insert ButtonMenu** permite inserarea în lista derulantă a unei noi comenzi.
- Butonul de comandă **Remove ButtonMenu** serveşte la îndepărtarea din lista derulantă a comenzii curente.
- Cutia text etichetată cu **Text** stabileşte numele comenzii.
- Cutia text **Key** stabileşte cheia unică ataşată comenzii.

- Cutia text **Tag** stabileşte o informaţie suplimentară ataşată comenzii.
- Cutia de validare **Enabled** stabileşte dacă comanda poate fi activată sau este inhibată.
- Cutia de validare **Visible** stabileşte dacă comanda este vizibilă.

12.2. Configurarea unei bare de unelte în execuţie

În execuţie proprietăţile generale ale unui control **ToolBar** pot fi citite sau configurate prin construcţii de forma următoare:

```
Dim Valoare
Valoare = ToolBar1.NumeProprietate          ' Citirea valorii proprietăţii.
ToolBar1.NumeProprietate = Valoare          ' Stabilirea valorii proprietăţii.
```

În construcţia anterioară prin *NumeProprietate* se înţelege una din proprietăţile generale ale barei de unelte, de exemplu **Align**, **AllowCustomize**, **Appearance**, **BorderStyle**, **ButtonHeight** **ButtonWidth**, **Buttons**, **DisabledImageList**, **Enabled**, **HotImageList**, **ImageList**, **MousePointer**, **ShowTips**, **Style**, **TextAlignment**, **ToolTipText**, **Wrappable**. Astfel, de exemplu, stilul chenarului barei de unelte poate fi testat sau configurat prin secvenţa următoare:

```
Dim s As Integer
ToolBar1.BorderStyle = ccFixedSingle        ' Configurarea proprietăţii BorderStyle.
s = ToolBar1.Style                          ' Citirea valorii proprietăţii BorderStyle.
```

- *Proprietatea* **Buttons** (de tip **Button**)

  Livrează o referinţă la colecţia de butoane a barei de unelte. Elementele acestei colecţii au tipul **Button**. Prin intermediul acestei referinţe pot fi apelate metodele standard utilizate la gestiunea butoanelor: **Add**, **Remove**, **Clear**, precum şi proprietăţile **Item** şi **Count**. Fiecare membru al colecţiei poate fi referenţiat printr-un indice (proprietatea **Index**) sau printr-o cheie (proprietatea **Key**). Proprietăţile se memorează când se adaugă un buton nou la bara de unelte (în execuţie cu metoda **Add** sau în perioada de elaborare a proiectului, cu ajutorul paginilor de proprietăţi).

- *Metoda* **Add**

Permite adăugarea unui buton la o bară de unelte. Ea poate fi apelată printr-o construcţie de forma:

Dim b **As** Button
Set *b* = *ToolBar1.Buttons*.**Add** (*Index, Key, Caption, Style, Image*)

Valoarea *b* reprezintă o referinţă la butonul creat şi este livrată de sistem. Cu ajutorul ei se pot apela proprietăţile butonului creat, în vederea modificării lor. Argumentele metodei **Add** sunt următoarele:

Argument	Descriere
Index	Un număr întreg pozitiv opţional care specifică poziţia în care se inserează obiectul **Button**. Dacă nu se specifică nici un indice, noul buton se va insera la sfârşitul colecţiei **Buttons**. Valorile utilizate sunt 1, 2, 3, ...
Key	Un şir opţional de caractere care identifică în mod unic obiectul **Button**. Cheile corespunzătoare butoanelor trebuie să fie distincte.
Caption	Un şir opţional de caractere care se afişează pe obiectul **Button** (eticheta ataşată butonului).
Style	O constantă opţională care specifică stilul obiectului **Button** (*tbrDefault, tbrCheck, tbrButtonGroup, tbrSeparator, tbrPlaceHolder, tbrDropDown*).
Image	Un număr întreg (**Index**) sau un şir de caractere (**Key**) opţional prin care se specifică imaginea utilizată de buton (în cadrul controlului **ImageList**).

- *Metoda* **Remove**

Îndepărtează un buton specificat din colecţia de butoane. Această metodă se apelează printr-o construcţie de forma următoare:

Toolbar1.Buttons.**Remove** *Indice* ' Valoarea proprietăţii **Index**.

sau

Toolbar1.Buttons.**Remove** *Cheie* ' Valoarea proprietăţii **Key**.

- *Metoda* **Clear**

Îndepărtează toate butoanele dintr-o bară de unelte. Această metodă se apelează printr-o construcţie de forma următoare:

Toolbar1Buttons.**Clear**

- *Proprietatea* **Count**

  Returnează o valoare de tip **Long** care comunică numărul de butoane ale colecției **Buttons**. Proprietatea este read-only (poate fi testată, nu și modificată prin program). Această proprietate poate fi utilizată printr-o construcție de forma următoare:

```
Dim Nr As Long
Nr = Toolbar1.Buttons.Count
```

- *Proprietate* **Item**

  Livrează o referință la un buton specificat al barei de unelte. Referința se obține printr-o construcție de forma:

```
Dim ref As Button
Set ref = ToolBar1.Buttons(i)
```

  sau

```
Set ref = ToolBar1.Buttons.Item(i)
```

  unde *i* este un număr întreg (proprietatea **Index**, *i* = 1, 2, 3, ...) sau un șir de caractere (proprietatea **Key**). Cu ajutorul acestei referințe se pot citi sau configura proprietățile butonului specificat:

```
Dim Valoare
Valoare = ref.NumeProprietate        'Citirea valorii proprietății.
ref .NumeProprietate = Valoare       'Stabilirea valorii proprietății.
```

  În construcția anterioară prin *NumeProprietate* se înțelege una din proprietățile butonului specificat: **ButtonMenus**, **Caption**, **Description**, **Enabled**, **Height**, **Image**, **Index**, **Key**, **Left**, **MixedState**, **Style**, **Tag**, **ToolTipText**, **Top**, **Value**, **Visible** și **Width**. Astfel, de exemplu, proprietatea **Style** a primului buton poate fi testată sau configurată prin secvența următoare:

```
Dim ref As Button, s As Integer
Set ref = ToolBar1.Buttons(1)
s = ref.Style               ' Citirea valorii proprietății.
ref.Style = tbrDefault      ' Stabilirea valorii proprietății.
```

- *Proprietatea* **ButtonMenus** (de tip **ButtonMenu**)

  Livrează o referință la colecția de comenzi **ButtonMenus** care se atașează unui buton având stilul *tbrDropDown*. Elementele colecției au tipul **ButtonMenu**. Prin intermediul acestei referințe se pot apela:

  – metodele standard utilizate la gestiunea comenzilor (**Add**, **Remove**, **Clear**);

– proprietățile standard ale colecției (**Item** și **Count**).

Comenzile colecției sunt numerotate automat, începând cu 1. Proprietatea **ButtonMenus** aste accesibilă numai în execuție.

- *Metoda* **Add**

Adaugă o comandă colecției de comenzi care se atașează unui buton având stilul *tbrDropDown*. Dacă se dorește adăugarea unei comenzi butonului identificat prin valoarea *k* (**Index** sau **Key**), metoda se apelează printr-o construcție de forma:

```
Dim ref As Button
Dim c As ButtonMenu
Set ref = ToolBar1.Buttons(k)
Set c = ref.ButtonMenus.Add(Index, Key, Text)
```

Valoarea *c* reprezintă o referință la comanda adăugată și este încărcată de sistem. Argumentele metodei **Add** sunt următoarele:

Argument	Descriere
Index	Argument opțional. Un număr întreg care specifică poziția în care se va insera noua comandă. Dacă nu se specifică nici un indice, noua comandă se adaugă la sfârșitul colecției. Prima comandă inserată are indicele egal cu 1. Indicele poate fi utilizat în proprietatea **Item** pentru a accesa proprietățile comenzii.
Key	Argument opțional. Cheia unică a comenzii create (un șir de caractere care poate fi utilizat de proprietatea **Item** pentru a accesa proprietățile comenzii).
Text	Argument obligatoriu de tip **String** care specifică numele comenzii (textul afișat în lista derulantă).

Deoarece metoda **Add** livrează o referință la comanda creată, cu ajutorul acestei referințe se pot configura ușor proprietățile noii comenzi.

- *Metoda* **Remove**

Îndepărtează o comandă din colecția de comenzi atașată unui buton specificat prin indice sau cheie. Metoda se apelează printr-o construcție de forma:

```
Dim ref As Button
Set ref = ToolBar1.Buttons(k)          ' k este indicele sau cheia aferentă butonului
ref.ButtonMenus. Remove indice        ' Indicele comenzii care se șterge
```

sau

```
ref.ButtonMenus.Remove cheie          ' Cheia comenzii care se șterge
```

- *Metoda* **Clear**

  Îndepărtează toate comenzile ataşate unui buton. Această metodă se apelează printr-o construcţie de forma:

  ref.**Clear**

- *Proprietatea* **Count** (de tip **Long**)

  Returnează o valoare de tip **Long** care comunică utilizatorului numărul total de comenzi ataşate unui buton. Această proprietate este read-only (poate fi citită, nu şi modificată prin program). Proprietatea se poate utiliza printr-o construcţie de forma următoare:

```
Dim nr As Long
nr = ref.ButtonMenus.Count
```

- *Proprietatea* **Item** (de tip **ButtonMenu**)

  Livrează o referinţă la o comandă specificată (prin indice sau prin cheie) şi ataşată unui buton. Proprietatea se poate utiliza printr-o construcţie de forma următoare:

```
Dim ref As Button
Dim c As ButtonMenu
Set ref = ToolBar1.Buttons(k)        ' k: indicele sau cheia butonului analizat
Set c = ref.ButtonMenus.Item(n)      ' n: indicele sau cheia comenzii
```

sau

```
Set c = ref.ButtonMenus(n)           ' n: indicele sau cheia comenzii
```

Cu ajutorul referinţei obţinute *c* se pot citi sau modifica proprietăţile unei comenzi:

```
Dim Valoare
Valoare = c.NumeProprietate          'Citirea valorii proprietăţii
c.NumeProprietate = Valoare          'Stabilirea valorii proprietăţii
```

Proprietăţile comenzii asociate unui buton sunt centralizate în tabelul următor:

Proprietate	Descriere
Index	Indicele comenzii.
Key	Cheia comenzii.
Text	Textul ataşat comenzii.
Enabled	Valoare logică care specifică dacă comanda este activă sau este inhibată.
Visible	Valoare logică care specifică dacă comanda este vizibilă sau este

Proprietate	Descriere
	invizibilă.
Tag	Informaţie auxiliară de tip **String** ataşată comenzii.
Parent	O referinţă la obiectul ascendent comenzii (obiectul ascendent al unui obiect **ButtonMenu**).

- *Evenimentul* **ButtonClick**

Se declanşează când utilizatorul efectuează un clic pe un buton al barei de unelte. Prototipul procedurii ataşate acestui eveniment este:

```
Private Sub Toolbar1_ButtonClick(ByVal Button As MSComctlLib.Button)
        ' Testarea butonului selectat se realizează cu ajutorul proprietăţii
        ' Key sau Value, printr-o secvenţă de forma:
        Select Case Button.Key
                Case "Cheia1"
                Case "Cheia2"
        End Select
End Sub
```

Deoarece utilizatorul poate rearanja ordinea butoanelor şi în execuţie (cu fereastra de dialog *Customize Toolbar*), valoarea proprietăţii **Index** nu va indica întotdeauna poziţia butonului, astfel că este preferabilă testarea valorii proprietăţii **Key**.

- *Evenimentul* **ButtonDropDown**

Se declanşează când se efectuează un clic pe simbolul "săgeată jos" corespunzător unui buton având stilul *tbrDropdown*. După efectuarea unui clic se deschide lista de comenzi asociată butonului. Prototipul procedurii-eveniment este:

```
Private Sub Toolbar1_ButtonDropDown(ByVal Button As_
                                        MSComctlLib.Button)

End Sub
```

În parametrul *Button* sistemul livrează o referinţă butonului (obiectul de tip **Button**) pe care s-a efectuat un clic. Evenimentul **ButtonDropDown** se declanşează înainte de declanşarea evenimentului **ButtonMenuClick**.

- *Evenimentul* **ButtonMenuClick**

Se declanşează când utilizatorul efectuează un clic pe o comandă (element de meniu) corespunzător unui buton având stilul *tbrDropdown*, adică atunci când se efectuează un clic pe un obiect de tip **ButtonMenu**. Prototipul procedurii-eveniment este:

```
Private Sub Toolbar1_ButtonMenuClick(ByVal ButtonMenu As_
                                      MSComctlLib.ButtonMenu)
    ' Testarea comenzii selectate se realizează cu ajutorul proprietăţii
    ' Text, printr-o secvenţă de forma:
    Select Case ButtonMenu.Text
            Case "Textul1"
            Case "Textul2"
    End Select
End Sub
```

În parametrul *ButtonMenu* sistemul livrează o referinţă la comanda (obiectul de tip **ButtonMenu**) pe care s-a efectuat un clic. Comanda se poate identifica folosind proprietatea **Text** a comenzii.

EXEMPLUL 1:

Forma aplicaţiei următoare conţine o listă de imagini şi o bară de unelte. Lista de imagini a fost încărcată cu şase imagini de dimensiune 32 × 32 pixeli şi a fost înlănţuită la bara de unelte. Înlănţuirea s-a realizat cu ajutorul proprietăţii **ImageList**, care a fost iniţializată cu numele listei de imagini: *ImageList1*. În continuare bara de unelte s-a completat cu 9 butoane, configurate astfel:

Index	**Key**	**Value**	**Style**	**Image**	**ButtonMenus**
1	Unu	tbrUnpressed	tbrDefault	1	
2		tbrUnpressed	tbrSeparator	0	
3	Doi	tbrPressed	tbrCheck	2	
4		tbrUnpressed	tbrSeparator	0	
5	Trei	tbrPressed	tbrButtonGroup	3	
6	Patru	tbrUnpressed	tbrButtonGroup	4	
7	Cinci	tbrUnpressed	tbrButtonGroup	5	
8		tbrUnpressed	tbrSeparator	0	
9	Sase	tbrUnpressed	tbrDropdown	6	Index=1 Text=Cluj
					Index=2 Text=Zalau

Prin aplicarea unui clic pe unul din cele şase butoane funcţionale ale barei, se afişează într-o fereastră de informaţii cheia ataşată butonului. Dacă se dă comanda "Cluj" din lista derulantă asociată butonului având cheia "Sase", atunci într-o fereastră de informaţii se afişează mesajul

"Comanda CLUJ". Dacă se dă comanda "Zalau" din lista derulantă asociată butonului având cheia "Sase", atunci într-o fereastră de informații se afişează mesajul "Comanda ZALAU".
Fereastra afişată de aplicație are aspectul următor:

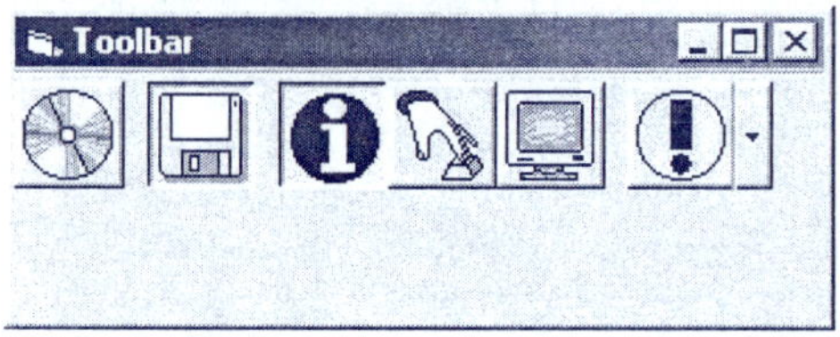

Textul sursă al programului este:

```
Option Explicit

Private Sub Toolbar1_ButtonClick(ByVal Button As_
                                MSComctlLib.Button)
Select Case Button.Key
    Case "Unu"
        MsgBox "Unu"
    Case "Doi"
        MsgBox "Doi"
    Case "Trei"
        MsgBox "Trei"
    Case "Patru"
        MsgBox "Patru"
    Case "Cinci"
        MsgBox "Cinci"
    Case "Sase"
        MsgBox "Sase"
    End Select
End Sub

Private Sub Toolbar1_ButtonMenuClick(ByVal ButtonMenu As_
                                    MSComctlLib.ButtonMenu)
  Select Case ButtonMenu.Text
    Case "Cluj"
       MsgBox "Comanda CLUJ"
    Case "Zalau"
      MsgBox "Comanda ZALAU"
  End Select
End Sub
```

EXEMPLUL 2:

Aplicația următoare este echivalentă celei precedente. Deosebirea constă în faptul că butoanele au fost adăugate barei de unelte în timpul execuției, în procedura aferentă evenimentului **Load** pentru formă.

Textul sursă al programului este:

```
Option Explicit

Private Sub Form_Load()
Dim b As Button
  Set Toolbar1.ImageList = ImageList1
  Toolbar1.Buttons.Add 1, "Unu", , tbrDefault, 1
  Toolbar1.Buttons.Add 2, , , tbrSeparator
  Toolbar1.Buttons.Add 3, "Doi", , tbrCheck, 2
  Toolbar1.Buttons.Add 4, , , tbrSeparator
  Toolbar1.Buttons.Add 5, "Trei", , tbrButtonGroup, 3
  Toolbar1.Buttons.Add 6, "Patru", , tbrButtonGroup, 4
  Toolbar1.Buttons.Add 7, "Cinci", , tbrButtonGroup, 5
  Toolbar1.Buttons.Add 8, , , tbrSeparator
  Set b = Toolbar1.Buttons.Add(9, "Sase", , tbrDropdown, 6)
  Toolbar1.Buttons(3).Value = tbrPressed
  Toolbar1.Buttons(5).Value = tbrPressed
  Toolbar1.Buttons(6).Value = tbrUnpressed
  Toolbar1.Buttons(7).Value = tbrUnpressed
  b.ButtonMenus.Add 1, , "Cluj"
  b.ButtonMenus.Add 2, , "Zalau"
End Sub

Private Sub Toolbar1_ButtonClick(ByVal Button As_
                                 MSComctlLib.Button)
  Select Case Button.Key
    Case "Unu"
        MsgBox "Unu"
    Case "Doi"
        MsgBox "Doi"
    Case "Trei"
        MsgBox "Trei"
    Case "Patru"
        MsgBox "Patru"
    Case "Cinci"
        MsgBox "Cinci"
    Case "Sase"
        MsgBox "Sase"
  End Select
End Sub

Private Sub Toolbar1_ButtonMenuClick(ByVal ButtonMenu As _
                                     MSComctlLib.ButtonMenu)
  Select Case ButtonMenu.Text
    Case "Cluj"
       MsgBox "Comanda CLUJ"
    Case "Zalau"
      MsgBox "Comanda ZALAU"
  End Select
End Sub
```

EXEMPLUL 3:

Forma aplicației următoare conține o listă de imagini, o bară de unelte și o listă combinată așezată pe bara de unelte. În perioada de elaborare a proiectului lista de imagini nu conține imagini, iar bara de unelte nu conține vreun buton. În execuție, în procedura aferentă evenimentului **Load** pentru formă, se încarcă două imagini în lista de imagini. Cheile aferente imaginilor sunt *Imagine1* și *Imagine2*. În continuare lista de imagini se înlănțuie la bara de unelte și se adaugă barei cinci butoane. Butoanele se configurează astfel:

Index	Key	Style	Image
1		tbrSeparator	
2	Comanda1	tbrDefault	Imagine1
3	Comanda2	tbrDefault	Imagine2
4		tbrSeparator	
5	combo1	tbrPlaceholder	

Tot în această procedură se definește lățimea butonului care are stilul *tbrPlaceholder*, și în funcție de lățimea lui se configurează dimensiunea și poziția listei combinate, care se va așeza pe buton. Lista combinată se inițializează cu trei elemente: *Roșu*, *Verde* și *Albastru*; se selectează primul element.

Fereastra aplicației are aspectul următor:

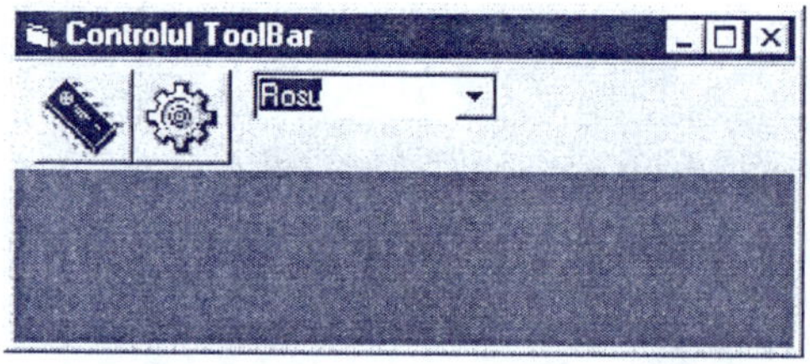

Prin aplicarea unui clic pe unul din cele două butoane de comandă funcționale ale barei, se afișează într-o fereastră de informații cheia atașată butonului. Dacă se selectează un element al listei combinate, culoarea de fond a ferestrei se modifică la culoarea sugerată de numele elementului. În aplicație este tratat și evenimentul de redimensionare a formei **Resize** care determină și redimensionarea controlului **ComboBox**.

Textul sursă al programului este:

```
Option Explicit

Const cale = "C:\Program Files\Microsoft Visual Studio\" & _
                    "Common\Graphics\Icons\Computer\"
Private Sub Form_Load()
  Form1.Caption = "Controlul ToolBar"
  ' Încărcarea imaginilor în controlul ImageList1.
  ImageList1.ListImages.Add _
     1, "Imagine1", LoadPicture(cale & "Cdrom01.ico")
  ImageList1.ListImages.Add _
     2, "Imagine2", LoadPicture(cale & "Key04.ico")
  Set Toolbar1.ImageList = ImageList1
  ' Adăugare de obiecte Button la colecţia Buttons
  ' cu metoda Add. După crearea unui buton se stabileşte
  ' proprietatea Description şi ToolTipText.
  Toolbar1.Buttons.Add 1, , , tbrSeparator
  Toolbar1.Buttons.Add 2, "Comanda1", , tbrDefault, "Imagine1"
  Toolbar1.Buttons(2).ToolTipText = "Prima comanda"
  Toolbar1.Buttons.Add 3, "Comanda2", , tbrDefault, "Imagine2"
  Toolbar1.Buttons(3).ToolTipText = "Comanda a doua"
  Toolbar1.Buttons(3).Description = "Aceasta este prima comanda"
  Toolbar1.Buttons.Add 4, , , tbrSeparator
  ' Următorul buton are stilul Placeholder.
  ' Deasupra acestui buton va fi plasat un control ComboBox.
 Toolbar1.Buttons.Add 5, "combo1", , tbrPlaceholder
 Toolbar1.Buttons(5).Width = 1500    ' Lăţime buton tip Placeholder
  ' Configuarea controlului ComboBox.
 With Combo1
    .Width = Toolbar1.Buttons("combo1").Width
    .Top = Toolbar1.Buttons("combo1").Top
    .Left = Toolbar1.Buttons("combo1").Left
    .AddItem "Rosu"              ' Adăugare de elemente la lista combinată.
    .AddItem "Verde"
    .AddItem "Albastru"
    .ListIndex = 0               ' Indicele elementului selectat.
  End With
End Sub

Private Sub Form_Resize()
  ' La redimensionarea formei se redimensionează şi controlul ComboBox.
  With Combo1
    .Width = Toolbar1.Buttons("combo1").Width
    .Top = Toolbar1.Buttons("combo1").Top
    .Left = Toolbar1.Buttons("combo1").Left
  End With
End Sub

Private Sub Toolbar1_ButtonClick(ByVal Button As _
                                  MSComctlLib.Button)
  Select Case Button.Key
    Case "Comanda1"
      MsgBox "Comanda1"
```

```
    Case "Comanda2"
      MsgBox "Comanda2"
  End Select
End Sub

Private Sub Combo1_Click()
 ' Modificarea culorii de fond a formei pe baza elementului selectat din ComboBox.
  Select Case Combo1.ListIndex
    Case 0
      Form1.BackColor = vbRed
    Case 1
      Form1.BackColor = vbGreen
    Case 2
      Form1.BackColor = vbBlue
    End Select
End Sub
```

EXEMPLUL 4:

Forma aplicației conține o bară de unelte. Bara de unelte conține două butoane. Primul buton, pe care se afişează textul *Desenare*, are stilul *tbrDropDown* şi conține două comenzi: *Cerc* şi *Dreptunghi*. Pe butonul al doilea se afişează textul *Stergere* şi are stilul *tbrDefault*. În execuție, dacă se dă comanda *Cerc*, atunci se desenează pe formă 10 cercuri aleatoare. Prin comanda *Dreptunghi* se desenează pe formă 10 dreptunghiuri aleatoare. Prin acționarea butonului *Stergere* zona de desenare este ştearsă.

Fereastra aplicației are aspectul următor:

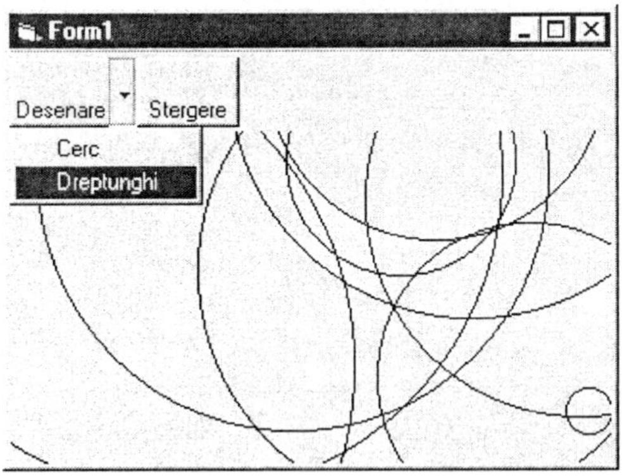

Textul sursă al programului este:

```
Option Explicit
Private Sub Toolbar1_ButtonClick(ByVal Button As_
                                   MSComctlLib.Button)
  If Button.Caption = "Stergere" Then
    Form1.Cls
  End If
End Sub

Private Sub Toolbar1_ButtonMenuClick(ByVal ButtonMenu As _
                                   MSComctlLib.ButtonMenu)
Dim lat As Single, inalt As Single
Dim x As Single, y As Single, r As Single
Dim i As Integer
Dim x1 As Single, y1 As Single
  lat = Form1.ScaleWidth
  inalt = Form1.ScaleHeight
  If ButtonMenu.Text = "Cerc" Then
    For i = 0 To 9
      x = Rnd * lat
      y = Rnd * inalt
      r = Rnd * inalt
      Form1.Circle (x, y), r
    Next
  ElseIf ButtonMenu.Text = "Dreptunghi" Then
    For i = 0 To 9
      x = Rnd * lat
      y = Rnd * inalt
      x1 = Rnd * lat
      y1 = Rnd * inalt
      Form1.Line (x, y)-(x1, y1), , B
    Next
  End If
End Sub
```

EXEMPLUL 5:

În această aplicaţie se ilustrează modul de utilizare a proprietăţilor **ImageList**, **DisabledImageList** şi **HotImageList**. Forma aplicaţiei conţine o bară de unelte prevăzută cu un singur buton pe care se afişează *Test* şi are stilul *tbrDefault*. Stilul barei de unelte este egal cu 1 (*tbrTransparent*). Forma este prevăzută cu trei liste de imagini, fiecare conţinând o singură imagine. În cazul fiecărei imagini se foloseşte aceeaşi cheie (proprietatea **Key** a imaginilor este egală *alfa*). Imaginile utilizate de cele trei liste de imagini se încarcă în execuţie. Proprietăţile **ImageList**, **DisabledImageList** şi **HotImageList** ale barei de unelte se iniţializează cu cele trei liste de imagini iar proprietatea **Image** a butonului se configurează cu valoarea *alfa*. Forma mai conţine şi un buton de comandă care pune în stare activă respectiv inhibată butonul barei de unelte.

În figura de mai jos se prezintă imaginile afişate de butonul barei de unelte, în funcție de starea butonului.

Stare inițială

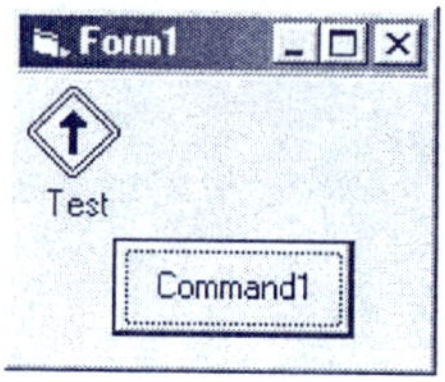

Buton indicat

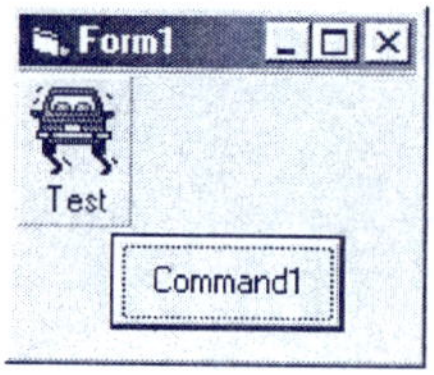

Buton inhibat

Textul sursă al programului este:

```
Option Explicit

Private Sub Form_Load()
Const s As String = "C:\Program Files\Microsoft Visual Studio\"& _
            "Common\Graphics\Icons\Traffic\"
Dim im As ListImage
Dim b As Button
  Set im = ImageList1.ListImages.Add(, "alfa", _
    LoadPicture(s & "Trffc01.ico"))
  Set im = ImageList2.ListImages.Add(, "alfa", _
    LoadPicture(s & "Trffc14.ico"))
  Set im = ImageList3.ListImages.Add(, "alfa", _
    LoadPicture(s & "Trffc16.ico"))
  Toolbar1.Style = 1    'tbrTransparent
  Set Toolbar1.ImageList = ImageList1
  Set Toolbar1.DisabledImageList = ImageList2
  Set Toolbar1.HotImageList = ImageList3
  Set b = Toolbar1.Buttons.Add
  b.Image = "alfa"
  b.Caption = "Test"
End Sub

Private Sub Command1_Click()
Dim b As Button
  Set b = Toolbar1.Buttons(1)
  If b.Enabled = True Then
    b.Enabled = False
  Else
    b.Enabled = True
  End If
End Sub
```

13. CONTROLUL CoolBar

Controlul **CoolBar** (*bara "şmecheră"*) este un container, care poate conţine alte controale, numite controale "copii". Este utilizat la crearea barelor de unelte care în execuţie pot fi configurate de utilizator, similare cu bara de unelte utilizată de **Internet Explorer**. Controlul conţine una sau mai multe regiuni dreptunghiulare, redimensionabile în execuţie, numite *benzi*. Fiecare bandă conţine:

1. Un singur control copil, de exemplu un buton comandă, o listă simplă sau combinată, o cutie de validare sau altele[1]. Controlul copil ataşat unei benzi poate fi desemnat atât în perioada de elaborare a proiectului, folosind proprietatea **Child**, cât şi în execuţie, folosind metoda **Add**.
2. Eventual un text ataşat benzii, specificat cu ajutorul proprietăţii **Caption** .
3. Eventual o imagine provenită dintr-un control **ImageList**, specificată cu ajutorul proprietăţii **Image**.

În exemplul următor controlul **CoolBar** conţine trei benzi. Prima bandă conţine o listă combinată *Combo1*. Banda a doua conţine un buton de comandă *Command1*. Banda a treia conţine o cutie de validare *Check1*. Cele trei benzi sunt afişate pe două linii.

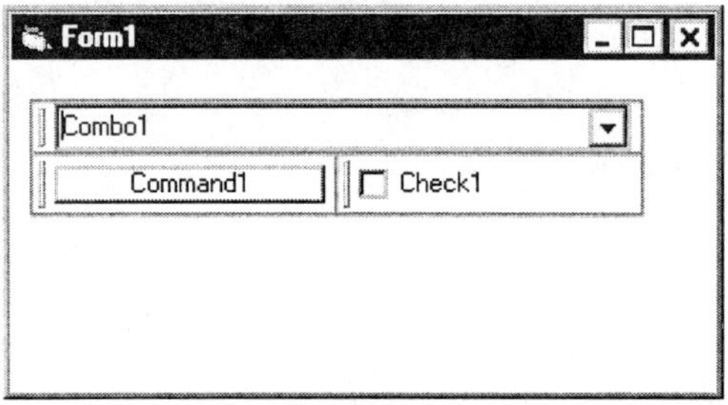

În execuţie benzile pot fi redimensionate şi rearanjate cu ajutorul procedeului de tragere cu mouse-ul. În acest scop se vor utiliza mânerele de

1 Fiecare control care are proprietatea **hWind** poate să joace rolul de copil al unei benzi. Controalele "simple", cum sunt **Label**, **Image**, **Shape** sau **Line** nu pot să devină copilul unei benzi.

tragere (liniuţele verticale afişate în stânga benzilor). Dacă se indică cu mouse-ul un mâner de tragere, cursorul obişnuit al mouse-ului se transformă într-o săgeată orizontală dublă ↔. Controlul prezentat anterior poate fi transformat astfel:

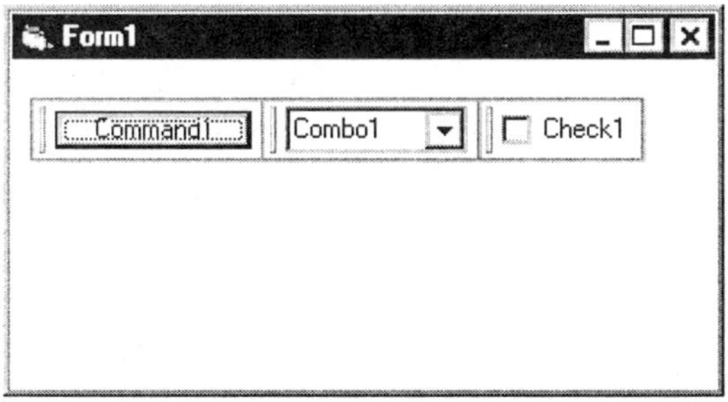

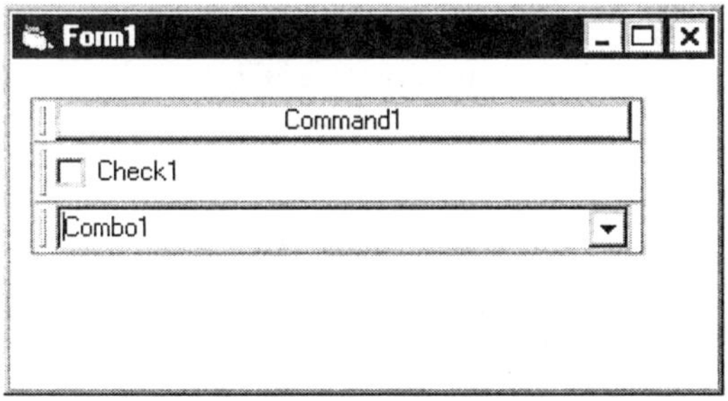

Controlul **CoolBar** este de tip ActiveX. Pentru afişarea simbolului grafic ataşat controlului pe paleta de controale, din meniul **Project** se dă comanda **Components** (Ctrl+T). În fereastra care se afişează se selectează pagina *Controls*. În continuare, printr-un clic, se selectează cutia de validare care are eticheta *Microsoft Windows Common Controls 6.0 – 2*. Datele referitoare la acest control se găsesc în fişierul

C:\WINDOWS\System\ COMCT332.OCX

sau

C:\WINNT\System32\COMCT332.OCX

Simbolul grafic aferent controlului are forma . Numele clasei este **CoolBar**. Controalele au denumirile standard *CoolBar1*, *CoolBar2*, ...

Pentru adăugarea unui control la o bandă,
în perioada de elaborare a proiectului:

1. Controlul **CoolBar** fiind selectat, din fereastra *ToolBox* (paleta de controale) se alege controlul care se va adăuga unei benzi şi el se aşează în <u>interiorul</u> controlului **CoolBar**.

2. Se repetă punctul 1 pentru fiecare control care se va adăuga controlului **CoolBar**. Selecția prealabilă a controlului **CoolBar** este obligatorie!
3. Cu butonul drept se efectuează un clic pe controlul **CoolBar**[2]. Din meniul local afişat se dă comanda **Properties**. Se afişează o fereastră de dialog care are două fişe: *General* şi *Bands*. Se alege fişa *Bands*.

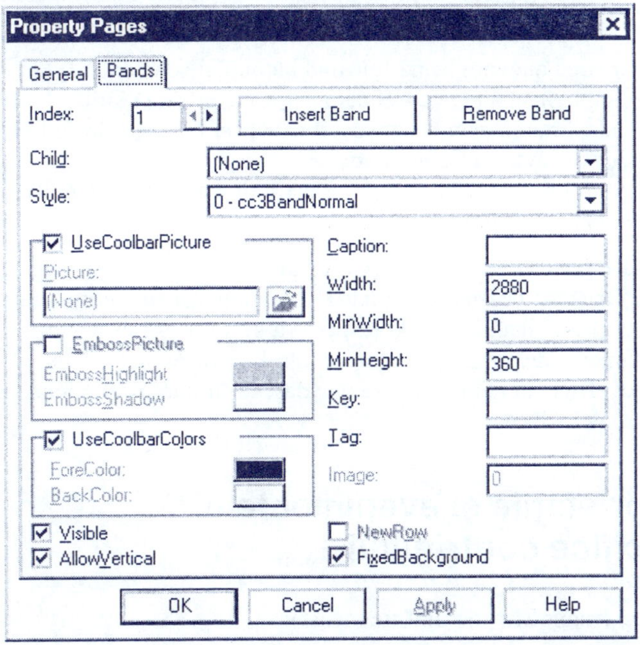

4. Folosind butonul asociat listei *Index* (indice) se selectează indicele benzii pe care se va afişa un anumit control.
5. Folosind butonul "săgeată jos" asociat listei *Child* (copil) se selectează controlul dorit. În acest fel se realizează o asociere dintre o bandă şi un control. Dacă se doreşte şi afişarea unui text pe banda selectată la pasul 4, atunci se completează şi cutia text *Caption*. Dacă se doreşte afişarea unei imagini în interiorul benzii, atunci în cutia text *Image* se introduce indicele sau cheia imaginii dorite. Asocierea unei imagini este posibilă numai dacă forma conține un control **ImageList** pregătit şi asociat controlului **CoolBar**.

---

2 Alte variante:

- în fereastra de proprietăți se selectează proprietatea *Custom* şi se efectuează un clic pe butonul prevăzut cu trei puncte;
- din meniul **View** se dă comanda **Property Pages** (Sfift+F4).

6. Se repetă punctele 4 şi 5 pentru fiecare asociere dintre o bandă şi un control.

Observaţii:

1. În fereastra de proprietăţi, în perioada de elaborare a proiectului, se pot cere:
   - crearea unei noi benzi folosind butonul de comandă *Insert Band* (implicit sunt create trei benzi, aşezate pe două linii);
   - îndepărtarea unei benzi specificate prin indice, folosind butonul de comandă *Remove Band*;
   - configurarea celorlalte proprietăţi ale controlului **CoolBar** şi a benzilor conţinute în control.
2. Fiecare bandă a controlului **CoolBar** poate conţine un singur control. Dacă se doreşte ca o bandă să conţină mai multe controale, atunci prima dată în banda respectivă se va aşeza un control de tip container, de exemplu un control **Frame** sau un control **PictureBox**. În continuare se vor desena în interiorul containerului controalele dorite.

13.1. Proprietăţile şi evenimentele specifice controlului

- *Proprietatea* **ImageList** (de tip **ImageList**)

  Ataşează un control **ImageList** utilizat de imaginile controlului **CoolBar**. Ataşarea se realizează prin

  Set *CoolBar1*.**ImageList** = *Nume*

  unde *Nume* reprezintă numele listei de imagini.

- *Proprietatea* **Orientation** (de tip **Integer**)

  Stabileşte sau testează orientarea controlului **CoolBar**.

  CoolBar1.**Orientation** = *constantă*

  Pentru stabilirea orientării se folosesc următoarele constante predefinite:

Constantă	Valoare	Descriere
cc3OrientationHorizontal	0	Orientare orizontală. Valoare implicită.
cc3OrientationVertical	1	Orientare verticală.

- *Proprietatea* **BandBorders** (de tip **Boolean**)

  Stabileşte sau testează dacă controlul **CoolBar** afişează liniile de separare ale benzilor.

  CoolBar1.**BandBorders** = *ValoareLogică*

  Dacă valoarea este True, care este şi valoarea implicită, liniile de separare ale benzilor sunt vizibile. Dacă valoarea este False, liniile de separare sunt ascunse.

- *Proprietatea* **FixedOrder** (de tip **Boolean**)

  Stabileşte sau testează dacă utilizatorul poate rearanja în execuţie ordinea benzilor (folosind metoda tragerii cu mouse-ul).

  CoolBar1.**FixedOrder** = *ValoareLogică*

  Dacă valoarea este False, care este şi valoarea implicită, benzile pot fi rearanjate. Dacă valoarea este True, benzile nu pot fi rearanjate.

- *Proprietatea* **VariantHeight** (de tip **Boolean**)

  Stabileşte sau testează dacă benzile controlului pot avea înălţimi diferite.

  CoolBar1.**VariantHeight** = *ValoareLogică*

  Dacă valoarea este True, care este şi valoarea implicită, înălţimea benzilor poate varia. Dacă valoarea este False, benzile vor avea înălţimi egale.

- *Proprietăţile* **BackColor** şi **ForeColor** (de tip **Long**)

  Stabileşte sau testează culoarea fondului şi a scrisului utilizate de controlul **CoolBar**.

  CoolBar1.**BackColor** = *CodCuloare*
  CoolBar1.**ForeColor** = *CodCuloare*

- *Proprietatea* **EmbossPicture** (de tip **Boolean**)

  Imagine de tip relief. Stabileşte sau testează dacă imaginea de fond a controlului **CoolBar** specificată prin proprietatea **Picture** se va afişa în două sau în mai multe culori.

  CoolBar1.**EmbossPicture** = *ValoareLogică*

Dacă valoarea este False, care este şi valoarea implicită, imaginea de fond este afişată în mai multe culori. Dacă valoarea este True, imaginea este afişată doar în două culori. Cele două culori care se utilizează se specifică cu ajutorul proprietăților **EmbossHighlight** şi **EmbossShadow**.

- *Proprietatea* **RowCount** (de tip **Long**)

Returnează numărul liniilor afişate de controlul **CoolBar**. Proprietatea poate fi utilizată numai în execuție şi are atributul read-only. Numărul liniilor afişate nu coincide în mod obligatoriu cu numărul benzilor, deoarece pe o linie pot fi afişate mai multe benzi.

```
Dim NrLin As Long
NrLin = CoolBar1.RowCount
```

- *Evenimentul* **HeightChanged**

Se declanşează când se modifică înălțimea (proprietatea **Height**) a unui control **CoolBar**. Înălțimea controlului se modifică dacă în execuție utilizatorul rearanjează benzile sau dacă înălțimea uneia sau mai multor benzi s-a modificat prin program. Evenimentul se declanşează după evenimentul **Resize**. Prototipul procedurii ataşate evenimentului este:

```
Private Sub CoolBar1_HeightChanged(ByVal NewHeight As Single)

End Sub
```

În parametrul *NewHeight* sistemul comunică noua înălțime a controlului. Evenimentul **HeightChanged** se utilizează când controlul **CoolBar** este conținut de un container, deoarece în acest caz înălțimea livrată de evenimentul **Resize** poate deveni irelevantă, sau evenimentul **Resize** poate fi suprimat.

13.2. Colecția de benzi Bands

- *Proprietatea* **Bands**

Proprietatea **Bands** a controlului **CoolBar** livrează o referință la colecția de benzi. Elementele acestei colecții au tipul **Band**. Prin intermediul acestei referințe se pot apela:

- metodele standard utilizate la gestiunea elementelor colecției (**Add**, **Remove** şi **Clear**);
- proprietățile standard ale colecției (**Count**, **Item**).

Elementele colecției sunt numerotate automat, începând cu 1. Proprietatea **Bands** este accesibilă numai în execuție.

- *Metoda* **Add**

Adaugă un obiect **Band** colecției. Metoda poate fi apelată printr-o construcție de forma:

Dim b **As** Band
Set *b* = *CoolBar1.Bands*.**Add**(*Index, Key, Caption, Image,* _
NewRow, Child, Visible)

Valoarea *b* reprezintă o referință la obiectul **Band** adăugat și este încărcată de sistem. Argumentele acestei metode sunt următoarele:

Argument	Descriere
Index	Argument opțional. Un număr întreg **Long** care specifică poziția în care se va insera noul obiect **Band**. Dacă nu se specifică nici un indice, noua bandă se va adăuga la sfârșitul colecției. Primul obiect inserat are indicele egal cu 1. Indicele poate fi accesat cu ajutorul proprietății **Index**.
Key	Argument opțional. Cheia unică a obiectului creat, de tip șir de caractere **String**. Cheia poate fi accesată cu ajutorul proprietății **Key**.
Caption	Argument opțional de tip **String**. Textul atașat obiectului creat care se va afișa pe bandă. Textul poate fi accesat cu ajutorul proprietății **Caption**.
Image	Argument opțional. Indicele sau cheia din controlul **ImageList** care identifică imaginea utilizată din banda creată. Acest argument poate fi accesat cu ajutorul proprietății **Image**.
NewRow	Argument opțional de tip **Boolean**. Dacă are valoarea False, care este și valoarea implicită, noua bandă se va afișa în linia curentă. Dacă are valoarea True, noua bandă se va afișa pe o linie nouă. Argumentul poate fi accesat cu ajutorul proprietății **NewRow**.
Child	Argument opțional de tip **Object**. Specifică numele controlului care va fi obiectul copil al benzii. Acest argument poate fi accesat cu ajutorul proprietății **Child**.
Visible	Argument opțional de tip **Boolean**. Dacă are valoarea True, care este și valoarea implicită, noua bandă va fi vizibilă în execuție. Dacă are valoarea False, noua bandă va fi invizibilă la execuție. Acest argument poate fi accesat cu ajutorul proprietății **Visible**.

- *Metoda* **Remove**

Îndepărtează o bandă specificată din colecție. Metoda se apelează printr-o construcție de forma:

```
        CoolBar1.Bands.Remove indice     ' Indicele obiectului care se
                                         ' şterge (proprietatea Index)
sau
        CoolBar1.Bands.Remove cheia      ' Cheia obiectului care se
                                         ' şterge (proprietatea Key).
```

- *Metoda* **Clear**

  Îndepărtează toate benzile controlului **CoolBar**. Această metodă se apelează printr-o construcţie de forma:

  *CoolBar1.Bands.***Clear**

- *Proprietatea* **Count** (de tip **Long**)

  Returnează o valoare de tip **Long** care comunică utilizatorului numărul total de benzi ale colecţiei **Bands**. Această proprietate este read-only (poate fi citită, nu şi modificată prin program). Proprietatea poate fi utilizată printr-o construcţie de forma următoare:

```
Dim Nr As Long
Nr = CoolBar1.Bands.Count
```

- *Proprietatea* **Item** (de tip **Band**)

  Livrează o referinţă la o bandă specificată (prin indice sau cheie) a colecţiei **Bands**. Această proprietate este proprietatea implicită a obiectelor **Band** şi poate fi utilizată printr-o construcţie de forma următoare:

```
        Dim ref As Band
        Set ref = CoolBar1.Bands.Item(k)
sau
        Set ref = CoolBar1.Bands(k)
```

  unde *k* este un număr întreg (proprietatea **Index**, *k* = 1, 2, 3, ...) sau un şir de caractere (proprietatea **Key**). Cu ajutorul referinţei obţinute *ref* se pot citi sau modifica proprietăţile benzii specificate:

```
Dim Valoare
Valoare = ref.NumeProprietate      'Citirea valorii proprietăţii
ref.NumeProprietate = Valoare      'Stabilirea valorii proprietăţii
```

  În construcţia anterioară prin *NumeProprietate* se înţelege:

  1. Una din proprietăţile descrise la metoda **Add** (**Index**, **Key**, **Caption**, **Image**, **NewRow**, **Child** şi **Visible**).

2. Una din proprietăţile controlului **CoolBar**: **BackColor**, **ForeColor**, **Picture**, **EmbossPicture**, **EmbossHighlight**, **EmbossShadow**. Aceste proprietăţi se referă însă la banda curentă şi nu la proprietăţile globale ale controlului **CoolBar**.
3. Proprietăţile care sunt specificate în tabelul următor:

Nume	Descriere
AllowVertical	Stabileşte sau testează dacă banda se afişează dacă orientarea controlului **CoolBar** este verticală. Dacă valoarea este True, care este şi valoarea implicită, banda este vizibilă. Dacă valoarea este False, banda este ascunsă.
FixedBackground	Stabileşte sau testează dacă imaginea afişată pe fundalul controlului **CoolBar** rămâne fixă dacă barele se rearanjează. Dacă valoarea este True, care este şi valoarea implicită, imaginea afişată pe fundal rămâne fixă. Dacă valoarea este False, imaginea din fundal este mobilă.
Height, Width	Înălţimea şi lăţimea benzii curente.
MinHeight, MinWidth	Stabileşte sau testează înălţimea minimă, respectiv lăţimea minimă a benzii în cazul redimensionării ei. Dacă orientarea controlului **ToolBar** este verticală, *MinHeight* devine *MinWidth*, iar *MinWidth* devine *MinHeight*.
Position	Comunică poziţia curentă a barei din interiorul controlului **CoolBar**. În timp ce indicele benzii rămâne constant, prin rearanjarea benzilor poziţia benzii va varia. Poziţia primei benzi este egală cu 1. Dacă controlul **CoolBar** este orientat orizontal, poziţiile sunt numerotate de la stânga spre dreapta şi de sus în jos. Dacă orientarea este verticală, poziţiile sunt numerotate de sus în jos şi de la stânga spre dreapta.
Style	Stabileşte sau testează stilul de redimensionare a benzii. Pentru stabilirea stilului se utilizează următoarele constante predefinite: 1. *cc3BandNormal* (având valoarea 0, valoare implicită) Banda poate fi redimensionată. Mânerul de redimensionare este afişat doar dacă în controlul **CoolBar** există două sau mai multe benzi. 2. *cc3BandFixedSize* (având valoarea 1) Banda nu poate fi redimensionată. Mânerul de redimensionare nu este afişat.
Tag	Informaţie auxiliară de tip şir de caractere ataşată benzii.
UseCoolBarColors	Stabileşte sau testează dacă banda foloseşte culoarea fondului şi a scrisului controlului **CoolBar** (culori stabilite cu proprietăţile **BackColor** şi **ForeColor**). Dacă valoarea este True, care este şi valoarea implicită, banda utilizează culorile moştenite. Dacă valoarea este False, banda va utiliza culorile de fond şi scris proprii, culori

Nume	Descriere
	stabilite prin proprietățile **BackColor** și **ForeColor**.
UseCoolBarPicture	Stabilește sau testează dacă banda folosește imaginea fondului moștenită de la controlul **CoolBar** (stabilită cu ajutorul proprietății **Picture**). Dacă valoarea este True, care este și valoarea implicită, banda va utiliza imaginea de fond a controlului **CoolBar**. Dacă valoarea este False, banda va folosi imaginea de fond proprie, stabilită prin proprietatea **Picture** a benzii.

EXEMPLUL 1:

Forma aplicației conține un control **CoolBar**. În cele trei benzi ale controlului, create implicit de sistem, se introduc în perioada de elaborare a proiectului următoarele controale:

- în prima bandă o cutie text;
- în banda a doua un buton de comandă;
- în banda a treia o cutie de validare.

Prin acționarea butonului de comandă în cutia text se afișează un mesaj. În funcție de starea selecției a cutiei de validare, mesajul se afișează fie cu caractere îngroșate, fie cu caractere regulare.
Fereastra afișată de aplicație are aspectul următor:

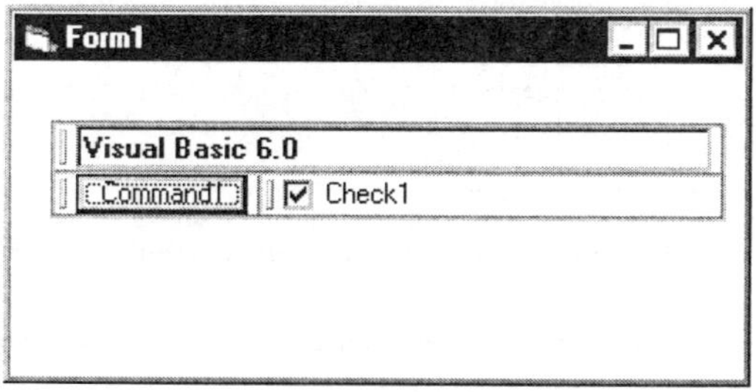

Textul sursă al programului este:

```
Option Explicit

Private Sub Command1_Click()
  If Check1.Value = 1 Then
    Text1.FontBold = True
  Else
    Text1.FontBold = False
  End If
  Text1.Text = "Visual Basic 6.0"
End Sub
```

EXEMPLUL 2:

Aplicația este asemănătoare cu cea anterioară. Deosebirea constă în faptul că relația "părinte - copil" dintre controlul **CoolBar** şi cele trei controale (cutie text, buton de comandă, cutie de validare) se stabileşte prin program, prin instrucțiuni de forma

Set NumeControl.Container = CoolBar1

Prin program se realizează şi ataşarea celor trei controale copil la cele trei benzi.

Textul sursă al programului este:

```
Option Explicit

Private Sub Form_Load()
Dim b As Band
  ' Containerul comun al celor trei controale este controlul Coolbar1
  Set Text1.Container = CoolBar1       'Pune cutia text în container
  Set Command1.Container = CoolBar1    'Pune butonul de comandă în container
  Set Check1.Container = CoolBar1      'Pune cutia de validare în container
  Set b = CoolBar1.Bands(1)
  Set b.Child = Text1                  'Copilul benzii 1 este cutia text
  Set b = CoolBar1.Bands(2)
  Set b.Child = Command1               'Copilul benzii 2 este butonul de comandă
  Set b = CoolBar1.Bands(3)
  Set b.Child = Check1                 'Copilul benzii 3 este cutia de validare
End Sub

Private Sub Command1_Click()
  If Check1.Value = 1 Then
    Text1.FontBold = True
  Else
    Text1.FontBold = False
  End If
  Text1.Text = "Visual Basic 6.0"
End Sub
```

EXEMPLUL 3:

Forma aplicației conține un control **CoolBar**, format din patru benzi. Banda a patra se creează în perioada de elaborare a proiectului. În această fază se realizează şi ataşarea a patru butoane de comandă la cele patru benzi. Înălțimea minimă a celor patru benzi se stabileşte prin evenimentul **Load** de încărcare a formei în memorie. Dacă se efectuează un clic pe formă, se cuplează/decuplează proprietatea **VariantHeight** a controlului **CoolBar**.

Inițial fereastra afişată de aplicație are aspectul:

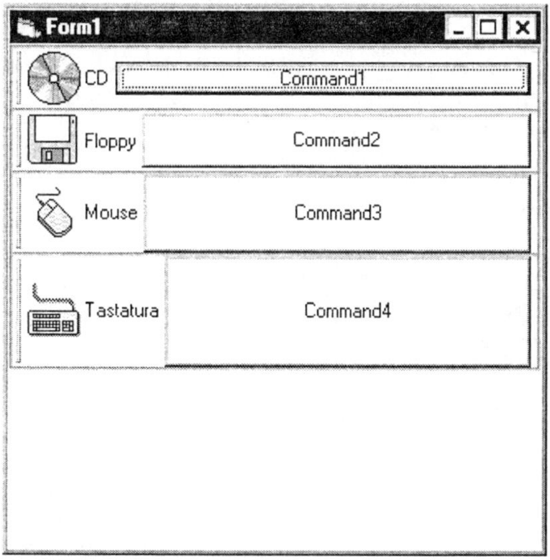

Textul sursă al programului este:

```
Option Explicit

Private Sub Form_Load()
' Alinierea controlului CoolBar la muchia superioară a formei.
  CoolBar1.Align = vbAlignTop
' Stabilirea înălțimii minime a benzilor.
  CoolBar1.Bands(1).MinHeight = 300
  CoolBar1.Bands(2).MinHeight = 500
  CoolBar1.Bands(3).MinHeight = 700
  CoolBar1.Bands(4).MinHeight = 1000
End Sub

Private Sub Form_Click()
' Cuplarea/decuplarea proprietății VariantHeight.
  If CoolBar1.VariantHeight = True Then
    CoolBar1.VariantHeight = False
  Else
    CoolBar1.VariantHeight = True
  End If
End Sub

Private Sub Command1_Click()
  MsgBox "Command1"
End Sub

Private Sub Command2_Click()
  MsgBox "Command2"
End Sub
```

```
Private Sub Command3_Click()
  MsgBox "Command3"
End Sub

Private Sub Command4_Click()
  MsgBox "Command4"
End Sub
```

EXEMPLUL 4:

Forma aplicației conține un control **CoolBar**, format din trei benzi, generate implicit de sistem. În perioada de elaborare a proiectului în controlul **CoolBar** se introduc două butoane de comandă şi două cutii de validare, adică se generează relațiile "părinte - copil" dintre controlul **CoolBar** şi cele patru controale. În evenimentul de încărcare a formei în memorie se stabilesc copiii celor patru benzi: copilul primei benzi este primul buton de comandă, copilul benzii a doua este prima cutie de validare, copilul benzii a treia este cea de-a doua cutie de validare. Al doilea buton de comandă se ascunde. Dacă se efectuează un clic pe formă, copilul primei benzi devine cel de-al doilea buton de comandă, iar primul buton de comandă se ascunde.

Fereastra afişată de aplicație are aspectul următor:

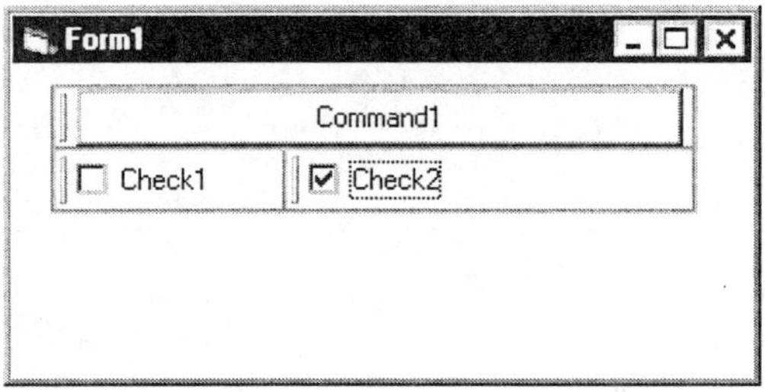

Textul sursă al programului este:

```
Option Explicit

Private Sub Form_Load()
  ' Atribuie pt. fiecare bandă un control copil
  Set CoolBar1.Bands(1).Child = Command1
  Set CoolBar1.Bands(2).Child = Check1
  Set CoolBar1.Bands(3).Child = Check2
  Command2.Visible = False     ' Ascunde Command2
End Sub

Private Sub Form_Click()
  ' Modifică controlul copil al lui Band 1
  If CoolBar1.Bands(1).Child Is Command1 Then
```

```
    Set CoolBar1.Bands(1).Child = Command2
    Command1.Visible = False 'Ascunde Command1
  Else
    Set CoolBar1.Bands(1).Child = Command1
    Command2.Visible = False 'Ascunde Command2
  End If
End Sub

Private Sub Command1_Click()
  MsgBox "Command 1"
End Sub

Private Sub Command2_Click()
  MsgBox "Command 2"
End Sub

Private Sub Check1_Click()
  If Check1.Value = 1 Then
    MsgBox "Check 1 selectat"
  Else
    MsgBox "Check 1 neselectat"
  End If
End Sub

Private Sub Check2_Click()
  If Check2.Value = 1 Then
    MsgBox "Check 2 selectat"
  Else
    MsgBox "Check 2 neselectat"
  End If
End Sub
```

EXEMPLUL 5:

În perioada de elaborare a proiectului forma aplicației conține două containere de tip **PictureBox** și două butoane de comandă. Prima cutie cu pictură conține două butoane de opțiune (care în execuție se vor eticheta cu "Alb" și "Galben"). Ele vor permite selectarea culorii de fond a unei cutii text. A doua cutie cu pictură conține de asemenea două butoane de opțiune (care în execuție se vor eticheta cu "Roşu" și "Negru"). Ele vor permite selectarea culorii de scris din cutia text. Forma mai conține și două butoane de comandă. Prin efectuarea unui clic pe primul buton de comandă în cutia text se va afişa un mesaj. Dacă se acționează al doilea buton de comandă, mesajul respectiv se şterge. Forma mai conține și un control **CoolBar**. În perioada de elaborare a proiectului în controlul **CoolBar** se inserează cele două containere **PictureBox** și cele două butoane de comandă. La încărcarea formei în memorie se şterg cele trei benzi implicite ale controlului **CoolBar** și în continuare, folosind metoda **Add**, se creează patru benzi noi. Prin program se realizează relația părinte-copil dintre cele patru benzi și dintre cele două controale **PictureBox** și cele două butoane de comandă. Fereastra afișată de aplicație are aspectul următor:

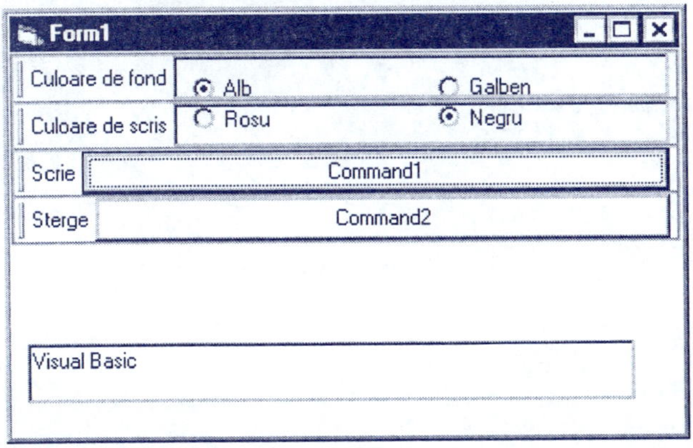

Textul sursă al programului este:

```
Option Explicit

Private Sub Form_Load()
  Dim b As Band
  Option1.Value = False
  Option1.Caption = "Alb"
  Option2.Value = True
  Option2.Caption = "Galben"
  Text1.BackColor = vbYellow
  Option3.Value = False
  Option3.Caption = "Rosu"
  Option4.Value = True
  Option4.Caption = "Negru"
  Text1.ForeColor = vbBlack
  ' Ştergerea celor 3 benzi create implicit
  CoolBar1.Bands.Clear
  CoolBar1.Align = vbAlignTop
  ' Prima bandă
  Set b = CoolBar1.Bands.Add
  Set b.Child = Picture1
  b.Caption = "Culoare de fond"
  ' Banda a doua
  Set b = CoolBar1.Bands.Add
  b.NewRow = True
  Set b.Child = Picture2
  b.Caption = "Culoare de scris"
  ' Banda a treia
  Set b = CoolBar1.Bands.Add
  b.NewRow = True
  Set b.Child = Command1
```

```
  b.Caption = "Scrie"
  ' Banda a patra
  Set b = CoolBar1.Bands.Add
  b.NewRow = True
  Set b.Child = Command2
  b.Caption = "Sterge"
End Sub

Private Sub Option1_Click()
  Text1.BackColor = vbWhite
End Sub

Private Sub Option2_Click()
  Text1.BackColor = vbYellow
End Sub

Private Sub Option3_Click()
  Text1.ForeColor = vbRed
End Sub

Private Sub Option4_Click()
  Text1.ForeColor = vbBlack
End Sub

Private Sub Command1_Click()
  Text1.Text = "Visual Basic"
End Sub

Private Sub Command2_Click()
  Text1.Text = ""
End Sub
```

14. CONTROLUL ImageCombo

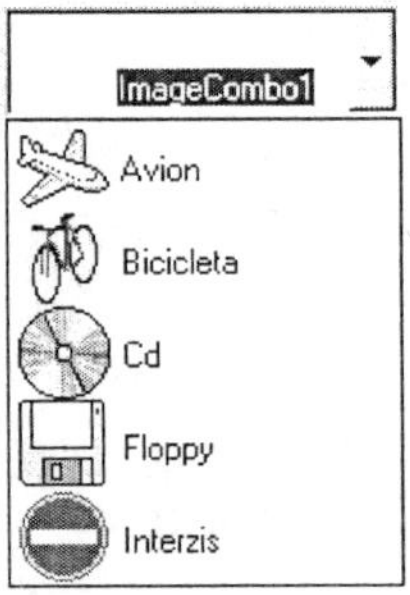

Controlul **ImageCombo** (*listă combinată cu imagini*) este asemănător controlului standard **ComboBox**, în plus fiind prevăzut cu unele facilităţi suplimentare. Cea mai importantă diferenţă este aceea că un element al listei, în afara textului, poate conţine şi o imagine. Prin utilizarea imaginilor, selectarea unui element al listei devine mai uşoară. Un control de acest tip poate avea aspectul din figura alăturată.

Elementele listei au tipul **ComboItem** şi fac parte dintr-o colecţie având numele **ComboItems**. Astfel elementele listei pot fi gestionate cu metodele standard ale colecţiilor (**Add**, **Remove**, **Clear**) şi se pot utiliza proprietăţile standard ale colecţiilor (**Count**, **Item**). O facilitate importantă constă în faptul că fiecărui element al listei îi poate corespunde şi o a doua imagine. Prima imagine standard, specificată de proprietatea **Image**, apare în stânga textului. A doua imagine se afişează când utilizatorul selectează un element al listei, printr-un clic cu mouse-ul. În acest caz imaginea standard se înlocuieşte cu o altă imagine. Imaginea auxiliară se specifică prin proprietatea **SelImage** şi apare atât în componenta cutie text a controlului, cât şi în componenta listă combinată a controlului. Imaginile utilizate în controlul **ImageCombo** sunt livrate de un control **ImageList**. Imaginile asociate unui element al listei sunt specificate prin indicele sau cheia imaginii memorate în lista de imagini. Elementele controlului **ImageCombo** pot utiliza nivele de retrageri diferite, astfel putându-se reprezenta uşor şi o ierarhizare. O listă ierarhizată cu imagini poate avea aspectul din figura alăturată.

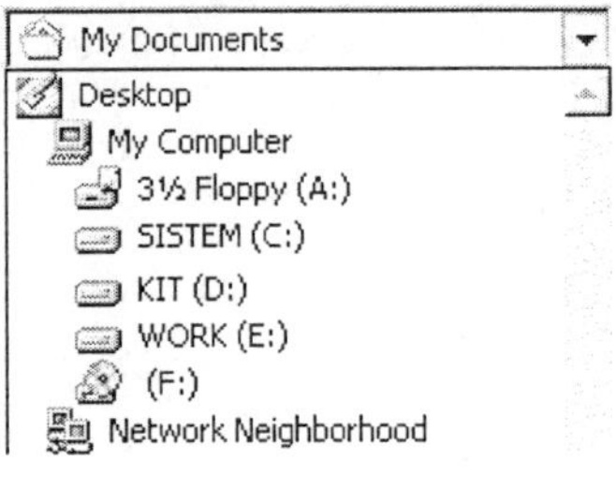

Controlul **ImageCombo** este de tip ActiveX. Pentru afişarea simbolului grafic asociat controlului pe paleta de controale, din meniul **Project** se dă comanda **Components** (Ctrl+T). În fereastra care se afişează se selectează pagina *Controls*. În continuare se selectează printr-un clic cutia de validare care are eticheta *Microsoft Windows Common Controls 6.0*. Datele referitoare la acest control se găsesc în fişierul

C:\WINDOWS\System\ MSCOMCTL.OCX

sau

C:\WINNT\System32\MSCOMCTL.OCX

Simbolul grafic aferent controlului are forma . Numele clasei este **ImageCombo**. Controalele au denumirile standard *ImageCombo1*, *ImageCombo2*, ...

14.1. Proprietăţile, metodele şi evenimentele specifice controlului

- *Proprietatea* **ImageList**

Cu ajutorul acestei proprietăţi se ataşează unui control **ImageCombo** imaginile conţinute de un control **Imagelist**. Proprietatea poate fi configurată printr-o secvenţă de forma:

Set *ImageCombo1*.**ImageList** = *Nume*

unde *Nume* reprezintă numele unui control **Imagelist**.

- *Proprietatea* **SelectedItem** (de tip **ComboItem**)

Livrează o referinţă la elementul din listă care a fost selectat de utilizator. Cu ajutorul acestei referinţe se pot accesa proprietăţile (**Index**, **Key**, **Text**, **Image**, **SelImage**, **Indentation**, **Selected**, **Tag**) elementului selectat.

Dim ci **As** ComboItem
Set *ci* = *ImageCombo1*.**SelectedItem**

EXEMPLU:

La efectuarea unui clic pe un buton de comandă se testează dacă utilizatorul a selectat sau nu un element din lista combinată de imagini. În caz afirmativ se afişează într-o cutie de mesaje textul ataşat elementului selectat.

```
Private Sub Command1_Click()
Dim ci As ComboItem
  If ImageCombo1.SelectedItem Is Nothing Then
    MsgBox "Nu s-a selectat nimic"
  Else
    Set ci = ImageCombo1.SelectedItem
    MsgBox ci.Text
  End If
End Sub
```

- *Proprietatea* **Indentation** (de tip **Intreger**)

  Stabileşte retragerea comună aplicată tuturor elementelor din listă.

  ImageCombo1.**Indentation** = *k*

  Argumentul *k* este un număr nenegativ. Retragerea comună a elementelor listei va fi 10**k* pixeli.

- *Proprietatea* **Text** (de tip **String**)

  Reprezintă textul afişat în componenta cutie text a controlului **ImageCombo.**

- *Metoda* **GetFirstVisible**

  Livrează o referinţă la primul element **ComboItem** vizibil în componenta listă derulantă a controlului **ImageCombo**. Menţionăm că în cadrul controlului **ImageCombo** pot exista mai multe elemente **ComboItem**, decât cele vizibile în componenta listei derulante, de obicei 9. Cu ajutorul acestei referinţe se pot accesa proprietăţile (**Index**, **Key**, **Text**, **Image**, **SelImage**, **Indentation**, **Selected**, **Tag**) primului element vizibil din componenta listă derulantă.

  Dim ci **As** ComboItem
  Set *ci* = *ImageCombo1*.**GetFirstVisible**

EXEMPLU:

La efectuarea unui clic pe un buton de comandă se citeşte referinţa la primul element vizibil din componenta listă derulantă şi într-o cutie de mesaje se afişează textul corespunzător primului element vizibil.

```
Private Sub Command1_Click()
  Dim ci As ComboItem
  Set ci = ImageCombo1.GetFirstVisible
  MsgBox ci.Text
End Sub
```

- *Evenimentul* **Click**

  Se declanşează când utilizatorul efectuează un clic pe un element al listei derulante. Acest eveniment se mai declanşează şi când se modifică proprietatea **Selected** a unui element al listei derulante. Prototipul procedurii-eveniment este:

```
Private Sub ImageCombo1_Click()

End Sub
```

- *Evenimentul* **Dropdown**

  Se declanşează când utilizatorul efectuează un clic pe butonul de comandă "săgeată jos" afişat în componenta cutie text a controlului **ImageCombo**. În procedura-eveniment **DropDown** se pot efectua diferite operații, de exemplu se poate cere încărcarea listei combinate, în funcție de anumite condiții. După ce se tratează evenimentul **DropDown**, se afişează lista derulantă a controlului. Prototipul procedurii eveniment este:

```
Private Sub ImageCombo1_Dropdown()

End Sub
```

14.2. Colecția ComboItems

- *Proprietatea* **ComboItems**

  Proprietatea **ComboItems** a controlului **ImageCombo** livrează o referință la colecția de imagini având tipul **ComboItems**. Elementele acestei colecții au tipul **ComboItem**. Prin intermediul referinței se pot apela:

  - metodele standard utilizate la gestiunea elementelor colecției (**Add**, **Remove** şi **Clear**);
  - proprietățile standard ale colecției (**Count**, **Item**).

  Elementele colecției sunt numerotate automat, începând cu 1. Proprietatea **ComboItems** este accesibilă numai în execuție.

- *Metoda* **Add**

  Adaugă un obiect **ComboItem** colecției de imagini. Metoda poate fi apelată printr-o construcție de forma:

```
Dim ci As ComboItem
Set ci = ImageCombo1.ComboItems.Add(Index, Key, Text, _
                          Image, SelImage, Indentation)
```

  Valoarea *ci* reprezintă o referință la obiectul **ComboItem** adăugat şi este încărcată de sistem. Argumentele acestei metode sunt următoarele:

Argument	Descriere
Index	Argument opţional. Un număr întreg de tip **Long** care specifică poziţia în care se va insera noul obiect **ComboItem**. Dacă nu se specifică nici un indice, noul obiect se adaugă la sfârşitul colecţiei. Primul obiect inserat are indicele egal cu 1. Indicele poate fi accesat cu ajutorul proprietăţii **Index**.
Key	Argument opţional. Cheia unică a obiectului creat, de tip şir de caractere **String**. Cheia poate fi accesată cu ajutorul proprietăţii **Key**.
Text	Argument opţional de tip **String**. Textul ataşat obiectului care se afişează în porţiunile listei şi a cutiei text din cadrul listei combinate. Textul poate fi accesat cu ajutorul proprietăţii **Text**.
Image	Argument opţional. Un indice sau o cheie din controlul **ImageList** care identifică imaginea utilizată de elementul de listă. Acest argument poate fi accesat cu ajutorul proprietăţii **Image**.
SelImage	Argument opţional. Un indice sau o cheie din controlul **ImageList** care identifică imaginea utilizată de elementul listei, dacă el se selectează. Acest argument poate fi accesat cu ajutorul proprietăţii **SelImage**.
Indentation	Argument opţional de tip **Integer**. Nivelul de retragere utilizat de elementul curent al listei. Acest argument poate fi accesat cu ajutorul proprietăţii **Indentation**. Dacă argumentul nu se specifică, atunci se utilizează valoarea 0. Dacă se specifică o valoare pozitivă, atunci elementul curent se retrage cu *k* * 10 pixeli. Retragerea comună aplicată fiecărui element al listei se poate preciza cu ajutorul proprietăţii **Indentation** a controlului **ImageCombo**.

- *Metoda* **Remove**

  Îndepărtează un obiect specificat de tip **ComboItem** din colecţie. Metoda se apelează printr-o construcţie de forma:

  *ImageCombo1.ComboItems.***Remove** *indice* ' Indicele obiectului care se
  ' şterge (proprietatea **Index**)

  sau

  *ImageCombo1.ComboItems.***Remove** *cheia* ' Cheia obiectului care se
  ' şterge (proprietatea **Key**).

- *Metoda* **Clear**

  Îndepărtează toate obiectele de tip **ComboItem** din controlul **ImageCombo**. Metoda se apelează printr-o construcţie de forma:

  *ImageCombo1.ComboItems.***Clear**

- *Proprietatea* **Count** (de tip **Long**)

  Returnează o valoare de tip **Long** care comunică utilizatorului numărul total de obiecte din colecția **ComboItems**. Această proprietate este read-only (poate fi citită, nu şi modificată prin program). Proprietatea poate fi utilizată printr-o construcție de forma următoare:

```
Dim Nr As Long
Nr = ImageCombo1.ComboItems.Count
```

- *Proprietatea* **Item** (de tip **ComboItem**)

  Livrează o referință la un obiect **ComboItem** specificat (prin indice sau prin cheie) al colecției **ComboItems**. Această proprietate este proprietatea implicită a obiectelor **ComboItem** şi poate fi utilizată printr-o construcție de forma următoare:

```
Dim ref As ComboItem
Set ref = ImageCombo1.ComboItems.Item(k)
```

sau

```
Set ref = ImageCombo1.ComboItems(k)
```

unde *k* este un număr întreg (proprietatea **Index**, *k* = 1, 2, 3, ...) sau un şir de caractere (proprietatea **Key**). Cu ajutorul referinței obținute *ref* se pot citi sau modifica proprietățile obiectului **ComboItem** specificat:

```
Dim Valoare
Valoare = ref.NumeProprietate      'Citirea valorii proprietății
ref.NumeProprietate = Valoare      'Stabilirea valorii proprietății
```

În construcția anterioară prin *NumeProprietate* se înțelege una din proprietățile **Index**, **Key**, **Text**, **Image**, **SelImage**, **Indentation**, precum şi următoarele proprietăți:

- **Selected**: obiectul **ComboItem** este sau nu selectat;
- **Tag**: informație de tip şir de caractere ataşată obiectului **ComboItem**.

EXEMPLUL 1:

Forma aplicației conține un control de tip listă de imagini **ImageList**, un control **ImageCombo** şi un buton de comandă. În procedura de încărcare a formei în memorie lista de imagini se inițializează cu 5 imagini. Lista astfel creată se asociază controlului **ImageCombo**. În continuare se definesc cele 5 elemente ale listei combinate de imagini, folosind metoda **Add**. Dacă se efectuează un clic pe butonul de comandă, se testează dacă din lista combinată de imagini s-a selectat un element. Rezultatul selecției se afişează într-o fereastră de mesaje.

Fereastra afişată de aplicație are aspectul următor:

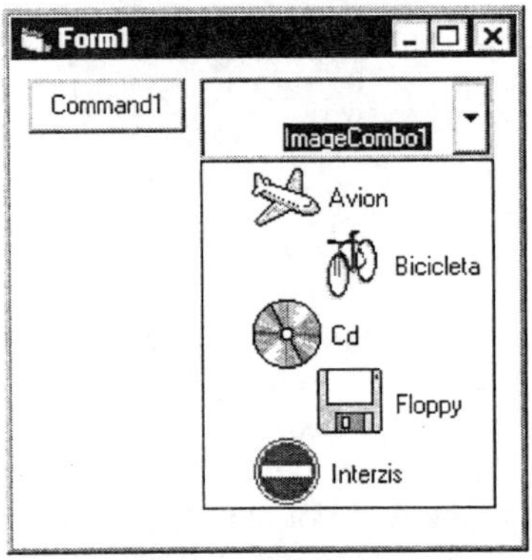

Textul sursă al programului este:

```
Option Explicit
Const cale = "E:\My Programs\ImageList\"

Private Sub Form_Load()
Dim Nume(1 To 5) As String
Dim li As ListImage
Dim ci As ComboItem
Dim k As Integer
  Nume(1) = "Avion"
  Nume(2) = "Bicicleta"
  Nume(3) = "Cd"
  Nume(4) = "Floppy"
  Nume(5) = "Interzis"
  For k = 1 To 5
    Set li = ImageList1.ListImages.Add(, , _
                           LoadPicture(cale & Nume(k) & ".ico"))
    li.Key = Nume(k)
  Next k
  Set ImageCombo1.ImageList = ImageList1
  ImageCombo1.Indentation = 2     'Retragerea comună a imaginilor
  For k = 1 To 5
    Set ci = ImageCombo1.ComboItems.Add
    ci.Text = ImageList1.ListImages(k).Key
    ci.Image = k
    If (k \ 2) * 2 = k Then
      ci.Indentation = 5          'Retragere individuală pentru indicii pari
    End If
  Next k
End Sub
```

```
Private Sub Command1_Click()
Dim ci As ComboItem
  If ImageCombo1.SelectedItem Is Nothing Then
    MsgBox "Nu s-a selectat nimic"
  Else
    Set ci = ImageCombo1.SelectedItem
    MsgBox ci.Text
  End If
End Sub
```

EXEMPLUL 2:

Forma aplicației următoare conține un control **ImageList**, un control **ImageCombo** şi un control **Frame**, în care sunt inserate două butoane de opțiune. În perioada de elaborare a proiectului lista de imagini se încarcă cu 6 imagini. În procedura **Load** de încărcare a formei în memorie se selectează primul buton de opțiune şi acesta asociază controlului **ImageCombo** lista de imagini. Aplicația ilustrează prelucrarea evenimentului **DropDown** aferent listei combinate de imagini. La declanşarea evenimentului se testează care dintre butoanele de opțiune este selectat; în funcție de selecție elementele listei combinate se încarcă cu diferite imagini. Imaginile se vor afişa în lista derulantă a controlului **ImageCombo**. La selectarea unei imagini textul aferent se afişează în bara de titlu a ferestrei.
Fereastra afişată de aplicație are aspectul:

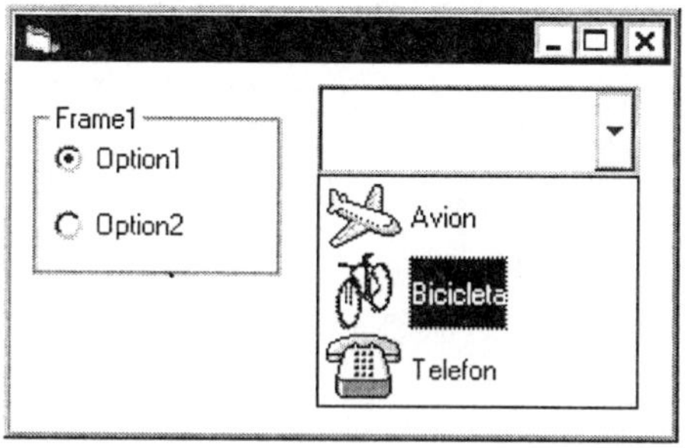

Textul sursă al programului este:

```
Option Explicit

Private Sub Form_Load()
  Option1.Value = True
  ImageCombo1.Text = ""
  Set ImageCombo1.ImageList = ImageList1
End Sub
```

```
Private Sub ImageCombo1_Dropdown()
  Dim ci As ComboItem
  ImageCombo1.Text = ""
  ImageCombo1.ComboItems.Clear
  If Option1.Value = True Then
    Set ci = ImageCombo1.ComboItems.Add(, , "Avion", 1)
    Set ci = ImageCombo1.ComboItems.Add(, , "Bicicleta", 2)
    Set ci = ImageCombo1.ComboItems.Add(, , "Telefon", 3)
  Else              'Option2 selectat
    Set ci = ImageCombo1.ComboItems.Add(, , "Cd", 4)
    Set ci = ImageCombo1.ComboItems.Add(, , "Floppy", 5)
    Set ci = ImageCombo1.ComboItems.Add(, , "Mouse", 6)
  End If
End Sub

Private Sub ImageCombo1_Click()
  Form1.Caption = ImageCombo1.Text
End Sub
```

15. CONTROLUL MonthView

Controlul **MonthView** (*instrument de vizualizare a lunilor*) afişează o fereastră prin care pot fi vizualizate zilele unei luni. În fereastră este automat selectată ziua curentă. Efectuând un clic pe o altă zi, ziua respectivă devine selectată. Ziua selectată în control poate fi citită în execuţie prin intermediul proprietăţii **Value**. Controlul permite şi selectarea unui domeniu contigu de zile. Este posibilă afişarea simultană a 12 luni.

Partea superioară a calendarului conţine două butoane cu săgeţi orizontale. Prin efectuare de clicuri pe aceste butoane se trece la zilele lunii precedente, respectiv la zilele lunii următoare. În afara celor două butoane de navigare mai există şi alte mijloace prin care se poate stabili luna sau lunile care vor fi afişate de calendar.

Pentru a selecta o lună particulară:

1. Se efectuează un clic pe numele lunii situat în partea superioară a calendarului. În urma acestei acţiuni se afişează o listă care conţine numele tuturor lunilor.
2. În lista afişată se efectuează un clic pe numele lunii dorite. Controlul **MonthView** va afişa zilele lunii respective, din cadrul anului curent.

Pentru trecerea directă la un an particular:

1. Se selectează luna dorită.
2. Se efectuează un clic pe numărul anului situat în partea superioară a calendarului. În urma acestei acţiuni se afişează o pereche de butoane (un buton este marcat cu săgeată în sus, celălalt cu săgeată în jos).
3. Prin efectuarea unui clic pe aceste butoane se poate trece fie la anul următor, fie la anul precedent. Se continuă efectuarea de clicuri până când se ajunge la anul dorit.
4. Se acţionează tasta Enter sau se efectuează un clic în exteriorul cutiei, prin care în controlul **MonthView** se vor afişa zilele anului şi a lunii selectate.

Controlul **MonthView** permite realizarea unei navigări şi prin intermediul tastaturii, conform tabelului următor:

Tasta	Funcţie
→	Se selectează ziua următoare.
←	Se selectează ziua precedentă.
↑	Se selectează ziua din săptămâna precedentă.
↓	Se selectează ziua din săptămâna următoare.
Page Up	Afişarea lunii anterioare.
Page Down	Afişarea lunii următoare.
Ctrl + Page Up	Afişarea anului anterior.
Ctrl + Page Down	Afişarea anului următor.

Controlul **MonthView** este de tip ActiveX. Pentru afişarea simbolului grafic asociat controlului pe paleta de controale, din meniul **Project** se dă comanda **Components** (Ctrl+T). În fereastra care apare se selectează pagina *Controls*. În continuare se selectează printr-un clic cutia de validare care are eticheta *Microsoft Windows Common Controls-2 6.0*. Datele referitoare la acest control se găsesc în fişierul

C:\WINNT\System32\MSCOMCT2.OCX

sau

C:\WINDOWS\System\ MSCOMCT2.OCX

Simbolul grafic aferent controlului are forma . Numele clasei este **MonthView**. Controalele au denumirile standard *MonthView1*, *MonthView2*, ...

Proprietăţile, metodele şi evenimentele specifice controlului MonthView

- *Proprietatea* **Value** (de tip **Date**)

Livrează sau stabileşte data calendaristică selectată. Implicit se selectează data curentă. Este proprietatea implicită a controlului **MonthView**.

```
Dim d As Date
d = MonthView1.Value      'Citirea datei selectate
MonthView1.Value = d      'Stabilirea datei care se va selecta
```

EXEMPLU:

În procedura **Load** de încărcare a formei în memorie se stabileşte data care se va selecta în controlul **MontView**:

```
Private Sub Form_Load()
  MonthView1.Value = "12/31/01"
End Sub
```

- *Proprietatea* **Year** (de tip **Integer**)

  Livrează anul corespunzător datei selectate sau stabileşte anul selectat. Valorile posibile se află în intervalul [1601, 9999].

  Dim an **As Integer**
  an = *MonthView1*.**Year** ' Citirea anului selectat
  MonthView1.**Year** = *număr* ' Stabilirea anului selectat

- *Proprietatea* **Month** (de tip **Integer**)

  Livrează numărul de ordine al lunii selectate sau stabileşte luna selectată. Valorile posibile se află în intervalul [1, 12].

  Dim luna **As Integer**
  luna = *MonthView1*.**Month** ' Citirea lunii selectate
  MonthView1.**Month** = *constantă* ' Stabilirea lunii selectate

  Pentru specificarea lunii se vor utiliza următoarele constante predefinite:

Constantă	Valoare	Descriere
mvwJanuary	1	Ianuarie
mvwFebruary	2	Februarie
mvwMarch	3	Martie
mvwApril	4	Aprilie
mvwMay	5	Mai
mvwJune	6	Iunie
mvwJuly	7	Iulie
mvwAugust	8	August
mvwSeptember	9	Septembrie
mvwOctober	10	Octombrie
mvwNovember	11	Noiembrie
mvwDecember	12	Decembrie

- *Proprietatea* **Day** (de tip **Integer**)

  Livrează numărul zilei selectate sau stabileşte numărul zilei selectate. Valorile posibile se află în intervalul [1, 31].

```
Dim z As Integer
z = MonthView1.Day              ' Citirea zilei selectate
MonthView1.Day = număr          ' Stabilirea zilei selectate
```

- *Proprietatea* **Week** (de tip **Integer**)

  Livrează numărul de ordine al săptămânii corespunzător datei selectate sau stabileşte numărul de ordine al săptămânii selectate. Valorile posibile se află în intervalul [1, 52].

```
Dim s As Integer
s = MonthView1.Week             ' Citirea numărului de ordine a
                                ' săptămânii selectate
MonthView1.Week = număr         ' Stabilirea numărului de ordine al
                                ' săptămânii selectate
```

- *Proprietatea* **StartOfWeek** (de tip **Integer**)

  Stabileşte sau testează numărul de ordine al primei zi din săptămână (adică ziua care se va afişa în marginea stângă a calendarului). Valoarea implicită a proprietății este 1, deci prima zi din săptămână este duminică.

```
Dim pzs As Integer
pzs = MonthView1.StartOfWeek            ' Citirea primei zi a săptămânii
MonthView1.StartOfWeek = constantă      ' Stabilirea primei zi a săptămânii
```

  Pentru specificarea primei zi din săptămână se vor utiliza următoarele constante predefinite:

Constantă	Valoare	Descriere
mvwSunday	1	Duminică (valoare implicită)
mvwMonday	2	Luni
mvwTuesDay	3	Marți
mvwWednesday	4	Miercuri
mvwThursday	5	Joi
mvwFriday	6	Vineri
mvwSaturday	7	Sâmbătă

- *Proprietatea* **DayOfWeek** (de tip **Integer**)

  Livrează numărul de ordine al zilei din săptămână corespunzător datei selectate sau stabileşte numărul de ordine al zilei selectate în cadrul săptămânii. Valorile posibile se află în intervalul [1, 7].

Dim zs **As Integer**
'Citeşte numărul de ordine al zilei în cadrul săptămânii
zs = *MonthView1*.**DayOfWeek**
'Stabileşte numărul de ordine al zilei în cadrul săptămânii
MonthView1.**DayOfWeek** = *constantă*

Pentru specificarea numărului de ordine al zilei din săptămână se utilizează constantele predefinite specificate de proprietatea **StartOfWeek**.

- *Proprietatea* **VisibleDays** (de tip tabel)

Dacă controlul **MonthView** afişează o singură lună, proprietatea livrează un tabel cu 42 de elemente. Elementele tabelului conțin datele calendaristice vizibile din controlul **MonthView**, împreună cu ora curentă.

Dim d **As String**
d = *MonthView1*.**VisibleDays**(*i*)

unde indicele *i* este un întreg cuprins între 1 şi 42. Prima zi afişată de calendar are indicele egal cu 1. Numărul elementelor tabelului depinde de numărul lunilor afişate simultan de calendar (care se pot specifica cu ajutorul proprietăților **MonthColumns** şi **MonthRows**).

EXEMPLU:

În procedura-eveniment de efectuare a unui dublu clic pe formă se citesc prima şi ultima dată calendaristică vizibilă din calendar. Cele două date se afişează într-o cutie de mesaje.

```
Private Sub Form_DblClick()
Dim s As String
  s = MonthView1.VisibleDays(1)
  s = s & vbCrLf & MonthView1.VisibleDays(42)
  MsgBox s
End Sub
```

Dacă data curentă este 12 mai 2001, atunci fereastra de mesaje are aspectul alăturat.

- *Proprietatea* **DayBold** (de tip **Boolean**)

Testează sau stabileşte dacă data specificată se afişează cu caractere îngroşate.

Dim b **As Boolean**
b = *MonthView1*.**DayBold**(data)
MonthView1.**DayBold**(data) = *ValoareLogică*

unde argumentul *data* specifică data calendaristică livrată de proprietatea **VisibleDays**. Dacă *ValoareLogică* este True, data se afişează cu caractere îngroşate. Valoarea implicită este False, adică data se afişează cu caractere normale (neîngroşate).

EXEMPLU:

În procedura-eveniment de efectuare a unui dublu clic pe formă prima şi ultima zi din calendar vor avea atributul îngroşat.

```
Private Sub Form_DblClick()
  MonthView1.DayBold(MonthView1.VisibleDays(1)) = True
  MonthView1.DayBold(MonthView1.VisibleDays(42)) = True
End Sub
```

Proprietăţile referitoare la modul de afişare a controlului MonthView

Nume proprietate	Semnificaţie
ShowToday	De tip **Boolean**. Dacă are valoarea True (valoare implicită), în partea inferioară a calendarului se afişează data curentă, sub forma Today: 5/12/01.
ShowWeekNumbers	De tip **Boolean**. Dacă are valoarea True, în stânga săptămânilor se afişează şi numărul de ordine al săptămânii din cadrul anului. Valoarea implicită este False (nu se afişează numărul de ordine).
MonthColumns	De tip **Integer**. Stabileşte sau citeşte numărul de coloane ale calendarului (numărul de luni afişate pe direcţia orizontală). Valoarea implicită este 1.
MonthRows	De tip **Integer**. Stabileşte sau citeşte numărul de linii ale calendarului (numărul de luni afişate în direcţia verticală). Valoarea implicită este 1.
ScrollRate	De tip **Integer**. Stabileşte sau citeşte numărul de luni care vor fi defilate când utilizatorul acţionează unul din butoanele de defilare. Presupunând că în control se afişează o singură lună, cu valoarea 0 sau 1 a lunii curente se trece la luna următoare sau precedentă. Dacă valoarea este 2, atunci de la luna mai se trece fie la luna iulie, fie la luna martie.
MinDate	De tip **Date**. Stabileşte sau citeşte data calendaristică minimă permisă de calendar. Valoarea implicită este 1 ianuarie 1753.
MaxDate	De tip **Date**. Stabileşte sau citeşte data calendaristică maximă permisă de calendar. Valoarea implicită este 31 decembrie 9999.

EXEMPLU:

```
Private Sub Command1_Click()
  MonthView1.ShowWeekNumbers = True
  MonthView1.ShowToday = False
End Sub

Private Sub Command2_Click()
  MonthView1.Value = "January 1, 2000"
  MonthView1.MinDate = "January 1, 2000"
  MonthView1.MaxDate = "December 31, 2000"
End Sub

Private Sub Command3_Click()
  'Calendarul va afişa pe orizontală un trimestru.
  MonthView1.MonthColumns = 3
  MonthView1.MonthRows = 1
  MonthView1.ScrollRate = 3
End Sub
```

Proprietăţile referitoare la selectarea unui domeniu contiguu de date

Nume proprietate	Semnificaţie
MultiSelect	De tip **Boolean**. Dacă valoarea este True, atunci în controlul **MonthView** se pot selecta simultan mai multe zile, cu condiţia ca selecţia curentă să aparţină intervalului selectat. Dacă valoarea este False, care este şi valoarea implicită, atunci se poate selecta o singură zi (implicit se selectează data curentă).
MaxSelCount	De tip **Integer**. Stabileşte numărul maxim de zile care se pot selecta simultan. Valoarea implicită este 7.
SelStart	De tip **Date**. Stabileşte prima zi a domeniului selectat.
SelEnd	De tip **Date**. Stabileşte ultima zi a domeniului selectat.

EXEMPLU:

Selectarea săptămânii premergătoare zilei de 25 decembrie 2001 (Crăciunul).

```
Private Sub Command1_Click()
  MonthView1.MultiSelect = True
  MonthView1.Value = "12/25/01"
  MonthView1.MaxSelCount = 7
  MonthView1.SelStart = "12/19/01"
  MonthView1.SelEnd = "12/25/01"
End Sub
```

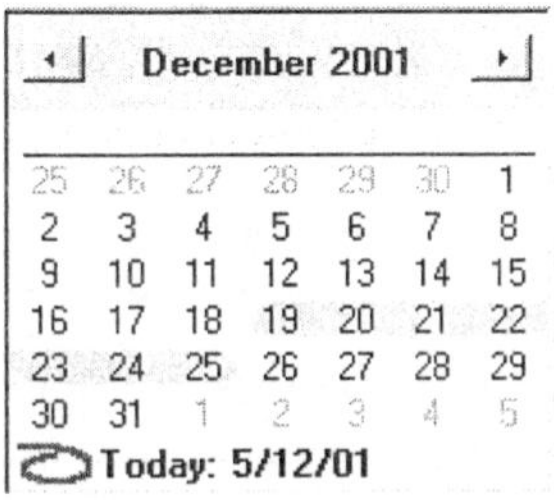

Proprietăți referitoare la utilizarea culorilor

Nume proprietate	Semnificație
ForeColor	De tip **Long**. Stabilește culoarea scrisului utilizat la afișarea zilelor lunii curente.
MonthBackColor	De tip **Long**. Stabilește culoarea fondului utilizat de zona zilelor lunii.
TitleBackColor	De tip **Long**. Stabilește culoarea fondului utilizat de zona titlului.
TitleForeColor	De tip **Long**. Stabilește culoarea scrisului utilizat de zona titlului.
TrailingForeColor	De tip **Long**. Stabilește culoarea scrisului utilizat de zilele care nu aparțin lunii curente.

- *Metoda* **ComputeControlSize**

Returnează lățimea și înălțimea controlului **MonthView** în cazul în care controlul ar afișa un număr specificat de linii și coloane de luni consecutive.

MonthView1.**ComputeControlSize** Rows, Columns, Width, Height

Argumentul *Rows* de tip **Integer** specifică numărul de linii în care se vor afișa lunile calendarului. Argumentul *Columns* de tip **Integer** specifică numărul de coloane în care se vor afișa lunile calendarului. În argumentele *Width* și *Height* de tip **Single** sistemul comunică lățimea și înălțimea controlului **MonthView** în cazul în care se afișează *Rows* * *Columns* luni. În funcție de dimensiunile obținute forma se poate redimensiona astfel încât să fie vizibile toate lunile calendarului. Înainte de apelul metodei **ComputeControlSize**, argumentele *Width* și *Height* se vor declara explicit.

EXEMPLU:

La aplicarea unui clic dublu pe formă calendarul afișează două linii și trei coloane de luni.

```
Private Sub Form_Load()
  MonthView1.Left = 567 'Se presupune ScaleMode = Twip
  MonthView1.Top = 567
End Sub

Private Sub Form_DblClick()
Dim lat As Single
Dim inalt As Single
  MonthView1.ComputeControlSize 2, 3, lat, inalt
  MonthView1.MonthRows = 2
```

```
  MonthView1.MonthColumns = 3
  ' Redimensionarea formei.
  Form1.Width = MonthView1.Left + lat + 500
  Form1.Height = MonthView1.Top + inalt + 500
End Sub
```

Inițial fereastra are aspectul următor:

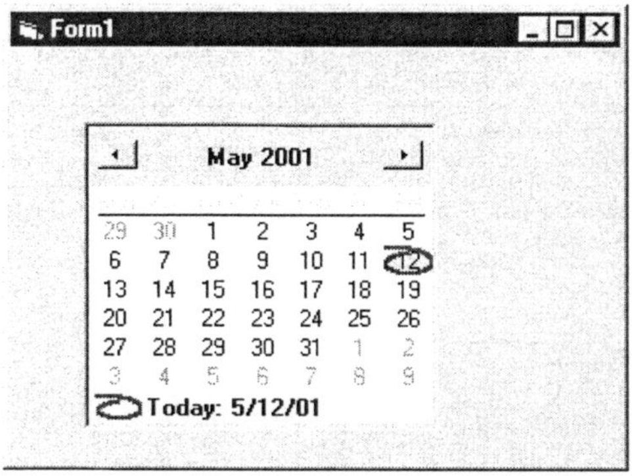

După efectuarea unui clic dublu pe formă fereastra aplicației se transformă în:

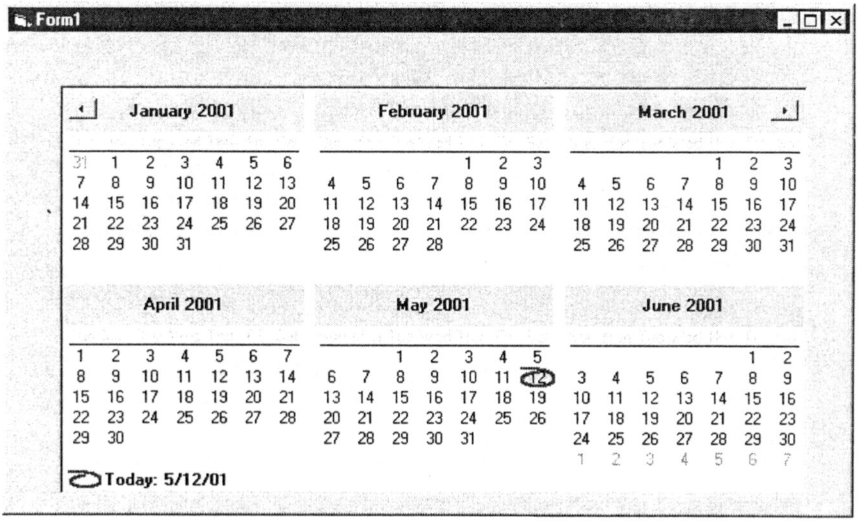

- *Metoda* **HitTest**

Returnează data existentă într-o locație de coordonate (*x*, *y*) a calendarului. Dacă în locația specificată nu există o zi a calendarului, metoda returnează valoarea 12:00:00 AM.

MonthView1.**HitTest** *x* , *y* , *Date*

Argumentele *x*, *y* de tip **Long** specifică coordonatele punctului care se analizează. În argumentul *Date* se obține răspunsul sistemului. Înainte de utilizarea metodei **HitTest** variabila *Date* de tip **Date** trebuie declarată explicit.

EXEMPLU:

În bara de titlu a ferestrei se afişează data indicată cu mouse-ul.

```
Private Sub MonthView1_MouseMove(Button As Integer, _
                    Shift As Integer, x As Single, y As Single)
Dim d As Date
  MonthView1.HitTest x, y, d
  Form1.Caption = d
End Sub
```

- *Evenimentul* **DateClick**

Se declanşează când se efectuează un clic pe o zi a calendarului. Este evenimentul implicit al controlului **MonthView**. Prototipul procedurii este:

```
Private Sub MonthView1_DateClick(ByVal DateClicked As Date)

End Sub
```

În parametrul *DateClicked* sistemul comunică ziua pe care s-a efectuat clic-ul.

EXEMPLU:

La aplicarea unui clic pe o zi a calendarului se afişează într-un control etichetă trimestrul, anul şi numărul săptămânii corespunzătoare zilei.

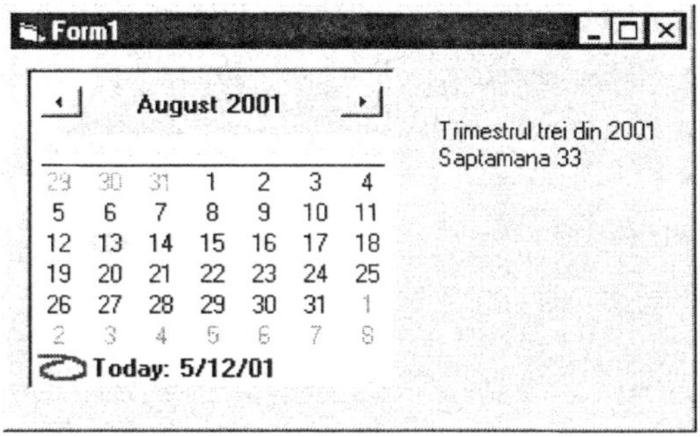


```
Option Explicit

Private Sub MonthView1_DateClick(ByVal DateClicked As Date)
  Select Case MonthView1.Month
    Case 1 To 3
      Label1.Caption = "Primul trimestru din " & _
      MonthView1.Year & "  Saptamana " & MonthView1.Week
    Case 4 To 6
      Label1.Caption = "Trimestrul doi din " & _
      MonthView1.Year & "  Saptamana " & MonthView1.Week
    Case 7 To 9
      Label1.Caption = "Trimestrul trei din " & _
      MonthView1.Year & "  Saptamana " & MonthView1.Week
    Case Else
      Label1.Caption = "Trimestrul patru din " & _
      MonthView1.Year & "  Saptamana " & MonthView1.Week
   End Select
End Sub
```

- *Evenimentul* **DateDblClick**

  Se declanşează când se efectuează un clic dublu pe o zi a calendarului. Prototipul procedurii este:

  Private Sub MonthView1_DateDblClick(**ByVal** DateDblClicked **As Date)**

  End Sub

  În parametrul *DateDblClicked* sistemul comunică ziua pe care s-a efectuat dublul clic.

EXEMPLU:

```
Private Sub MonthView1_DateDblClick(ByVal DateDblClicked _
                                     As Date)
  Form1.Caption = DateDblClicked
End Sub
```

- *Evenimentul* **GetDayBold**

  Se declanşează când controlul urmează să afişeze datele din calendar. În acest eveniment se pot configura zilele specificate cu atribut îngroşat. Prototipul procedurii este:

```
Private Sub MonthView1_GetDayBold(ByVal StartDate As Date, _
                        ByVal Count As Integer, State( ) As Boolean )

End Sub
```

  În parametrul *StartDate* sistemul comunică prima zi a calendarului afişat, iar în parametrul *Count* numărul zilelor din calendar. Parametrul *State* reprezintă un tabel cu elemente de tip **Boolean**. Numărul elementelor acestui tabel este egal cu valoarea livrată de parametrul *Count*. Indicele primului element al tabelului este egal cu 0 iar indicele ultimului element este egal cu *Count* - 1. Dacă se doreşte ca elementul al *k*-lea al tabelului să fie afişat cu caractere îngroşate, atunci se utilizează o instrucţiune de forma *State*(*k*) = True.

EXEMPLU:

Se doreşte ca fiecare zi de vineri a calendarului să aibă atributul îngroşat:

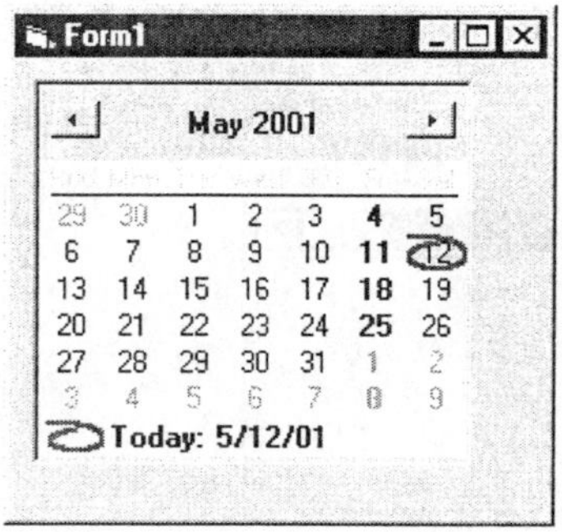


```
Option Explicit

Private Sub MonthView1_GetDayBold(ByVal StartDate As Date,_
                  ByVal Count As Integer, State() As Boolean)
Dim i As Integer
  i = mvwFriday              '6
  While i < Count
    State(i - 1) = True
    i = i + 7
  Wend
End Sub
```

Observaţie:

Controlul **MonthView** poate fi înlănţuit la un control **ADODC**. În acest scop se vor configura proprietăţile **DataSouce** (cu numele controlului **ADODC**) şi **DataField** (cu numele unui câmp de tip dată calendaristică al unui tabel dintr-o bază de date specificată cu ajutorul controlului **ADODC**).

Forma aplicaţiei următoare conţine un control **ADODC**, două cutii text şi un control **MonthView**. La elaborarea proiectului s-au efectuat următoarele configurări:

Control	Proprietate	Valoare
Adodc1	ConnectionString	Provider=Microsoft.Jet.OLEDB.3.51;Persist Security Info=False;Data Source=C:\Program Files\Microsoft Visual Studio\VB98\Nwind.mdb
	RecordSource	Employees
Text1	DataSource	Adodc1
	DataField	LastName
Text2	DataSource	Adodc1
	DataField	FirstName
MonthView1	DataSource	Adodc1
	DataField	BirthDate

Fereastra afişată de aplicaţie poate avea aspectul următor:

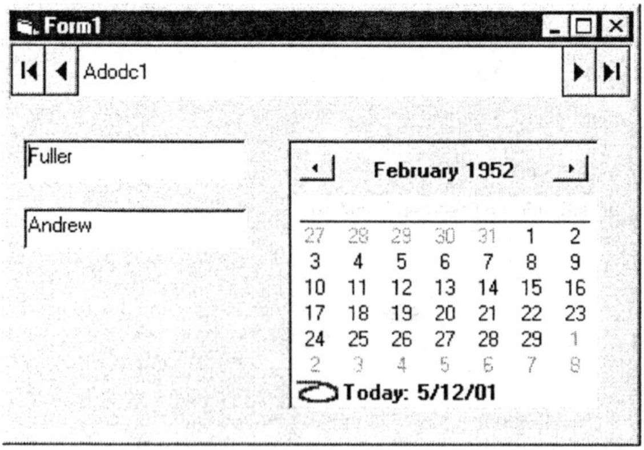

16. CONTROLUL DateTimePicker

Controlul **DateTimePicker** (*instrument de selectare a datei calendaristice şi a orei*) afişează o fereastră prin care pot fi vizualizate zilele unei luni şi/sau informaţii despre oră, minut şi secundă. Utilizatorul poate modifica datele afişate prin mijloace simple, folosind mouse-ul sau tastatura. Controlul poate fi afişat în două moduri:

- *Modul de afişare de tip calendar derulant*:

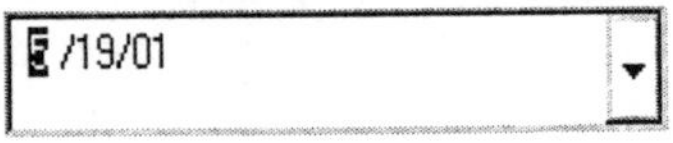

În acest mod se afişează o cutie text care conţine data curentă. Ea este prevăzută cu un buton de comandă "săgeată jos". Dacă se efectuează un clic pe acest buton, atunci se afişează zona corespunzătoare calendarului din cadrul controlului. Această zonă este identică cu fereastra afişată de controlul **MonthView**. Utilizatorul poate selecta printr-un clic cu mouse-ul o dată calendaristică a calendarului. Data astfel selectată se afişează în componenta cutie text a controlului şi calendarul derulant se închide automat.

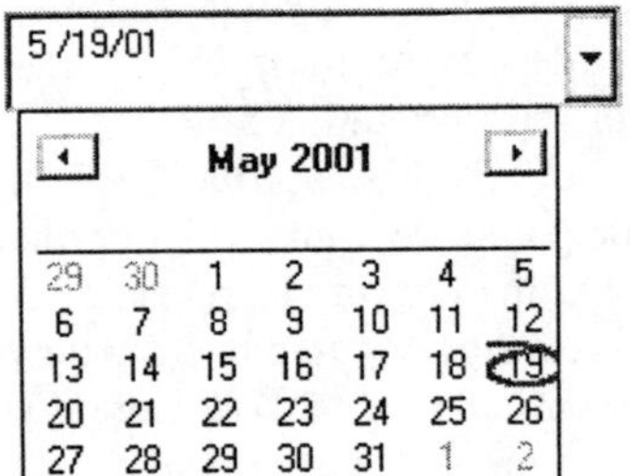

Data poate fi selectată şi cu ajutorul tastaturii. Tastele utilizate sunt identice celor utilizate la controlul **MonthView**.

- *Modul de afişare de tip format timp*:

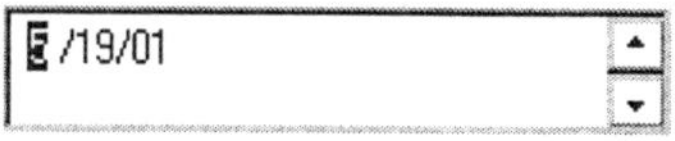

În acest mod se afişează o cutie text care conţine data curentă. Ea este prevăzută cu două butoane de comandă: butonul "săgeată sus" şi butonul "săgeată jos". Data curentă este formată din trei câmpuri, care indică luna, ziua şi anul. Implicit se selectează primul câmp. Printr-un clic cu mouse-ul poate fi selectat un câmp arbitrar al datei. Dacă se efectuează un clic pe butonul "săgeată sus", atunci conţinutul câmpului selectat se majorează (de exemplu se trece la luna următoare celei afişate). Dacă se efectuează un clic pe butonul "săgeată jos", atunci conţinutul câmpului selectat se micşorează.
Un câmp al datei afişate poate fi selectat şi modificat şi cu ajutorul tastaturii. În tabelul următor sunt centralizate tastele necesare selectării şi modificării câmpurilor:

Tastă	Funcţie
→	Selectarea câmpului următor.
←	Selectarea câmpului precedent.
↑	Majorarea valorii câmpului selectat.
↓	Micşorarea valorii câmpului selectat.

Modul de afişare a controlului se stabileşte cu ajutorul proprietăţii **UpDown**. Implicit se utilizează modul de afişare de tip calendar. Data sau ora afişate de calendar pot fi citite cu ajutorul proprietăţii **Value**.

Controlul **DateTimePicker** este de tip ActiveX. Pentru afişarea simbolului grafic asociat controlului pe paleta de controale, din meniul **Project** se dă comanda **Components** (Ctrl+T). În fereastra care apare se selectează pagina *Controls*. În continuare se selectează printr-un clic cutia de validare care are eticheta *Microsoft Windows Common Controls-2 6.0*. Datele referitoare la acest control se găsesc în fişierul

C:\WINNT\System32\MSCOMCT2.OCX

sau

C:\WINDOWS\System\ MSCOMCT2.OCX

Simbolul grafic aferent controlului are forma . Numele clasei este **DTPicker**. Controalele au denumirile standard *DTPicker1*, *DTPicker2*, ...

Proprietățile și evenimentele specifice controlului

- *Proprietatea* **UpDown** (de tip **Boolean**)

  Stabilește sau testează dacă controlul **DateTimePicker** se afișează în modul calendar derulant sau în modul oră exactă.

  DTPicker1.**UpDown** = *ValoareLogică*

  Dacă valoarea logică este False, care este și valoarea implicită, controlul se afișează în mod calendar. Dacă valoarea respectivă este True, controlul se afișează în mod oră exactă.

- *Proprietatea* **CheckBox** (de tip **Boolean**)

  Stabilește sau testează dacă în stânga datei calendaristice sau a orei selectate se afișează sau nu o cutie de validare.

  DTPicker1.**CheckBox** =*ValoareLogică*

  Dacă valoarea logică este False, care este și valoarea implicită, atunci în stânga datei sau a orei nu se afișează o cutie de validare. În acest caz controlul **DataTimePicker** va returna o dată, accesibilă cu ajutorul proprietății **Value**.
  Dacă valoarea logică este True, în stânga datei sau a orei selectate se afișează o cutie de validare. Dacă această cutie de validare este selectată, data sau ora selectată vor fi accesibile cu ajutorul proprietății **Value**. Dacă cutia de validare nu este selectată, valoarea returnată de proprietatea **Value** este **Null**.

EXEMPLU:

```
Dim d As Variant
DTTimePicker1.CheckBox = True
d = DTPicker1.Value
If IsNull(d) Then
  MsgBox "Nu s-a livrat o data"
Else
  MsgBox "Data livrata:" & d
End If
```

- *Proprietatea* **Value** (de tip **Date**)

  Livrează sau stabilește data calendaristică sau ora selectată. În funcție de proprietatea **CheckBox** controlul poate livra și o valoare de tip **Null**. Implicit se selectează data curentă. Este proprietatea implicită a controlului **DataTimePicker**.

Dim d **As Date**
d = *DTPicker1*.**Value** ' Citirea datei sau orei selectate
DTPicker1.**Value** = d ' Stabilirea datei sau orei care se va selecta

EXEMPLU:

În procedura **Load** de încărcare a formei în memorie se stabileşte data care se va afişa în controlul **DataTimePicker**:

```
Private Sub Form_Load()
  DTPicker1.Value = "12/31/01"
End Sub
```

- *Proprietăţile* **Year, Month, Day, Week, DayOfWeek, MaxDate** şi **MinDate**

Sunt identice cu cele utilizate la controlul **MonthView**. În afara acestor proprietăţi mai sunt prezente şi următoarele:

Proprietate	Descriere
Hour	Citeşte sau stabileşte ora curentă afişată în control. Argument de tip **Integer**, valorile posibile sunt în intervalul [0, 23].
Minute	Citeşte sau stabileşte minutul curent afişat în control. Argument de tip **Integer**, valorile posibile sunt în intervalul [0, 59].
Second	Citeşte sau stabileşte secunda curentă afişată în control. Argument de tip **Integer**, valorile posibile sunt în intervalul [0, 59].

- *Proprietatea* **Format** (de tip **Integer**)

Stabileşte tipul formatului utilizat la afişarea datei în controlul **DateTimePicker**.

DTPicker1.**Format** = Număr

Pentru specificarea formatului se utilizează următoarele constante predefinite:

Constantă	Valoare	Descriere
dtpLongDate	0	Format de tip dată calendaristică lungă (de exemplu "Friday, Nov 14, 1972").
dtpShortDate	1	Format de tip dată calendaristică scurtă (de exemplu "11/14/72"). Valoare implicită.
dtpTime	2	Format de tip oră (de exemplu "5:31:47 PM").
dtpCustom	3	Format de tip utilizator. Formatul respectiv este specificat cu ajutorul proprietăţii **CustomFormat**.

- *Proprietatea* **CustomFormat** (de tip **String**)

  Stabileşte formatul utilizat în caz că proprietatea **Format** se configurează cu valoarea *dtpCustom.*

  DTPicker1.**CustomFormat** = *şir*

  Valoarea *şir* reprezintă un şir de caractere care specifică formatul de tip utilizator folosit la afişarea datei. În acest şir pot apare unul sau mai multe caractere de formatare, centralizate în tabelul următor:

Caracter de formatare	Descriere
y	Anul se reprezintă prin ultima cifră a anului (de exemplu pentru 2001 se va afişa 1).
yy	Anul se reprezintă prin ultimele două cifre ale anului (de exemplu pentru 2001 se va afişa 01).
yyy	Anul se reprezintă prin patru cifre (de exemplu 2001).
M	Luna se reprezintă prin una sau două cifre, după caz (de exemplu 7 sau 11).
MM	Luna se reprezintă prin două cifre (de exemplu 07 sau 11).
MMM	Luna se reprezintă prin trei litere (de exemplu Jun).
MMMM	Luna se reprezintă prin numele lunii (de exemplu April).
d	Ziua se reprezintă prin una sau două cifre, după caz (de exemplu 7 sau 25).
dd	Ziua se reprezintă prin două cifre (de exemplu 07 sau 25).
ddd	Ziua săptămânii se reprezintă prin trei litere (de exemplu Mon).
dddd	Numele complet al zilei din săptămână (de exemplu Monday).
h	Ora se reprezintă prin una sau două cifre, în formatul de 12 ore (de exemplu 7 sau 11).
hh	Ora se reprezintă prin două cifre, în formatul de 12 ore (de exemplu 07 sau 11).
H	Ora se reprezintă prin una sau două cifre, în formatul de 24 ore (de exemplu 7 sau 22).
HH	Ora este reprezentată prin două cifre, în formatul de 24 ore (de exemplu 07 sau 22).
t	Prescutare cu o singură literă pentru AM/PM (AM = înainte de masă este reprezentat cu A, PM = după masă este reprezentat cu P).
tt	Reprezentare cu două litere pentru AM/PM.
m	Minutul se reprezintă prin una sau două cifre (de exemplu 9 sau 52).
mm	Minutul se reprezintă prin două cifre (de exemplu 09 sau 52).
s	Secunda se reprezintă prin una sau două cifre (de exemplu 5 sau 40).

Caracter de formatare	Descriere
ss	Secunda se reprezintă prin două cifre (de exemplu 05 sau 40).
'text'	Un text fix specificat de utilizator, delimitat de caractere ' (apostrof).
X	Câmp de tip utilizator (*callback field*). Aceste câmpuri pot conține, de exemplu, nume de zile sau de luni, în limba română. În șirul de formatare pot apare mai multe câmpuri de tip utilizator. Pentru desemnarea unică a câmpurilor se vor folosi un număr variabil de caractere X. Astfel, de exemplu, pentru primul câmp de tip utilizator se poate utiliza un X, pentru cel de-al doilea câmp de tip utilizator XX iar pentru cel de-al treilea XXX. Pentru completarea valorilor inserate în câmpuri se folosesc procedurile-eveniment specializate în crearea acestor valori. Evenimentele se declanșează în următoarea ordine: 1. **CallbackKeyDown** Se declanșează când se apasă o tastă iar linia de inserție se află în interiorul unui câmp de tip utilizator. 2. **FormatSize** Se declanșează înaintea specificării valorii care se va insera într-un câmp de tip utilizator. În acest eveniment se stabilește lungimea maximă a șirului de tip utilizator. 3. **Format** Se declanșează când utilizatorul trebuie să specifice valoarea care se va afișa într-un câmp de tip utilizator.

EXEMPLE:

– Să presupunem că dorim afișarea datei curente sub forma următoare:

  Today is:Friday July 25, 1997 Time: 8:34 AM

  Proprietatea **Format** trebuie configurată cu valoarea *dtpCustom* (format de tip utilizator). Specificarea formatului se realizează prin configurarea proprietății **CustomFormat**, cu următorul șir de caractere:

```
'Today is:'ddddMMMMdd','yyy' Time: 'h:mtt
```

– Să presupunem că dorim afișarea datei curente sub forma următoare:

  July Iulie 29

  După numele lunii afișate în limba engleză se afișează numele lunii în limba română. Proprietatea **Format** trebuie configurată cu valoarea *dtpCustom* (format de tip utilizator). Specificarea formatului se realizează prin configurarea proprietății **CustomFormat**, cu următorul şir de caractere:

```
MMMMXd
```

În acest şir de formatare apare şi un câmp de tip utilizator, specificat prin X.

– Să presupunem că în şirul de caractere de formatare apar două câmpuri de tip utilizator, identificate prin X şi XX. Proprietatea **CustomFormat** poate fi configurată prin şirul:

```
XddddMMMdd', 'yyyXX
```

Proprietățile referitoare la utilizarea culorilor în modul de tip calendar sunt centralizate în tabelul următor:

Nume proprietate	Semnificație
CalendarBackColor	De tip **Long**. Stabileşte culoarea fondului calendarului.
CalendarForeColor	De tip **Long**. Stabileşte culoarea scrisului utilizat de zilele lunii curente.
CalendarMonthBackColor	De tip **Long**. Stabileşte culoarea fondului utilizat în zona zilelor lunii.
CalendarTitleBackColor	De tip **Long**. Stabileşte culoarea fondului utilizat în zona titlului.
CalendarTitleForeColor	De tip **Long**. Stabileşte culoarea scrisului utilizat în zona titlului.
CalendarTrailingForeColor	De tip **Long**. Stabileşte culoarea scrisului utilizat de zilele care nu aparțin lunii curente.

- *Evenimentul* **DropDown**

Se declanşează în modul de afişare de tip calendar (proprietatea **UpDown** a fost configurată cu valoarea False), când utilizatorul efectuează un clic pe butonul săgeată jos pentru afişarea calendarului derulant. Prototipul procedurii-eveniment este:

```
Private Sub DTPicker1_DropDown()

End Sub
```

- *Evenimentul* **CloseUp**

Se declanşează când se închide calendarul derulant (se efectuează un clic pe o zi a calendarului). Prototipul procedurii-eveniment este:

```
Private Sub DTPicker1_CloseUp()

End Sub
```

- *Evenimentul* **CallbackKeyDown**

Se declanşează când se acţionează o tastă iar linia de inserţie se află în interiorul unui câmp de tip utilizator. Evenimentul este o variantă a evenimentului **KeyDown**. Prototipul procedurii-eveniment este:

```
Private Sub DTPicker1_CallbackKeyDown( ByVal KeyCode As Integer, _
        ByVal Shift As Integer, ByVal CallbackField As String, _
        CallbackDate As Date)

End Sub
```

Parametrii procedurii-eveniment sunt următorii:

Parametru	Descriere
KeyCode	Un număr întreg livrat de sistem care indică codul ASCII al tastei acţionate.
Shift	Un număr întreg livrat de sistem care specifică starea tastelor SHIFT, CTRL şi ALT.
CallbackField	Un şir de caractere livrat de sistem care identifică câmpul curent de tip utilizator. Valorile livrate sunt de forma "X", "XX", "XXX" ş.a.m.d.
CallbackDate	O dată specificată de utilizator care se introduce în câmpul curent de tip utilizator.

- *Evenimentul* **FormatSize**

Se declanşează înaintea specificării valorii care se inserează într-un câmp de tip utilizator. În acest eveniment se stabileşte lungimea maximă a şirului de tip utilizator. Prototipul procedurii-eveniment este:

```
Private Sub DTPicker1_FormatSize(ByVal CallbackField As String, _
        Size As Long)

End Sub
```

Parametrii procedurii-eveniment sunt următorii:

Parametru	Descriere
CallbackField	Un şir de caractere livrat de sistem care identifică câmpul curent de tip utilizator. Valorile livrate sunt de forma "X", "XX", "XXX" ş.a.m.d.
Size	Un întreg lung prin care utilizatorul specifică lungimea maximă a şirului formatat de caractere care se creează în procedura corespunzătoare evenimentului **Format**.

- *Evenimentul* **Format**

Se declanşează când conţinutul unui câmp utilizator trebuie stabilit de utilizator. Acest eveniment se declanşează după evenimentul **FormatSize**. Prototipul procedurii-eveniment este:

Private Sub *DTPicker1*_**Format(ByVal** *CallbackField* **As String,** _
FormattedString **As String)**

End Sub

Parametrii procedurii-eveniment sunt următorii:

Parametru	Descriere
CallbackField	Un şir de caractere livrat de sistem care identifică câmpul curent de tip utilizator. Valorile livrate sunt de forma "X", "XX", "XXX" ş.a.m.d.
FormattedStringField	Un şir formatat de caractere, specificat de utilizator, care se afişează în câmpul curent de tip utilizator. Lungimea maximă a şirului respectiv se stabileşte în procedura-eveniment **FormatSize**.

EXEMPLU:

Forma aplicaţiei conţine un control **DateTimePicker**, care afişează data curentă. Numele lunii şi a zilei din săptămână se vor afişa şi în limba română, delimitate de paranteze rotunde, sub forma:

17 May (Mai) 2001 Thursday (Joi)

În evenimentul **Load** de încărcare a formei în memorie se configurează proprietatea **Format** cu valoarea *dtpCustom* (format de tip utilizator). Specificarea formatului de tip utilizator se realizează prin configurarea proprietăţii **CustomFormat**, astfel:

```
DTPicker1.CustomFormat = "ddMMMM' ('X') 'yyydddd' ('XX' )'"
```

În acest format apar două câmpuri de tip utilizator, identificate prin X şi XX. În primul câmp de tip utilizator se inserează numele lunii în limba română. În al doilea câmp de tip utilizator se inserează numele zilei săptămânii în limba română. Fereastra afişată de aplicaţie are aspectul următor:

Textul sursă al programului este:

```
Option Explicit

Private NumeLuna(1 To 12) As String
Private Ziua(1 To 7) As String
Private Sub Form_Load()
  NumeLuna(1) = "Ianuarie"
  NumeLuna(2) = "Februarie"
  NumeLuna(3) = "Martie"
  NumeLuna(4) = "Aprilie"
  NumeLuna(5) = "Mai"
  NumeLuna(6) = "Iunie"
  NumeLuna(7) = "Iulie"
  NumeLuna(8) = "August"
  NumeLuna(9) = "Septembrie"
  NumeLuna(10) = "Octombrie"
  NumeLuna(11) = "Noiembrie"
  NumeLuna(12) = "Decembrie"

  Ziua(1) = "Duminica"
  Ziua(2) = "Luni"
  Ziua(3) = "Marti"
  Ziua(4) = "Miercuri"
  Ziua(5) = "Joi"
  Ziua(6) = "Vineri"
  Ziua(7) = "Sambata"
  DTPicker1.Format = dtpCustom
  DTPicker1.CustomFormat = "ddMMMM' ('X') 'yyydddd' ('XX' )'"
End Sub

Private Sub DTPicker1_FormatSize(ByVal CallbackField As String, _
                                Size As Integer)
  If CallbackField = "X" Then
    Size = 10
  ElseIf CallbackField = "XX" Then
    Size = 8
  End If
End Sub

Private Sub DTPicker1_Format(ByVal CallbackField As String,_
                             FormattedString As String)
  If CallbackField = "X" Then
    FormattedString = NumeLuna(DTPicker1.Month)
```

```
  ElseIf CallbackField = "XX" Then
    FormattedString = Ziua(DTPicker1.DayOfWeek)
  End If
End Sub
```

17. CONTROLUL ProgressBar

Controlul **ProgressBar** (*bară progresivă*) este un indicator care se utilizează la vizualizarea înaintării în timp a derulării unui proces de lungă durată. Acest control se foloseşte – de exemplu – la instalarea produselor soft: poziţia curentă a indicatorului indică procentajul fişierelor deja copiate.

Controlul **ProgressBar** este de tip ActiveX. Pentru afişarea simbolului grafic asociat controlului pe paleta de controale, din meniul **Project** se dă comanda **Components** (Ctrl+T). În fereastra care apare se selectează pagina *Controls*. În continuare se selectează printr-un clic cutia de validare care are eticheta *Microsoft Windows Common Controls 6.0.* Datele referitoare la acest control se găsesc în fişierul:

C:\WINDOWS\System\MSCOMCTL.OCX

sau

C:\WINNT\System32\MSCOMCTL.OCX

Simbolul grafic aferent controlului are forma . Numele clasei este **ProgressBar**. Controalele au denumirile standard *ProgressBar1*, *ProgressBar2*, ...

Proprietăţile specifice ale barei progresive

- *Proprietăţile* **Min** *şi* **Max** (de tip **Integer**)

  Sunt două numere întregi care definesc domeniul de variaţie al indicatorului barei. Valorile implicite ale acestor proprietăţi sunt 0, respectiv 100. Când procesul controlat de bara progresivă se lansează în execuţie, poziţia indicatorului trebuie să fie în capătul din stânga (sau de sus) al barei, adică valoarea proprietăţii **Value** trebuie să fie egală cu valoarea proprietăţii **Min**. Când procesul controlat se termină, poziţia indicatorului trebuie să fie în capătul din dreapta (sau de jos) al barei, adică valoarea proprietăţii **Value** trebuie să fie egală cu valoarea proprietăţii **Max**.

- *Proprietatea* **Value** (de tip **Integer**)

  Comunică sau stabileşte poziţia curentă a indicatorului barei progresive. Această proprietate este accesibilă numai în execuţie.

- *Proprietatea* **Orientation** (de tip **Integer**)

  Stabileşte orientarea controlului (orizontală sau verticală). În acest sens se vor utiliza următoarele constante predefinite:

Constantă	Valoare	Descriere
ccOrientationHorizontal	0	Orientare orizontală. Valoare implicită.
ccOrientationVertical	1	Orientare verticală.

- *Proprietatea* **Scrolling** (de tip **Integer**)

  Stabileşte modul de vizualizare a progresului. În acest sens se vor utiliza se vor utiliza următoarele constante predefinite:

Constantă	Valoare	Descriere
ccScrollingStandard	0	Progresul se indică cu ajutorul unei bare care se defilează segmentat, în salturi (valoare implicită).
ccScrollingSmooth	1	Progresul se indică cu ajutorul unei bare care se defilează continuu.

- *Proprietatea* **Align** (de tip **Integer**)

  Stabileşte alinierea controlului **ProgressBar**. În acest sens se vor utiliza următoarele constante predefinite:

Constantă	Valoare	Descriere
VbAlignNone	0	Fără aliniere (valoare implicită)
VbAlignTop	1	Aliniere la muchia superioară a formei. Lățimea controlului este egală cu valoarea proprietății **ScaleWidth** a formei.
VbAlignBottom	2	Aliniere la muchia inferioară a formei. Lățimea controlului este egală cu valoarea proprietății **ScaleWidth** a formei.
VbAlignLeft	3	Aliniere la muchia din stânga formei. Înălțimea controlului este egală cu valoarea proprietății **ScaleHeight** a formei.
VbAlignRight	4	Aliniere la muchia din dreapta formei. Înălțimea controlului este egală cu valoarea proprietății **ScaleHeight** a formei.

- *Proprietatea* **Appearance** (de tip **Integer**)

  Stabileşte aspectul exterior al barei. În acest sens se vor utiliza următoarele constante predefinite:

Constant[	Valoare	Descriere
cc3D	1	Aspect tridimensional. Valoare implicită.
ccFlat	0	Aspect plat.

- *Proprietatea* **BorderSyle** (de tip **Integer**)

  Stabileşte stilul chenarului. În acest sens se vor utiliza următoarele constante predefinite:

Constant[	Valoare	Descriere
ccNone	1	Fără chenar. Valoare implicită.
ccFixedSingle	0	Chenar sub formă de linie simplă.

EXEMPLUL 1:

Forma aplicaţiei conţine un control **ProgressBar**, un ceas şi un buton de comandă. În procedura **Load** de încărcare a formei în memorie se iniţializează valoarea maximă a controlului bară progresivă, iniţial invizibilă. Se iniţializează cu 0 o variabilă de control. Proprietatea **Interval** al ceasului se configurează la 100 milisecunde şi se dezactivează ceasul.

În procedura ataşată evenimentului **Timer**, dacă indicatorul nu a ajuns încă la valoarea maximă, se actualizează poziţia indicatorului de progres. Dacă indicatorul a atins valoarea maximă, se iniţializează contorul, se ascunde controlul **ProgressBar** şi se dezactivează ceasul.

Dacă se acţionează butonul de comandă etichetat cu *Afisare*, atunci se activează ceasul şi se afişează controlul **ProgressBar**.

Fereastra afişată de aplicaţie are aspectul alăturat.

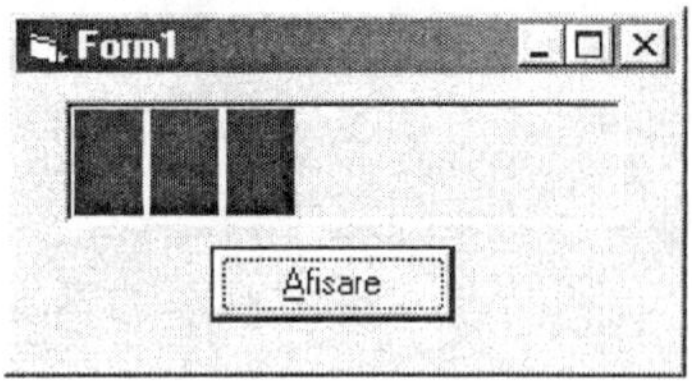

Textul sursă al programului este:

```
Option Explicit

Private ValMax As Integer
Private Contor As Integer
```

```
Private Sub Form_Load()
  Command1.Caption = "&Afisare"
  ValMax = 50
  Contor = 0
  ProgressBar1.Max = ValMax
  ProgressBar1.Visible = False
  Timer1.Enabled = False
  Timer1.Interval = 100
End Sub

Private Sub Timer1_Timer()
  If Contor = ValMax Then
    Timer1.Enabled = False
    Contor = 0
    ProgressBar1.Value = Contor
    ProgressBar1.Visible = False
    Exit Sub
  Else
    Contor = Contor + 1
    ProgressBar1.Value = Contor
  End If
End Sub

Private Sub Command1_Click()
  ProgressBar1.Visible = True
  Timer1.Enabled = True
End Sub
```

EXEMPLUL 2:

Forma aplicației conține următoarele controale: o bară progresivă, un ceas, două butoane de comandă etichetate cu *Start* şi *Pauza* şi o etichetă. Intervalul de timp scurs între două evenimente **Timer** ale ceasului se configurează la 1000 milisecunde. În procedura ataşată evenimentului de creare a formei **Load** se inițializează proprietățile barei progresive şi se inhibă ceasul. Prin acționarea butonului de comandă *Start* se activează ceasul. Ceasul poate fi inhibat prin intermediul butonului de comandă *Pauza*. În procedura ataşată evenimentului **Timer** se actualizează poziția indicatorului barei progresive. Timpul necesar terminării activității analizate se afişează pe eticheta ataşată formei.
Fereastra afişată de aplicație are aspectul următor:

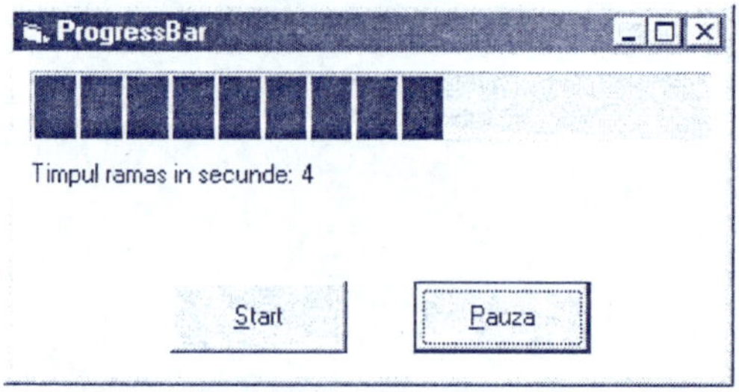

Textul sursă al programului este:

```
Option Explicit

Dim Secunde As Integer
Const MaxSecunde = 10

Private Sub Form_Load()
  Form1.Caption = "ProgressBar"
  Command1.Caption = "&Start"
  Command2.Caption = "&Pauza"
  Secunde = 0
  Timer1.Enabled = False
  Timer1.Interval = 1000
  Label1.Caption = "Timpul ramas in secunde: " & MaxSecunde
  With ProgressBar1
    .Min = 0
    .Max = MaxSecunde
    .Value = 0
  End With
End Sub

Private Sub Timer1_Timer()
  If Secunde < MaxSecunde Then
    Secunde = Secunde + 1
    Label1.Caption = "Timpul ramas in secunde: " & _
                           MaxSecunde - Secunde
    ProgressBar1.Value = Secunde
  Else
    Secunde = 0
    Timer1.Enabled = False
  End If
End Sub

Private Sub Command1_Click()
  Timer1.Enabled = True
End Sub

Private Sub Command2_Click()
  Timer1.Enabled = False
End Sub
```

18. CONTROLUL Slider

Controlul **Slider** (*bară glisantă*) creează o bară prevăzută cu un buton glisant şi o scală cu gradaţii. În execuţie poziţia cursorului glisant poate fi modificată prin tragerea lui cu ajutorul mouse-ului sau prin efectuarea unui clic în stânga sau în dreapta cursorului. Poziţia cursorului poate fi modificată şi prin acţionarea tastelor cu săgeţi sau a tastelor Page Up şi Page Down. Controlul poate afişa şi o regiune selectată. Pentru selectarea unei regiuni proprietatea **SelectRange** a controlului trebuie configurată cu valoarea True, iar în timpul selecţiei trebuie ţinută apăsată tasta SHIFT. Orientarea controlului este fie orizontală fie verticală. În execuţie, dacă se trage cu mouse-ul butonul glisant, poziţia curentă a butonului se afişează într-o mică fereastră de informare.

Controlul **Slider** este de tip ActiveX. Pentru afişarea simbolului grafic asociat controlului pe paleta de controale, din meniul **Project** se dă comanda **Components** (Ctrl+T). În fereastra care apare se selectează pagina *Controls*. În continuare se selectează printr-un clic cutia de validare care are eticheta *Microsoft Windows Common Controls 6.0.* Datele referitoare la acest control se găsesc în fişierul:

C:\WINDOWS\System\MSCOMCTL.OCX

sau

C:\WINNT\System32\MSCOMCTL.OCX

Simbolul grafic aferent controlului are forma  . Numele clasei este **Slider**. Controalele au denumirile standard *Slider1*, *Slider2*, ...

Proprietăţile şi metodele specifice ale controlului

- *Proprietăţile* **Min** şi **Max** (de tip **Long**)

  Permit stabilirea sau citirea domeniului de variaţie al cursorului glisant asociat controlului. Valoarea implicită a proprietăţii **Min** este 0, iar a proprietăţii **Max** este 10, adică dacă cursorul se află în extremitatea din stânga (de sus) a controlului, atunci valoarea proprietăţii **Value** va fi 0, iar dacă cursorul se află în extremitatea din dreapta (de jos), valoarea proprietăţii **Value** este 10. Aceste proprietăţi pot fi utilizate printr-o secvenţă de forma:

```
Dim ValMin As Long, ValMax As Long
Slider1.Max = ValMax            ' Stabilirea limitei superioare.
Slider1.Min = ValMin            ' Stabilirea limitei inferioare.
```

```
ValMax = Slider1.Max          ' Citirea limitei superioare.
ValMin = Slider1.Min          ' Citirea limitei inferioare.
```

- *Proprietatea* **Value** (de tip **Long**)

Permite stabilirea sau citirea poziției curente a cursorului glisant. Proprietatea poate fi utilizată printr-o secvență de forma:

```
Dim Pozitie As Long
Pozitie = Slider1.Value       ' Citirea poziției actuale a cursorului.
Slider1.Value = Pozitie       ' Stabilirea poziției actuale a cursorului.
```

- *Proprietățile* **LargeChange** *și* **SmallChange** (de tip **Long**)

Proprietatea **LargeChange** permite stabilirea sau citirea numărului de gradații prin care trece cursorul glisant când se acționează tastele Page Up sau Page Down (sau când se efectuează un clic cu mouse-ul în partea stângă, respectiv dreaptă a cursorului glisant). Valoarea implicită a acestei proprietăți este egală cu 5. Proprietatea **SmallChange** permite stabilirea sau citirea numărului de gradații prin care trece cursorul glisant când se acționează tastele cu săgeți orizontale. Valoarea implicită a acestei proprietăți este egală cu 1. Proprietățile pot fi stabilite în execuție printr-o secvență de forma următoare:

```
Slider1.LargeChange = număr   ' Stabilirea numărului de gradații la salt lung.
Slider1.SmallChange = număr   ' Stabilirea numărului de gradații la salt scurt.
```

- *Proprietatea* **Orientation** (de tip **Integer**)

Permite stabilirea orientării controlului **Slider**. Proprietatea poate fi stabilită atât în perioada de elaborare a proiectului, cât și în execuție, printr-o secvență de forma:

```
Slider1.Orientation = Valoare
```

unde *Valoare* este o constantă predefinită, având valorile următoare:

Constantă	Valoare	Semnificație
ccOrientationHorizontal	0	Orientare orizontală, valoare implicită. Gradațiile se afișează deasupra sau dedesubtul controlului.
ccOrientationVertical	1	Orientare verticală. Gradațiile se afișează în stânga sau dreapta controlului.

- *Proprietatea* **SelectRange** (de tip **Boolean**)

  Stabileşte dacă controlul **Slider** poate avea sau nu un domeniu selectat. Proprietatea poate fi stabilită atât în perioada de elaborare a proiectului, cât şi în execuţie, printr-o secvenţă de forma:

```
Slider1.SelectRange = True    ' Controlul poate să aibă un domeniu selectat.
Slider1.SelectRange = False   ' Controlul nu poate să aibă un domeniu selectat.
```

  Dacă proprietatea se iniţializează cu valoarea False, atunci valoarea proprietăţii **SelStart** coincide cu valoarea proprietăţii **Value**. În acest caz proprietatea **SelectRange** nu este operantă.

- *Proprietăţile* **SelStart** *şi* **SelLength** (de tip **Integer**)

  Permit stabilirea sau citirea poziţiei de început a zonei selectate, respectiv a lungimii zonei selectate. În execuţie proprietăţile se utilizează prin construcţii de forma următoare:

```
Dim Pozitie As Integer, Lungime As Integer
Slider1.SelStart = Pozitie      ' Stabilirea poziţiei de început a
                                ' zonei selectate.
Slider1..SelLength = Lungime    ' Stabilirea lungimii zonei selectate.
Pozitie = Slider1.SelStart      ' Citirea poziţiei de început a zonei selectate.
Lungime = Slider1.SelLength     ' Citirea lungimii zonei selectate.
```

  Valoarea proprietăţii **SelLength** nu poate fi mai mică ca 0, iar suma valorilor corespunzătoare proprietăţilor **SelStart** şi **SelLength** nu poate fi mai mare decât valoarea proprietăţii **Max**.

- *Proprietatea* **TickFrequency** (de tip **Integer**)

  Permite stabilirea sau citirea frecvenţei gradaţiilor afişate pe controlul **Slider**. Astfel, de exemplu, dacă domeniul se fixează la valoarea 100, iar frecvenţa la valoarea 2, atunci se vor afişa 50 de gradaţii. Valoarea implicită a proprietăţii este 1, adică în fiecare unitate a domeniului se afişează câte o gradaţie. Proprietatea poate fi utilizată printr-o secvenţă de forma următoare:

```
Dim Frecventa As Integer
Slider1.TickFrequency = Frecventa    ' Stabilirea frecvenţei gradaţiilor.
Frecventa = Slider1.TickFrequency    ' Citirea frecvenţei gradaţiilor.
```

- *Proprietatea* **TickStyle** (de tip **Integer**)

  Permite stabilirea unui cod numeric (sau citirea acestui cod) prin care se poate stabili stilul gradaţiilor afişate pe controlul **Slider**. Proprietatea poate fi utilizată printr-o secvenţă de forma următoare:

```
Dim Stil As Integer
Slider1.TickStyle = Stil      ' Stabilirea stilului.
Stil = Slider1.TickStyle      ' Citirea codului corespunzător stilului utilizat.
```

Pentru stabilirea stilului gradaţiilor se vor utiliza următoarele constante predefinite:

Constantă	Valoare	Descriere
sldBottomRight	0	Gradaţiile sunt poziţionate în partea inferioară a controlului (dacă se foloseşte orientarea orizontală) sau în partea din dreapta controlului (dacă se foloseşte orientarea verticală). Valoare implicită.
sldTopLeft	1	Gradaţiile sunt poziţionate în partea superioară a controlului (dacă se foloseşte orientarea orizontală) sau în partea din stânga controlului (dacă se foloseşte orientarea verticală).
sldBoth	2	Gradaţiile sunt poziţionate atât în partea superioară, cât şi în partea inferioară a controlului (respectiv atât în partea stângă, cât şi în cea dreaptă).
sldNoTicks	3	Controlul nu este prevăzut cu gradaţii.

- *Proprietatea* **TextPosition** (de tip **Integer**)

Stabileşte poziţia unei mici ferestre de informare în care se afişează în timpul execuţiei poziţia curentă a cursorului glisant. Fereastra apare când se trage cu mouse-ul cursorul glisant.

```
Dim Numar As Integer
Slider1.TextPosition = Numar
```

Poziţia curentă a ferestrei de informare se stabileşte cu următoarele constante predefinite:

Constantă	Valoare	Descriere
sldAboveLeft	0	Fereastra de informare se afişează deasupra sau în stânga controlului, în funcţie de orientarea lui.
sldBelowRight	1	Fereastra de informare se afişează dedesubtul sau în dreapta controlului, în funcţie de orientarea lui.

- *Metoda* **ClearSel**

Şterge selecţia curentă a controlului **Slider**, adică valoarea proprietăţii **SelLength** se iniţializează cu 0, iar valoarea proprietăţii **SelStart** se încarcă cu valoarea corespunzătoare proprietăţii **Value**. Metoda poate fi apelată printr-o instrucţiune de forma:

Slider1.**ClearSel**

- *Metoda* **GetNumTicks**

Permite citirea numărului de gradaţii ale controlului **Slider**. Pentru apelarea metodei se va folosi o secvenţă de forma:

Dim Nr **As Integer**
Nr = *Slider1*.**GetNumTicks**

Pentru modificarea numărului de gradaţii se reconfigurează valorile corespunzătoare proprietăţilor **Min** sau **Max**; o altă modalitate o constituie modificarea valorii proprietăţii **TickFrequency**.

EXEMPLUL 1:

Forma aplicaţiei conţine un control **Slider** şi o etichetă. În cazul controlului **Slider** s-au utilizat valorile implicite. La declanşarea evenimentelor **MouseUp** şi **KeyUp** corespunzătoare controlului **Slider** se citeşte poziţia curentă a cursorului glisant. Ea se afişează în controlul etichetă. Fereastra afişată de aplicaţie poate avea aspectul următor:

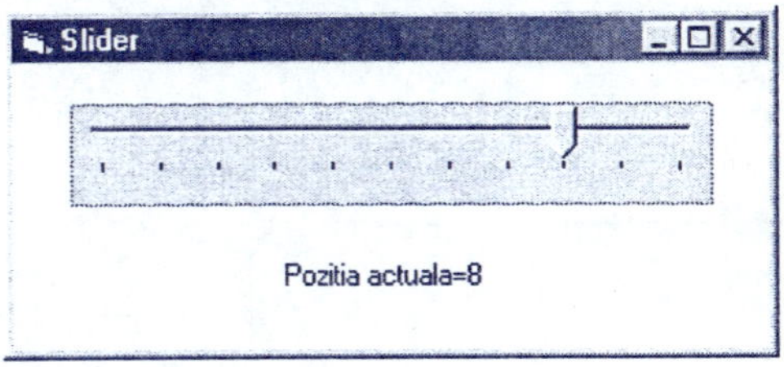

Textul sursă al programului este:

```
Option Explicit

Private Sub Form_Load()
  Label1.Caption = "Pozitia actuala=" & Slider1.Value
  Form1.Caption = "Slider"
End Sub

Private Sub Slider1_KeyUp(KeyCode As Integer, Shift As Integer)
  Label1.Caption = "Pozitia actuala=" & Slider1.Value
End Sub
```

```
Private Sub Slider1_MouseUp(Button As Integer, Shift As Integer, _
                            x As Single, y As Single)
  Label1.Caption = "Pozitia actuala=" & Slider1.Value
End Sub
```

EXEMPLUL 2:

Forma aplicației următoare conține un control **Slider** și o cutie text. În procedura atașată evenimentului **Load** al formei controlul **Slider** se poziționează sub cutia text. Lățimea cutiei text se inițializează la valoarea 1 twip. Domeniul de variație al cursorului (proprietățile **Min** și **Max**) se fixează la intervalul închis [1, lățimea controlului **Slider** în unități twip].

Când se modifică poziția cursorului glisant al controlului (adică în momentul declanșării evenimentului **Change** corespunzător barei) se citește poziția curentă a cursorului, iar lățimea cutiei text se modifică la această valoare. Noua poziție a cursorului glisant se afișează în cutia text. Dacă în cutie se introduce o valoare numerică, aceasta se utilizează la stabilirea noii poziții a cursorului glisant și a noii lățimi a cutiei text. Repoziționarea cursorului glisant și redimensionarea cutiei text au loc când cutia text pierde focarul (evenimentul **GotFocus** corespunzător cutiei text).

Fereastra afișată de aplicație poate avea aspectul următor:

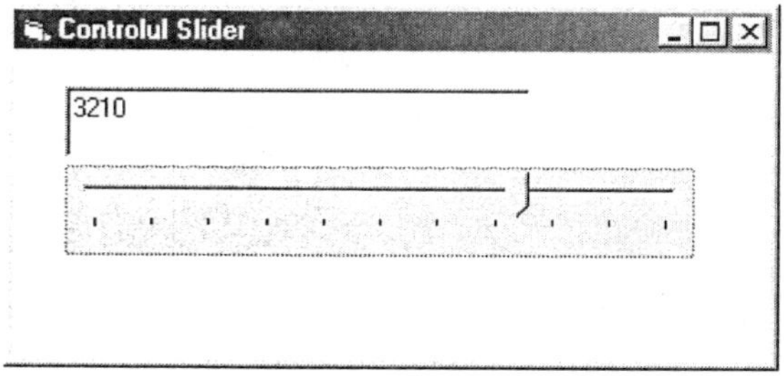

Textul sursă al programului este:

```
Option Explicit

Private Sub Form_Load()
  Form1.Caption = "Controlul Slider"
  Text1.Width = 1           ' Lățimea inițială pentru cutie text
  Text1.Text = "1"          ' Textul inițial afișat în cutie text
  With Slider1
    .Left = Text1.Left      ' Aliniere Slider cu TextBox.
    .Top = Text1.Top + Text1.Height + 50
    .Min = 1
    .Max = .Width
```

```
        .TickFrequency = Slider1.Max * 0.1
        .LargeChange = Slider1.Max * 0.1
        .SmallChange = Slider1.Max * 0.01
    End With
End Sub

Private Sub Slider1_Change()              ' Modificarea poziţiei cursorului glisant.
    Text1.Width = Slider1.Value           ' Modificarea lăţimii cutiei text.
    Text1.Text = Slider1.Value            ' Afişarea poziţiei actuale a cursorului.
End Sub

Private Sub Text1_LostFocus()             ' Cutia text pierde focarul.
    Slider1.Value = Text1.Text            ' Repoziţionarea cursorului la valoarea citită.
End Sub
```

EXEMPLUL 3:

Aplicaţia ilustrează modul în care se poate selecta cu ajutorul mouse-ului un domeniu al unui control **Slider**: tasta SHIFT fiind ţinută apăsată, se efectuează un clic pe controlul **Slider** şi se trage cursorul glisant într-o nouă poziţie, situată în dreapta poziţiei iniţiale. Forma aplicaţiei conţine un control **Slider** şi trei etichete. În procedura ataşată evenimentului **Load** al formei proprietatea **SelectRange** a controlului **Slider** se iniţializează cu valoarea True, deci controlul poate avea un domeniu selectat. În procedura ataşată evenimentului **MouseDown** al controlului **Slider** – dacă tasta SHIFT este apăsată – se citeşte poziţia curentă a cursorului glisant. Valoarea citită se afişează într-un control etichetă, sub forma:

"Start = poziţie curentă".

Proprietatea **SelStart** se iniţializează cu această valoare iniţială. În procedura ataşată evenimentului **MouseUp** al controlului **Slider** se citeşte din nou poziţia curentă a cursorului glisant. Valoarea citită se afişează într-un control etichetă, sub forma:

"Stop = poziţie curentă".

Proprietatea **SelLength** se încarcă cu diferenţa dintre poziţia curentă şi cea iniţială. Diferenţa se afişează într-un control etichetă, sub forma:

"Lungime = diferenţă".

Fereastra afişată de aplicaţie poate avea aspectul următor:

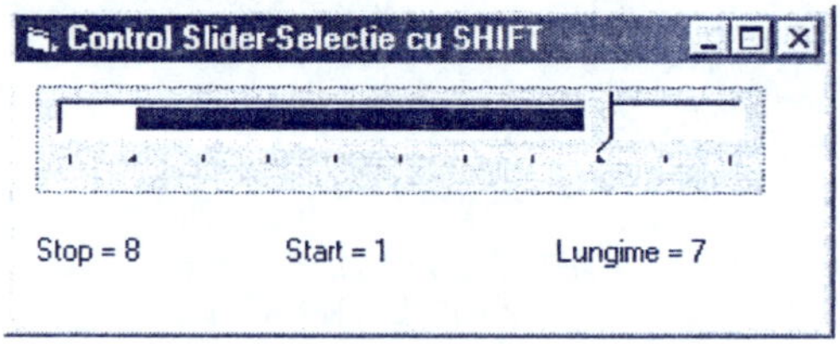

Textul sursă al programului este:

```
Option Explicit

Private Sub Form_Load()
  Form1.Caption = "Control Slider-Selectie cu SHIFT"
  Label1.Caption = ""
  Label2.Caption = ""
  Label3.Caption = ""
  Slider1.SelectRange = True
End Sub

Private Sub Slider1_MouseDown(Button As Integer, _
                      Shift As Integer, x As Single, y As Single)
  Slider1.ClearSel            ' Şterge selecţia anterioara.
  If Shift = vbShiftMask Then            ' Dacă SHIFT este apăsat, începe selecţia.
    Slider1.SelStart = Slider1.Value
    Label2.Caption = "Start = " & Slider1.SelStart
  End If
End Sub

Private Sub Slider1_MouseUp(Button As Integer, Shift As Integer, _
                      x As Single, y As Single)
  If (Shift = vbShiftMask) And _
                 (Slider1.Value >= Slider1.SelStart) Then
    Slider1.SelLength = Slider1.Value - Slider1.SelStart
    Label1.Caption = "Stop = " & Slider1.Value
    Label3.Caption = "Lungime = " & Slider1.SelLength
  End If
End Sub
```

19. CONTROLUL StatusBar

Controlul **StatusBar** (*linia de stare*) creează o fereastră, care de obicei se afişează în partea inferioară a formei părinte. În linia de stare pot fi depuse diferite informaţii, de exemplu funcţiile corespunzătoare comenzilor din meniu sau rolul butoanelor de comandă. Există două categorii de linii de stare:

- linii de stare *simple*, formate dintr-un singur panou, în care se poate afişa un text;
- linii de stare *compuse*, formate din mai multe panouri distincte. Numărul maxim al panourilor este 16. În fiecare panou se pot afişa texte şi/sau imagini. Panourile fi utilizate şi pentru comunicarea stării curente a tastelor Caps Lock, Num Lock, Insert, Scroll Lock precum şi pentru afişarea datei şi orei curente.

Controlul **StatusBar** este o colecţie de tip **Panels**, formată din obiecte de tip **Panel**.

Controlul **StatusBar** este de tip ActiveX. Pentru afişarea simbolului grafic asociat controlului pe paleta de controale, din meniul **Project** se dă comanda **Components** (Ctrl+T). În fereastra care apare se selectează pagina *Controls*. În continuare se selectează printr-un clic cutia de validare care are eticheta *Microsoft Common Controls 6.0*. Datele referitoare la acest control se găsesc în fişierul:

C:\WINDOWS\System\MSCOMCTL.OCX

sau

C:\WINNT\System32\MSCOMCTL.OCX

Simbolul grafic aferent controlului are forma . Numele clasei este **StatusBar**. Controalele au denumirile standard *StatusBar1*, *StatusBar2*, ...

Linia de stare poate fi configurată atât în perioada de elaborare a proiectului, cât şi în execuţie.

Configurarea liniei de stare în faza de proiectare

1. Se aşează pe formă un control **StatusBar** şi cu butonul drept se efectuează un clic pe acest control*.

---

* Alte variante:

2. Din meniul local care apare se selectează comanda **Properties**. Se afişează o fereastră de dialog care are patru pagini: *General*, *Panels*, *Font* şi *Picture*.

Pentru configurarea proprietăţilor generale ale controlului **StatusBar** se va selecta pagina *General*. Pagina afişată are aspectul următor:

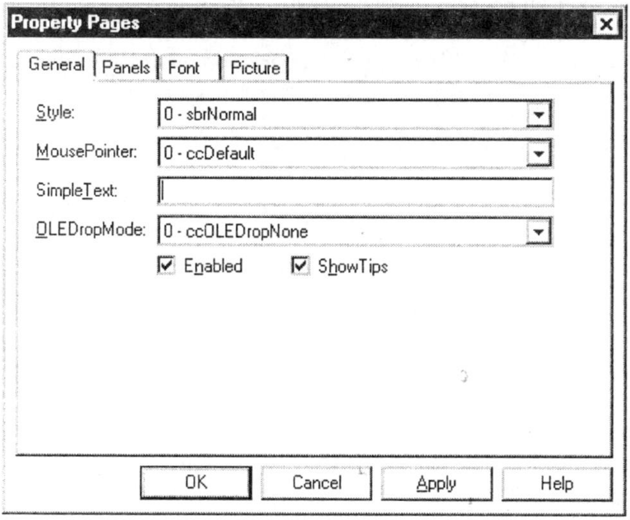

Cu ajutorul listei combinate **Style** se stabileşte stilul liniei de stare. Constantele utilizate pentru stabilirea stilului liniei de stare sunt următoarele:

Constantă	Valoare	Descriere
sbrNormal	0	Linia de stare este formată din mai multe panouri. Valoare implicită.
sbrSimple	1	Linia de stare este formată dintr-un singur panou. Dacă se selectează stilul *sbrSimple*, textul afişat în linia de stare poate fi specificat cu ajutorul cutiei text **SimpleText**.

Dacă se selectează cutia de validare **ShowTips**, atunci, în execuţie, prin indicarea cu mouse-ul a unui panou, sub el apare un scurt text, care descrie funcţia panoului. Textul se specifică prin proprietatea **ToolTipText** aferentă panoului.

- în fereastra de proprietăţi se selectează proprietatea **Custom** şi se efectuează un clic pe butonul prevăzut cu trei puncte;
- din meniul **View** se alege comanda **Property Pages** (Shift +F4).

Pentru configurarea proprietăţilor panourilor individuale ale liniei de stare se selectează pagina etichetată cu *Panels*. Pagina afişată are aspectul următor:

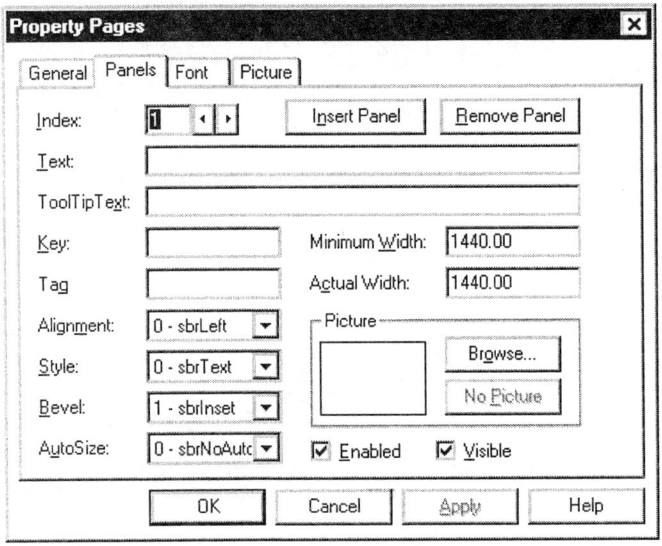

Această pagină, în partea ei superioară, este prevăzută cu patru butoane de comandă adiţionale. Butoanele de comandă prevăzute cu săgeţi orizontale permit parcurgerea panourilor controlului **StatusBar**. Butonul **Insert Panel** permite inserarea în linia de stare a unui nou panou. Butonul **Remove Panel** serveşte la îndepărtarea din linia de stare a panoului curent.

Cutia text **Index**

Conţine un număr întreg care identifică în mod unic panoul curent al controlului **StatusBar**. Indicele primului panou (creat implicit) este egal cu 1.

Cutia text **Key**

Permite stabilirea unei chei care identifică în mod unic panoul curent al controlului **StatusBar**. Cutia trebuie încărcată cu un şir de caractere; dacă şirul utilizat la specificarea cheii a mai fost utilizat, atunci se declanşează o eroare.

Cutia text **Text**

Este destinată specificării textului care se afişează în panoul curent. Informaţia introdusă în această cutie se utilizează numai dacă stilul panoului a fost configurat cu ajutorul constantei *sbrText*.

Cutia text **ToolTipText**

Conţine un text, care descrie funcţia panoului curent.

Lista combinată **Alignment**

Se referă la alinierea textului afişat în panoul curent. Pentru stabilirea alinierii pot fi folosite următoarele constante predefinite:

Constantă	Valoare	Descriere
sbrLeft	0	Textul panoului este aliniat la stânga şi se află în dreapta imaginii. Valoare implicită.
sbrCenter	1	Textul panoului este centrat şi se află în dreapta imaginii.
sbrRight	2	Textul panoului este aliniat la dreapta şi se află în stânga imaginii.

Lista combinată **Style**

Se referă la stilul panoului curent. Pentru stabilirea stilului pot fi folosite următoarele constante predefinite:

Constantă	Valoare	Descriere
sbrText	0	Panoul conţine un text şi/sau o imagine. Textul afişat se stabileşte cu ajutorul liniei **Text**. Valoare implicită.
sbrCaps	1	*Starea cheii Caps Lock* În panou se afişează cu litere îngroşate CAPS în cazul în care tasta CapsLock este apăsată. Dacă această tastă nu este apăsată, textul CAPS va fi afişat cu caractere estompate.
sbrNum	2	*Starea cheii Number Lock* În panou se afişează cu litere îngroşate NUM în cazul în care tasta NumLock este apăsată. Dacă această tastă nu este apăsată, textul NUM va fi afişat cu caractere estompate.
sbrIns	3	*Starea cheii Insert* În panou se afişează cu litere îngroşate INS în cazul în care tasta Insert este apăsată. Dacă această tastă nu este apăsată, textul INS va fi afişat cu caractere estompate.

Constantă	Valoare	Descriere
sbrScrl	4	*Starea cheii Scroll Lock* În panou se afişează cu litere îngroşate SCRL în cazul în care tasta Scroll Lock este apăsată. Dacă această tastă nu este apăsată, textul SCRL va fi afişat cu caractere estompate.
sbrTime	5	În panoul curent se afişează ora curentă, în formatul utilizat de sistemul de operare.
sbrDate	6	În panoul curent se afişează data calendaristică curentă, în formatul utilizat de sistemul de operare.

Lista combinată **Bevel**

Se referă la stilul chenarului utilizat la panoul actual. Pentru stabilirea stilului chenarului se folosesc următoarele constante predefinite:

Constantă	Valoare	Descriere
sbrNoBevel	0	Panoul nu are chenar iar textul afişat pare a fi pe linia de stare.
sbrInset	1	Panoul este coborât faţă de linia de stare. Valoare implicită.
sbrRaised	2	Panoul este urcat faţă de linia de stare.

Lista combinată **AutoSize**

Stabileşte modul de determinare a lăţimii panoului curent când linia de stare se redimensionează. Pentru aceasta se folosesc următoarele constante predefinite:

Constantă	Valoare	Descriere
sbrNoAutoSize	0	Panoul nu se redimensionează. Lăţimea panoului este egală cu valoarea specificată de proprietatea **Width**. Valoare implicită.
sbrSpring	1	Dacă în urma redimensionării formei părinte este disponibil un spaţiu extra, panourile configurate cu această constantă vor împărţi spaţiul liber şi lăţimea lor se va majora. Lăţimea panoului nu va fi mai mică decât lăţimea specificată de proprietatea **MinWidth**.
sbrContents	2	Panoul este redimensionat astfel încât să fie vizibil conţinutul lui. Lăţimea panoului nu va fi mai mică decât lăţimea specificată de proprietatea **MinWidth**.

Cutia text **Minimum Width**

Permite configurarea proprietății **MinWidth** și se referă la lățimea minimă a panoului actual. Această valoare este utilizată atunci, când proprietatea **AutoSize** este configurată cu ajutorul constantelor *sbrSpring* sau *sbrContents*. Dacă proprietatea **AutoSize** este configurată cu ajutorul constantei *sbrNoAutoSize*, atunci valoarea proprietății **MinWidth** coincide cu valoarea proprietății **Width**.

Zona **Picture**

Permite atașarea panoului curent a unei imagini. Imaginea poate fi selectată prin intermediul butonului de comandă **Browse**. Butonul de comandă **No Picture** permite ștergerea imaginii. În execuție atașarea unei imagini la un panou poate fi realizată cu ajutorul funcției **LoadPicture**.

Cutia de validare **Enabled**

Se referă la posibilitatea de activare a panoului curent. Valoarea implicită este True (panoul poate fi activat). Dacă se alege valoarea False, panoul curent va fi inhibat.

Cutia de validare **Visible**

Se referă la vizibilitatea panoului curent. Valoarea implicită este True (panoul este vizibil).

Configurarea liniei de stare în execuție

În execuție proprietățile generale ale unui control **StatusBar** pot fi citite sau configurate prin construcții de forma următoare:

```
Dim Valoare
Valoare = StatusBar1.NumeProprietate      ' Citirea valorii proprietății.
StatusBar1.NumeProprietate = Valoare      ' Stabilirea valorii proprietății.
```

În construcția anterioară prin *NumeProprietate* se înțelege una din proprietățile generale ale unei linii de stare, de exemplu **Style**, **MousePointer**, **Panels**, **SimpleText**, **ShowTips** sau **Enabled**. Astfel, de exemplu, stilul liniei de stare poate fi testată sau configurată prin secvența următoare:

```
Dim s As Integer
StatusBar1.Style = sbrSimple              ' Configurarea proprietății Style.
s = StatusBar1.Style                      ' Citirea valorii proprietății Style.
```

- *Proprietatea* **Panels** (de tip **Panel**)

  Livrează o referință la colecția de panouri a liniei de stare. Elementele acestei colecții au tipul **Panel**. Prin intermediul referinței pot fi apelate metodele standard utilizate la gestiunea panourilor: **Add**, **Remove**, **Clear**, precum și proprietățile **Item** și **Count**. Fiecare membru al colecției poate fi referențiat printr-un indice (proprietatea **Index**) sau printr-o cheie (proprietatea **Key**). Aceste proprietăți sunt memorate când se adaugă un nou panou liniei de stare (în execuție cu metoda **Add** sau în perioada de elaborare a proiectului, cu ajutorul paginilor de proprietăți).

- *Metoda* **Add**

  Adaugă un panou la colecția de panouri a liniei de stare. Metoda poate fi apelată printr-o construcție de forma:

  Dim p **As** Panel
  Set *p = StatusBar1.Panels.***Add** (*Index, Key,Text, Style, Picture*)

  Valoarea *p* reprezintă o referință la panoul adăugat și este creată de sistem. Argumentele metodei sunt următoarele:

Argument	Descriere
Index	*Indicele panoului* Un număr întreg pozitiv opțional care specifică poziția în care se inserează obiectul **Panel**. Dacă nu se specifică nici un indice, noul panou va fi inserat la sfârșitul colecției **Panels**. Valorile utilizate sunt 1, 2, 3, ...
Key	*Cheia panoului* Un șir opțional de caractere care identifică în mod unic obiectul **Panel**. Cheile panourilor trebuie să fie distincte.
Text	*Textul atașat panoului* Un șir opțional de caractere care se afișează în obiectul **Panel**.
Style	*Stilul panoului* O constantă opțională care specifică stilul obiectului **Panel**.
Picture	*Imaginea atașată panoului* Specifică imaginea care se adaugă obiectului **Panel**, de exemplu prin intermediul funcției **LoadPicture** sau prin intermediul proprietății **Picture** a unui control de tip **Image** sau **PictureBox**.

Deoarece metoda **Add** livrează o referință la panoul creat, cu ajutorul acestei referințe se pot configura ușor proprietățile noului panou.

- *Metoda* **Remove**

  Îndepărtează un panou specificat din linia de stare. Metoda poate fi apelată printr-o secvență de forma următoare:

StatusBar1.Panels.**Remove** *Indice*	' Indicele panoului care se şterge, ' proprietatea **Index**

  sau

StatusBar1.Panels.**Remove** *Cheie*	' Cheia panoului care se şterge, ' proprietatea **Key**

- *Metoda* **Clear**

  Îndepărtează toate panourile din linia de stare. Metoda se apelează printr-o construcție de forma:

  StatusBar1.Panels.**Clear**

- *Proprietatea* **Count** (de tip **Long**)

  Permite citirea numărului de panouri dintr-un control **StatusBar**. Citirea poate fi realizată printr-o secvență de forma următoare:

  Dim NrPanou **As Long**
  NrPanou = StatusBar1.Panels.**Count**

- *Proprietatea* **Item** (de tip **Panel**)

  Livrează o referință la un panou specificat (prin indice sau prin cheie) al colecției de panouri. Această proprietate este proprietatea implicită a panourilor şi poate fi utilizată printr-o construcție de forma următoare:

  Dim ref **As** Panel
  Set *ref = StatusBar1.Panels*(i)

  sau

  Set *ref = StatusBar1.Panels*.**Item**(i)

  unde *i* este un număr întreg (proprietatea **Index**, *i* = 1, 2, 3, ...) sau un şir de caractere (proprietatea **Key**). Cu ajutorul referinței obținute *ref* se pot citi sau modifica proprietățile unui panou specificat:

Dim Valoare	
Valoare = ref.NumeProprietate	'Citirea valorii proprietății.
ref.NumeProprietate = Valoare	'Stabilirea valorii proprietății.

  În construcția anterioară prin *NumeProprietate* se înțelege una din proprietățile unui panou: **Alignment**, **AutoSize**, **Bevel**, **Enabled**, **Index**, **Key**, **Left**, **MinWidth**, **Picture**, **Style**, **Tag**, **Text**, **ToolTipText**, **Visible** sau **Width**. Astfel, de exemplu, proprietatea de aliniere poate fi testată sau configurată prin secvenţa următoare:

```
Dim Alin As Integer
Alin = StatusBar.Panels(i).Alignment          ' Citirea proprietăţii
                                              ' de aliniere.
StatusBar.Panels(i).Alignment = sbrLeft       ' Stabilirea proprie-
                                              ' tăţii de aliniere.
```

EXEMPLUL 1:

Forma aplicaţiei următoare conţine o linie de stare şi două butoane de comandă. Linia de stare este formată dintr-un singur panou (proprietatea **Style** a liniei de stare s-a configurat cu valoarea *sbrSimple*). Textul iniţial afişat în linia de stare se specifică cu ajutorul proprietăţii **SimpleText**. Aceste valori se configurează în procedura-eveniment aferentă evenimentului **Load** pentru formă. Dacă se selectează un buton de comandă sau dacă se efectuează un clic pe formă, proprietatea **SimpleText** a liniei de stare se modifică, deci linia de stare va conţine diferite texte.

Fereastra afişată de aplicaţie are aspectul alăturat.

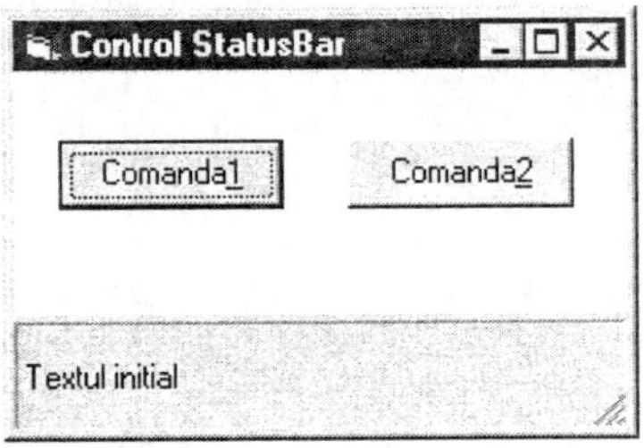

Textul sursă al programului este:

```
Option Explicit

Private Sub Form_Load()
  Form1.Caption = "Control StatusBar"
  Command1.Caption = "Comanda&1"
  Command2.Caption = "Comanda&2"
  StatusBar1.Style = sbrSimple
  StatusBar1.SimpleText = "Textul initial"
End Sub

Private Sub Command1_Click()
  StatusBar1.SimpleText = "Prima comanda"
End Sub

Private Sub Command2_Click()
  StatusBar1.SimpleText = "A doua comanda"
End Sub

Private Sub Form_Click()
  StatusBar1.SimpleText = "Clic pe forma"
End Sub
```

EXEMPLUL 2:

Forma aplicației următoare conține trei butoane de opțiune, grupate cu ajutorul unui control **Frame** precum şi o linie de stare, care are stilul implicit *sbrNormal*. În procedura-eveniment ataşată butoanelor de opțiune, în linia de stare, formată dintr-un singur panou, se încarcă dinamic imagini. În funcție de butonul selectat se modifică şi stilul panoului.
Fereastra afişată de aplicație are aspectul alăturat.

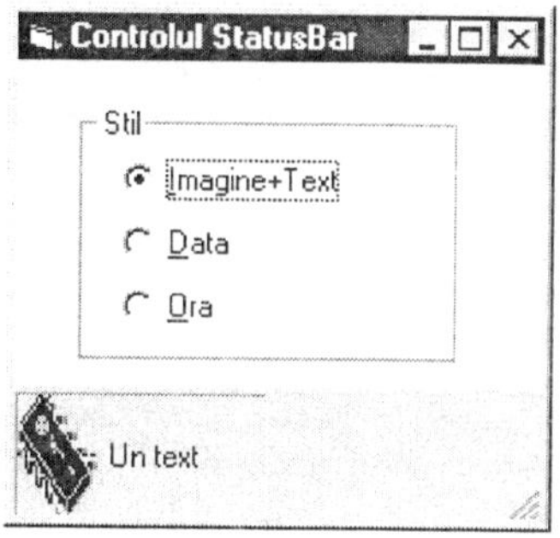

Textul sursă al programului este:

```
Option Explicit

Private Sub Form_Load()
  Form1.Caption = "Controlul StatusBar"
  Frame1.Caption = "Stil"
  Option1.Caption = "&Imagine+Text"
  Option2.Caption = "&Data"
  Option3.Caption = "&Ora"
End Sub

Private Sub Option1_Click()
  StatusBar1.Panels(1).Style = sbrText
  StatusBar1.Panels(1).Text = "Un text"
  Set StatusBar1.Panels(1).Picture = _
     LoadPicture("C:\My Programs\Imagini\Chip.ico")
End Sub

Private Sub Option2_Click()
  StatusBar1.Panels(1).Style = sbrDate
  Set StatusBar1.Panels(1).Picture = _
     LoadPicture("C:\My Programs\Imagini\Chemical.ico")
End Sub

Private Sub Option3_Click()
  StatusBar1.Panels(1).Style = sbrTime
  Set StatusBar1.Panels(1).Picture = _
      LoadPicture("C:\My Programs\Imagini\Factory.ico")
End Sub
```

EXEMPLUL 3:

În perioada de elaborare, pe formă se pune o linie de stare având stilul *sbrNormal*, care conține un singur panou (cel implicit). În procedura **Load** pentru formă, se adaugă liniei de stare încă cinci panouri și se configurează stilul lor.

Fereastra afișată de aplicație are aspectul următor:

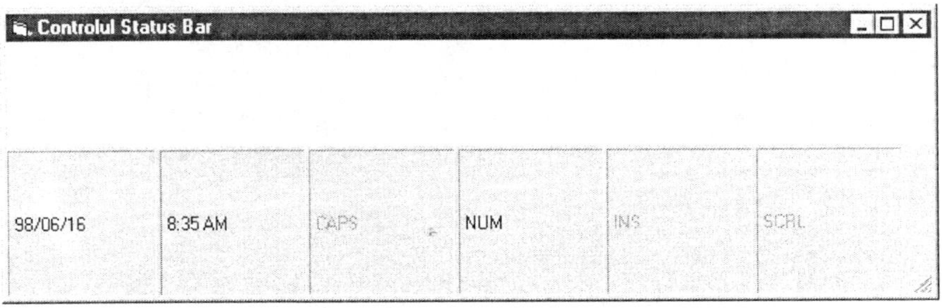

Textul sursă al programului este:

```
Option Explicit

Private Sub Form_Load()
  Dim i As Integer
  Form1.Caption = "Controlul Status Bar"
  For i = 2 To 6   ' Adăugăm încă 5 panouri; primul panou a fost creat automat.
    StatusBar1.Panels.Add i
  Next i
  ' Selectarea stilului pentru fiecare panou.
  StatusBar1.Panels(1).Style = sbrDate     ' Date
  StatusBar1.Panels(2).Style = sbrTime     ' Time
  StatusBar1.Panels(3).Style = sbrCaps     ' Caps lock
  StatusBar1.Panels(4).Style = sbrNum      ' Number lock
  StatusBar1.Panels(5).Style = sbrIns      ' Insert key
  StatusBar1.Panels(6).Style = sbrScrl     ' Scroll lock
  Form1.Width = 9140           'Se majorează dimensiunea formei (pt. vizibilitate).
End Sub
```

EXEMPLUL 4:

În perioada de elaborare, pe formă se pune o linie de stare având stilul *sbrNormal*, care conține un singur panou (cel implicit). În procedura **Load** pentru formă, se adaugă liniei de stare încă trei panouri și se configurează proprietățile lor.

Fereastra afișată de aplicație are aspectul următor:

Textul sursă al programului este:

```
Option Explicit

Const cale = "C:\Program Files\Microsoft Visual Studio\" & _
                    "Common\Graphics\Icons\Computer\Cdrom01.ico"
Private Sub Form_Load()
Dim p As Panel
  Form1.Caption = "Componenta StatusBar"
  ' Configurarea primului panou (cel implicit).
  StatusBar1.Panels(1).Text = "Exemplu de text"
  StatusBar1.Panels(1).AutoSize = sbrContents
  ' Adăugarea unui panou vid (inserare spațiu)
  Set p = StatusBar1.Panels.Add(2)
  p.AutoSize = sbrSpring
  p.MinWidth = 5
  ' Adăugare panou cu imagine şi cu stil sbrTime.
  Set p = StatusBar1.Panels.Add(3, , , sbrTime, LoadPicture(cale))
  ' Adăugare panou cu imagine şi cu stil sbrDate.
  Set p = StatusBar1.Panels.Add(4, , , sbrDate, LoadPicture(cale))
  ' Stabilirea proprietăților pt. ultimul panou.
  p.Bevel = sbrInset    ' Chenar.
  p.Alignment = sbrRight    ' Aliniere.
End Sub
```

20. CONTROLUL Animation

Controlul **Animation** (*animație*) permite afişarea conținutului unui fişier de animație, de extensie **AVI** (*Audio Video Interleaved*). Fereastra aferentă controlului afişează o serie de clişee, care conțin imagini bitmap. Controlul poate fi considerat ca fiind "cinematograful" sistemului. Se pot afişa doar fişierele *.**AVI**, care nu conțin sunete, nu sunt comprimate sau sunt comprimate cu metoda **RLE** (***Run-Length Encoding***). Dacă se încearcă redarea unui fişier *.**AVI** care include şi date sonore sau dacă pentru comprimare a fost utilizată o metodă diferită de **RLE**, atunci se declanşează o eroare de execuție (codificată cu numărul 35752).

Controlul **Animation** este de tip ActiveX. Pentru afişarea simbolului grafic asociat controlului pe paleta de controale, din meniul **Project** se dă comanda **Components** (Ctrl+T). În fereastra care apare se selectează pagina *Controls*. În continuare se selectează printr-un clic cutia de validare care are eticheta *Microsoft Windows Common Controls–2 6.0*. Datele referitoare la acest control se găsesc în fişierul:

C:\Windows\System\MSCOMCT2.OCX

sau

C:\WINNT\System32\MSCOMCT2.OCX

Simbolul grafic aferent controlului are forma . Numele clasei este **Animation**. Controalele au denumirile standard *Animation1*, *Animation2*, ...

Proprietățile şi metodele specifice controlului

- *Proprietatea* **AutoPlay** (de tip **Boolean**)

  Stabileşte modul în care se lansează în execuție redarea clişeelor unui fişier *.**AVI**, încărcat în controlul **Animation**. Dacă proprietatea se inițializează cu valoarea True, clişeele fişierului de animație se afişează automat şi ciclic (după afişarea ultimului clişeu se trece la afişarea primului clişeu). Oprirea afişării poate fi realizată prin atribuirea valorii False proprietății **AutoPlay**. Dacă proprietatea **AutoPlay** se inițializează cu valoarea False, un fişier *.**AVI** încărcat poate fi redat prin apelarea metodei **Play**.

- *Proprietatea* **BackStyle** (de tip **Integer**)

  Se referă culoarea de fond a fişierului *.**AVI**. Pentru stabilirea culorii pot fi utilizate următoarele constante predefinite:

Constantă	Valoare	Descriere
cc2BackStyleTransparent	0	Culoarea de fond a fişierului *.**AVI** este transparentă, astfel că se va vedea culoarea de fond a controlului **Animation**, stabilită cu ajutorul proprietăţii **BackColor**. Valoare implicită.
cc2BackStyleOpaque	1	Culoarea de fond a fişierului *.**AVI** nu este transparentă, pentru colorarea fondului controlului **Animation** se utilizează culoarea selectată cu ajutorul proprietăţii **BackColor**.

- *Proprietatea* **Center** (de tip **Boolean**)

  Se referă la centrarea fişierului *.**AVI** în interiorul controlului **Animation**. Valoarea implicită a proprietăţii este True, caz în care fişierul *.**AVI** este afişat în centrul controlului. În cazul în care dimensiunea imaginii *.**AVI** depăşeşte dimensiunea controlului, imaginea va fi trunchiată. Dacă valoarea este False, colţurile stânga sus ale clişeelor se poziţionează în colţul stânga sus al controlului, adică în punctul de coordonate (0, 0).

- *Metoda* **Open**

  Deschide un fişier *.**AVI**. Dacă proprietatea **AutoPlay** are valoarea True, atunci după încărcarea fişierului se trece automat la redarea lui. Redarea este ciclică; ea poate fi oprită prin închiderea fişierului *.**AVI** (cu metoda **Close**) sau prin atribuirea valorii False proprietăţii **AutoPlay**. Metoda poate fi apelată printr-o secvenţă de forma:

  Animation1.**Open** *Fişier*

  unde *Fişier* este un şir de caractere care reprezintă unitatea, calea completă şi numele fişierului *.**AVI**.

- *Metoda* **Close**

  Închide fişierul *.**AVI** încărcat în controlul **Animation**. Dacă nu a fost încărcat nici un fişier, metoda este inoperantă şi nu se generează eroare la execuţie. Metoda poate fi apelată printr-o secvenţă de forma:

Animation1.**Close**

- *Metoda* **Play**

Lansează în execuție redarea unui fișier *.**AVI**, care a fost încărcat în controlul **Animation**. Pentru oprirea redării se apelează metoda **Stop**. Metoda **Play** poate fi apelată printr-o construcție de forma următoare:

Animation1.**Play** = *Repeat, Start, End*

În această secvență argumentul:

– *Repeat*

Este un număr întreg opțional, care specifică numărul de repetiții ale redării clișeelor fișierului *.**AVI**. Valoarea implicită este -1, caz în care clișeele se repetă fără întrerupere (numărul de repetiții este nelimitat).

– *Start*

Este un număr întreg opțional care desemnează numărul primului clișeu al fișierului de animație care se afișează când se activează controlul de animație. Valoarea implicită este 0 și reprezintă numărul de ordine al primului clișeu. Valoarea maximă este 65535.

– *End*

Este un număr întreg opțional, care desemnează numărul ultimului clișeu redat. Valoarea implicită este -1 și indică numărul ultimului clișeu al fișierului *.**AVI**. Valoarea maximă este 65535.

- *Metoda* **Stop**

Oprește redarea unui fișier *.**AVI** care a fost încărcat în controlul **Animation**. Metoda se apelează printr-o construcție de forma:

Animation1.**Stop**

Această metodă poate fi apelată numai dacă redarea fișierului *.**AVI** a fost lansată în execuție cu ajutorul metodei **Play**. Dacă proprietatea **Autoplay** are valoarea True în momentul apelării metodei **Stop**, atunci se declanșează eroare la execuție, codificată cu numărul 35759.

EXEMPLU:

Forma aplicației următoare conține un control **Animation**, patru butoane de comandă etichetate cu *Open + Play*, *Close*, *Stop* și *Play*, precum și un control pentru afișarea ferestrei de dialog specializată în deschiderea fișierelor. Prin aplicarea unui clic pe butonul *Open + Play* se afișează o fereastră de dialog, prin care se poate selecta un fișier de animație *.**AVI**. În procedura atașată acestui buton proprietatea **AutoPlay** a controlului **Animate** se inițializează cu valoarea True, astfel fișierul deschis va fi redat automat. Dacă se efectuează un clic pe butonul *Close*, redarea fișierului *.**AVI** se termină și fișierul respectiv se descarcă din memorie. Prin aplicarea unui clic pe butonul *Stop* afișarea clișeelor fișierului de animație se suspendă, iar dacă se efectuează un clic pe butonul *Play*, afișarea clișeelor se reia.

Fereastra afișată de aplicație poate avea aspectul:

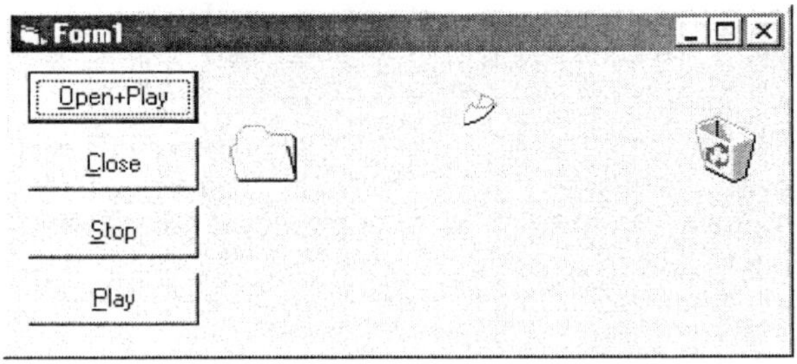

Textul sursă al programului este:

```
Private Sub Command1_Click()                  ' Comanda Open + Play
  On Error Go To E:
  With CommonDialog1
    .Filter = "Animation (*.avi)|*.avi"
    .ShowOpen
  End With
  With Animation1
    .AutoPlay = True
    .Open CommonDialog1.filename
  End With
E:
End Sub

Private Sub Command2_Click()                  ' Comanda Close
  Animation1.Close
End Sub

Private Sub Command3_Click()                  ' Comanda Stop
  Animation1.AutoPlay = False
End Sub
```

```
Private Sub Command4_Click()             ' Comanda Play
  Animation1.AutoPlay = True
End Sub
```

21. CONTROLUL MMControl

Controlul **MMControl** (*multimedia*) afişează un panou prevăzut cu butoane de comandă, cu ajutorul cărora se pot reda sau înregistra fişiere multimedia de tip animaţie (***.AVI**), sonore (***.WAV**, ***.MID**) precum şi discuri CD.

Controlul **MMControl** este de tip ActiveX. Pentru afişarea simbolului grafic asociat controlului pe paleta de controale, din meniul **Project** se dă comanda **Components** (Ctrl+T). În fereastra care apare se selectează pagina *Controls*. În continuare se selectează printr-un clic cutia de validare care are eticheta *Microsoft MultiMedia Control 6.0.* Datele referitoare la acest control se găsesc în fişierul:

C:\Windows\System\MCI32.OCX

sau

C:\WINNT\System32\MSI32.OCX

Simbolul grafic aferent controlului are forma . Numele clasei este **MMControl**. Controalele au denumirile standard *MMControl1*, *MMControl2*, ...

În execuţie butoanele panoului de control pot fi selectate prin clicuri cu mouse-ul sau se pot apela diferite comenzi echivalente (prin intermediul proprietăţii **Command**). Panoul afişat de controlul **MMControl** are aspectul următor:

Cele nouă butoane sunt denumite **Prev**, **Next**, **Play**, **Pause**, **Back**, **Step**, **Stop**, **Record** şi **Eject** şi au următoarele funcţii:

Buton	Funcţie
Prev	Trecere la începutul tronsonului curent.
Next	Trecere la începutul tronsonului următor.
Play	Redarea fişierului multimedia specificat.
Pause	Pauză în redare sau la înregistrare.
Back	Salt la tronsonul precedent.
Step	Salt la tronsonul următor.
Stop	Oprirea redării sau înregistrării fişierului multimedia.

Buton	Funcție
Record	Pornirea înregistrării.
Eject	Eliminarea mediului.

Observații:

1. Butoanele panoului de control pot fi selectate doar după ce echipamentul multimedia utilizat a fost deschis cu ajutorul comenzii **Open**. În **Visual Basic** comanda **Open** poate fi plasată, de exemplu, în procedura **Load** corespunzătoare formei. Înainte de terminarea aplicației se dă comanda **Close**, de exemplu în procedura **Unload** aferentă formei.

2. Dacă se dorește înregistrarea unei coloane muzicale, prima dată se deschide un fișier nou. Această acțiune vă asigură că fișierul cu muzica înregistrată va avea un format compatibil cu posibilitățile de înregistrare ale calculatorului utilizat. Pentru salvarea înregistrării se dă comanda **Save**, și doar după aceea comanda **Close**.

Proprietățile specifice ale controlului multimedia

- *Proprietatea* **DeviceType** (de tip **String**)

  Specifică tipul echipamentului multimedia care urmează să fie deschis cu ajutorul comenzii **Open**. Valorile posibile ale proprietății sunt următoarele: *AVIVideo*, *CDAudio*, *DAT*, *DigitalVideo*, *MMMovie*, *Other*, *Overlay*, *Scanner*, *Sequencer*, *VCR*, *Videodisc* și *WaveAudio*. Aceste valori reprezintă diferite tipuri de echipamente multimedia, care pot fi deschise de controlul **MMControl**. Astfel, de exemplu, pentru un echipament de tip *WaveAudio*, specializat în redarea fișierelor audio de tip *.**WAV**, se va folosi o secvență de forma:

```
MMControl1.DeviceType = "WaveAudio"
```

- *Proprietatea* **FileName** (de tip **String**)

  Specifică unitatea, calea completă și numele fișierului multimedia care urmează să fie deschis cu ajutorul comenzii **Open** sau care urmează să fie salvat prin intermediul comenzii **Save**. Dacă în timpul execuției se modifică valoarea proprietății **FileName** (adică se trece de la redarea unui fișier multimedia la alt fișier multimedia), atunci controlul **MMControl** prima dată trebuie închis cu ajutorul comenzii **Close**, după care trebuie redeschis cu ajutorul comenzii **Open**. Astfel, de exemplu, pentru specificarea fişierului **SUNETE.WAV** situat pe unitatea C, dosarul MUZICA, se va folosi o secvență de forma:

```
MMControl1.FileName = "C:\MUZICA\SUNETE.WAV"
```

- *Proprietatea* **Command** (de tip **String**)

Specifică o comandă multimedia care urmează să fie executată. Proprietatea nu este accesibilă în perioada de elaborare a proiectului. În execuție proprietatea se utilizează printr-o construcție de forma:

```
MMControl1.Command = CmdString
```

În secvența anterioară argumentul *CmdString* defineşte numele comenzii multimedia care urmează să fie executată. Valorile posibile ale acestui argument sunt următoarele: "Open", "Close", "Play", "Pause", "Stop", "Back", "Step", "Prev", "Next", "Seek", "Record", "Eject", "Sound" şi "Save". Comanda specificată se execută imediat, iar codul de eroare se memorează în proprietatea **Error**. Tabelul următor centralizează comenzile şi proprietățile utilizate de comanda respectivă. Dacă o proprietate nu este inițializată de utilizator, atunci fie că se va utiliza valoarea implicită a proprietății (specificată între paranteze), fie că proprietatea respectivă nu se utilizează întotdeauna (caz în care nu se specifică valoarea implicită).

Comandă	Descrierea comenzii şi a proprietăților utilizate de comandă
Open	Deschiderea unui echipament multimedia. Notify (False), Wait (True), Shareable, DeviceType şi FileName.
Close	Închiderea unui echipament multimedia. Notify (False), Wait (True).
Play	Redarea fişierului multimedia specificat. Butonul de comandă corespunzător: *Play*. Notify (True), Wait (False), From şi To.
Pause	Pauză în redare sau la înregistrare. La o nouă acționare a butonului se reia redarea sau înregistrarea fişierului multimedia. Butonul de comandă corespunzător: *Pause*. Notify (False) şi Wait (True).
Stop	Oprirea redării sau înregistrării fişierului multimedia. Butonul de comandă corespunzător: *Stop*. Notify (False) şi Wait (True)
Back	Salt la tronsonul precedent. Butonul de comandă corespunzător: *Back*. Notify (False), Wait (True) şi Frames.
Step	Salt la tronsonul următor. Butonul de comandă corespunzător: *Step*.

Comandă	Descrierea comenzii şi a proprietăţilor utilizate de comandă
	Notify (False), Wait (True) şi Frames.
Prev	Trecere la începutul tronsonului curent, cu ajutorul comenzii Seek. Dacă într-un interval de trei secunde se dau două comenzi Prev, atunci se trece fie la începutul tronsonului precedent, fie la începutul primului tronson (dacă tronsonul curent este chiar primul tronson). Butonul de comandă corespunzător: *Prev*. Notify (False) şi Wait (True).
Next	Trecere la începutul tronsonului următor, cu ajutorul comenzii Seek (în cazul ultimului tronson se trece la începutul ultimului tronson). Butonul de comandă corespunzător: *Next*. Notify (False) şi Wait (True).
Seek	Dacă nu se redă un fişier multimedia, atunci se caută o poziţie specificată a fişierului. Dacă se efectuează o redare, atunci se continuă redarea de la o poziţie specificată. Notify (False), Wait (True) şi To.
Record	Pornirea înregistrării. Butonul de comandă corespunzător: *Record*. Notify (True), Wait (False), From, To şi RecordMode (0 = Insert).
Eject	Eliminarea mediului. Butonul de comandă corespunzător: *Eject*. Notify (False) şi Wait (True).
Sound	Redarea unui sunet. Notify (False), Wait (False) şi FileName.
Save	Salvarea unui fişier deschis. Notify (False), Wait (True) şi FileName.

- *Proprietatea* **Notify** (de tip **Boolean**)

  Stabileşte dacă comanda multimedia care urmează să fie executată generează sau nu un eveniment **Done**. Valoarea implicită a proprietăţii este False (nu se generează evenimentul respectiv). Evenimentul **Done** se declanşează după execuţia comenzii multimedia; printr-un parametru se comunică dacă comanda s-a executat corect sau nu. Prototipul procedurii **Done** este:

```
Private Sub MMControl1_Done(NotifyCode As Integer)

End Sub
```

  unde parametrul *NotifyCode* are valoarea *mciSuccesfull* = 1 în cazul unei execuţii corecte.

- *Proprietatea* **Wait** (de tip **Boolean**)

  Determină dacă controlul **MMControl** aşteaptă sau nu pentru terminarea comenzii multimedia curente. Dacă se alege varianta True, care este şi valoarea implicită, atunci prima dată se termină execuţia comenzii curente, după care se redă controlul aplicaţiei. În cazul alegerii variantei False nu se aşteaptă terminarea comenzii curente şi se redă controlul aplicaţiei. Proprietatea poate fi utilizată numai în execuţie.

- *Proprietatea* **Shareable** (de tip **Boolean**)

  Stabileşte dacă mai multe aplicaţii sau mai multe controale pot partaja acelaşi echipament multimedia.

- *Proprietatea* **AutoEnable** (de tip **Boolean**)

  Se referă la modul de validare–inhibare a diferitelor butoane afişate de controlul multimedia. Dacă se alege varianta True, care este şi valoarea implicită, atunci controlul **MMControl** validează automat toate butoanele accesibile în modul curent al echipamentului utilizat şi inhibă celelalte butoane.

- *Proprietatea* **CanRecord** (de tip **Boolean**)

  Comunică dacă echipamentul multimedia poate realiza înregistrări. Este accesibilă numai în execuţie.

  ```
  Dim ValLog As Boolean
  ValLog = MMControl1.CanRecord
  ```

  Dacă valoarea returnată este True, echipamentul permite realizarea de înregistrări. În cazul valorii False echipamentul nu poate realiza înregistrări.

- *Proprietatea* **RecordMode** (de tip **Integer**)

  Stabileşte sau comunică modul curent de înregistrare a echipamentelor care permit realizarea de înregistrări (proprietatea **CanRecord** returnează valoarea True).

  ```
  MMControl1.RecordMode = Constant□
  ```

  Pentru stabilirea modului curent de înregistrare se utilizează următoarele constante predefinite:

Constantă	Valoare	Modul de înregistrare
mciRecordInsert	0	Inserare
mciRecordOverwrite	1	Suprascriere. Valoare implicită.

Un echipament care permite efectuarea de înregistrări poate utiliza unul sau ambele moduri de înregistrare. Echipamentele de tip WaveAudio permit numai utilizarea modului inserare.

- *Proprietatea* **Silent** (de tip **Boolean**)

  Stabileşte dacă echipamentul va reda sunete.

  MMControl1.**Silent** = *ValLogica*

  Dacă proprietatea se configurează cu valoarea False, sunetele vor fi redate (valoare implicită). Dacă valoarea este True, redarea sunetelor este interzisă.

- *Proprietatea* **Orientation** (de tip **Integer**)

  Stabileşte modul de afişare a butoanelor controlului multimedia. Pentru stabilirea modului de afişare se folosesc următoarele constante predefinite:

Constantă	Valoare	Descriere
mciOrientHorz	0	Butoanele se afişează orizontal. Valoare implicită.
mciOrientVert	1	Butoanele se afişează vertical.

- *Proprietatea* **BorderSyle** (de tip **Integer**)

  Stabileşte stilul chenarului utilizat la desenarea controlului multimedia. Pentru aceasta se vor folosi următoarele constante predefinite:

Constantă	Valoare	Descriere
mciFixedSingle	1	Linie simplă. Valoare implicită.
mciNone	0	Fără chenar.

EXEMPLUL 1:

Forma aplicaţiei următoare conţine un control multimedia. În procedura ataşată evenimentului **Load** a formei se iniţializează controlul multimedia şi se dă comanda **Open**, care deschide echipamentul multimedia.

Tipul echipamentului utilizat este AVIVideo; se încarcă un fişier de animaţie. În urma acţionării butonului **Play** fişierul de animaţie va fi afişat într-o fereastră separată:

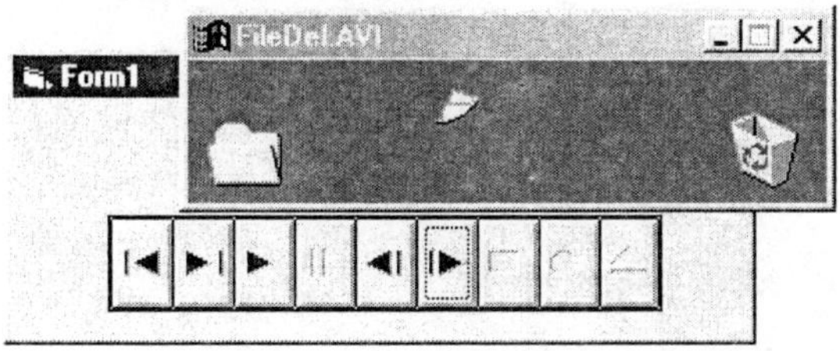

În procedura ataşată evenimentului **Unload** ataşat formei se apelează comanda **Close**, care închide echipamentul multimedia.

Textul sursă al programului este:

```
Option Explicit

Private Sub Form_Load()
  With MMControl1
     .Notify = False
     .Wait = True
     .Shareable = False
     .DeviceType = "AVIVideo"
     .filename = "C:\My Programs\Imagini\COOL.AVI"
     .Command = "Open"
  End With
End Sub

Private Sub Form_Unload(Cancel As Integer)
    MMControl1.Command = "Close"
End Sub
```

EXEMPLUL 2:

Forma aplicaţiei următoare conţine un control multimedia, un control pentru afişarea ferestrei standard de dialog destinată deschiderii unui fişier şi patru butoane de opţiune, utile la selectarea tipului de echipament multimedia care urmează să fie folosit (AVIVideo, WaveAudio, Sequencer sau CDAudio). Iniţial nu este selectat nici un buton de opţiune. Dacă se selectează un buton din primele trei, atunci se afişează fereastra standard de dialog pentru selectarea numelui fişierului care urmează să fie redat. În procedurile ataşate evenimentelor **Click** aferente butoanelor de opţiune se stabileşte tipul echipamentului şi se lansează în execuţie comanda **Open** a controlului multimedia. După selectarea echipamentului butoanele controlului multimedia se activează, deci se

poate trece la redarea fişierului sau a discului sonor CD. În procedura ataşată evenimentului **Done** a controlului multimedia se apelează comanda **Close** şi se deselectează butoanele de opţiune, astfel se poate trece la redarea unui alt fişier multimedia.
Fereastra afişată de aplicaţie – după selectarea unui buton de opţiune – are aspectul următor:

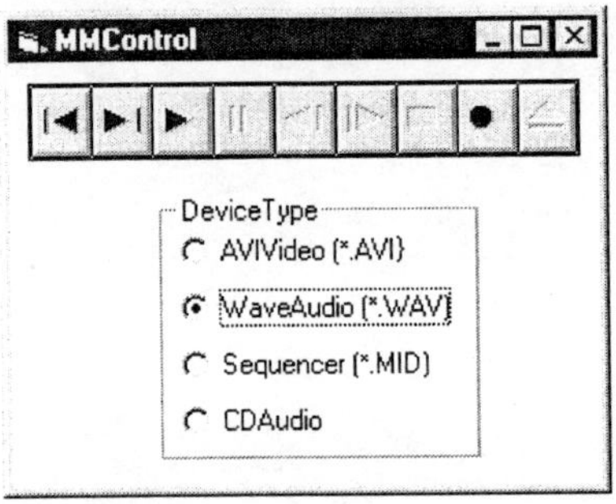

Textul sursă al programului este:

```
Option Explicit

Private Sub Option1_Click()              ' AVIVideo
  On Error GoTo ErAbort
  CommonDialog1.CancelError = True
  CommonDialog1.filename = ""
  CommonDialog1.Filter = "AVIVideo (*.AVI)|*.AVI|" & _
                              "Orice fisier (*.*)|*.*"
  CommonDialog1.FilterIndex = 1
  CommonDialog1.ShowOpen
  MMControl1.filename = CommonDialog1.filename
  MMControl1.DeviceType = "AVIVideo"
  MMControl1.Command = "Open"
  Exit Sub
ErAbort:
  MsgBox "Fisier neselectat"
End Sub

Private Sub Option2_Click()              ' WaveAudio
  On Error GoTo ErAbort
  CommonDialog1.CancelError = True
  CommonDialog1.filename = ""
  CommonDialog1.Filter = "WaveAudio (*.WAV)|*.WAV|" & _
                              "Orice fisier (*.*)|*.*"
  CommonDialog1.FilterIndex = 1
  CommonDialog1.ShowOpen
  MMControl1.filename = CommonDialog1.filename
  MMControl1.DeviceType = "WaveAudio"
  MMControl1.Command = "Open"
  Exit Sub
```

```
ErAbort:
  MsgBox "Fisier neselectat"
End Sub

Private Sub Option3_Click()          ' Sequencer
  On Error GoTo ErAbort
  CommonDialog1.CancelError = True
  CommonDialog1.filename = ""
  CommonDialog1.Filter = "Sequencer (*.MID)|*.MID|" & _
                                   "Orice fisier (*.*)|*.*"
  CommonDialog1.FilterIndex = 1
  CommonDialog1.ShowOpen
  MMControl1.filename = CommonDialog1.filename
  MMControl1.DeviceType = "Sequencer"
  MMControl1.Command = "Open"
  Exit Sub
ErAbort:
  MsgBox "Fisier neselectat"
End Sub

Private Sub Option4_Click()          ' CDAudio
  On Error GoTo ErAbort
  MMControl1.DeviceType = "CDAudio"
  MMControl1.Command = "Open"
  Exit Sub
ErAbort:
  MsgBox "Eroare CD"
End Sub

Private Sub MMControl1_Done(NotifyCode As Integer)
  MMControl1.Command = "Close"
  Option1.Value = False
  Option2.Value = False
  Option3.Value = False
  Option4.Value = False
End Sub
```

22. CONTROLUL SSTab

Controlul **SSTab**[*] creează un grup de pagini. Fiecare pagină joacă rolul unui container în care pot fi inserate alte controale. Controlul este asemănător ferestrelor de dialog formate din mai multe pagini (fişe). La un moment dat este activă o singură pagină, în care sunt afişate controalele proprii paginii respective; controalele care aparţin altor pagini sunt ascunse. Paginile controlului pot conţine controale diferite. Avantajul controlului constă în faptul că în aceeaşi porţiune a ferestrei pot fi depuse mai multe controale, care sunt independente între ele.

Controlul **SSTab** este de tip ActiveX. Pentru afişarea simbolului grafic ataşat controlului pe paleta de controale, din meniul **Project** se dă comanda **Components** (Ctrl+T). În fereastra care apare se selectează pagina *Controls*. În continuare se selectează printr-un clic cutia de validare care are eticheta eticheta *Microsoft Tabbed Dialog Control 6.0.* Datele referitoare la acest control se găsesc în fişierul:

C:\Windows\System\TABCTL32.OCX

sau

C:\WINNT\System32\ TABCTL32.OCX

Simbolul grafic aferent controlului are forma . Numele clasei este **SSTab**. Controalele au denumirile standard *SSTab1*, *SSTab2*, ...

Pentru crearea paginilor unui control ***SSTab:***

1. Se aşează pe formă un control de pagină. Iniţial se pune la dispoziţia utilizatorului trei pagini, etichetate cu *Tab 0*, *Tab 1* şi *Tab 2*. Numărul paginilor poate fi stabilit de utilizator, prin configurarea proprietăţii **Tabs**, care iniţial conţine valoarea 3. Numărul ataşat paginii active se găseşte în proprietatea **Tab**; numărul corespunzător primei pagini este 0.

---

[*] *Sheridian Software* ***Tab***

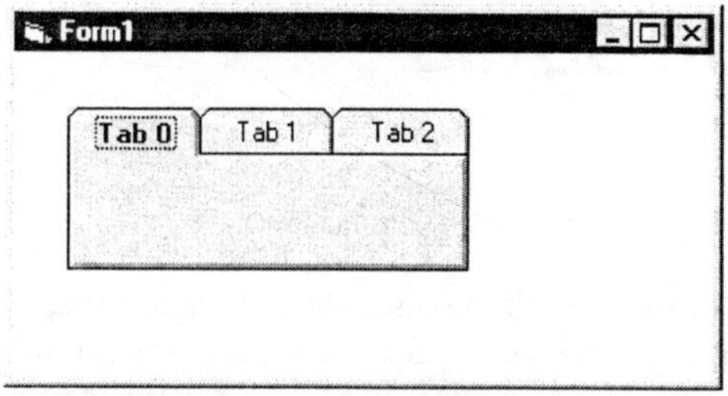

2. Se așează pe prima pagină *Tab 0* toate controalele proprii ale paginii.
3. Prin aplicarea unui clic pe eticheta paginii următoare (de exemplu *Tab 1*) se activează pagina respectivă şi se aşează controalele proprii ale acestei paginii.
4. Se repetă pasul anterior pentru fiecare pagină.

În execuție navigarea între pagini poate fi realizată şi cu ajutorul tastaturii. Trecerea la pagina următoare se realizează prin acționarea combinației de taste **CTRL+TAB** sau prin utilizarea cheilor de selecție definite cu ajutorul proprietății **Caption** (litera de selecție este subliniată).

Proprietățile specifice ale controlului

- *Proprietatea* **Tabs** (de tip **Integer**)

  Se referă la numărul paginilor dintr-un control **SSTab**. Paginile se numerotează, prima pagină având numărul 0. Etichetele implicite (proprietatea **TabCaption**) ale paginilor sunt *Tab 0*, *Tab 1* ş.a.m.d. Proprietatea se configurează de obicei în perioada de elaborare a proiectului, însă poate fi modificată şi în execuție, astfel că se pot adăuga sau îndepărta diferite pagini.

- *Proprietatea* **Tab** (de tip **Integer**)

  Permite citirea numărului paginii curente sau specificarea numărului paginii care se activează. În execuție proprietatea poate fi referențiată printr-o secvență de forma:

```
Dim NrTab As Integer
NrTab = SSTab1.Tab              ' Citirea numărului paginii curente.
NumeControl.Tab = NrTab         ' Activarea paginii având numărul NrTab.
                                ' Pagina va fi mutată în fața celorlalte pagini
                                ' şi va deveni pagina activă a controlului.
```

- *Proprietatea* **TabsPerRow** (de tip **Integer**)

  Stabileşte numărul de pagini care se afişează pe o linie. Proprietatea se configurează în perioada de elaborare a proiectului. În execuție se utilizează proprietatea **Rows** (de tip **Integer**), care permite citirea numărului total de linii ale unui control **SSTab**. În exemplul următor numărul paginilor este 5 iar cel al paginilor situate pe o linie este 2.

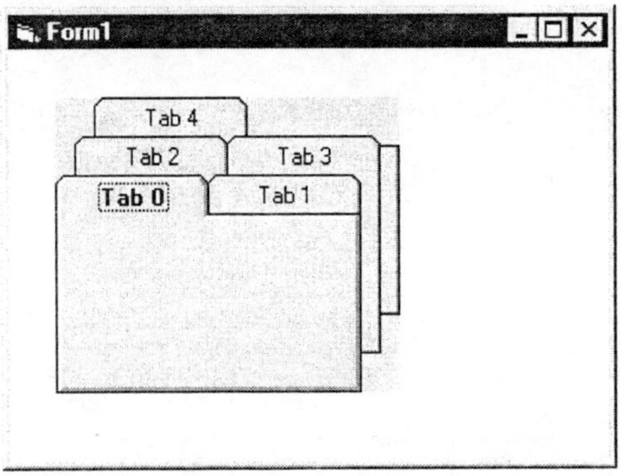

- *Proprietatea* **TabHeight** (de tip **Integer**)

  Se referă la înălțimea comună a paginilor unui control **SSTab**.

- *Proprietatea* **TabMaxWidth** (de tip **Integer**)

  Stabileşte lățimea maximă a paginilor unui control **SSTab**. Dacă proprietatea **Style** se configurează cu valoarea *ssStyleTabbedDialog* (= 0) şi proprietatea **TabMaxWidth** cu zero, atunci lățimea paginilor se determină automat, pe baza proprietății **TabsPerRow**, iar paginile vor avea lățimi egale. Dacă proprietatea **Style** se configurează cu valoarea *ssStylePropertyPage* (=1), proprietatea **TabMaxWidth** este ignorată; lățimea paginilor depinde de lungimea textului specificat de proprietatea **TabCaption**.

- *Proprietatea* **Style** (de tip **Integer**)

  Se referă la stilul paginilor controlului **SSTab**. Pentru stabilirea stilului se folosesc următoarele constante predefinite:

Constantă	Valoare	Descriere
ssStyleTabbedDialog	0	Paginile au aspectul paginilor utilizate de programele din pachetul **Microsoft Office** pen-

Constantă	Valoare	Descriere
		tru **Microsoft Windows 3.1**. Eticheta paginii active se afişează cu caractere îngroşate. Valoare implicită.
ssStylePropertyPage	1	Paginile au aspectul paginilor utilizate de **Microsoft Windows 95**. Etichetele nu folosesc caractere îngroşate. Proprietatea **TabMaxWidth** se ignoră.

- *Proprietatea* **TabOrientation** (de tip **Integer**)

Se referă la locaţia paginilor controlului **SSTab**. Pentru stabilirea locaţiei se folosesc următoarele constante predefinite:

Constantă	Valoare	Descriere
ssTabOrientationTop	0	Paginile apar în partea superioară a controlului. Valoare implicită.
ssTabOrientationBottom	1	Paginile apar în partea inferioară a controlului.
ssTabOrientationLeft	2	Paginile apar în partea stângă a controlului. Fontul utilizat trebuie să fie de tip TrueType, de exemplu Arial, care poate fi şi rotit
ssTabOrientationRight	3	Paginile apar în partea dreaptă a controlului. Fontul utilizat trebuie să fie de tip TrueType.

De exemplu în cazul utilizării stilului *ssTabOrientationLeft* controlul are aspectul:

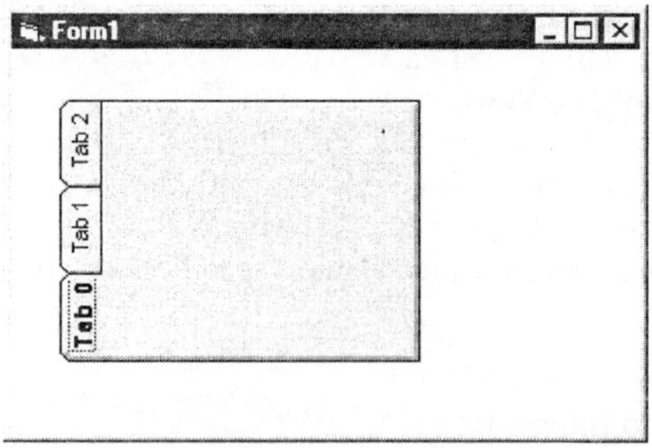

- *Proprietatea* **ShowFocusRect** (de tip **Boolean**)

Se referă la modul de evidenţiere a etichetei paginii active. Dacă valoarea este True, care este şi valoarea implicită, eticheta paginii active este încadrată într-un dreptunghi.

- *Proprietatea* **WordWrap** (de tip **Boolean**)

  Se referă la modul de afişare a etichetelor. Dacă valoarea este True, care este şi valoarea implicită, atunci textele care nu încap în spaţiul rezervat paginii se vor afişa pe mai multe linii. Dacă valoarea este False, textele vor fi trunchiate.

- *Proprietatea* **TabPicture** (de tip **Picture**)

  Permite asocierea unei imagini la o pagină. Poate fi utilizată numai în execuţie, printr-o construcţie de forma:

  SSTab1.**TabPicture**(k) = *ref*

  unde *ref* este referinţa la o imagine, obţinută de exemplu cu ajutorul procedurii **LoadPicture**, care asociază o imagine paginii de ordin *k*. În perioada de elaborare a proiectului imaginea asociată paginii active poate fi stabilită prin intermediul proprietăţii **Picture**.

- *Proprietatea* **TabCaption** (de tip **String**)

  Se referă la eticheta unei pagini. Proprietatea poate fi testată sau modificată în execuţie prin construcţii de forma:

  ```
  Dim Nume As String
  SSTab1.TabCaption(k) = Nume     ' Atribuire de etichetă pentru pagina k.
  Nume = SSTab1.TabCaption(k)     ' Citirea etichetei paginii k.
  ```

  În perioada de elaborare a proiectului eticheta paginii active se stabileşte prin intermediul proprietăţii **Caption**. Eticheta poate conţine şi un caracter "&", care stabileşte cheia de selecţie ataşată paginii. Caracterul care urmează după "&" este cheia de selecţie, astfel pagina putând fi activată şi prin combinaţia de taste **ALT** + *caracterul de selecţie*.

- *Proprietatea* **TabVisible** (de tip **Boolean**)

  Stabileşte dacă o pagină a unui control **SSTab** este vizibilă sau este ascunsă. Poate fi utilizată numai în execuţie. Proprietatea poate fi testată sau modificată prin construcţii de forma:

  ```
  Dim Viz As Boolean
  SSTab1.TabVisible(k) = True     ' Pagina k devine vizibilă.
  SSTab1.TabVisible(k) = False    ' Pagina k devine ascunsă.
  Viz = SSTab1.TabVisible(k)      ' Testarea stării de vizibilitate a paginii k.
  ```

- *Proprietatea* **TabEnabled** (de tip **Boolean**)

  Se referă la accesibilitatea unei pagini (este activată sau inhibată). Poate fi utilizată numai în execuție. Proprietatea se poate testa sau modifica prin construcții de forma:

```
Dim Inhib As Boolean
SSTab1.TabEnabled(k) = True      ' Pagina k poate fi activată. Valoare implicită.
SSTab1.TabEnabled(k) = False     ' Pagina k este inhibată. Eticheta paginii
                                 ' este estompată.
Inhib = SSTab1.TabVisible(k)     ' Testarea stării de accesibilitate a paginii k.
```

- *Evenimentul* **Click**

  Se declanşează când utilizatorul selectează o anumită pagină din paginile controlului **SSTab**. Procedura ataşată evenimentului are prototipul:

```
Private Sub SSTab1_Click ( PreviousTab As Integer)

End Sub
```

  Parametrul *PreviousTab* este un număr întreg prin care sistemul comunică numărul paginii care a fost activă înainte de selectarea paginii curente. Numărul paginii curente se determină prin citirea valorii proprietății **Tab**.

EXEMPLUL 1:

Forma aplicației următoare conține un control **SSTab**, un control pentru afişarea ferestrelor generale de dialog, o cutie cu pictură şi o etichetă. Controlul **SSTab** conține patru pagini. Inițial este activă pagina etichetată cu *Tab2*.

Prima pagină, etichetată cu *Tab 0*, conține un buton de comandă. Prin acționarea acestui buton se afişează fereastra standard de dialog destinată deschiderii fişierelor grafice. Fişierul selectat se afişează în cutia cu pictură, iar numele fişierului în controlul etichetă.

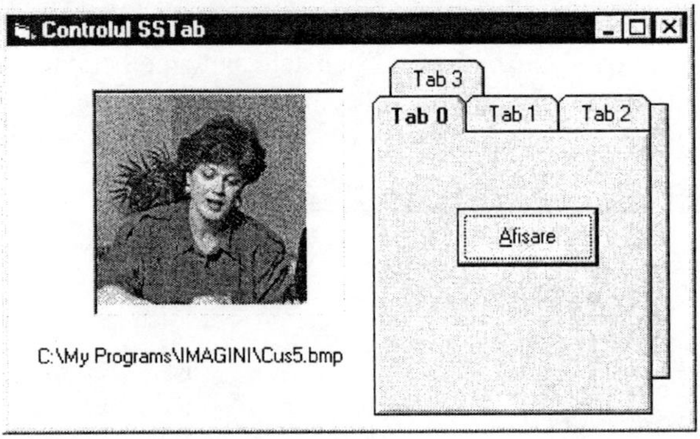

Pagina a doua, etichetată cu *Tab 1*, conține o listă; elementele listei sunt nume de culori. Prin acționarea butonului de comandă OK culoarea ferestrei se modifică în culoarea aleasă din listă.

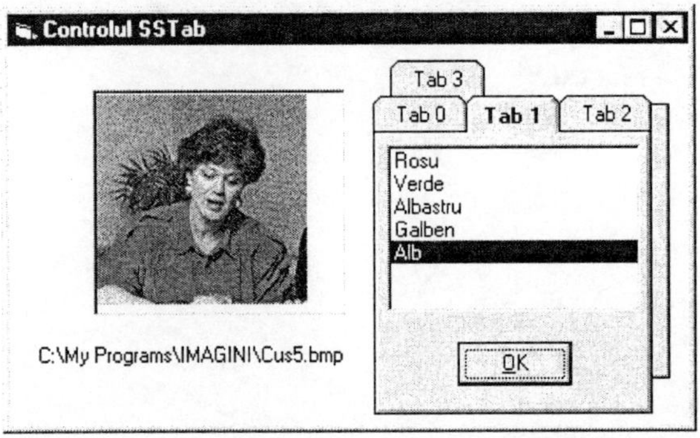

Pagina a treia, etichetată cu *Tab 2*, conține un chenar, în care se introduc două cutii de validare. Cutiile au etichetele *Elipsa*, respectiv *Dreptunghi*. Dacă se acționează butonul de comandă OK, obiectul sau obiectele geometrice selectate se desenează în cutia cu pictură.

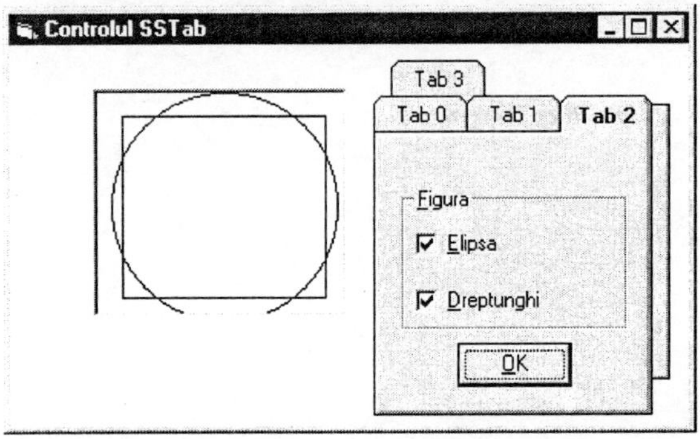

Pagina a patra, etichetată cu *Tab 3*, conține un chenar, în care se introduc trei butoane de opțiune. Etichetele butoanelor sunt nume de culori. Prin acționarea butonului de comandă OK culoarea ferestrei se modifică în culoarea aleasă.

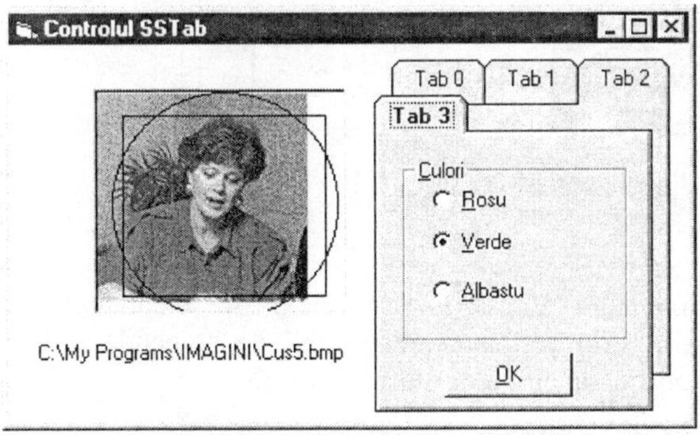

Textul sursă al programului este:

```
Option Explicit

Private Sub Form_Load()
  Label1.Caption = ""
  Form1.Caption = "Controlul SSTab"
  Command1.Caption = "&Afisare"
  Command2.Caption = "&OK"
  Command3.Caption = "&OK"
  Command4.Caption = "&OK"
  Picture1.AutoSize = False
  Picture1.Picture = LoadPicture("")
  List1.Clear
  List1.AddItem "Rosu"
  List1.AddItem "Verde"
  List1.AddItem "Albastru"
  List1.AddItem "Galben"
  List1.AddItem "Alb"
  List1.ListIndex = 4
  Form1.BackColor = vbWhite
  Frame1.Caption = "&Figura"
  Check1.Caption = "&Elipsa"
  Check2.Caption = "&Dreptunghi"
  Frame2.Caption = "&Culori"
  Option1.Caption = "&Rosu"
  Option2.Caption = "&Verde"
  Option3.Caption = "&Albastu"
  Option2.Value = True
  SSTab1.Tab = 2            ' Se activează pagina 2.
  ' În faza de proiectare a fost activă pagina 2.
End Sub
```

```
Private Sub Command1_Click()
Dim f As String
  On Error GoTo ErCancel
  CommonDialog1.Filter = "Pictura (*.BMP)|*.BMP|" & _
                         "Icons(*.ICO)|*.ICO"
  CommonDialog1.CancelError = True
  CommonDialog1.ShowOpen
  f = CommonDialog1.filename
  Label1.Caption = f
  Picture1.Cls
  Picture1.Picture = LoadPicture(f)
  Exit Sub
ErCancel:
  MsgBox "Nu ati selectat nimic", vbExclamation
End Sub

Private Sub Command2_Click()
Dim i As Integer
  i = List1.ListIndex
  If i <> -1 Then
    Select Case i
      Case 0
        Form1.BackColor = vbRed
      Case 1
        Form1.BackColor = vbGreen
      Case 2
        Form1.BackColor = vbBlue
      Case 3
        Form1.BackColor = vbYellow
      Case 4
        Form1.BackColor = vbWhite
    End Select
  End If
End Sub

Private Sub Command3_Click()
Dim x As Integer, y As Integer, R As Integer
  Picture1.Cls
  x = Picture1.Width
  y = Picture1.Height
  If Check1.Value = vbChecked Then
    R = y \ 2
    Picture1.Circle (x \ 2, y \ 2), R
  End If
  If Check2.Value = vbChecked Then
    Picture1.Line (x \ 10, y \ 10)-(9 * x \ 10, 9 * y \ 10), , B
  End If
End Sub

Private Sub Command4_Click()
Dim Cul As Long
  If Option1.Value = True Then Cul = vbRed
  If Option2.Value = True Then Cul = vbGreen
  If Option3.Value = True Then Cul = vbBlue
```

```
  Form1.BackColor = Cul
End Sub
```

EXEMPLUL 2:

Forma aplicației următoare conține un control **SSTab** și două controale de tip etichetă. Controlul **SSTab** are trei pagini, având etichetele *Zero*, *Unu* și *Doi*. Pagina etichetată cu *Zero* conține un buton de comandă, pagina *Unu* conține o cutie text, iar pagina *Doi* conține o listă combinată. Dacă se aplică un clic pe butonul de comandă, într-o cutie cu informații se afișează textele curente ale controalelor cutie text și listă combinată. În cele două etichete ale formei se afișează numărul paginii curente și al paginii precedente. Aceste informații sunt accesibile prin prelucrarea evenimentului **Click** atașat controlului **SSTab**.
Fereastra afișată de aplicație are aspectul următor:

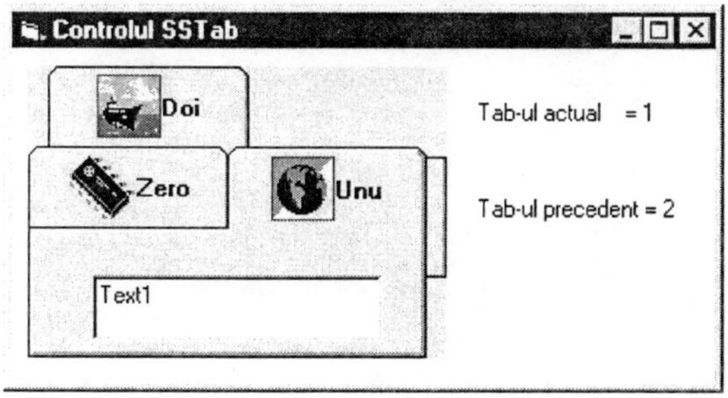

Textul sursă al programului este:

```
Option Explicit

Private Sub Form_Activate()
  Form1.Caption = "Controlul SSTab"
  With SSTab1
    .Tabs = 3                    ' Numărul paginilor.
    .TabsPerRow = 2
    .TabHeight = 600             ' Înălțimea paginilor.
    .Tab = 0
    .Caption = "Zero"
    .Tab = 1
    .Caption = "Unu"
    .Tab = 2                     ' Numărul paginii active.
    .Caption = "Doi"
    .TabPicture(0) =_
            LoadPicture("C:\My Programs\Imagini\Chip.ICO")
    .TabPicture(1) =_
            LoadPicture("C:\My Programs\Imagini\Earth.ICO")
    .TabPicture(2) =_
            LoadPicture("C:\My Programs\Imagini\Shipping.ICO")
```

```
  End With
  Label1.Caption = "Tab-ul actual    = " & SSTab1.Tab
  Label2.Caption = ""
End Sub

Private Sub SSTab1_Click(PreviousTab As Integer)
Dim TabAct As Integer
  TabAct = SSTab1.Tab
  Label1.Caption = "Tab-ul actual    = " & TabAct
  Label2.Caption = "Tab-ul precedent = " & PreviousTab
  If TabAct = 0 Then
    Command1.SetFocus
  ElseIf TabAct = 1 Then
    Text1.SetFocus
  Else
    Combo1.SetFocus
  End If
End Sub

Private Sub Command1_Click()
  MsgBox "Text1.Text=" & Text1.Text & vbCrLf & _
         "Combo1.Text=" & Combo1.Text
End Sub
```

23. CONTROLUL PictureClip

Controlul **PictureClip** (*decupator de imagini*) permite decuparea unei părţi dintr-o imagine de tip bitmap (extensie *.**BMP**). Imaginea decupată poate fi afişată într-un control standard **PictureBox** sau **Image**; ea mai poate fi afişată şi pe o formă. Controlul este invizibil în execuţie.

Regiunea decupată se poate specifica prin două metode:

Metoda 1:

Se selectează un dreptunghi din imaginea aflată în controlul **PictureClip**. În acest scop se specifică coordonatele colţului stânga sus al dreptunghiului (proprietăţile **ClipX** şi **ClipY**) precum şi dimensiunile dreptunghiului (proprietăţile **ClipWidth** şi **ClipHeight**). Imaginea decupată poate fi accesată prin proprietatea **Clip**. Metoda descrisă este utilă când se doreşte decuparea unei zone aleatoare (oarecare) a imaginii.

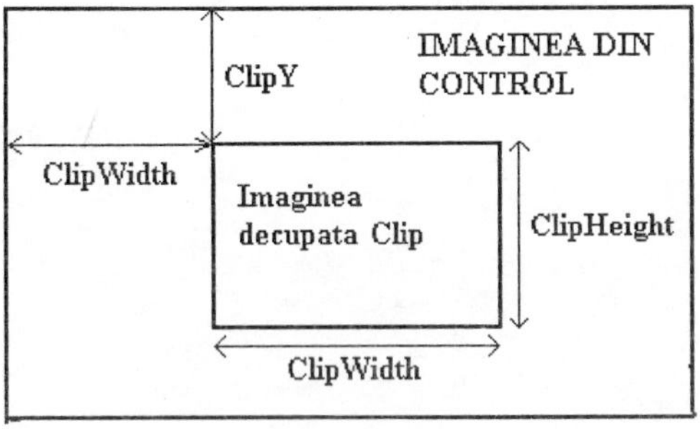

Metoda 2:

Se împarte prin linii verticale şi orizontale imaginea aflată în controlul **PictureClip** în celule de aceeaşi dimensiune. În acest scop se specifică numărul coloanelor şi al liniilor (rândurilor), prin proprietăţile **Cols** şi **Nums**. Celulele grafice generate se numerotează de la stânga spre dreapta, după care de sus în jos, începând cu 0. Celula grafică având numărul *k* poate fi accesată prin intermediul proprietăţii **GraphicCell** (*k*). Metoda descrisă este utilă când imaginea din controlul **PictureClip** conţine un set de imagini de aceeaşi dimensiune, de exemplu simboluri grafice.

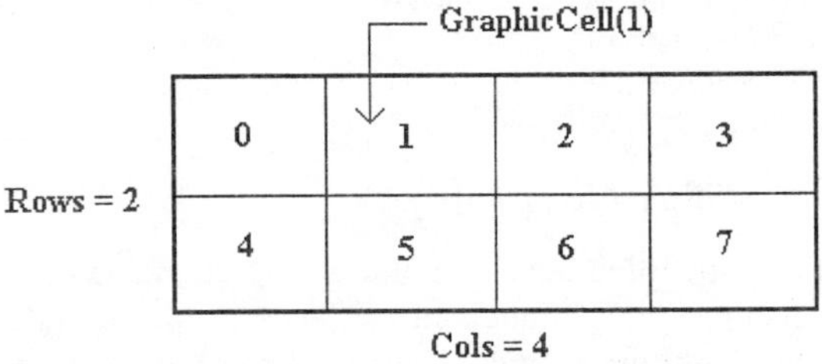

Controlul **PictureClip** este de tip ActiveX. Pentru afişarea simbolului grafic ataşat controlului pe paleta de controale, din meniul **Project** se dă comanda **Components** (Ctrl+T). În fereastra care apare se selectează pagina *Controls*. În continuare se selectează printr-un clic cutia de validare care are eticheta *Microsoft PictureClip Control 6.0*. Datele referitoare la acest control se găsesc în fişierul:

C:\WINDOWS\System\PICCLP32.OCX

sau

C:\WINNT\System32\PICCLP32.OCX

Simbolul grafic aferent controlului are forma . Numele clasei este **PictureClip**. Controalele au denumirile standard *PictureClip1*, *PictureClip2*, ...

Proprietăţile specifice ale controlului

- *Proprietatea* **Picture** (de tip **Picture**)

Specifică imaginea de tip bitmap care se încarcă în controlul **PictureClip**. Proprietatea este identică cu proprietatea **Picture** a controalelor grafice standard, cu deosebirea că se pot utiliza numai fişiere tip bitmap (de extensie **.BMP**). În faza de proiectare imaginea încărcată poate fi specificată cu ajutorul ferestrei de proprietăţi (proprietatea *Picture*). În execuţie încărcarea imaginii se poate realiza cu funcţia **LoadPicture**.

PictureClip1.**Picture** = LoadPicture("nume fişier BMP, cu cale completă")

- *Proprietăţile* **Width** *şi* **Height** (de tip **Integer**)

Returnează lăţimea *lat* şi înălţimea *inalt*, măsurată în pixeli, a imaginii conţinute în controlul **PictureClip**. Proprietăţile nu sunt accesibile în faza de proiectare, iar în execuție au proprietatea read-only (numai citire).

```
Dimension inalt As Integer, lat As Integer
lat = PictureClip1.Width
inalt = PictureClip1.Height
```

- *Proprietățile* **ClipX** *și* **ClipY** (de tip **Integer**)

Proprietatea **ClipX** specifică abscisa colțului stânga sus (*x*) al dreptunghiului care se decupează din imaginea originală iar proprietatea **ClipY** specifică ordonata colțului stânga sus (*y*). Imaginea decupată va fi accesibilă cu ajutorul proprietății **Clip**. Proprietățile nu sunt accesibile în faza de proiectare. Valorile *x* și *y* sunt măsurate în pixeli.

```
Dim x As Integer, y As Integer
PictureClip1.ClipX = x
PictureClip1.ClipY = y
```

- *Proprietățile* **ClipWidth** *și* **ClipHeight** (de tip **Integer**)

Proprietatea **ClipWidth** specifică lățimea *lat* a dreptunghiului care se decupează din imaginea originală iar proprietatea **ClipHeight** specifică înălțimea *inalt* a dreptunghiului. Imaginea decupată va fi accesibilă cu ajutorul proprietății **Clip**. Proprietățile nu sunt accesibile în faza de proiectare. Valorile *lat* și *inalt* sunt măsurate în pixeli.

```
Dim lat As Integer, inalt As Integer
PictureClip1.ClipWidth = lat
PictureClip1.ClipHeight = inalt
```

- *Proprietatea* **Clip** (de tip **Picture**)

Returnează imaginea decupată, de tip bitmap. Dimensiunile imaginii decupate se specifică cu proprietățile **ClipX**, **ClipY**, **ClipWidth** și **ClipHeight**. Proprietatea nu este accesibilă în faza de proiectare; în execuție are atributul read-only (numai citire). În aplicațiile **Visual Basic**, imaginea decupată se atribuie unui control de tip imagine (de exemplu **PictureBox**, **Image**). În controalele destinație se folosește unitatea de măsură pixel (**ScaleMode** = 3), deoarece proprietățile **ClipWidth** și **ClipHeight**, care definesc imaginea decupată, sunt date în pixeli.

```
Dim im As Picture
im = PictureClip1.Clip
```

- *Proprietățile* **StretchX** şi **StretchY** (de tip **Integer**)

  Se referă la dimensiunile (lățimea *lat* şi înălțimea *inalt*) regiunii destinație a imaginii decupate, care se creează cu proprietatea **Clip**. Dacă proprietățile au valoarea 0, care sunt valorile lor implicite, atunci imaginea decupată se copiază în zona destinație fără deformarea imaginii. Dacă proprietățile conțin valori diferite de 0, imaginea decupată se copiază cu dilatarea sau condensarea ei. Proprietățile nu sunt accesibile în faza de proiectare. Ele sunt măsurate în pixeli.

  PictureClip1.**StretchX** = *lat*
  PictureClip1.**StretchY** = *inalt*

- *Proprietățile* **Cols** *şi* **Rows** (de tip **Integer**)

  Stabilesc numărul de coloane *nrcol* şi de linii *nrlin* în care se împarte imaginea conținută de controlul **PictureClip**. Celulele grafice care se obțin pot fi accesate prin intermediul proprietății **GraphicCell**. Numărul celulelor grafice *nrcel* este egal cu *nrcol* * *nrlin*. Valoarea implicită a proprietăților este 1 (imaginea grafică nu se împarte în celule). Lățimea celulei grafice este egală cu lățimea imaginii grafice împărțită la *nrcol*, iar înălțimea este egală cu înălțimea imaginii grafice împărțită cu *nrlin*.

  PictureClip1.**Cols** = *nrcol*
  PictureClip1.**Rows** = *nrlin*

- *Proprietățile* **CellWidth** *şi* **CellHeight** (de tip **Integer**)

  Returnează lățimea *lat* şi înălțimea *inalt* a unei celule grafice, măsurată în pixeli.

  Dim latcel **As Integer,** inaltcel **As Integer**,
  latcel = *PictureClip1*.**CellWidth**
  inaltcel = *PictureClip1*.**CellHeight**

- *Proprietatea* **GraphicCell** (de tip **Picture**)

  Este un tabel unidimensional de imagini care reprezintă celulele grafice obținute prin împărțirea imaginii inițiale în coloane şi linii specificate de proprietățile **Cols** şi **Rows**. Proprietatea nu este accesibilă în faza de elaborare a proiectului şi are proprietatea read-only (numai citire) în execuție.

  Dim im **As Picture**
  im = *PictureClip1*.**GraphicCell** (*indice*)

Notând cu *nrcol* numărul coloanelor şi cu *nrlin* numărul liniilor, se vor crea *nrcel* = *nrcol* * *nrlin* celule. Celulele se numerotează de la 0 la *nrcel* - 1, de la stânga spre dreapta şi în continuare de sus în jos.

EXEMPLUL 1:

Forma aplicaţiei următoare conţine un control **PictureClip**, patru cutii text cu etichete ataşate, un buton de comandă şi două controale **PictureBox**. În procedura-eveniment ataşată formei se încarcă controlul **PictureClip** cu o imagine. Informaţiile referitoare la zona decupată din imagine se precizează în cele patru cutii text. Prin acţionarea butonului de comandă imaginea decupată se depune în cele două controale **PictureClip** (o imagine nedeformată şi una deformată).
Fereastra afişată de aplicaţie poate avea aspectul următor:

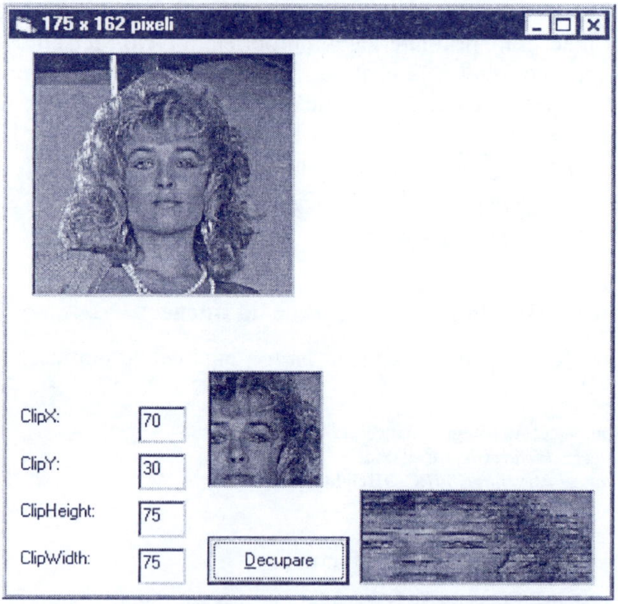

Textul sursă al programului este:

```
Option Explicit
Const Nume = "PicClip1.bmp"

Private Sub Form_Load()
  Dim lat As Single
  Dim inalt As Single
  PictureClip1.Picture = LoadPicture(App.Path & "\" & Nume)
```

```
  lat = PictureClip1.Width ' pixel
  inalt = PictureClip1.Height ' pixel
  Form1.Caption = lat & " x " & inalt & " pixeli"
  Picture1.ScaleMode = 3 'pixel
  Picture1.AutoSize = True
  Picture2.ScaleMode = 3
  Picture2.AutoSize = True
  Picture3.ScaleMode = 3
  Picture3.AutoSize = False
  Picture1.Picture = LoadPicture(App.Path & "\" & Nume)
End Sub

Private Sub Command1_Click()
  With PictureClip1
    .ClipX = Text1.Text
    .ClipY = Text2.Text
    .ClipHeight = Text3.Text
    .ClipWidth = Text4.Text
    ' Fără deformarea zonei decupate
    .StretchX = 0
    .StretchY = 0
    Picture2.Picture = .Clip
    ' Deformarea zonei decupate
    .StretchX = Picture3.ScaleWidth
    .StretchY = Picture3.ScaleHeight
    Picture3.Picture = .Clip
    ' Revenire în regim fără deformare
    PictureClip1.StretchX = 0
    PictureClip1.StretchY = 0
  End With
End Sub
```

EXEMPLUL 2:

Forma aplicației conține un control **PictureClip**, un ceas (interval = 100 milisecunde), un control **PictureBox** și un buton de comandă. În procedura **Load** aferentă formei, în controlul **PictureClip**, se încarcă o imagine, care arată 18 poziții consecutive ale unui corp în rotație:

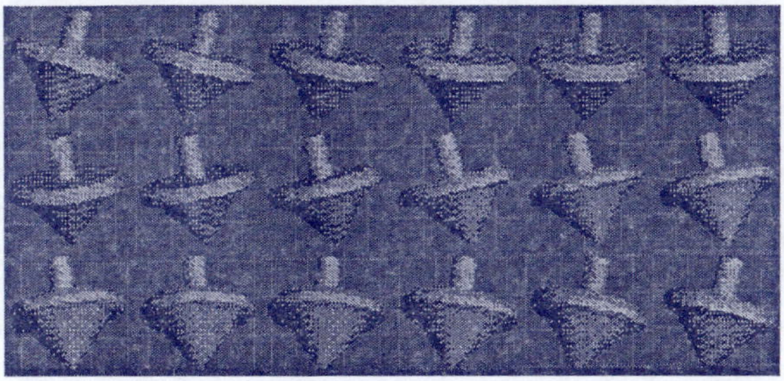

Imaginea se împarte în 6 coloane şi 2 linii. La fiecare tact al ceasului în controlul **PictureBox** se încarcă o celulă grafică, care descrie o animaţie a rotaţiei. Pornirea şi oprirea animaţiei se realizează prin intermediul butonului de comandă.

Fereastra afişată de aplicaţie are forma alăturată.

Textul sursă al programului este:

```
Option Explicit
Const nume = "PicClip2.bmp"
Private nr As Integer
Private Rotatie As Boolean

Private Sub Form_Load()
  Dim s As String
  Dim Lat As Integer
  Dim Inalt As Integer
  Dim LatCel As Integer
  Dim InaltCel As Integer
  Rotatie = False
  PictureClip1.Picture = LoadPicture(App.Path & "\" & nume)
  Lat = PictureClip1.Width
  Inalt = PictureClip1.Height
  PictureClip1.Cols = 6
  PictureClip1.Rows = 3
  LatCel = PictureClip1.CellWidth
  InaltCel = PictureClip1.CellHeight
  s = "(" & Lat & "," & Inalt & ") ("
  s = s & LatCel & "," & InaltCel & ")"
  Form1.Caption = s
  Picture1.ScaleMode = 3      'Pixel
  Picture1.ScaleWidth = LatCel
  Picture1.ScaleHeight = InaltCel
  nr = 2
  Picture1.Picture = PictureClip1.GraphicCell(nr)
End Sub

Private Sub Command1_Click()
  If Rotatie Then
    Command1.Caption = "&Start"
    Rotatie = False
  Else
    Command1.Caption = "&Stop"
    Rotatie = True
  End If
End Sub

Private Sub Timer1_Timer()
  If Rotatie Then
```

```
    nr = nr + 1
    If nr = 18 Then
      nr = 0
    End If
    Picture1.Picture = PictureClip1.GraphicCell(nr)
  End If
End Sub
```

24. CONTROLUL MaskEdBox

Controlul **MaskEdBox** (*cutie de editare cu mască*) este asemănător controlului standard cutie text. Deosebirea constă în faptul că în cutia de editare cu mască pot fi tastate doar caracterele permise de o mască definită de utilizator cu ajutorul proprietății **Mask**. În acest fel se limitează caracterele care sunt acceptate de cutia text.De exemplu, se poate defini o mască care permite introducerea numai a cifrelor, celelalte caractere care se tastează nefiind acceptate.

Controlul **MaskEdBox** este de tip ActiveX. Pentru afişarea simbolului grafic asociat controlului pe paleta de controale, din meniul **Project** se dă comanda **Components** (Ctrl+T). În fereastra care apare se selectează pagina *Controls*. În continuare se selectează printr-un clic cutia de validare care are eticheta *Microsoft Masked Edit Control 6.0.* Datele referitoare la acest control se găsesc în fişierul:

C:\WINDOWS\System\MSMASK32.OCX

sau

C:\WINNT\System32\MSMASK32.OCX

Simbolul grafic aferent controlului are forma 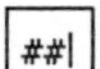

. Numele clasei este **MaskEdBox**. Controalele au denumirile standard *MaskEdBox1*, *MaskEdBox2*, ...

Observații:

1. Dacă se defineşte o mască de introducere, atunci la execuția programului caracterele pe care trebuie să le completeze utilizatorul sunt marcate prin caracterul _ (subliniere, caracter de solicitare). Caracterul subliniere poate fi înlocuit doar de un singur caracter, care trebuie să corespundă din punct de vedere pozițional cu caracterul funcțional. Linia de inserție trece automat peste literalele definite în mască.

2. Dacă nu se utilizează o mască de introducere, adică proprietatea **Mask** este configurată cu un şir vid (""), controlul **MaskEdBox** devine echivalent cu o cutie text standard.

Principalele proprietăţi ale controlului

- *Proprietatea* **Mask** (de tip **String**)

Stabileşte masca de introducere a unui control **MaskEdBox**. Proprietatea poate fi stabilită atât în faza de proiectare prin fereastra de proprietăţi (proprietatea **Mask**), cât şi în execuţie printr-o instrucţiune de atribuire de forma:

MaskEdBox1.**Mask** = "şir de caractere"

Cele mai uzuale măşti de introducere sunt centralizate în tabelul următor (prin intermediul lor se poate realiza validarea caracterelor numerice şi celor alfabetice, însă conţinutul caracterelor alfabetice nu poate testat, de exemplu nu se poate testa dacă abrevierea unei luni este corectă).

Mască	Descriere
Şir vid ""	(Valoare implicită) Nu se foloseşte o mască de introducere. Controlul **MaskEdBox** este asemănător unui control standard de tip cutie text.
##-???-##	Dată calendaristică în format mediu (zz-lun-aa), de exemplu 31-Dec-01. Această mască conţine caracterele funcţionale "#" şi "?", precum şi două literale "-". În execuţie stabilirea măştii de introducere se realizează printr-o instrucţiune de atribuire de forma: *MaskEdBox1*.**Mask** = "##-???-##"
##-##-##	Dată calendaristică în format scurt (ll-zz-aa), de exemplu 12-31-01. Această mască conţine caracterele funcţionale "#", precum şi două literale "-". În execuţie stabilirea măştii de introducere se realizează printr-o instrucţiune de atribuire de forma: *MaskEdBox1*.**Mask** = "##-##-##"
##:## ??	Ora exactă în format mediu, de exemplu 05:36 PM. Această mască conţine caracterele funcţionale "#" şi "?", precum şi două literale ":" şi " " (spaţiu). În execuţie stabilirea măştii de introducere se realizează printr-o instrucţiune de atribuire de forma: *MaskEdBox1*.**Mask** ="##:## ??"
##:##	Ora exactă în format scurt, de exemplu 17:23. Această mască conţine caracterele functionale "#", precum şi un literal ":". În execuţie stabilirea măştii de introducere se realizează printr-o instrucţiune de atribuire de forma: *MaskEdBox1*.**Mask** ="##:##"

În execuţie, masca de introducere se poate testa de exemplu, printr-o instrucţiune de forma:

```
MsgBox MaskEdBox1.Mask
```

Masca de introducere formată din mai multe caractere funcţionale eventual şi literale, poate conţine următoarele caractere:

Caracter funcțional	Semnificație în mască
#	În poziția respectivă se poate introduce numai o cifră (între 0 şi 9). Prezența cifrei este obligatorie.
9	În poziția respectivă se poate introduce numai o cifră, însă cifra respectivă este opțională.
.	Literal pentru indicarea separatorului punct zecimal.
,	Literal pentru indicarea separatorului mii.
:	Literal pentru indicarea separatorului oră exactă.
/	Literal pentru indicarea separatorului dată calendaristică.
\	Caracterul care urmează după acest caracter este un caracter literal. **Observație**: Dacă în mască se doreşte introducerea unui caracter funcțional de mascare, atunci el trebuie să fie precedat de caracterul "\". Astfel, de exemplu, dacă în mască se doreşte introducerea caracterului funcțional de mascare "#", atunci se va folosi o construcție de forma "\#", prin care caracterul "#" devine un caracter literal obişnuit al informației introduse.
&	În poziția respectivă trebuie obligatoriu să apară un caracter ANSI având codul în intervalele 32-126 şi 128-255.
>	Dacă în mască apare acest caracter, atunci toate caracterele care urmează vor fi convertite în majuscule.
<	Dacă în mască apare acest caracter, atunci toate caracterele care urmează vor fi convertite în minuscule.
A	În poziția respectivă trebuie obligatoriu să apară un caracter alfanumeric (a–z, A–Z, 0–9).
a	În poziția respectivă se permite introducerea unui caracter alfanumeric, însă caracterul este opțional.
C	În poziția respectivă se permite introducerea unui caracter sau a unui spațiu, însă ele sunt opționale. Modul de operare a caracterului C este identic cu cel al caracterului & (se foloseşte pentru compatibilitate cu programul **Access**).
?	În poziția respectivă trebuie obligatoriu să apară o literă (a – z, A – Z).
Literal	Toate celelalte caractere (diferite de caracterele funcționale specificate anterior) se afişează în calitate de literal.

- *Proprietatea* **Text** (de tip **Variant**)

Returnează textul conținut de controlul **MaskEdBox** sau stabileşte textul care se depune în cutie (inclusiv caracterele literale şi cele de solicitare ale măştii de introducere). Proprietatea poate fi utilizată numai în execuție.

```
Dim Citit As Variant
Citit = MaskEdBox1.Text 'Citirea textului depus în cutie
MaskEdBox1.Text = "Şir de caractere"     'Stabilirea textului din cutie
```

În timpul execuţiei, controlul **MaskEdBox** permite validarea valorii proprietăţii **Text**. Dacă utilizatorul atribuie proprietăţii **Text** o valoare care intră în conflict cu masca de introducere, atunci controlul generează o eroare la execuţie.
Pentru ştergerea proprietăţii **Text** în caz că pentru controlul **MaskEdBox** s-a definit o mască de introducere, prima dată trebuie încărcată proprietatea **Mask** cu un şir vid, după care proprietatea **Text** tot cu un şir vid:

```
MaskEdBox1.Mask = ""
MaskEdBox1.Text = ""
```

- *Evenimentul* **ValidationError**

Dacă pentru un control **MaskEdBox** s-a stabilit o mască de introducere şi utilizatorul părăseşte controlul respectiv pentru a trece la controlul următor (în ordinea stabilită de proprietatea **TabIndex**), în cazul existenţei unui caracter invalid prezent în controlul **MaskEdBox** se declanşează evenimentul **ValidationError**. Prototipul procedurii eveniment are forma:

```
Private Sub MaskEdBox1_ValidationError(InvalidText As String, _
                                        StartPosition As Integer)

End Sub
```

Parametrul *InvalidText* este valoarea proprietăţii **Text**, care include printre celelalte caractere şi pe cele invalide. Poziţia primului caracter invalid se comunică sistemului prin argumentul *StartPosition*.

- *Proprietatea* **PromptChar** (de tip **String**)

Stabileşte caracterul care indică, în execuţie, poziţia în care utilizatorul trebuie să tasteze un caracter (caracterul de "solicitare"). Valoarea implicită a acestui caracter este "_" (subliniere). Proprietatea poate fi configurată cu un şir format dintr-un singur caracter.

EXEMPLU:

Să presupunem că proprietatea **Mask** a fost configurată prin

```
MaskEdBox1.Mask = ##-???-##
```

Dacă proprietatea **PromptChar** foloseşte valoarea ei implicită, iniţial cutia text va conţine 2 + 3 + 2 caractere de subliniere şi două literale (minusuri):

```
__-___-__
```

- *Proprietatea* **PromptInclude** (de tip **Boolean**)

Specifică dacă literalele utilizate de masca de introducere sunt prezente sau nu în valoarea proprietăţii **Text** a controlului **MaskEdBox**. Valoarea implicită a proprietăţii este False (nu sunt prezente literalele din mască).

```
MaskEdBox1.PromptInclude = True    'Literalele din masca de introducere
                                   ' vor apare în valoarea proprietăţii Text.
MaskEdBox1.PromptInclude = False   ' Literalele din masca de introducere nu
                                   ' vor apare în valoarea proprietăţii Text.
```

EXEMPLU:

Să presupunem că proprietatea **Mask** a fost configurată prin

```
MaskEdBox1.Mask = ##-???-##
```

şi utilizatorul a introdus în cutie data calendaristică 31 Dec 01. Dacă proprietatea **PromptInclude** are valoare True, atunci proprietatea **Text** are valoarea "31-Dec-01". Dacă proprietatea **PromptInclude** are valoarea False, atunci proprietatea **Text** are valoarea "31Dec01".

- *Proprietatea* **AllowPrompt** (de tip **Boolean**)

Stabileşte dacă caracterul de solicitare este sau nu un caracter valid în procesul de introducere. Valoarea implicită a proprietăţii este False.

```
MaskEdBox1.AllowInclude = True     ' Caracterul de solicitare este validat.
MaskEdBox1.AllowInclude = False    ' Caracterul de solicitare este invalidat
                                   ' şi în cazul utilizării lui se va declan-
                                   ' şa evenimentul ValidationError.
```

EXEMPLU:

Să presupunem că s-au efectuat următoarele configurări:

```
MaskEdBox1.PromptChar = "0"     ' Caracterul de solicitare este
                                ' cifra zero
MaskEdBox1.Mask = "#####"       ' Masca prevede 5 cifre
```

Dacă proprietatea **AllowPrompt** are valoarea False, atunci în cutie nu se poate introduce cifra 0; în caz contrar cifra 0 este un caracter valid.

- *Proprietatea* **MaxLength** (de tip **Integer**)

  Stabileşte numărul maxim de caractere care sunt permise de controlul **MaskEdBox**. Proprietatea poate fi configurată cu numere întregi din intervalul [1, 64]. Valoarea implicită a proprietății este 64, adică în cutie pot apare până la 64 de caractere (care includ şi literalele din masca de introducere). Dacă în cutie se introduc caractere în plus faţă de cele specificate, atunci se generează un semnal sonor.

- *Proprietatea* **AutoTab** (de tip **Boolean**)

  Determină dacă controlul care urmează după controlul **MaskEdBox** (în ordinea stabilită de proprietatea **TabIndex**) primeşte sau nu automat focarul în cazul datelor valide. Valoarea implicită a proprietății este False.

MaskEdBox1.**AutoTab** = True	'Dacă s-au introdus corect toate datele stabi- ' lite de masca de introducere, focarul trece ' automat în controlul următor.
MaskEdBox1.**AutoTab** = False	' După introducerea datelor focarul este ' conservat de controlul **MaskEdBox**. Dacă se ' introduc mai multe caractere decât cele ' stabilite de masca de introducere, atunci se ' declanşează evenimentul **ValidationError**.

EXEMPLU:

Să presupunem că forma conţine un control **MaskEdBox** (cu proprietatea **TabIndex** = 0) şi un control standard cutie text (cu proprietatea **TabIndex** = 1). Proprietatea **Mask** a fost configurată astfel:

```
MaskEdBox1.Mask = "#####"        ' Se cer 5 cifre
```

Dacă proprietatea **AutoTab** are valoarea True, după ce utilizatorul a tastat 5 cifre, controlul **MaskEdBox** iese din focar şi cutia text primeşte automat focarul. Începând cu al 6-lea caracter tastat informaţiile introduse se vor insera în cutia text.
Dacă proprietatea **AutoTab** are valoarea False, după ce utilizatorul a tastat 5 cifre, controlul **MaskEdBox** nu iese din focar.

EXEMPLU:

Forma acestei aplicaţii conţine patru controale **MaskEdBox**, patru etichete precum şi un buton de comandă.
Prima cutie, etichetată cu "Numar de telefon" permite introducerea a şase cifre. Cutia a doua, etichetată cu "Numar autoturism" permite

introducerea unui număr de înmatriculare al unei maşini. Cutia a treia va conţine ora exactă iar cutia a patra o dată calendaristică. Proprietăţile **Mask** a cutiilor, în perioada de elaborare a proiectului au fost configurat astfel:

Numele cutiei	**Mask**
MaskEdBox1	######
MaskEdBox2	??##???
MaskEdBox3	##:## ??
MaskEdBox4	##-???-####

Fereastra aplicaţiei, în perioada de proiectare are aspectul:

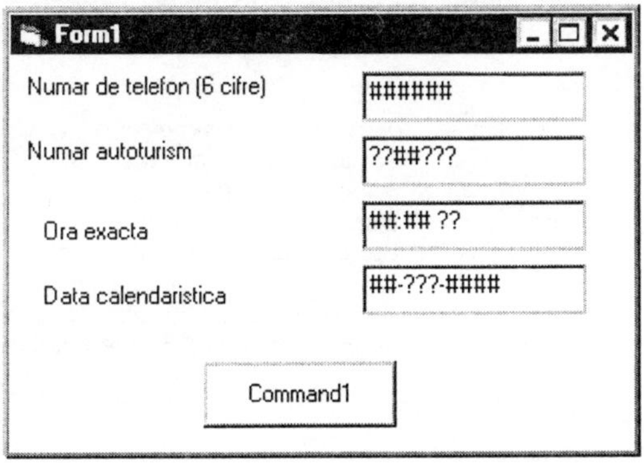

În execuţie, prin acţionarea butonului de comandă, se afişează o fereastră de informare care poate avea aspectul alăturat (conţinutul proprietăţilor **Text** ale cutiilor).

Textul sursă al programului este:

```
Option Explicit

Private Sub Command1_Click()
  MsgBox "Telefon= " & MaskEdBox1.Text & _
  vbCrLf & "Masina= " & MaskEdBox2.Text & _
  vbCrLf & "Ora= " & MaskEdBox3.Text & _
  vbCrLf & "Data= " & MaskEdBox4.Text
End Sub
```

25. CONTROLUL FlatScrollBar

Controlul **FlatScrollBar** (*bară de defilare "plată"*) reuneşte proprietăţile controalelor standard **HScrollBar** (bară de defilare orizontală) şi **VScrollBar** (bară de defilare verticală). În plus oferă şi facilităţi noi, care se referă la orientarea barei, la stilul ei de afişare precum şi la ascunderea/afişarea butoanelor cu săgeţi aflate în extremităţile barei. Proprietăţile barei se pot configura atât în faza de elaborare a proiectului (cu ajutorul ferestrei de proprietăţi), precum şi în execuţie.

Controlul **FlatScrollBar** este de tip ActiveX. Pentru afişarea simbolului grafic asociat controlului pe paleta de controale, din meniul **Project** se dă comanda **Components** (Ctrl+T). În fereastra care apare se selectează pagina *Controls*. În continuare se selectează printr-un clic cutia de validare care are eticheta *Microsoft Windows Common Controls-2 6.0*. Datele referitoare la acest control se găsesc în fişierul

C:\WINNT\System32\MSCOMCT2.OCX

sau

C:\WINDOWS\System\ MSCOMCT2.OCX

Simbolul grafic aferent controlului are forma . Numele clasei este **FlatScrollBar**. Controalele au denumirile standard *FlatScrollBar1*, *FlatScrollBar2*, ...

Proprietăţile specifice ale barei de defilare

- *Proprietăţile* **Min** *şi* **Max** (de tip **Integer**)

Permit stabilirea sau citirea valorii minime, respectiv a valorii maxime care pot fi reprezentate pe bara de defilare. Aceste valori stabilesc domeniul de variaţie al butonului glisant (proprietatea **Value**). Proprietăţile pot fi referite prin următoarele construcţii:

```
Dim val As Integer
FlatScrollBar1.Min = val        ' Stabilirea valorii minime.
FlatScrollBar1.Max = val        ' Stabilirea valorii maxime.
val = FlatScrollBar1.Min        ' Citirea valorii minime.
val = FlatScrollBar1.Max        ' Citirea valorii maxime
```

În construcţiile precedente *val* reprezintă un număr întreg care aparţine intervalului închis [-32.768, 32.767]. Valoarea implicită a proprietăţii **Min** este 0, iar a proprietăţii **Max** este 32.767.

- *Proprietatea* **Value** (de tip **Integer**)

Permite citirea sau stabilirea poziţiei actuale a butonului glisant. Această proprietate poate fi referenţiată astfel:

```
Dim pozitie As Integer
pozitie = FlatScrollBar1.Value     ' Citirea poziției curente a cursorului glisant.
FlatScrollBar1.Value = pozitie     ' Stabilirea poziției curente a
                                   ' cursorului glisant.
```

În aceste construcţii variabila *pozitie* reprezintă poziţia curentă a cursorului glisant. Ea poate varia în intervalul închis definit de proprietăţile **Min** şi **Max**. Valoarea implicită (iniţială) a poziţiei cursorului glisant este 0.

- *Proprietatea* **SmallChange** (de tip **Integer**)

Stabileşte sau citeşte deplasarea butonului glisant (deci variaţia proprietăţii **Value**) când utilizatorul efectuează un clic pe unul din butoanele cu săgeţi situate în extremităţile barei de defilare. Valoarea implicită a proprietăţii este 1.

```
Dim valoare As Integer
FlatScrollBar1.SmallChange = valoare     ' Stabilirea valorii modificării.
valoare = FlatScrollBar1.SmallChange     ' Citirea valorii modificării.
```

- *Proprietatea* **LargeChange** (de tip **Integer**)

Stabileşte sau citeşte deplasarea butonului glisant (deci variaţia proprietăţii **Value**) când utilizatorul efectuează un clic pe o porţiune a barei de defilare situată între butonul glisant şi butonul cu săgeată aflat în extremitatea barei. Valoarea implicită a acestei proprietăţi este 1.

```
Dim valoare As Integer
FlatScrollBar1.LargeChange = valoare     ' Stabilirea valorii modificării.
valoare = FlatScrollBar1.SmallChange     ' Citirea valorii modificării.
```

- *Proprietatea* **Orientation** (de tip **Integer**)

Stabileşte sau testează o valoare care determină orientarea barei de defilare (orizontală sau verticală).

```
FlatScrollBar1.Orientation = constantă
```

Pentru stabilirea orientării se utilizează următoarele constante predefinite:

Constantă	Valoare	Descriere
cc2OrientationHorizontal	0	Bara are orientare orizontală. Valoare implicită.
cc2OrientationVertical	1	Bara are orientare verticală.

- *Proprietatea* **Appearance** (de tip **Integer**)

  Stabileşte sau testează aspectul exterior al controlului **FlatScrollBar**.

  FlatScrollBar1.**Appearance** = *constantă*

  Pentru stabilirea aspectului exterior se utilizează următoarele constante predefinite:

Constantă	Valoare	Descriere
fsb3D	0	Bara de defilare are aspect tridimensional, similar barelor de defilare standard.
fsbFlat	1	Bara de defilare are aspect bidimensional. Valoare implicită.
fsbTrack3D	2	Combinaţie între aspect bidimensional şi tridimensional. Bara de defilare are aspect bidimensional iar butoanele cu săgeţi şi butonul glisant au aspect tridimensional dacă cursorul mouse-ului indică obiectele respective.

- *Proprietatea* **Arrows**

  Stabileşte sau testează o valoare care determină dacă butoanele cu săgeţi sunt accesibile sau sunt inhibate.

  FlatScrollBar1.**Arrows** = *constantă*

  Pentru stabilirea proprietăţii se utilizează următoarele constante predefinite:

Constantă	Valoare	Description
cc2Both	0	Sunt accesibile butoanele cu săgeţi din stânga şi dreapta (sau în funcţie de orientare, cel superior şi cel inferior). Valoare implicită.
cc2LeftUp	1	Este accesibil numai butonul cu săgeată din stânga (sau cel superior).
cc2RightDown	2	Este accesibil numai butonul cu săgeată din dreapta (sau cel inferior).

Proprietatea se utilizează de obicei la inhibarea butoanelor cu săgeți în cazul că butonul glisant ajunge în una din extremitățile barei.

Evenimentele specifice ale barelor de defilare

- *Evenimentul* **Change**

Se declanşează după ce s-a modificat poziția cursorului glisant (valoarea proprietății **Value**). În procedura ataşată evenimentului se citeşte de obicei poziția curentă a butonului glisant. În funcție de valoarea citită se efectuează diferite calcule sau se defilează obiectele care sunt controlate de bara de defilare. Evenimentul este cel implicit al barelor de defilare. Prototipul procedurii ataşate evenimentului **Change** este următorul:

Private Sub *FlatScrollBar1*_**Change()**

End Sub

- *Evenimentul* **Scroll**

Se declanşează la modificarea poziției butonului glisant când acesta este tras cu mouse-ul. Evenimentul nu se declanşează în următoarele cazuri:

– când se modifică poziția butonului glisant prin clicuri efectuate pe butoanele cu săgeți ale barei de defilare;
– când se modifică poziția butonului glisant prin clicuri efectuate în interiorul barei de defilare.

Evenimentul **Scroll** poate fi utilizat, de exemplu, la citirea şi afişarea continuă a poziției curente (în timpul glisării) a butonului glisant:

```
Label1.Caption = FlatScrollBar1.Value
```

După declanşarea evenimentelor **Scroll** se declanşează automat şi evenimentul **Change**. Prototipul procedurii ataşate evenimentului **Scroll** este următorul:

Private Sub *FlatScrollBar1*_**Scroll()**

End Sub

EXEMPLUL 1:

În aplicația următoare se calculează valoarea funcției $f(x)=\sqrt{x}$, unde x este un număr întreg aflat în intervalul închis [0,100]. Sunt utilizate următoarele controale: un control **FlatScrollBar** şi două controale de tip etichetă. Domeniul de variație al barei de defilare se găsește în intervalul [0,100] și servește la stabilirea argumentului *x*. Inițial butonul glisant indică valoarea 49. Valoarea curentă corespunzătoare cursorului glisant se citește în procedura atașată evenimentului **Scroll** a barei; această valoare se afișează în controlul etichetă *Label1*. În procedura atașată evenimentului **Change** se calculează și se afișează în controlul etichetă *Label2* valoarea radicalului.

Fereastra aplicației poate avea aspectul următor:

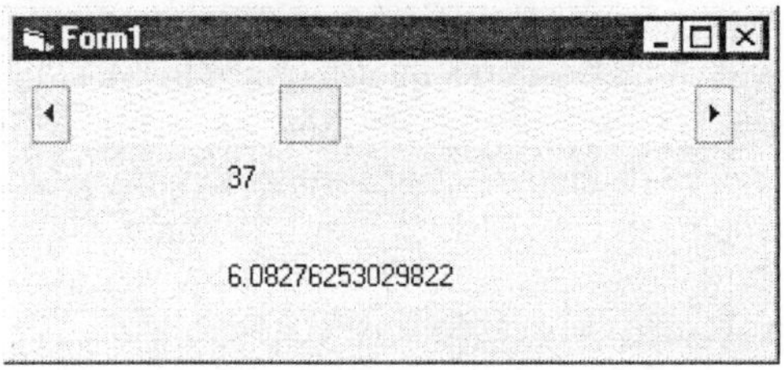

Textul sursă al programului este:

```
Option Explicit

Private Sub Form_Load()
  With FlatScrollBar1
    .Min = 0
    .Max = 100
    .Value = 49
    .SmallChange = 5
    .LargeChange = 10
    .Appearance = fsbTrack3D
  End With
  Label1.Caption = 49
  Label2.Caption = 7
End Sub

Private Sub FlatScrollBar1_Scroll()
  Label1.Caption = FlatScrollBar1.Value
End Sub

Private Sub FlatScrollBar1_Change()
Dim x As Single
  If FlatScrollBar1.Value = FlatScrollBar1.Min Then
    FlatScrollBar1.Arrows = cc2RightDown
  ElseIf FlatScrollBar1.Value = FlatScrollBar1.Max Then
    FlatScrollBar1.Arrows = cc2LeftUp
  Else
    FlatScrollBar1.Arrows = cc2Both
  End If
  x = FlatScrollBar1.Value
  Label2.Caption = Sqr(x)
End Sub
```

EXEMPLUL 2:

Forma aplicației următoare conține un control **FlatScrollBar** și două cutii text. În evenimentul **Load** atașat formei se deschide baza de date standard **NWIND.MDB**, precum și tabelul *Products* al bazei. Aceste operații se pot realiza utilizând biblioteca de obiecte **DAO** (obiecte de accesare a datelor), cu alte cuvinte în meniul **Project** se dă comanda **References** și se selectează cutia de validare *Microsoft DAO 3.51 Object Library*. După deschiderea tabelului *Products* se determină numărul de articole *NrArt* ale acestuia. Se inițializează proprietatea **Max** a barei de defilare cu valoarea *NrArt*. În evenimentul **Change** al barei se selectează o valoare din intervalul închis [1, *NrArt*], adică se stabilește numărul articolului care urmează să fie analizat. În continuare se trece la articolul selectat și în cele două cutii text se afișează conținutul câmpurilor *ProductName* și *UnitPrice*.

Fereastra afișată de aplicație poate să avea aspectul următor.

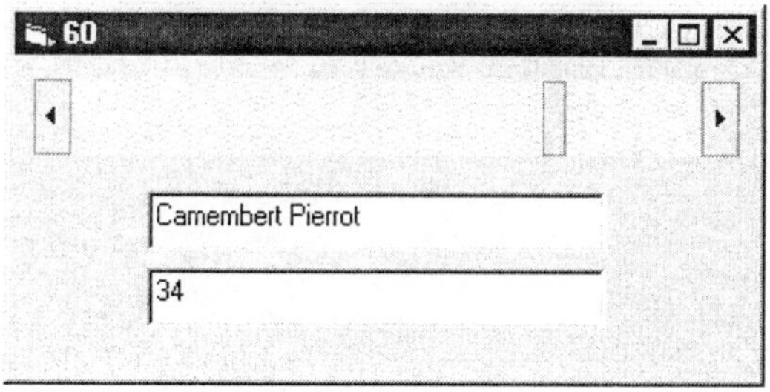

Textul sursă al programului este:

```
Option Explicit
' Project/References: Microsoft DAO 3.51 Object Library
Const cale = "C:\Program Files\Microsoft Visual Studio" _
            & "\VB98\NWIND.mdb"
Dim db As Database
Dim rs As Recordset
Dim NotaDeCarte As String
Dim NrArt As Integer

Private Sub Form_Load()
  Set db = OpenDatabase(cale)
  Set rs = db.OpenRecordset("Products", dbOpenDynaset)
  With rs
    .MoveLast                  ' Deplasare la ultimul articol
    .MoveFirst                 ' Deplasare la primul articol
    NrArt = .RecordCount       ' Numărul de articole ale tabelului
    NotaDeCarte = .Bookmark    ' Notă de carte pt. primul articol
  End With
  With FlatScrollBar1
```

```
    .Min = 1
    .Max = NrArt
    .Value = 1
  End With
End Sub

Private Sub FlatScrollBar1_Change()
  Dim Art As Long
  NrArt = FlatScrollBar1.Value - 1
  Art = CLng(NrArt)                    ' Conversie în Long
  rs.Move Art, NotaDeCarte
  Form1.Caption = FlatScrollBar1.Value
  Text1.Text = rs!ProductName
  Text2.Text = rs!UnitPrice
End Sub

Private Sub Form_Terminate()
  rs.Close
  db.Close
End Sub
```

26. CONTROLUL UpDown

Controlul **UpDown** ("*sus – jos*") serveşte la majorarea sau micşorarea unei valori. Este format dintr-o pereche de butoane cu săgeţi în sus şi în jos (sau la stânga şi la dreapta). Se asociază de obicei unui alt control (de exemplu la o cutie text); prin acţionarea acestor butoane se poate modifica valoarea afişată în cutia de text, între două valori definite de utilizator.

Controlul **UpDown** este de tip ActiveX. Pentru afişarea simbolului grafic asociat controlului pe paleta de controale, din meniul **Project** se dă comanda **Components** (Ctrl+T). În fereastra care apare se selectează pagina *Controls*. În continuare se selectează printr-un clic cutia de validare care are eticheta *Microsoft Windows Common Controls–2 6.0.* Datele referitoare la acest control se găsesc în fişierul:

C:\WINDOWS\System\MSCOMCT2.OCX

sau

C:\WINNT\System32\MSCOMCT2.OCX

Simbolul grafic aferent controlului are forma . Numele clasei este **UpDown**. Controalele au denumirile standard *UpDown1*, *UpDown2*, ...

Proprietăţile şi metodele specifice controlului UpDown

- *Proprietăţile* **Min** *şi* **Max** (de tip **Long**)

  Stabilesc valoarea minimă şi respectiv maximă a domeniului de variaţie corespunzător controlului **UpDown**. Valorile implicite ale proprietăţilor sunt 0 şi 10; ele pot fi utilizate printr-o secvenţă de forma următoare:

```
Dim Valoare As Long
UpDown1.Min = Valoare          ' Stabilirea valorii minime.
UpDown1.Max = Valoare          ' Stabilirea valorii maxime.
Valoare = UpDown1.Min          ' Citirea valorii minime.
Valoare = UpDown1.Max          ' Citirea valorii maxime.
```

- *Proprietatea* **Value** (de tip **Long**)

  Permite citirea şi stabilirea poziţiei curente a controlului **UpDown**. Poziţia curentă variază între valorile specificate de proprietăţile **Min** şi

Max. Valoarea proprietății se modifică când utilizatorul efectuează un clic pe o săgeată a controlului, astfel:

- dacă se efectuează un clic pe săgeata în jos sau la stânga, valoarea proprietății **Value** se apropie de valoarea proprietății **Min**, cu pasul specificat de proprietatea **Increment**;
- dacă se efectuează un clic pe săgeata în sus sau la dreapta, valoarea proprietății **Value** se apropie de valoarea proprietății **Max**, cu pasul specificat de proprietatea **Increment**.

Proprietatea **Value** poate fi utilizată şi la stabilirea, prin program, a valorii poziției curente. Valoarea inițială a acestei proprietăți este 0. Proprietatea poate fi utilizată printr-o secvență de forma următoare:

```
Dim Pozitie As Long
Pozitie = UpDown1.Value          ' Citirea poziției curente
UpDown1.Value = Pozitie          ' Stabilirea poziției curente.
```

- *Proprietatea* **Increment** (de tip **Long**)

  Specifică pasul utilizat de controlul **UpDown**. Nu poate fi negativ. Valoarea implicită a pasului este 1.

- *Proprietatea* **Wrap** (de tip **Boolean**)

  Se referă la parcurgerea circulară a valorilor din domeniul definit de proprietățile **Min** şi **Max**. Dacă proprietatea are valoarea True, parcurgerea valorilor se va face circular, astfel, de exemplu, după valoarea definită de **Max** va urma valoarea definită de **Min**. Dacă proprietatea are valoarea False (care este şi valoarea implicită), atunci domeniul de valori nu se parcurge circular.

- *Proprietatea* **Orientation** (de tip **Integer**)

  Se referă la orientarea săgeților controlului **UpDown**. Dacă proprietatea se inițializează cu constanta predefinită *cc2OrientationVertical* (= 0, valoare implicită), atunci controlul va avea un buton cu săgeata în sus şi unul cu săgeata în jos. Dacă se foloseşte constanta predefinită *cc2OrientationHorizontal* (= 1), atunci controlul va avea un buton cu săgeată la stânga şi unul cu săgeata la dreapta.

- *Proprietatea* **BuddyControl** (de tip **Variant**)

  Stabileşte controlul asociat ("amic") controlului **UpDown**. Controlul asociat poate fi stabilit atât în perioada de elaborare a proiectului (cu ajutorul ferestrei de proprietăţi), cât şi în execuţie, printr-o secvenţă de forma:

Set *UpDown1*.**BuddyControl** = Numele controlului asociat

Astfel, de exemplu, dacă se doreşte asocierea unei cutii text (care are numele *Text1*) la un control **UpDown**, atunci se va folosi o secvenţă de forma:

Set UpDown1.BuddyControl = Text1

- *Proprietatea* **BuddyProperty** (de tip **String**)

Desemnează o proprietate arbitrară a controlului asociat controlului **UpDown**, care va fi utilizată în procesul de sincronizare a celor două controale. Respectiva proprietate poate fi desemnată atât în faza de elaborare a proiectului (cu ajutorul ferestrei de proprietăţi), cât şi în execuţie, printr-o secvenţă de forma:

Dim NumePropr **As String**
UpDown1.**BuddyProperty** = *NumePropr*

unde *NumePropr* specifică o proprietate a controlului din **BuddyControl**. Dacă în program nu se utilizează secvenţa anterioară, atunci se va utiliza proprietatea implicită a controlului asociat. Dacă proprietatea **SyncBuddy** este configurată la valoarea True, proprietatea **Value** a controlului **UpDown** va fi sincronizată cu proprietatea desemnată de proprietatea **BuddyProperty**. De menţionat este faptul că proprietatea **BuddyProperty** poate fi selectată în perioada de elaborare a proiectului; în acest scop în fereastra de proprietăţi se efectuează un clic pe linia **BuddyProperty**, după care un clic pe butonul cu săgeata jos. Se afişează o listă cu toate proprietăţile care pot fi utilizate în procesul de sincronizare. Proprietatea dorită se selectează printr-un clic pe numele proprietăţii. Proprietatea **BuddyProperty** poate fi stabilită doar după ce a fost selectată proprietatea **BuddyControl**.
Astfel, de exemplu, dacă în procesul de sincronizare se doreşte utilizarea proprietăţii *Text* a unui control asociat unei cutii text, atunci se va folosi o secvenţă de forma:

```
UpDown1.BuddyProperty = "Text"
```

- *Proprietatea* **SyncBuddy** (de tip **Boolean**)

Se referă la modul de sincronizare a proprietăţii **Value** cu o proprietate a controlului asociat. Dacă proprietatea are valoarea True, atunci proprietatea **Value** a controlului **UpDown** se sincronizează automat cu proprietatea **BuddyProperty** a controlului asociat. Astfel, de exemplu, proprietatea **Value** a controlului **UpDown** poate fi sincronizată cu proprietatea **Text** a unui control **TextBox**. Dacă se modifică valoarea proprietății **Value**, atunci valoarea proprietății **Text** a cutiei text se actualizează (şi invers, dacă se modifică valoarea proprietății **Text**, se actualizează valoarea proprietății **Value**). Proprietatea **Value** a unui control **UpDown** poate fi sincronizată şi cu alte proprietăți ale controlului asociat (de exemplu **Top**, **Left**, **BackColor**, **ForeColor** şi altele). Lista completă a proprietăților controlului asociat care permit sincronizarea cu proprietatea **Value** poate fi afişată astfel: prima dată se încarcă proprietatea **BuddyControl** cu numele controlului asociat, după care în fereastra de proprietăți se efectuează un clic pe linia corespunzătoare proprietății **BuddyProperty**. În coloana de valori se afişează un buton cu săgeata în jos. Se efectuează un clic pe acest buton. Se deschide o listă care conține numele tuturor proprietăților care permit efectuarea unei sincronizări. Dacă nu se alege nici un element din listă, atunci sincronizarea se realizează cu proprietatea implicită a controlului asociat. Dacă proprietatea **SyncBuddy** are valoarea False (care este şi valoarea implicită), atunci proprietatea **Value** a controlului **UpDown** nu se sincronizează cu nici o proprietate a controlului asociat. Proprietatea poate fi modificată sau testată printr-o secvență de forma:

```
Dim Sincronizare As Boolean
UpDown1.SyncBuddy = Sincronizare          ' Stabilirea valorii proprietății.
Sincronizare = UpDown1.SyncBuddy          ' Citirea valorii proprietății.
```

- *Proprietatea* **AutoBuddy** (de tip **Boolean**)

Se referă la detectarea automată a controlului asociat controlului **UpDown**. Dacă proprietatea are valoarea True, atunci controlul asociat va fi detectat automat, pe baza ordinii de parcurgere cu Tab-uri a controalelor. Controlul asociat va fi controlul situat în fața controlului **UpDown**, în ordinea de parcurgere cu Tab-uri. Dacă nu se găseşte nici un astfel de control, atunci se va căuta un control situat după controlul **UpDown**, în ordinea de parcurgere cu Tab-uri. Dacă proprietatea **AutoBuddy** se încarcă cu valoarea False, care este şi valoarea implicită, atunci controlul asociat se stabileşte pe baza informației memorate de proprietatea **BuddyControl**. Dacă proprietatea **AutoBuddy** are valoarea True, atunci proprietatea **BuddyControl** va fi încărcată automat. Dacă proprietatea **AutoBuddy** are valoarea False, informația din proprietatea **BuddyControl** se şterge. Proprietatea poate fi modificată sau testată printr-o secvență de forma:

```
Dim ValLog As Boolean
UpDown1.AutoBuddy = ValLog          ' Stabilirea valorii proprietății.
ValLog = UpDown1.AutoBuddy          ' Citirea valorii proprietății.
```

- *Proprietatea* **Alignment** (de tip **Integer**)

  Stabilește modul de aliniere a controlului **UpDown** la controlul asociat. Pentru selectarea modului de aliniere se vor folosi următoarele constante predefinite: *cc2alignmentLeft* (= 0, controlul **UpDown** este în stânga controlului asociat) și *cc2alignmentRight* (= 1, valoare implicită, controlul **UpDown** este în dreapta controlului asociat).

- *Evenimentul* **Change**

  Este declanșat în momentul în care se schimbă valoarea proprietății **Value** a controlului **UpDown**. Valoarea acestei proprietăți poate fi schimbată prin următoarele două metode:

  – utilizatorul efectuează un clic pe un buton cu săgeată;
  – se modifică valoarea respectivă într-un control asociat controlului **UpDown**, cu condiția ca proprietatea **SyncBuddy** să aibă valoarea True.

  Procedura atașată acestui eveniment (care este evenimentul implicit al controlului) are următorul prototip:

```
Private Sub UpDown1_Change( )

End Sub
```

- *Evenimentul* **DownClick**

  Se declanșează când utilizatorul efectuează un clic pe butonul cu săgeata în jos (sau la stânga). Evenimentul se declanșează după evenimentul **Change**. Procedura atașată acestui eveniment are următorul prototip:

```
Private Sub UpDown1_DownClick( )

End Sub
```

- *Evenimentul* **UpClick**

  Se declanșează când utilizatorul efectuează un clic pe butonul cu săgeata în sus (sau la dreapta). Evenimentul se declanșează după evenimentul **Change**. Procedura atașată acestui eveniment are următorul prototip:

```
Private Sub UpDown1_UpClick( )

End Sub
```

EXEMPLUL 1:

Forma aplicației următoare conține o cutie text, un control **UpDown** și un control de tip etichetă. Cutia text este asociată controlului **UpDown**. Proprietățile controlului **UpDown** se stabilesc în faza de elaborare a proiectului; valorile selectate sunt centralizate în tabelul următor:

Proprietate	**Valoare**
Alignment	cc2AlignmentRight
Orientation	cc2OrientationVertical
BuddyControl	Text1
AutoBuddy	False
SyncBuddy	True
BuddyProperty	Text
Value	8
Min	8
Max	26
Increment	2

În procedura atașată evenimentului **Change** a controlului **UpDown** se citește valoarea proprietății **Value**, care reprezintă dimensiunea fontului folosit la afișarea textului din controlul etichetă; valoarea va fi afișată automat în cutia text. Dimensiunea fontului variază între 8 și 26 puncte, cu un pas de 2 puncte.
Fereastra afișată de aplicație poate avea aspectul următor:

Textul sursă al programului este:

```
Option Explicit

Private Sub UpDown1_Change()
  With Label1
    .FontName = "Times New Roman"     ' Selectare numelui de font.
```

```
    .FontSize = UpDown1.Value          ' Stabilirea dimensiunii de font.
    .Caption = "Times New Roman"       ' Afişare text în controlul de etichetă.
  End With
End Sub
```

EXEMPLUL 2:

Forma aplicaţiei următoare conţine o cutie text, un control **UpDown** şi un control **Shape** (model geometric, de tip dreptunghi). Cutia text reprezintă controlul asociat controlului **UpDown**. Iniţial lăţimea modelului geometric este 0 şi este plasat deasupra cutiei text. Proprietăţile de bază ale controlului **UpDown** se stabilesc în execuţie, în procedura ataşată evenimentului **Load** a formei. Domeniul de valori al controlului este intervalul [0,10], iar pasul este 1. Când utilizatorul efectuează un clic pe controlul **UpDown**, se declanşează evenimentul **Change**. În procedura ataşată se citeşte valoarea proprietăţii **Value** (care variază deci între 0 şi 10). Valoarea se utilizează la stabilirea lăţimii noi a modelului geometric. Lăţimea modelului va varia între zero şi lăţimea cutiei text. Fereastra afişată de aplicaţie poate avea aspectul următor:

Textul sursă al programului este:

```
Option Explicit

Private Sub Form_Load()
  Form1.Caption = "Controlul UpDown"
  Text1.Text = "0"
  With UpDown1
    Set .BuddyControl = Text1
    .BuddyProperty = "Text"
    .SyncBuddy = True
    .AutoBuddy = False
    .Value = 0
    .Min = 0
    .Max = 10
    .Increment = 1
    .Wrap = True
  End With
```

```
  Shape1.Height = Text1.Height
  Shape1.Width = 0
End Sub

Private Sub UpDown1_Change()
Dim v As Integer
  v = UpDown1.Value
  Shape1.Width = v * Text1.Width \ 10
End Sub
```

27. CONTROLUL Inet

Controlul **Inet** (*Internet Transfer Control*) este specializat în transferul de fişiere în Internet. El permite acces la calculatoarele server care folosesc fie protocolul **HTTP** (***HyperText Transfer Protocol***), fie protocolul **FTP** (***File Transfer Protocol***).

Folosind protocolul HTTP se pot conecta calculatoare server World Wide Web, de unde se pot descărca pe calculatorul local documente HTML. Ele se pot afişa în controale de tip **TextBox** sau **RichTextBox**. Pentru realizarea operaţiei de descărcare se utilizează metoda **OpenURL**. Astfel, de exemplu, prin instrucţiunea

```
Text1.Text = Inet1.OpenUrl("http://www.gmi.ro")
```

cutia text *Text1* se încarcă cu conţinutul paginii referinţă (în format **HTML**) a calculatorului server *www.gmi.ro*.

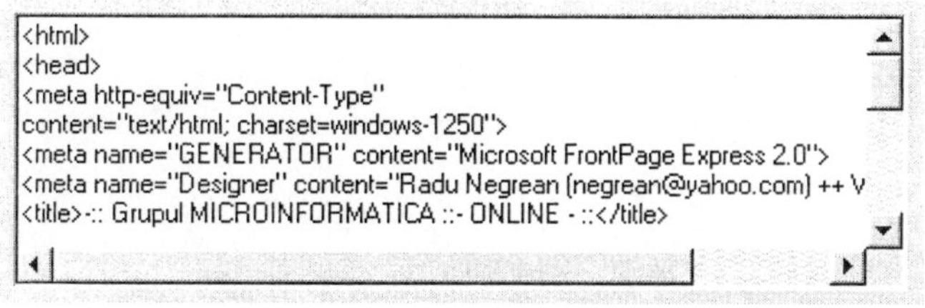

Folosind protocolul FTP se pot conecta calculatoare server FTP. De pe aceste calculatoare – atât utilizatorii anonimi, cât şi cei înregistraţi – pot descărca diverse tipuri de fişiere (de exemplu **EXE, ZIP, TXT** şi altele). Este posibilă şi răsfoirea dosarelor calculatoarelor server. În cazul utilizatorilor înregistraţi (cei care au un nume şi cuvânt de trecere specificate prin proprietăţile **UserName** şi **Password**) se pot trimite şi memora pe calculatorul server fişierele locale specificate de utilizator. Pentru realizarea diferitelor tipuri de operaţii (GET, DIR, PUT şi altele) se va utiliza metoda **Execute** şi în evenimentul **StateChanged** se apelează metoda **GetChunk**. Astfel, de exemplu, prin instrucţiunea:

```
Inet1.Execute "FTP://ftp.microsoft.com", "DIR"
```

se poate demara afişarea într-o cutie text a conţinutului dosarului rădăcină al calculatorului server *ftp.microsoft.com*.

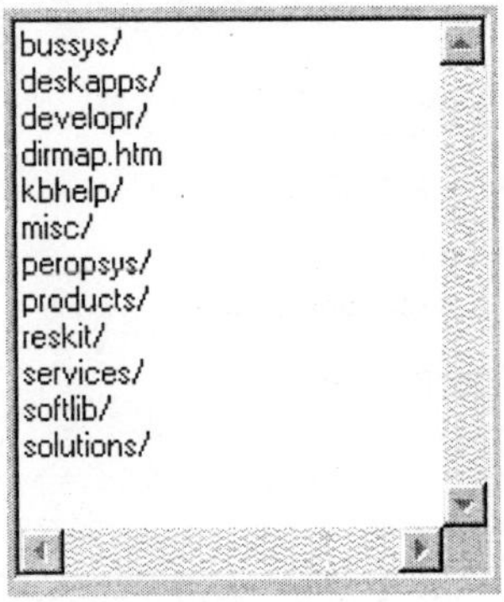

Controlul **Inet**, invizibil la execuție, este de tip ActiveX. Pentru afişarea simbolului grafic al controlului pe paleta de controale, din meniul **Project** se dă comanda **Components** (Ctrl+T). În fereastra care se afişează se selectează pagina *Controls*. În continuare se selectează printr-un clic cutia de validare care are eticheta *Microsoft Internet Transfer Control 6.0*. Datele referitoare la acest control se găsesc în fişierul

C:\WINDOWS\System\MSINET.OCX

sau

C:\WINNT\System32\MSINET.OCX

Simbolul grafic aferent controlului are forma . Numele clasei este **Inet**. Controalele au denumirile standard *Inet1*, *Inet2*, ...

Principalele proprietăți, metode şi evenimente ale controlului

- *Proprietatea* **URL** (de tip **String**)

  Stabileşte URL-ul (***U****niform* ***R****esource* ***L****ocator*) utilizat de metodele **Execute** şi **OpenURL**. Proprietatea se configurează printr-o instrucțiune de forma

  Inet1.**URL** = *adresă*

  unde *adresă* este un şir de caractere care specifică URL-ul utilizat. Proprietatea trebuie să conțină adresa calculatorului server şi numele documentului, eventual şi calea spre documentul respectiv. Dacă nu se specifică documentul, atunci se utilizează documentul implicit al calculatorului server, de exemplu *index.htm*.

EXEMPLU:

```
' Se utilizează documentul implicit al server-ului:
Inet1.URL = "HTTP://www.gmi.ro"
' Se utilizează documentul specificat al server-ului, care este memorat în dosarul
' rădăcină:
Inet1.URL = "HTTP://www.gmi.ro/prezentare.htm"
' Se utilizează documentul specificat al server-ului, care este memorat în subdosarul
' Editura.
Inet1.URL ="HTTP://www.gmi.ro/Editura/carti.htm
```

- *Proprietatea* **UserName** (de tip **String**)

  Stabileşte numele utilizatorului care se trimite calculatorului server. Dacă proprietatea nu este configurată, atunci controlul **Inet** va trimite server-ului numele *anonymous*. Proprietatea se stabileşte printr-o instrucţiune de forma

  Inet1.**UserName** = *nume*

  unde *nume* este un şir de caractere care specifică numele utilizatorului.

- *Proprietatea* **Password** (de tip **String**)

  Stabileşte cuvântul de trecere (parola) care se trimite calculatorului server. Dacă proprietatea nu este configurată, atunci controlul **Inet** va trimite calculatorului server adresa poştei electronice a utilizatorului. Proprietatea se stabileşte printr-o instrucţiune de forma

  Inet1.**Password** = *parola*

  unde *parola* este un şir de caractere care specifică cuvântul de trecere al utilizatorului.

- *Proprietatea* **StillExecuting** (de tip **Boolean**)

  Returnează o valoare care stabileşte dacă controlul **Inet** este ocupat (execută o operaţie lansată anterior). Cât timp controlul este ocupat el nu răspunde nici unei alte comenzi. Proprietatea se utilizează printr-o secvenţă de forma

  Dim Ocupat **As Boolean**
  Ocupat = *Inet1*.**StillExecuting**

  Dacă valoarea returnată este True, controlul este ocupat. Dacă valoarea returnată este False, controlul este liber.

- *Metoda* **OpenURL**

Citeşte şi memorează un document al calculatorului server specificat prin URL. Metoda se apelează prin

Dim Raspuns **As Variant**
Raspuns = Inet1.**OpenUrl** (*url ,datatype*)

În variabila *Raspuns* se depune documentul specificat, provenit de la calculatorul server. Argumentele utilizate de metodă sunt următoarele:

Argument	Descriere
url	Argument de tip **String** care specifică URL-ul documentului citit. Dacă acest argument nu este precizat, atunci se foloseşte adresa specificată cu ajutorul proprietăţii **URL**.
datatype	Argument opţional de tip **Integer** care specifică tipul informaţiei citite. Pentru precizarea tipului se vor folosi următoarele constante predefinite: • *icString* (având valoarea 0) Documentul este citit sub forma unui şir de caractere. Valoare implicită. • *icByteArray* (având valoarea 1) Documentul este citit sub forma unui tabel de octeţi.

Observaţii:

1. Valoarea returnată de metoda **OpenURL** depinde de tipul argumentului *url*. De exemplu, dacă *url* specifică un dosar al unui calculator server care foloseşte protocolul FTP, atunci valoarea returnată va fi conţinutul dosarului respectiv (nume de fişiere şi de subdosare). Dacă argumentul este un fişier, atunci metoda returnează conţinutul fişierului respectiv.

2. Metoda **OpenURL** este echivalentă cu următoarele:
   - apelarea metodei **Execute** cu operaţia GET;
   - urmată de apelarea metodei **GetChunk** în interiorul procedurii-eveniment **StateChanged**.

3. În cazul metodei **OpenURL** datele provenite de la calculatorul server sunt livrate sincronizat calculatorului local (adică până la recepţia şi memorarea tuturor datelor nu se trece la execuţia instrucţiunii următoare).
   În cazul metodei **Execute** se lansează comanda specificată şi se trece imediat la execuţia instrucţiunii următoare. Datele provenite de la calculatorul server sunt livrate asincron, în planul secund.

4. Dacă se încarcă un fişier binar, pentru salvarea datelor citite se va utiliza un tabel binar.

EXEMPLE:

1. Se citeşte pagina *index.html* a calculatorului server

   http://www.gmi.ro.

   Rezultatul livrat de metodă (textul HTML al paginii) este depus într-o cutie text având numele *Text1.*

```
Text1.Text = _
      Inet1.OpenURL("http://www.gmi.ro/index.html")
```

2. Se citeşte fişierul *informatii.txt* al calculatorului server

   ftp://ftp.xyz.ro.

   Fişierul text citit este depus într-o cutie text având numele *Text1.*

```
Text1.Text = _
      Inet1.OpenURL("ftp://ftp.xyz.ro/informatii.txt")
```

3. Se apelează instrumentul de căutare

   http://search.yahoo.com/bin/search.

   Cuvântul căutat este *Cluj.* Rezultatele livrate sunt depuse într-o cutie text având numele *Text1.*

```
Dim strURL As String
strURL = "http://search.yahoo.com/bin/search?p=Cluj"
Text1.Text = Inet1.OpenURL(strURL)
```

4. Se citeşte fişierul binar *Cluj.exe* al calculatorului server

   ftp://ftp.abc.ro.

   Fişierul executabil citit este depus într-un tabel binar. Conţinutul tabelului binar este salvat pe disc.

```
Dim b() As Byte
Dim adresa As String
adresa = "ftp://ftp.abc.ro/Cluj.exe"
b() = Inet1.OpenURL(adresa, icByteArray)
Open "C:\Temp\Cluj.exe" For Binary Access Write As 1
Put #1, , b()
Close 1
```

- *Metoda* **GetHeader**

Este utilizată la citirea şi memorarea unui antet de pagină HTML. Metoda poate fi utilizată numai în cazul calculatoarelor server care folosesc protocolul HTTP şi doar după ce pagina a fost citită cu metoda **OpenURL**.

Dim Antet **As String**
Antet = *Inet1*.**GetHeader** ("*NumeAntet*")

Prin argumentul opţional *NumeAntet* de tip **String** se specifică tipul antetului care se citeşte şi se memorează. Dacă nu se specifică nici un antet, atunci se vor citi şi se vor memora toate tipurile de anteturi ale fişierului HTTP. Pentru specificarea tipului antetului se vor utiliza următoarele valori:

NumeAntet	Descriere
Date	Returnează data şi ora de transmisie a documentului, de exemplu Wednesday, 27-April-96 19:34:15 GMT.
MIME-version	Returnează numărul versiunii MIME a protocolului utilizat.
Server	Returnează antetul numelui calculatorului server.
Content-length	Returnează lungimea în octeţi a fişierului.
Content-type	Returnează tipul datei recepţionate.
Last-modified	Returnează data şi ora ultimei modificări a fişierului, de exemplu Wednesday, 27-April-96 19:34:15 GMT.

EXEMPLU:

În cutia text *Text1* se afişează toate anteturile paginii *index.html*. Pagina este situată pe calculatorul server *http://www.gmi.ro*.

```
Dim v As String
Inet1.URL = "http://www.gmi.ro/index.html"
v = Inet1.OpenURL( , icString)
Text1.Text = Inet1.GetHeader()
```

- *Metoda* **Execute**

Trimite o comandă unui calculator server care foloseşte fie protocolul HTTP, fie protocolul FTP.

– Dacă server-ul foloseşte protocolul HTTP, metoda se apelează printr-o construcţie de forma:

Inet1.**Execute** *adresa, operaţie, data*

Argumentele metodei sunt centralizate în tabelul următor:

Argument	Descriere
adresa	Argument de tip **String** care specifică URL-ul documentului. Dacă argumentul nu se precizează atunci se va folosi adresa specificată cu ajutorul proprietăţii **URL**.
operaţie	Argument de tip **String** care stabileşte tipul operaţiei care se va executa. Tipurile de operaţii utilizate mai des sunt GET şi POST. • GET: Citeşte un document al calculatorului server, specificat prin argumentul *adresa*. Documentul citit va fi memorat într-un

Argument	Descriere
	tampon intern al calculatorului local. Conținutul documentului recepționat poate fi accesat cu ajutorul metodei **GetChunk**, plasată în procedura-eveniment **StateChanged**. Inet1.Execute "http://www.xyx.ro/Editura.htm", "GET" • POST: Citește o informație primită de la calculatorul server, specificat prin argumentul *adresa*, de exemplu rezultatele livrate de un instrument de căutare. Pentru selectarea datelor primite se trimite o dată suplimentară spre calculatorul server, de exemplu șirul căutat. Data trimisă se specifică prin argumentul *data*. Operația POST reprezintă o extindere a operației GET. Rezultatele livrate de calculatorul server în format HTML sunt accesibile cu ajutorul metodei **GetChunk**, plasată în procedura-eveniment **StateChanged**. **Dim** strURL **As String** **Dim** strFormData **As String** strURL = "http://search.yahoo.com/bin/find" strFormData = "p=Cluj" Inet1.Execute strURL, "POST", strFormData
data	Argument opțional de tip **String**, utilizat în cazul operației POST.

– Dacă server-ul folosește protocolul FTP, metoda se apelează printr-o construcție de forma:

Inet1.**Execute** *adresa, operație*

Argumentul *adresa* de tip **String** specifică URL-ul documentului. Dacă el nu se precizează atunci se folosește adresa specificată cu ajutorul proprietății **URL**.
Argumentul *operație* de tip **String** specifică tipul operației. Pentru argument se vor folosi următoarele valori:

Operație	Descriere
CD *Dosar*	Trecere la un alt dosar al calculatorului server (Change Directory). Dosarul destinație se specifică prin argumentul *Dosar*. Inet1.Execute , "CD Carti\Info"
CDUP	Trecere la dosarul părinte al dosarului curent situat pe calculatorul server. Este echivalent cu "CD..". Inet1.Execute , "CDUP"
DELETE *Fișier*	Șterge un fișier situat pe calculatorul server. Fișierul șters este specificat prin *Fișier*. Comanda poate fi utilizată numai de utilizatori înregistrați. Inet1.Execute , "DELETE ianuarie.txt"

Operație	Descriere
DIR *Dosar* sau LS *Dosar*	Returnează conținutul unui dosar situat pe calculatorul server (Directory). Dosarul se specifică prin argumentul *Dosar*. Dacă nu se precizează nici un dosar, atunci se returnează conținutul dosarului curent al calculatorului server. Valoarea returnată se poate citi cu ajutorul metodei **GetChunk**, plasată în procedura-eveniment **StateChanged**. Inet1.Execute , "DIR Carti"
GET *Fişier1 Fişier2* sau RECV *Fişier1 Fişier2*	Citeşte (recepționează) un fişier situat pe calculatorul server într-un fişier al calculatorului local. Numele fişierului citit se specifică prin argumentul *Fişier1*. Fişierul citit va avea pe calculatorul local numele dat de argumentul *Fişier2*. Conținutul fişierului recepționat se poate accesa cu ajutorul metodei **GetChunk**, plasată în procedura-eveniment **StateChanged**. Inet1.Execute , "GET Oferta.txt C:\Temp\Oferta.txt"
MKDIR *Dosar*	Creează un dosar nou în dosarul curent al calculatorului server (Make Directory). Numele noului dosar se specifică prin argumentul *Dosar*. Comanda poate fi utilizată numai de utilizatori înregistrați. Inet1.Execute , "MKDIR Nou"
PUT *Fişier1 Fişier2* sau SEND *Fişier1 Fişier2*	Trimite (copiază) un fişier al calculatorul local la calculatorul server. Numele fişierului trimis este specificat prin argumentul *Fişier1*. Pe calculatorul server fişierul trimis va avea numele specificat prin *Fişier2*. Comanda poate fi utilizată numai de utilizatori înregistrați. Inet1.Execute ,_ "PUT C:\Salarii\Ian.txt /Salarii/Ian.txt"
PWD	Returnează numele dosarului curent de pe calculatorul server (Print Working Directory). Valoarea returnată se poate citi cu ajutorul metodei **GetChunk**, plasată în procedura-eveniment **StateChanged**. Inet1.Execute ,"PWD"
CLOSE sau QUIT	Părăsirea calculatorului server. Inet1.Execute ,"QUIT"
RENAME *Fişier1 Fişier2*	Redenumeşte fişierul calculatorului server specificat prin argumentul *Fişier1* la un nou nume specificat prin argumentul *Fişier2*. Comanda poate fi utilizată numai de utilizatori înregistrați. Inet1.Execute ,"RENAME vechi.txt nou.txt"
RMDIR *Dosar*	Ştergerea dosarului specificat prin argumentul *Dosar*. Comanda poate fi utilizată numai de utilizatori

Operație	Descriere
	înregistrați. Inet1.Execute ,"RMDIR Ianuarie"
SIZE *Fişier*	Returnează dimensiunea unui fişier memorat pe calculatorul server. Fişierul se specifică prin argumentul *Fişier*. Valoarea returnată se poate citi cu ajutorul metodei **GetChunk**, plasată în procedura-eveniment **StateChanged**. Inet1.Execute ,"SIZE Cuprins.txt"

Observații:

1. Nu se pot utiliza nume de dosare şi de fişiere care includ spații.
2. Unele dintre comenzile de mai sus sunt accesibile numai utilizatorilor înregistrați (cei care au un nume şi un cuvânt de trecere, date de proprietățile **UserName** şi **Password**). Utilizatorii anonimi nu pot, de exemplu, să şteargă fişiere sau dosare. Utilizatorii înregistrați, înainte de apela metoda **Execute**, vor configura proprietățile **URL**, **UserName** şi **Password**, în această ordine.

```
Inet1.URL = "ftp://ftp.abc.ro"
Inet1.UserName = "Popescu Gheorghe"
Inet1.Password = "abracadabra"
Inet1.Execute ,_
        "PUT C:\Salarii\Ian.txt /Salarii/Ian.txt"
...
Inet1.Execute ,"CLOSE"
```

- *Metoda* **Cancel**

Anulează comanda curentă trimisă calculatorului server şi închide conexiunea stabilită cu calculatorul respectiv.

Inet1.**Cancel**

EXEMPLU:

Acest exemplu ilustrează modul în care se poate testa dacă controlul **Inet** este ocupat. În caz afirmativ operația în curs este anulată prin metoda **Cancel**. În continuare se lansează o nouă operație.

```
If Inet1.StillExecuting = True Then
    Inet1.Cancel
End If
Inet1.URL ="ftp://ftp.abc.ro/"
Inet1.Execute , "GET /Oferta.txt C:\Temp\Oferta.txt"
```

- *Evenimentul* **StateChanged**

  Se declanşează când se semnalează o modificare de conectare la calculatorul server îndepărtat. Prototipul procedurii–eveniment este:

```
Private Sub Inet1_StateChanged(ByVal State As Integer)

End Sub
```

  În parametrul *State* sistemul comunică utilizatorului noua stare de conectare la calculatorul server îndepărtat. Valorile comunicate se specifică prin următoarele constante predefinite:

Constantă	Valoare	Descriere
icNone	0	Nu s-a schimbat nimic în starea controlului **Inet**.
icResolvingHost	1	Controlul **Inet** este în curs de căutare a adresei IP a calculatorului server specificat.
icHostResolved	2	Controlul **Inet** a găsit adresa IP a calculatorului server specificat.
icConnecting	3	Controlul **Inet** este în curs de conectare la calculatorul server.
icConnected	4	Controlul **Inet** s-a conectat cu succes la calculatorul server.
icRequesting	5	Controlul **Inet** este în curs de trimitere a unei comenzi la calculatorul server.
icRequestSent	6	Controlul **Inet** a trimis cu succes o comandă calculatorului server.
icReceivingResponse	7	Controlul **Inet** este în curs de recepţionare a unui răspuns de la calculatorul server.
icResponseReceived	8	Controlul **Inet** a primit un răspuns de la calculatorul server.
icDisconnecting	9	Controlul **Inet** este în curs de deconectare de la calculatorul server.
icDisconnected	10	Controlul **Inet** s-a deconectat de la calculatorul server.
icError	11	S-a declanşat o eroare în procesul de comunicare cu calculatorul server. Codul mesajului de eroare se poate citi cu ajutorul proprietăţii **ResponseCode** (de tip **Long**) iar textul mesajului cu ajutorul proprietăţii **ResponseInfo** (de tip **String**).
icResponseCompleted	12	Comanda trimisă la calculatorul server a fost executată cu succes şi au fost recepţionate toate datele trimise de calculatorul server. Datele trimise se memorează într-o zonă tampon internă. Pentru extragerea acestor informaţii se va apela

Constantă	Valoare	Descriere
		ciclic metoda **GetChunk**, care citeşte un fragment al tamponului.

- *Metoda* **GetChunk**

Citeşte un fragment al tamponului intern şi îl depune într-o variabilă. Tamponul conţine rezultatul livrat de calculatorul server. Metoda trebuie apelată în cadrul procedurii-eveniment **StateChanged**, după ce au fost recepţionate toate datele trimise de calculatorul server, adică atunci când starea comunicată de sistem este *icResponseCompleted*. Se foloseşte în cazul operaţiilor:

1. GET, HEAD, POST (la calculatoarele server care folosesc protocolul HTTP);
2. DIR, GET, PWD, SIZE (la calculatoarele server care folosesc protocolul FTP).

La prima apelare a metodei **GetChunk** se citeşte primul fragment al tamponului, iar la următoarele se citesc fragmentele rămase. Metoda trebuie apelată atâta timp cât lungimea fragmentului citit este mai mare ca zero. Metoda **GetChunk** se va apela printr-o construcţie de forma următoare:

Dim fragment **As Variant**
fragment = *Inet1*.**GetChunk**(*Dimensiune,TipulDatei*)

Argumentele utilizate de metodă sunt următoarele:

Argument	Descriere
Dimensiune	O valoare numerică de tip **Long** care stabileşte lungimea fragmentului care se citeşte din tamponul intern.
TipulDatei	Argument opţional de tip **Integer**, care specifică tipul fragmentului care se citeşte. Pentru specificarea tipului se folosesc următoarele constante predefinite: • *icString* (având valoarea 0): Data citită are tipul şir de caractere. Valoare implicită. • *icByteArray* (având valoarea 1): Data citită are tipul unui tabel de octeţi.

În acest exemplu se presupune că rezultatul recepţionat de la calculatorul server este de tip text. Rezultatul se afişează într-o cutie text *Text1*.

```
Private Sub Inet1_StateChanged(ByVal State As Integer)
  Dim d As Variant
  Dim s As String
  Dim Gata As Boolean
  Select Case State
    Case icResponseReceived   ' 12
      s = ""
      Gata = False
      d = Inet1.GetChunk(1024, icString)'Citeşte primul fragment
      Do While Not Gata
       s = s & d
       d = Inet1.GetChunk(1024, icString) 'Citeşte următorul fragment
       If Len(d) = 0 Then
           Gata = True
       End If
      Loop
      Text1.Text = s
  End Select
End Sub
```

EXEMPLUL 1:

Forma aplicației conține un control **Inet**, un chenar cu trei butoane de opțiune, un buton de comandă şi o cutie text. Fiecărui buton de opțiune îi corespunde câte o adresă Internet. La acționarea butonului de comandă în cutia text se afişează conținutul paginii HTML a adresei selectate. Pentru afişarea conținutului paginii s-a apelat metoda **OpenURL**.
Fereastra afişată de aplicație are aspectul următor:

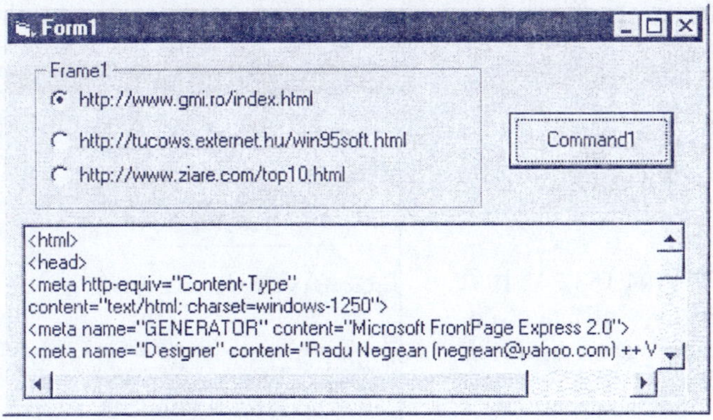

Textul sursă al programului este:

```
Option Explicit
Const Adresa1 = "http://www.gmi.ro/index.html"
Const Adresa2 = "http://tucows.externet.hu/win95soft.html"
Const Adresa3 = "http://www.ziare.com/top10.html"
```

```
Private A As String

Private Sub Form_Load()
  Option1.Value = True
  A = Adresa1
End Sub

Private Sub Command1_Click()
  Text1.Text = Inet1.OpenURL(A, icString)
End Sub

Private Sub Option1_Click()
  A = Adresa1
End Sub

Private Sub Option2_Click()
  A = Adresa2
End Sub

Private Sub Option3_Click()
  A = Adresa3
End Sub
```

EXEMPLUL 2:

Forma aplicației conține un control **Inet**, trei butoane de comandă și o cutie text. Prin acționarea butonului de comandă *OpenURL* în cutia text se afișează pagina de referință al calculatorului server *www.gmi.ro*. Dacă se apasă butonul de comandă *GetHeader*, în cutia text se vor afișa anteturile corespunzătoare paginii de referință a calculatorului *www.gmi.ro*. Dacă se acționează butonul de comandă *Get*, în cutia text apare conținutul fișierului **FAQ.TXT**, memorat pe calculatorul server HTTP://194.153.242.19. Fereastra afișată de aplicație are aspectul alăturat.

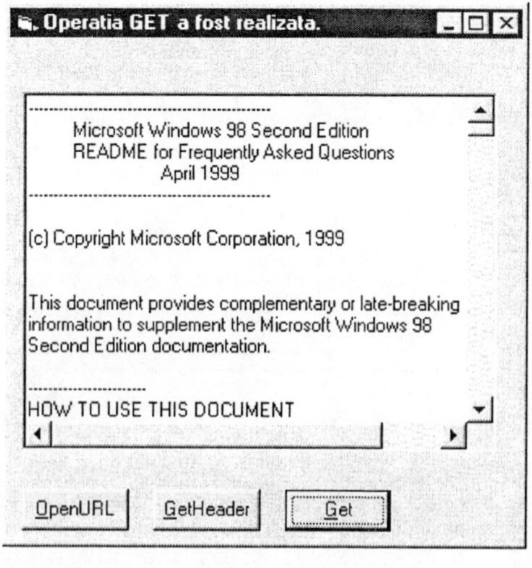

Textul sursă al programului este:

```
Option Explicit

Private Sub Command1_Click()
  Inet1.URL = "http://www.gmi.ro/index.html"
  Text1.Text = Inet1.OpenURL(, icString)
  Form1.Caption = "OpenURL"
End Sub

Private Sub Command2_Click()
Dim v As String
  Inet1.URL = "http://www.gmi.ro/index.html"
  v = Inet1.OpenURL(, icString)
  Text1.Text = Inet1.GetHeader()
  Form1.Caption = "GetHeader"
End Sub

Private Sub Command3_Click()
  Inet1.URL = "HTTP://194.153.242.19/FAQ.TXT"
  Inet1.Execute , "GET"
End Sub

Private Sub Inet1_StateChanged(ByVal State As Integer)
Dim d As Variant
Dim s As String
Dim Gata As Boolean
  Select Case State
    Case icError
      Form1.Caption = _
            Inet1.ResponseCode & " " & Inet1.ResponseInfo
    Case icResponseCompleted
      s = ""
      Gata = False
      d = Inet1.GetChunk(1024, icString)      ' Citeşte primul fragment
      Do While Not Gata
        s = s & d
        d = Inet1.GetChunk(1024, icString)    ' Citeşte următorul fragment
        If Len(d) = 0 Then
          Gata = True
        End If
      Loop
      Text1.Text = s
      Form1.Caption = "Operatia GET a fost realizata."
  End Select
End Sub
```

EXEMPLUL 3:

Aplicaţia ilustrează modul de utilizare a metodei **Execute**, în care sunt apelate toate cele 12 operaţii de tip FTP permise de metodă. A fost utilizat un calculator server FTP, pe utilizatorul este înregistrat. În cazul în care se foloseşte un server pentru care utilizatorul nu este înregistrat (este anonim), atunci vor fi accesibile numai 7 operaţii ale metodei **Execute**.

Fereastra afişată de aplicaţie are aspectul următor:

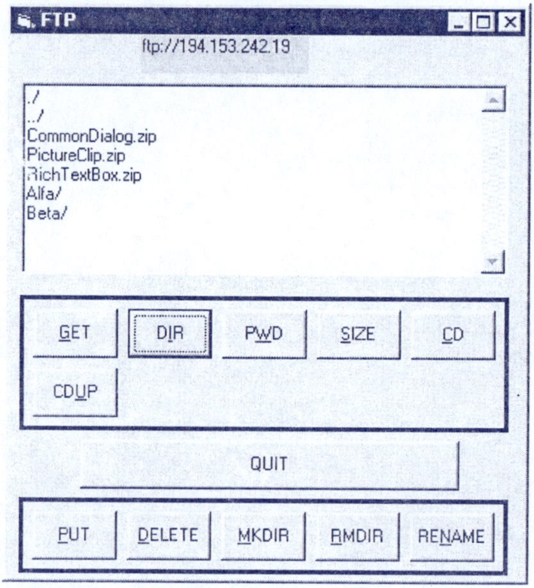

Textul sursă al programului este:

```
Option Explicit
Const UtilReg As String = "ftp://KS:sanyi@194.153.242.19"

Private Sub Command1_Click()
  Inet1.Execute UtilReg, "GET Mouse.txt E:\Mouse.txt"
End Sub

Private Sub Command2_Click()
  Inet1.Execute UtilReg, "DIR"
End Sub

Private Sub Command3_Click()
  Inet1.Execute UtilReg, "PWD"
End Sub

Private Sub Command4_Click()
  Inet1.Execute UtilReg, "SIZE Mouse.txt"
End Sub

Private Sub Command5_Click()
  Inet1.Execute UtilReg, "CD alfa"
```

```
End Sub

Private Sub Command6_Click()
  Inet1.Execute UtilReg, "CDUP"
End Sub

Private Sub Command7_Click()
  Inet1.Execute UtilReg, "QUIT"
End Sub

Private Sub Command8_Click()
  Inet1.UserName = "KS"
  Inet1.Password = "sanyi"
  Inet1.Execute UtilReg, "PUT E:\MOUSE.TXT MOUSE.TXT"
End Sub

Private Sub Command9_Click()
  Inet1.UserName = "KS"
  Inet1.Password = "sanyi"
  Inet1.Execute UtilReg, "DELETE MOUSE.TXT"
End Sub

Private Sub Command10_Click()
  Inet1.UserName = "KS"
  Inet1.Password = "sanyi"
  Inet1.Execute UtilReg, "MKDIR DosarNou"
End Sub

Private Sub Command11_Click()
  Inet1.UserName = "KS"
  Inet1.Password = "sanyi"
  Inet1.Execute UtilReg, "RMDIR DosarNou"
End Sub

Private Sub Command12_Click()
  Inet1.UserName = "KS"
  Inet1.Password = "sanyi"
  Inet1.Execute UtilReg, "RENAME MOUSE.TXT SOARECE.TXT"
End Sub

Private Sub Inet1_StateChanged(ByVal State As Integer)
  Dim Eroare As String
  Dim buc As Variant
  Dim s As String
  Dim Gata As Boolean
  Select Case State
    Case icError                '11
      Eroare = Inet1.ResponseCode & ":" & Inet1.ResponseInfo
      MsgBox Eroare
    Case icResponseCompleted  '12
      s = ""
      Gata = False
      ' Citirea primului fragment (chunk)
      buc = Inet1.GetChunk(1024, icString)
```

```
    Do While Not Gata
      s = s & buc
      ' Citirea urmatorului fragment (chunk)
      buc = Inet1.GetChunk(1024, icString)
      If Len(buc) = 0 Then
        Gata = True
      End If
    Loop
    Text1.Text = s
  End Select
End Sub
```

EXEMPLUL 4:

Forma aplicației următoare conține un control **Inet** și două cutii text. În prima cutie text se introduce adresa unui calculator server care folosește protocolul FTP. După ce se introduce adresa, se acționează tasta Enter. Ca urmare în a doua cutie text (de tip multilinie) se afișează conținutul dosarului rădăcină al calculatorului server specificat (subdosarele și fișiere). Numele subdosarelor se termină cu caracterul "/" (backslash). Dacă se efectuează un dublu clic pe un nume de subdosar, în cutia text se afișează conținutul subdosarului respectiv. Dacă se efectuează un dublu clic pe un nume de fișier, atunci fișierul se salvează în dosarul E:\Temp al calculatorului utilizat.

Fereastra afișată de aplicație are aspectul următor:

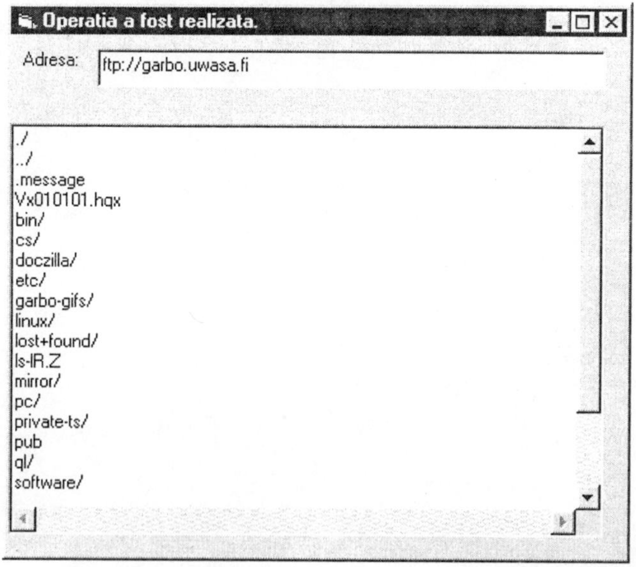

Textul sursă al programului este:

```
Option Explicit
Const Temp As String = "E:\Temp\"
Dim NumeFisier As String

Private Sub Text1_KeyPress(KeyAscii As Integer)
  If KeyAscii = Asc(vbCr) Then
    KeyAscii = 0                'Ignoră tasta apăsată
    Text1.SelStart = 0          'Selectare adresă
    Text1.SelLength = Len(Text1.Text)
    On Error GoTo errOpenURL
    Inet1.URL = Text1.Text
    Inet1.Execute , "DIR"
    Form1.Caption = Inet1.URL
  End If
  Exit Sub
errOpenURL:
  Select Case Err.Number
    Case icBadUrl
      MsgBox "URL eronat. A se reintroduce."
    Case icConnectFailed, icConnectionAborted, icCannotConnect
      MsgBox "Locatia nu poate fi conectata."
    Case icInetTimeout
      MsgBox "Depasire de timp la conectare."
    Case icExecuting
      Inet1.Cancel              'Anuleaza operatia anterioara
      'Test dacă anularea a fost luată în considerare
      If Inet1.StillExecuting = True Then
        Form1.Caption = "Operatia nu poate fi anulata."
      Else
        Resume                  'Retrimite operatia curenta
      End If
    Case Else
      MsgBox Err.Number & vbCrLf & Err.Description
  End Select
End Sub

Private Sub Text2_DblClick()
Dim msDir As String
  If Text2.SelLength > 0 Then
    If Right(Text2.SelText, 1) = "/" Then
      ' S-a selectat un DOSAR. Se va afişa conţinutul lui cu DIR
      Text1.Text = Text1.Text & "/" & _
        Left(Text2.SelText, Text2.SelLength - 1)
      On Error GoTo errBrowse
      msDir = Right(Text1.Text, Len(Text1.Text) _
              - Len(Inet1.URL))
      Inet1.Execute , "DIR " & msDir & "/*"
    Else
      ' S-a selectat un FIŞIER. Se va descărca fişierul cu GET
      msDir = Right(Text1.Text, Len(Text1.Text) _
              - Len(Inet1.URL)) & "/" & _
              Text2.SelText
```

```
      msDir = Right(msDir, Len(msDir) - 1)
      NumeFisier = Text2.SelText
      Inet1.Execute , "GET " & msDir & _
              " " & Temp & Text2.SelText
    End If
  Else
    MsgBox "Nu s-a selectat nimic"
  End If
  Exit Sub
errBrowse:
  If Err = icExecuting Then
    Inet1.Cancel          'Anulează operația anterioară
    If Inet1.StillExecuting = True Then
      Caption = "Operatia nu poate fi anulata."
    Else
      Resume              'Retrimite operația curentă
    End If
  Else
    MsgBox Err & " " & Err.Description
  End If
End Sub

Private Sub Inet1_StateChanged(ByVal State As Integer)
Dim d As Variant
Dim s As String
Dim Gata As Boolean
  Select Case State
    Case icResolvingHost
      Form1.Caption = "Cautare adresa server..."
    Case icHostResolved
      Form1.Caption = "Adresa server gasit."
    Case icConnecting
      Form1.Caption = "In curs de conectare..."
    Case icConnected
      Form1.Caption = "Conectat."
    Case icRequesting
      Form1.Caption = "Trimitere de comanda..."
    Case icRequestSent
      Form1.Caption = "Comanda trimisa."
    Case icReceivingResponse
      Form1.Caption = "Receptionarea unui raspuns..."
    Case icResponseReceived
      Form1.Caption = "S-a receptionat un raspuns."
    Case icDisconnecting
      Form1.Caption = "In curs de deconectare..."
    Case icDisconnected
      Form1.Caption = "Deconectat."
    Case icError
      Form1.Caption = _
            Inet1.ResponseCode & " " & Inet1.ResponseInfo
    Case icResponseCompleted
      Form1.Caption = _
            "S-au receptionat toate raspunsurile de la sever."
      s = ""
```

```
      Gata = False
      d = Inet1.GetChunk(1024, icString)     ' Citeşte primul fragment
      Do While Not Gata
        s = s & d
        d = Inet1.GetChunk(1024, icString)     ' Citeşte următorul fragment
        If Len(d) = 0 Then
          Gata = True
        End If
      Loop
      Text2.Text = s
      If s <> "" Then              ' Dosar
        Form1.Caption = "Operatia a fost realizata."
      Else                         ' Fişier
        Form1.Caption = "Fisierul " & NumeFisier &_
                        " a fost salvat in " & Temp
      End If
  End Select
End Sub
```

28. CONTROALELE MAPI

Controalele **MAPI** (*Messaging Application Program Interface*) permit realizarea unei interfeţe între aplicaţia scrisă în **Visual Basic** şi un program de gestiune a scrisorilor (mesajelor) electronice instalat pe calculatorul utilizat, de exemplu **Microsoft Outlook Express**, **Netscape Communicator** sau **Microsoft Exchange**. Cu ajutorul controalelor **MAPI** utilizatorul poate efectua următoarelor operaţii:

- gestionarea scrisorile primite (de exemplu afişarea într-o cutie text a conţinutului unei scrisori);
- compunea de scrisori noi şi trimiterea lor la destinatar;
- afişarea conţinutului cărţii de adrese electronice.

Pentru realizarea acestor funcţii se vor folosi două controale, invizibile la execuţie şi şi care nu au evenimente:

- **MAPISession** (iniţierea şi terminarea unei sesiuni MAPI);
- **MAPIMessages** (citirea şi compunerea scrisorilor).

Controalele **MAPISession** şi **MAPIMessages** sunt de tip ActiveX. Pentru afişarea simbolurilor grafice asociate controalelor pe paleta de controale, din meniul **Project** se dă comanda **Components** (Ctrl+T). În fereastra care se afişează se selectează pagina *Controls*. În continuare se selectează printr-un clic cutia de validare care are eticheta *Microsoft MAPI Controls 6.0*. Datele referitoare la aceste controale se găsesc în fişierul

C:\WINNT\System32\MSMAPI32.OCX

sau

C:\WINDOWS\System\ MSMAPI32.OCX

Simbolul grafic aferent controlului **MAPISession** are forma . Numele clasei este **MAPISession**. Controalele au denumirile standard *MAPISession1*, *MAPISession2*, ...

Simbolul grafic aferent controlului **MAPIMessages** are forma . Numele clasei este **MAPIMessages**. Controalele au denumirile standard *MAPIMessages1*, *MAPIMessages2*, ...

Schema generală a unei sesiuni MAPI de gestiune a scrisorilor electronice

1. Se aşează pe formă două controale, unul de tip **MAPISession** şi unul de tip **MAPIMessages**.
2. Se configurează proprietăţile **LogonUI**, **NewSession** şi **DownloadMail** ale controlului **MAPISession**.
3. Se lansează în execuţie metoda **SignOn** a controlului **MAPISession**, pentru deschiderea sesiunii. Metoda livrează, prin proprietatea **SessionID**, identificatorul sesiunii lansate în execuţie.
4. Se configurează proprietatea **SessionID** a controlului **MAPISession** cu valoarea livrată de proprietatea **SessionID** a controlului **MAPISession**, printr-o instrucţiune de forma:

```
MAPIMessages1.SessionID = MAPISession1.SessionID
```

5. Pentru gestiunea scrisorilor primite se apelează metoda **Fetch** a controlului **MAPISession**. Pentru compunerea de scrisori noi se apelează metodele **Compose** şi **Send** ale controlului **MAPISession**. Pentru consultarea cărţii de adrese electronice se apelează metoda **Show** a controlului **MAPISession**.
6. Pentru închiderea sesiunii MAPI se apelează metoda **SignOff** a controlului **MAPISession**.

Configurarea proprietăţilor controlului MAPISession

Aceste proprietăţi se pot configura atât în perioada de elaborare a proiectului, cât şi în execuţie.

- *Proprietatea* **LogonUI** (de tip **Boolean**)

  Dacă are valoarea True, care este şi valoarea implicită, atunci pentru a iniţia sesiunea curentă se afişează o fereastră de dialog, care specifică numele utilizatorului (**UserName**) şi parola utilizatorului (**Password**). Dacă are valoarea False, atunci în momentul iniţierii sesiunii nu se afişează vreo fereastră de dialog. Utilizarea sau neglijarea proprietăţii depinde de programul de gestiune a scrisorilor instalat pe calculatorul utilizat.

- *Proprietatea* **NewSession** (de tip **Boolean**)

  Specifică dacă trebuie stabilită o nouă sesiune. Dacă are valoarea True, atunci se stabileşte o nouă sesiune, chiar dacă în momentul respectiv a fost deja stabilită o sesiune validă, astfel se vor rula simultan două sau mai multe sesiuni. Dacă are valoarea False, care este şi valoarea implicită, atunci nu se inițiază o nouă sesiune, ci se utilizează sesiunea creată anterior.

- *Proprietatea* **DownloadMail** (de tip **Boolean**)

  Specifică dacă la începutul sesiunii curente se vor descărca automat sau nu scrisorile primite în dosarul *Inbox* al programului de gestiune a scrisorilor. Valoarea implicită este True (descărcarea automată a scrisorilor).

Gestiunea scrisorilor primite

Controlul **MAPISession** utilizează două tampoane interne:

- tamponul de citire a mesajelor primite;
- tamponul de compunere a scrisorilor noi.

Aceste tampoane se încarcă cu ajutorul metodelor **Fetch**, respectiv **Compose**.

Scrisorile electronice primite se depun în dosarul *Inbox* al programului de gestiune al scrisorilor electronice, de exemplu **Microsoft Outlook Express**. Scrisorile se încarcă în tamponul de citire al controlului **MapiMessages**, cu ajutorul metodei **Fetch**. După încărcare ele se pot afişa în controalele programului **Visual Basic** şi se pot apela diverse metode de prelucrare a lor.

1. Pentru selectarea de scrisori din dosarul *Inbox* se configurează proprietatea **FetchUnreadOnly** (de tip **Boolean**). Proprietatea stabileşte natura scrisorilor care se vor încărca în tamponul de citire, cu ajutorul metodei **Fetch**. Dacă proprietatea are valoarea True, atunci în tamponul de citire se încarcă doar scrisorile încă necitite. Dacă valoarea este False, care este şi valoarea implicită, tamponul de citire va conține toate scrisorile din *Inbox*, indiferent dacă ele au fost sau nu citite.

```
MAPISession.FetchUnreadOnly = True
```

2. Proprietatea **FetchSorted** (de tip **Boolean**) stabileşte modul de sortare a scrisorilor care se încarcă în tamponul de citire cu ajutorul metodei **Fetch**. Dacă proprietatea are valoarea True, atunci scrisorile se încarcă în ordinea cronologică a recepționării. Dacă valoarea este False, care este şi valoarea implicită, atunci ordinea de încărcare a scrisorilor va coincide cu ordinea lor din dosarul *Inbox*.

```
MAPISession.FetchSorted = True
```

3. Pentru lansarea în execuție a procesului de încărcare a scrisorilor selectate din dosarul *Inbox* în tamponul de citire al controlului **MAPISession** se apelează metoda **Fetch**.

```
MAPISession.Fetch
```

4. Numărul scrisorilor depuse în tamponul de citire se poate determina cu ajutorul proprietății **MsgCont** (de tip **Integer**).

```
Dim NrMesaje As Integer
NrMesaje = MAPISession.MsgCount
```

5. Pentru a accesa o anumită scrisoare din tamponul de citire trebuie configurată proprietatea **MsgIndex** (de tip **Integer**) cu o valoare întreagă *k*, care aparține intervalului închis [0, *NrMesaje* - 1], unde *NrMesaje* este numărul scrisorilor din tampon.

```
MAPISession.MsgIndex = k
```

6. Informații referitoare la scrisoarea selectată cu ajutorul proprietății **MsgIndex** se pot obține cu ajutorul proprietăților specifice ale controlului **MAPISession**, centralizate în tabelul următor:

Proprietate	Valoarea returnată
MsgDateReceived	De tip **String**. Data și ora recepționării scrisorii selectate.
MsgOrigAddress	De tip **String**. Adresa electronică a persoanei care a trimis scrisoarea selectată.
MsgOrigDisplayName	De tip **String**. Numele persoanei care a trimis scrisoarea selectată.
MsgRead	De tip **Boolean**. O valoare logică care specifică dacă scrisoarea selectată a fost citită (True) sau nu (False).
MsgSubject	De tip **String**. Subiectul scrisorii.
MsgNoteText	De tip **String**. Corpul (textul propriu-zis) al scrisorii.

7. Metodele utilizate în context cu scrisoarea selectată cu ajutorul proprietății **MsgIndex** sunt următoarele:

Metodă	Funcție
Forward	Trimiterea scrisorii selectate la un alt destinatar. După apelarea metodei se apelează metoda **Send**.
Reply	Compunerea unui răspuns expeditorului scrisorii selectate. După apelarea metodei se apelează metoda **Send**.
ReplyAll	Compunerea unui răspuns atât pentru expeditorul scrisorii selectate, cât și pentru toate persoanele care au primit un exemplar din scrisoarea selectată. După apelarea metodei se apelează metoda **Send**.

Compunerea unei scrisori noi

1. Pentru inițierea procesului de compunere a unei scrisori noi se apelează metoda **Compose**. Apelarea metodei determină golirea tamponului de compunere și valoarea proprietății **MsgIndex** se configurează automat cu valoarea -1.

```
MAPIMessages1.Compose
```

2. Se configurează proprietatea **RecipAddress** (de tip **String**) cu adresa electronică a destinatarului.

```
MAPIMessages1.RecipAddress = "Ionel@AlfaBeta.ro"
```

3. Se verifică eventual dacă adresa destinatarului se găsește în cartea de adrese a programului de gestiune a scrisorilor electronice. În acest scop se configurează proprietatea **AddressResolveUI** (de tip **Boolean**), după care se apelează metoda **ResolveName**. Dacă proprietatea **AddressResolveUI** are valoarea False, atunci dacă adresa este eronată sau ambiguă metoda **ResolveName** va genera o eroare. Dacă proprietatea are valoarea True, atunci se afișează o fereastră de dialog în vederea stabilirii adresei corecte. Modul de verificare a adreselor depinde de programul utilizat la gestiunea scrisorilor electronice.

```
MAPIMessages1.AddressResolveUI = True
MAPIMessages1.ResolveName
```

4. Se configurează proprietatea **MsgSubject** (de tip **String**) cu subiectul scrisorii. Se pot folosi cel mult 64 de caractere.

```
MAPIMessages1.MsgSubject = "Sarbatori"
```

5. Dacă scrisoarea care se trimite conține anexe (unul sau mai multe fișiere atașate scrisorii), atunci se vor configura proprietățile **AttachamentIndex** și **AttachmentPathName**. Proprietatea **AttachmentIndex** (de tip **Integer**) se inițializează cu numărul de ordine al anexei. Primei anexe i se atribuie valoarea 0, celei de-a doua valoarea 1 ș.a.m.d.
   Proprietatea **AttachmentPathName** (de tip **String**) conține unitatea, calea completă și numele fișierului atașat scrisorii. Dacă, de exemplu, scrisoarea conține două anexe, atunci se folosește o secvență de forma:

```
MAPIMessages1.AttachmentIndex = 0
MAPIMessages1.AttachmentPathName = "C:\My Documents\Alfa.zip"
MAPIMessages1.AttachmentIndex = 1
MAPIMessages1.AttachmentPathName = "C:\My Documents\Beta.doc"
```

6. Corpul scrisorii (textul propriu-zis) se definește cu ajutorul proprietății **MsgNoteText** (de tip **String**). Pentru trecerea forțată pe o nouă linie a textului scrisorii se va folosi constanta predefinită vbCrLf.

```
MAPIMessages1.MsgNoteText = "Sarbatori fericite." & _
                            vbCrLf & "Familia Ion Popescu"
```

7. Pentru expedierea mesajului compus se utilizează metoda **Send**. Această metodă are un argument de tip logic, care specifică modul de trimitere al mesajului.

   – Dacă se foloseşte construcţia

   ```
   MAPIMessages1.Send True
   ```

   atunci mesajul compus se afişează în fereastra programului de gestiune a scrisorilor electronice instalat pe calculatorul utilizat, de exemplu **Microsoft Outlook Express**.

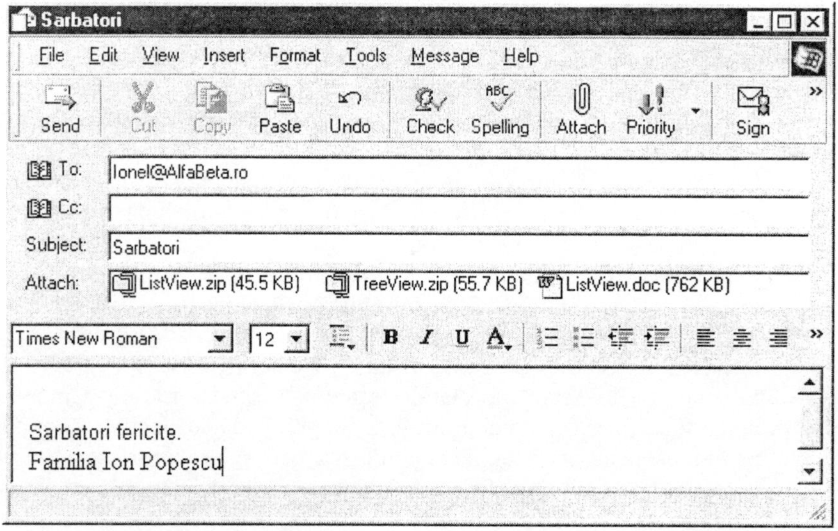

   Pentru trimiterea mesajului se va acţiona butonul de comandă **Send**.

   – Dacă se foloseşte construcţia

   ```
   MAPIMessages1.Send False
   ```

   atunci mesajul se trimite automat la destinatar, nefiind necesară vreo intervenţie din partea utilizatorului.

Afişarea cărţii de adrese

Controlul **MAPISession** are asociată metoda **Show**, care permite afişarea cărţii de adrese electronice a programului de gestiune a scrisorilor electronice. Metoda se apelează cu un argument logic.

– Dacă se foloseşte construcţia

```
MAPIMessages1.Show True
```

atunci se va afişa cartea de adrese în care apar toate adresele înregistrate.

– Dacă se foloseşte construcţia

```
MAPIMessages1.Show False
```

atunci se vor afişa informaţii detaliate despre destinatarul scrisorii.

EXEMPLU:

Aplicaţia conţine două forme: *Form1* şi *Form2*. Forma de lansare este prima formă. Ea conţine un control **MAPISession**, un control **MAPIMessages**, precum şi nouă butoane de comandă, o etichetă, o listă simplă şi o cutie text multilinie, prevăzută cu barele de defilare orizontală şi verticală.
Prin acţionarea butonului de comandă etichetat cu *Logon* se iniţiază sesiunea MAPI, iar identificatorul sesiunii obţinut prin apelarea metodei **SignOn** se afişează în bara de titlu a ferestrei.
În procedura asociată butonului etichetat cu *Logoff* se termină sesiunea.
Dacă se acţionează butonul de comandă *Fetch*, atunci scrisorile existente în dosarul *Inbox* al programului de gestiune al scrisorilor electronice instalat se depune în tamponul de citire. Numărul scrisorilor se afişează în controlul etichetă. Informaţiile referitoare la scrisorile din tamponul de citire se afişează în controlul listă simplă. Dacă se efectuează un clic pe un element al listei, conţinutul scrisorii selectate se afişează în controlul text multilinie. Prin activarea butoanelor de comandă etichetate cu *Reply*, *Reply All* şi *Forward* se apelează metodele corespunzătoare controlului **MAPIMessages**.
Prin activarea butonului de comandă etichetat cu *Compose1* se iniţiază compunerea unei scrisori noi, care se expediază folosind fereastra programului de gestiune a scrisorilor instalat pe calculatorul utilizat, în cazul de faţă **Microsoft Outlook Express**.
Acţionând butonul de comandă etichetat cu *Compose2* se afişează forma doi, prin care utilizatorul compune şi trimite destinatarului o scrisoare. Scrisorile compuse conţin şi trei anexe.
Dacă se activează butonul de comandă *Cartea de adrese*, atunci se afişează cartea de adrese electronice utilizată în vederea consultării ei.
Fereastra aferentă primei forme poate avea aspectul următor:

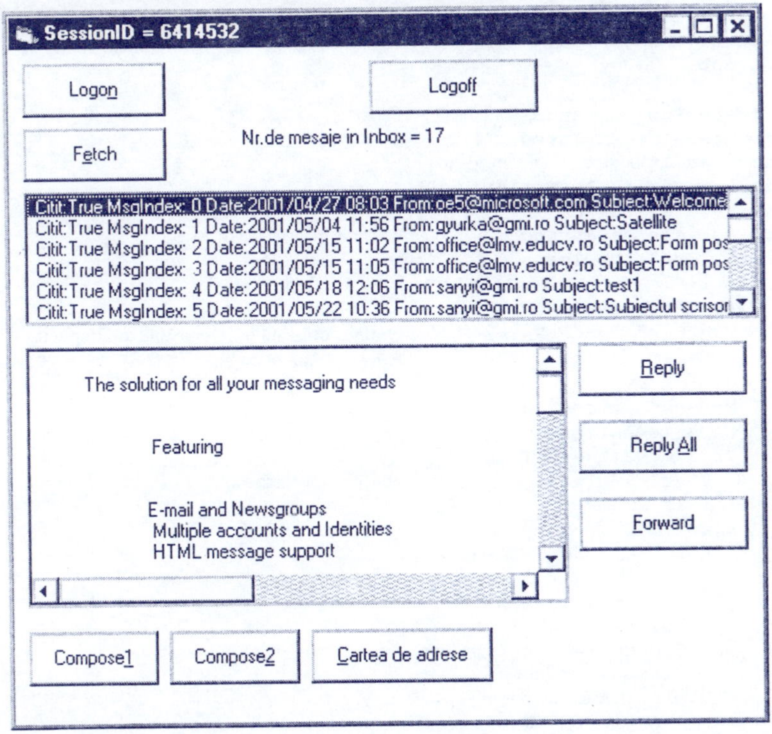

Textul sursă al programului corespunzător primei forme este:

```
Option Explicit

Private Sub Command1_Click()  ' LogOn
Dim x As Long
  With MAPISession1
    '.UserName = "Popescu"
    '.Password = "Secret"
    .DownLoadMail = False        ' Nu se testează calculatorul server
    .NewSession = True
    .LogonUI = True
    .SignOn                      ' Deschiderea sesiunii. Se creează un SessionID
    x = .SessionID
  End With
  Form1.Caption = "SessionID = " & x
  MAPIMessages1.SessionID = MAPISession1.SessionID
End Sub

Private Sub Command2_Click()  ' LogOff
  MAPISession1.SignOff          ' Închiderea sesiunii
  Form1.Caption = ""
  Label1.Caption = ""
```

```
  List1.Clear
  Text1.Text = ""
End Sub

Private Sub Command3_Click()  'Fetch
Dim NrMesaje As Integer
Dim i As Integer
Dim DataSosire As String
Dim Dela As String
Dim Subiect As String
Dim Citit As Boolean
  List1.Clear
  With MAPIMessages1
    .FetchSorted = False          ' Ordinea utilizată în Inbox. Valoare implicită.
    .FetchUnreadOnly = False  ' False = Toate mesajele
    .Fetch
    NrMesaje = .MsgCount
    Label1.Caption = "Nr.de mesaje in Inbox = " & NrMesaje
    If NrMesaje = 0 Then
      List1.AddItem "Nu sunt mesaje in Inbox"
      Exit Sub
    Else
      For i = 0 To NrMesaje - 1
        .MsgIndex = i
        DataSosire = .MsgDateReceived
        Dela = .MsgOrigAddress
        Subiect = .MsgSubject
        Citit = .MsgRead
        List1.AddItem _
          " Citit:" & Citit & _
          " MsgIndex: " & .MsgIndex & _
          " Date:" & DataSosire & _
          " From:" & Dela & _
          " Subject:" & Subiect
      Next i
    End If
  End With
End Sub

Private Sub List1_Click()                    'Afişarea mesajului selectat
Dim Selectat As Integer
  Selectat = List1.ListIndex
  If Selectat < 0 Then Exit Sub
  MAPIMessages1.MsgIndex = Selectat   ' Prima scrisoare are indicele 0; afişare
  Text1.Text = MAPIMessages1.MsgNoteText
End Sub

Private Sub Command4_Click()  'Reply
  MAPIMessages1.Reply
  MAPIMessages1.Send  True
End Sub

Private Sub Command5_Click()  'ReplyAll
  MAPIMessages1.ReplyAll
```

```
  MAPIMessages1.Send  True
End Sub

Private Sub Command6_Click()  'Forward
  MAPIMessages1.Forward
  MAPIMessages1.Send  True
End Sub

Private Sub Command7_Click()  'Compose1
  With MAPIMessages1
    .Compose
    .RecipAddress = "sanyi@gmi.ro"
    .MsgSubject = "Anuntarea produselor noi"
    .AttachmentIndex = 0
    .AttachmentPathName = "E:\My Documents\ListView.zip"
    .AttachmentIndex = 1
    .AttachmentPathName = "E:\My Documents\TreeView.zip"
    .AttachmentIndex = 2
    .AttachmentPathName = "E:\My Documents\ListView.doc"
    .MsgNoteText = "Cu stima " & vbCrLf & "Ion Popescu manager"
    .Send  True                'Outlook Express
  End With
End Sub

Private Sub Command8_Click()  'Compose2
  Form2.Show vbModal
End Sub

Private Sub Command9_Click()  'Afişarea cărţii de adrese
On Error Resume Next
  MAPIMessages1.Show False
End Sub
```

Fereastra corespunzătoare celei de-a doua forme conţine trei cutii text. În primele două cutii se afişează adresa destinatarului, respectiv subiectul scrisorii. A treia cutia text, de tip multilinie, conţine textul scrisorii. Forma conţine şi două butoane de comandă: *Send* (trimiterea scrisorii) şi *Cancel* (abrogarea scrisorii).

Fereastra are aspectul următor:

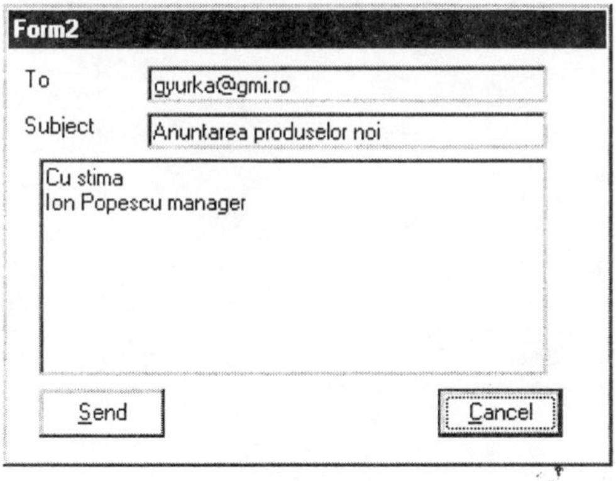

Textul sursă al programului corespunzător celei de-a doua forme este:

```
Option Explicit

Private Sub Form_Load()
Const adr = "gyurka@gmi.ro"
  Text1.Text = adr
  Text2.Text = "Anuntarea produselor noi"
  Text3.Text = "Cu stima " & vbCrLf & "Ion Popescu manager"
End Sub

Private Sub Command1_Click()
  With Form1.MAPIMessages1
    .Compose
    .RecipAddress = Text1.Text
    .AddressResolveUI = True
    .ResolveName 'Verificarea adresei
    .MsgSubject = Text2.Text
    .AttachmentIndex = 0
    .AttachmentPathName = "E:\My Documents\ListView.zip"
    .AttachmentIndex = 1
    .AttachmentPathName = "E:\My Documents\TreeView.zip"
    .AttachmentIndex = 2
    .AttachmentPathName = "E:\My Documents\ListView.doc"
    .MsgNoteText = Text3.Text
    .Send  False
  End With
  Form2.Hide
End Sub

Private Sub Command2_Click()
  Form2.Hide
End Sub
```

29. CONTROLUL WinSock

Controlul **WinSock** ("*soclu*" *Windows*), invizibil utilizatorului în timpul execuției, permite conectarea aplicației la un calculator aflat la distanță, precum şi schimbul de date între calculatorul local şi calculatorul îndepărtat. Controlul poate fi utilizat de programe scrise în **Visual Basic**, **Visual C++**, **Visual FoxPro**. Pentru realizarea schimbului de informații între calculatoare se pot utiliza două tipuri de protocoale[1]:

- **TCP** (*Transfer Control Protocol*);
- **UDP** (*User Datagram Protocol*).

Ambele protocoale permit crearea de aplicații client, aplicații server şi aplicații de tip conversație (*chat*). Aplicațiile client colectează informații livrate de utilizatori, după care ele se trimit calculatorului server central. Aplicațiile server creează o colecție centrală de date, în care sunt înmagazinate informații provenite de la clienți. Diferența esențială dintre cele două protocoale TCP şi UDP constă în starea lor de conectare.

1. Protocolul **TCP** este un protocol bazat pe o conexiune, fiind analog cu utilizarea telefoanelor: utilizatorul, înainte de conversație, trebuie să realizeze conectarea calculatorului server. Cantitatea de informație trimisă/recepționată nu este practic limitată, protocolul asigurând integritatea datelor. Dezavantajul constă în faptul că se utilizează o mare cantitate de resurse ale calculatoarelor. Pentru selectarea acestui tip de protocol, care este şi protocolul utilizat implicit de controlul **Winsock**, se configurează proprietatea **Protocol**, fie în perioada de elaborare a proiectului, fie în execuție, printr-o instrucțiune de forma:

   ```
   Winsock1.Protocol = sckTCPProtocol
   ```

2. Protocolul **UDP** nu utilizează explicit conectarea dintre calculatoare, foloseşte o cantitate mai mică de resurse ale calculatoarelor, însă cantitatea de informații trimise sau recepționate este limitată. Calculatoarele utilizate în timpul conversației au acelaşi rang (*peer*). Astfel, o aplicație UDP poate fi în acelaşi timp atât aplicație server, cât şi aplicație client. Pentru selectarea acestui tip de protocol se configurează proprietatea **Protocol** a controlului **Winsock**, fie în

[1] Limbajul utilizat la conversația dintre calculatoare.

perioada de elaborare a proiectului, fie în execuție, printr-o instrucțiune de forma:

```
Winsock1.Protocol = sckUDPProtocol
```

Aplicațiile care utilizează protocolul TCP funcționează astfel:

	Aplicația server	Aplicația client
1	– Se configurează numărul portului utilizat la conversația cu clientul, prin configurarea proprietății **LocalPort** a controlului **Winsock**. – Se pune controlul **Winsock** în stare de "ascultare" a intențiilor de conectare a calculatorului client (se apelează metoda **Listen**).	– Se specifică numele calculatorului server (de exemplu *http://www.gmi.ro*) sau adresa **Internet** a calculatorului server (de exemplu 194.153.242.1) utilizată la conversație, prin configurarea proprietății **RemoteHost** a controlului **Winsock**. – Se specifică numărul portului la care calculatorul server "*ascultă*" mesajele trimise, prin configurarea proprietății **RemotePort** (acest număr este identic cu valoarea proprietății **LocalPort** al calculatorului server).
2		Se inițializează conectarea calculatorului server prin apelarea metodei **Connect**.
3	Intenția de conectare a calculatorului client se recepționează în evenimentul **ConnectionRequest** al calculatorului server. În cazul în care calculatorul server acceptă clientul respectiv, va apela metoda **Accept**, cu argumentul *requestID* primit în parametrul procedurii-eveniment **ConnectionReguest**. Dacă clientul apelant nu este acceptat, se va apela metoda **Close**.	
4	– Trimiterea unei date (mesaj) către calculatorul client se realizează prin apelarea metodei **SendData**. Informația trimisă calculatorului client se specifică cu ajutorul argumentului *Data* al metodei **SendData**. – Recepționarea unei date de la calculatorul client se realizează în evenimentul **DataArrival**. În procedura corespunzătoare acestui eveniment se apelează metoda **GetData**. Argumentul *data* al metodei desemnează o variabilă, care va memora informațiile primite de la calculatorul client.	– Trimiterea unei date (mesaj) către calculatorul server se realizează prin apelarea metodei **SendData**. Informația trimisă calculatorului server se specifică cu ajutorul argumentului *Data* al metodei **SendData**. – Recepționarea unei date de la calculatorul server se realizează în evenimentul **DataArrival**. În procedura corespunzătoare acestui eveniment se apelează metoda **GetData**. Argumentul *data* al metodei desemnează o variabilă, care va memora informațiile primite de la calculatorul server.

Observaţie:

În schema anterioară calculatorul server putea schimba informaţii cu un singur calculator client. În cazul în care se doreşte ca server-ul să schimbe informaţii simultan cu mai mulţi clienţi, atunci el va trebui să utilizeze un tabel de controale **Winsock** şi tabele de controale destinate recepţionării şi transmiterii datelor spre calculatoarele server.

Aplicaţiile care utilizează protocolul UDP funcţionează astfel:

	Calculatorul A	Calculatorul B
1	– Se stabileşte portul local utilizat la conversaţie, prin configurarea proprietăţii **LocalPort**. – Se configurează proprietatea **RemoteHost** cu numele calculatorului B. – Se configurează proprietatea **RemotePort** cu valoarea proprietăţii **LocalPort** a calculatorului B. – Se apelează metoda **Bind**, prin care portul local se rezervă pentru conversaţie cu calculatorul B.	– Se stabileşte portul local utilizat la conversaţie, prin configurarea proprietăţii **LocalPort**. – Se configurează proprietatea **RemoteHost** cu numele calculatorului A. – Se configurează proprietatea **RemotePort** cu valoarea proprietăţii **LocalPort** al calculatorului A. – Se apelează metoda **Bind**, prin care portul local se rezervă pentru conversaţie cu calculatorul A.
2	– Trimiterea unei date către calculatorul B (peer B) se realizează prin apelarea metodei **SendData**. Informaţia trimisă calculatorului B se specifică cu ajutorul argumentului *Data* al metodei **SendData**. – Recepţionarea unei date de la calculatorul B se realizează în evenimentul **DataArrival**. În procedura corespunzătoare acestui eveniment se apelează metoda **GetData**. Argumentul *data* al metodei desemnează o variabilă, în care se memorează informaţiile primite de la calculatorul B.	– Trimiterea unei date către calculatorul A (peer A) se realizează prin apelarea metodei **SendData**. Informaţia trimisă calculatorului A se specifică cu ajutorul argumentului *Data* al metodei **SendData**. – Recepţionarea unei date de la calculatorul A se realizează în evenimentul **DataArrival**. În procedura corespunzătoare acestui eveniment se apelează metoda **GetData**. Argumentul *data* al metodei desemnează o variabilă, în care se memorează informaţiile primite de la calculatorul B.

Controlul **WinSock** este de tip ActiveX. Pentru afişarea simbolului grafic asociat controlului pe paleta de controale, din meniul **Project** se dă comanda **Components** (Ctrl+T). În fereastra care se afişează se selectează pagina *Controls*. În continuare se selectează printr-un clic cutia de validare care are eticheta *Microsoft Winsock Control 6.0*. Datele referitoare la acest control se găsesc în fişierul

C:\WINNT\System32\MSWINSCK.OCX

sau

C:\WINDOWS\System\ MSWINSCK.OCX

Simbolul grafic aferent controlului are forma . Numele clasei este **WinSock**. Controalele au denumirile standard *WinSock1*, *WinSock2*, ...

Principalele proprietăţi, metode şi evenimente ale controlului

- *Proprietatea* **Protocol** (de tip **Integer**)

  Stabileşte sau testează tipul protocolului utilizat: TCP sau UDP.

```
Winsock1.Protocol =protocol      'Stabilirea tipului protocolului utilizat
```

  Pentru stabilirea tipului protocolului se vor utiliza următoarele constante predefinite:

Constantă	Valoare	Descriere
sckTCPProtocol	0	Protocol TCP. Valoare implicită.
sckUDPProtocol	1	Protocol UDP.

  Pentru reiniţializarea tipului protocolului utilizat, controlul **Winsock** trebuie prima dată închis, folosind metoda **Close**.

- *Proprietatea* **LocalHostName** (de tip **String**)

  Returnează numele calculatorului local. Proprietatea are atributul read-only şi poate fi utilizată numai în execuţie.

```
Dim nume As String
nume = Winsock1.LocalHostName
```

- *Proprietatea* **LocalIP**(de tip **String**)

  Returnează adresa **Internet** (numărul IP) a calculatorului local sub forma xxx.xxx.xxx.xxx, de exemplu 194.153.242.19. Proprietatea are atributul "read-only" şi poate fi utilizată numai în execuţie.

```
Dim adresa As String
adresa = Winsock1.LocalIP
```

- *Proprietatea* **LocalPort** (de tip **Long**)

  Stabileşte sau testează portul local utilizat.

- În cazul unui calculator client desemnează portul local prin care se trimit mesaje către calculatorul server. Dacă proprietatea are valoarea 0, atunci se va utiliza un port aleator. După ce se stabileşte conexiunea cu calculatorul server, acest port local se utilizează la crearea conexiunii de tip TCP.
- În cazul unui calculator server este portul pe care se vor "*asculta*" mesajele trimise de calculatoarele client. Dacă proprietatea are valoarea 0, atunci se va utiliza un port aleator. După apelarea metodei **Listen** proprietatea **LocalPort** va conţine numărul portului selectat.

Winsock1.**LocalPort** = *long*

- *Proprietatea* **RemoteHost** (de tip **String**)

Stabileşte sau testează numele calculatorului îndepărtat către care se vor trimite mesaje şi de la care se vor primi mesaje. Pentru configurarea acestei proprietăţi se va folosi fie numele simbolic al calculatorului îndepărtat (de exemplu *FTP://ftp.microsoft.com*), fie adresa **Internet** (adresa IP) aferentă calculatorului îndepărtat, de exemplu 100.0.1.1. Proprietatea se stabileşte printr-o construcţie de forma

Winsock1.**RemoteHost** = *s*

unde valoarea *s* reprezintă fie numele simbolic, fie adresa **Internet** a calculatorului îndepărtat.

- *Proprietatea* **RemoteHostIP** (de tip **String**)

Returnează adresa **Internet** (adresa IP) a calculatorului îndepărtat.

- Pentru aplicaţiile client, după ce s-a stabilit conectarea calculatorului îndepărtat cu metoda **Connect**, această proprietate va conţine adresa IP a calculatorului îndepărtat.
- Pentru aplicaţiile server, după ce a fost recepţionată o cerere în evenimentul **ConnectionRequest**, această proprietate va conţine adresa **Internet** a calculatorului îndepărtat care a iniţiat conectarea.
- În cazul utilizării protocolului UDP, după ce s-a declanşat evenimentul **DataArrival**, această proprietate va conţine adresa **Internet** a calculatorului îndepărtat care a trimis mesajul.

Dim Adresa **As String**
adresa = *Winsock1*.**RemoteHostIP**

- *Proprietatea* **RemotePort** (de tip **Long**)

  Stabileşte numărul portului îndepărtat la care se va realiza conectarea sau citeşte numărul portului îndepărtat. După ce se configurează proprietatea **Protocol**, proprietatea **RemotePort** se configurează automat. Valoarea implicită a proprietăţii este 80 (la calculatoarele care folosesc protocolul HTTP) sau 21 (la calculatoarele care folosesc protocolul FTP).

  Winsock1.**RemotePort** = *port*

- *Proprietatea* **BytesReceived** (de tip **Long**)

  Returnează numărul de octeţi recepţionaţi de la calculatorul îndepărtat (octeţi existenţi în tamponul de recepţie). Proprietatea are atributul read-only şi poate fi utilizată numai în execuţie.

  Dim LungRec **As Long**
  LungRec = *Winsock1*.**BytesReceived**

- *Proprietatea* **State** (de tip **Integer**)

  Returnează starea controlului **Winsock**. Proprietatea are atributul read-only şi este accesibilă numai în execuţie.

  Dim stare **As Integer**
  stare = *Winsock1*.**State** 'Citirea stării controlului

  Pentru comunicarea stării controlului **Winsock** sistemul foloseşte următoarele constante predefinite:

Constantă	Valoare	Descriere
sckClosed	0	Controlul este închis. Valoare implicită.
sckOpen	1	Controlul este deschis.
sckListening	2	Controlul este în stare de ascultare.
sckConnectionPending	3	În curs de realizare a conectării.
sckResolvingHost	4	În curs de rezolvare a calculatorului îndepărtat.
sckHostResolved	5	Calculatorul îndepărtat a fost rezolvat.
sckConnecting	6	Conectare.
sckConnected	7	Conectat.
sckClosing	8	Perechea (*peer*) închide conectarea calculatoarelor.
sckError	9	S-a declanşat o eroare.

- *Metoda* **GetData**

  Citeşte datele primite de la calculatorul îndepărtat. Ele sunt memorate într-o variabilă de tip **Variant**.

  *Winsock1.***GetData** *data, type, maxLen*

  Argumentele metodei sunt centralizate în tabelul următor:

Argument	Descriere
data	Desemnează numele unei variabile care va memora datele primite de la calculatorul îndepărtat. Dacă tamponul nu conţine date care au tipul specificat de argumentul *type*, atunci variabila *data* va fi încărcată cu valoarea **Empty**.
type	Argument opţional care desemnează tipul datei citite. Pentru desemnarea tipului se vor utiliza următoarele constante predefinite: *vbByte*: tip Byte *vbInteger*: tip Integer *vbLong*: tip Long *vbSingle*: tip Single *vbDouble*: tip Double *vbCurrency*: tip Currency *vbDate*: tip Date *vbBoolean*: tip Boolean *vbError*: tip SCODE *vbString*: tip String *vbArray* + *vbByte*: tip tabel de octeţi (Byte Array)
maxLen	Argument opţional. Specifică lungimea dorită în cazul datelor de tip tabel de octeţi sau de tip **String**. Dacă acest argument este omis, în cazul datelor de tip tabel de octeţi sau de tip **String** se va citi întreaga dată accesibilă. Acest argument se ignoră în cazul datelor care nu au tipul tabel de octeţi sau tipul **String**.

  Metoda **GetData** se utilizează de obicei în procedura-eveniment **DataArrival**, care include parametrul *totalBytes*. Dacă argumentul *maxLen* specifică o valoare mai mică decât cea livrată de argumentul *totalBytes*, atunci se obţine avertismentul 10040 (pierdere de octeţi).

EXEMPLU:

Datele recepţionate sunt depuse într-o cutie text.

```
Dim sir As String
Winsock1.GetData sir, vbString
Text1.Text = sir
```

- *Metoda* **SendData**

  Trimite date către un calculator îndepărtat.

  *Winsock1.***SendData** *data*

  Variabila desemnată de argumentul *data* conține datele care se trimit către calculatorul îndepărtat. În cazul datelor binare se utilizează un tabel de octeți (**byte array**). Dacă variabila conține un şir în codificarea UNICODE, atunci înainte de trimitere şirul se converteşte în codificarea ANSI.

EXEMPLU:

Se trimite conținutul cutiei text *Text1* către calculatorul îndepărtat.

```
Winsock1.SendData Text1.Text
```

- *Metoda* **Listen**

  Creează un soclu şi îl pune în modul ascultare, adică sever-ul va sesiza solicitările de conectare ale calculatoarelor client. Metoda poate fi utilizată numai în cazul conexiunilor TCP şi este apelată de către calculatorul server.

  *Winsock1.***Listen**

- *Metoda* **Connect**

  Cere conectarea unui calculator server. Metoda poate fi utilizată numai în cazul conexiunilor TCP şi este apelată de către calculatoarele client.

  *Winsock1.***Connect** *remoteHost, remotePort*

  Argumentul opțional *remoteHost* desemnează numele server-ului la care se realizează conectarea. Argumentul opțional *remotePort* este portul utilizat de calculatorul server. Dacă aceste argumente nu se specifică, atunci se vor folosi valorile proprietăților **RemoteHost** şi **RemotePort**.

- *Metoda* **Accept**

  Acceptă legătura cu calculatorul client. Metoda poate fi utilizată numai în cazul conexiunilor TCP şi este apelată de către calculatoarele server. Metoda se apelează în procedura aferentă evenimentului **ConnectionRequest**.

  *Winsock1.***Accept** *requestID*

Argumentul *requestID* al metodei este furnizat de către parametrul *requestID* al procedurii-eveniment **ConnectionRequest**.

EXEMPLU:

```
Private Sub Winsock1_ConnectionRequest(ByVal requestID _
                                        As Long)
    ' Dacă în acest moment conexiunea nu este închisă, ea se închide.
    If Winsock1.State <> sckClosed Then
      Winsock1.Close
    End If
    Winsock.Accept requestID    ' Se acceptă conexiunea cu calculatorul client.
End Sub
```

- *Metoda* **Close**

  Închide o conexiune tip TCP.

  Winsock1.**Close**

- *Metoda* **Bind**

  Se utilizează în cazul aplicațiilor UDP. Metoda "rezervă" un port local pentru realizarea conversației cu un calculator îndepărtat. Mesajele calculatorului îndepărtat se vor asculta prin portul local specificat. Metoda se apelează printr-o construcție de forma:

  Winsock1.**Bind** *LocalPort, LocalIP*

  Argumentele utilizate de metodă sunt:

  1. *LocalPort*

     Argument opțional care specifică portul local utilizat în conversație. Dacă argumentul nu se specifică, atunci se va utiliza portul desemnat de proprietatea **LocalPort**.

  2. *LocalIP*

     Argument opțional. Dacă calculatorul utilizat este echipat cu mai mulți adaptori de rețea, argumentul specifică adaptorul utilizat. Dacă argumentul este omis, atunci se va utiliza primul adaptor de rețea afişat în fereastra de dialog referitoare la configurarea rețelei (butonul **Start**, comanda **Settings**, simbolul grafic *Network*, fişa *Configuration*).

EXEMPLU:

Calculatorul A	Calculatorul B
LocalPort = 1001 RemoteHost = "numele calculatorului B" RemotePort = 1002 Se apelează metoda **Bind**	LocalPort = 1002 RemoteHost = "numele calculatorului A" RemotePort = 1001 Se apelează metoda **Bind**

- *Evenimentul* **ConnectionRequest**

Este utilizat de calculatorul server în cazul folosirii protocolului TCP. Se declanşează când un calculator client cere realizarea unei conexiuni cu calculatorul server. Proprietăţile **RemoteHostIP** şi **RemotePort** conţin informaţii despre calculatorul client care a cerut realizarea conexiunii. Prototipul procedurii-eveniment este:

```
Private Sub Winsock1_ConnectionRequest (ByVal requestID As Long)

End Sub
```

În parametrul *requestID* sistemul comunică un identificator care se utilizează când se apelează **Accept**.
Calculatorul server poate decide dacă conexiunea va fi acceptată sau va fi refuzată.

- Dacă conexiunea va fi refuzată, atunci calculatorul server va apela metoda **Close**.
- Dacă conexiunea va fi acceptată, atunci calculatorul server va apela metoda **Accept**, cu argumentul *requestID*.

EXEMPLU:

```
Private Sub Winsock1_ConnectionRequest(ByVal requestID _
                                        As Long)
   If Winsock1.State <> sckClosed Then
     Winsock1.Close
   End If
   Winsock1.Accept requestID
End Sub
```

- *Evenimentul* **DataArrival**

Se declanşează când s-au recepţionat date de la un calculator îndepărtat. Prototipul procedurii-eveniment este:

```
Private Sub Winsock1_DataArrival (ByVal bytesTotal As Long)

End Sub
```

În argumentul *bytesTotal* sistemul comunică numărul octeților recepționați. Acest număr se poate testa folosind proprietatea **BytesReceived**.

EXEMPLU:

La declanşarea evenimentului **DataArrival** se apelează metoda **GetData** pentru citirea datelor şi memorarea lor într-o variabilă de tip **String**. În continuare data citită se adaugă unei cutii text *Text1*.

```
Private Sub Winsock1_DataArrival(ByVal bytesTotal As Long)
Dim sir As String
  Winsock1.GetData  sir, vbString
  Text1.Text = Text1.Text & strData
End Sub
```

EXEMPLUL 1:

Aplicația ilustrează folosirea protocolului TCP. Ea utilizează două forme: o formă pentru aplicație server (forma de lansare a proiectului) şi o formă pentru aplicația client.
Forma *aplicației server* conține un control **Winsock**, un buton de comandă prin care se trimite calculatorului client mesajul introdus într-o cutie text şi o altă cutie text în care se recepționează informațiile primite de la calculatorul client. Mesajele primite de la calculatorul client se depun într-un control de tip listă simplă. În evenimentul **Load** al formei se stabileşte portul local utilizat de server, se pune în stare de ascultare calculatorul server şi se afişează forma aplicației client.
Fereastra afişată de aplicația client are aspectul următor:

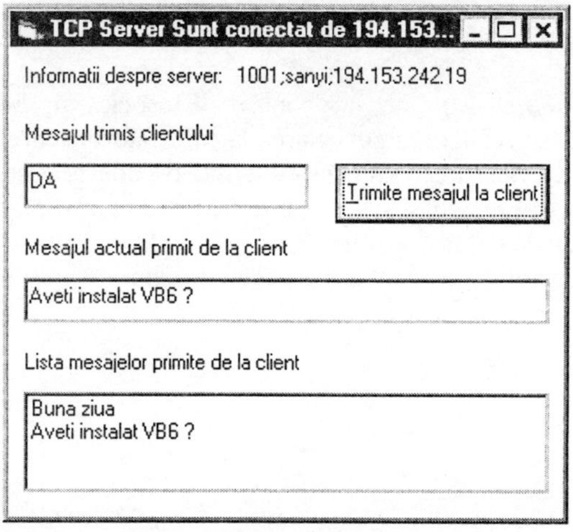

Textul sursă al programului aferent calculatorului server este:

```
Option Explicit
Private Sub Form_Load()
  Winsock1.LocalPort = 1001
  Winsock1.Listen          ' Pune în stare de ascultare server-ul
  Label4.Caption = Winsock1.LocalPort
  Label4.Caption = Label4.Caption & ";" & Winsock1.LocalHostName
  Label4.Caption = Label4.Caption & ";" & Winsock1.LocalIP
  Form2.Show               ' Afişarea formei client
End Sub

Private Sub Winsock1_ConnectionRequest(ByVal requestID As Long)
  ' Dacă starea serverului nu este sckClosed (închis),
  ' înainte de a accepta noua conexiune se va închide
  ' vechea conexiune.
  If Winsock1.State <> sckClosed Then
    Winsock1.Close
  End If
  ' Acceptarea conexiunii cu parametrul requestID
  Winsock1.Accept requestID
  Me.Caption = Me.Caption & " Sunt conectat de " & _
               Winsock1.RemoteHostIP
End Sub

Private Sub Command1_Click()
'Trimiterea mesajului la client
  Winsock1.SendData Text1.Text
End Sub

Private Sub Winsock1_DataArrival(ByVal bytesTotal As Long)
'Recepţionarea mesajului trimis de client
Dim sir As String
  Winsock1.GetData sir
  Text2.Text = sir
  List1.AddItem sir
End Sub
```

Forma *aplicaţiei client* conţine un control **Winsock**, un buton de comandă prin care se realizează conectarea la calculatorul server, un alt buton de comandă prin care textul introdus într-o cutie text se trimite calculatorului server precum şi o altă cutie text destinat afişării mesajelor primite de la calculatorul server.

Fereastra afişată de aplicaţia client are aspectul următor:

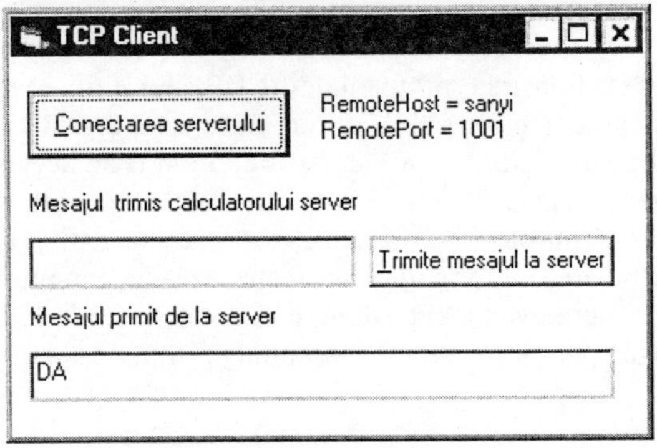

După ce programul se lansează în execuție, se activează prima dată fereastra aferentă calculatorului client şi prin acționarea primului buton de comandă se realizează conectarea la calculatorul server.

Textul sursă al programului aferent calculatorului client este:

```
Option Explicit

Private Sub Form_Load()
  Winsock1.RemoteHost = "sanyi"
  ' Winsock1.RemoteHost = "194.153.242.19"
  Winsock1.RemotePort = 1001
End Sub

Private Sub Command1_Click()
  ' Inițializarea conexiunii
  Winsock1.Connect
  Label3.Caption = "RemoteHost = " & Winsock1.RemoteHost & _
    vbCrLf & "RemotePort = " & Winsock1.RemotePort
End Sub

Private Sub Command2_Click()
  Winsock1.SendData Text1.Text
  Text1.Text = ""
  Text1.SetFocus
End Sub

Private Sub Winsock1_DataArrival(ByVal bytesTotal As Long)
Dim sir As String
  Winsock1.GetData sir
  Text2.Text = sir
End Sub
```

EXEMPLUL 2:

Aplicația ilustrează folosirea protocolului UDP. Ea utilizează două forme: o formă pentru calculatorul A (forma de lansare a proiectului) şi o altă formă pentru calculatorul B. Calculatoarele A şi B au acelaşi rang. Cele două forme au aspect identic. Ele conțin câte două cutii text. În prima cutie text se introduce informația care se transmite celuilalt calculator. Transmiterea informației se realizează în timpul tastării mesajului, în procedura-eveniment **Change** al cutiei text. A doua cutie text este utilizată pentru afişarea mesajului primit de la celălalt calculator.

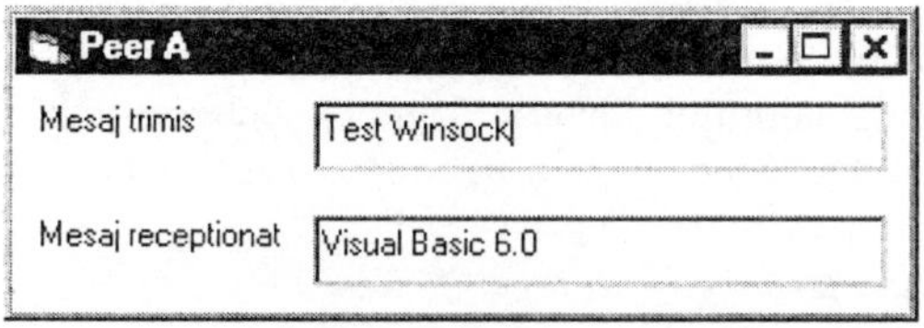

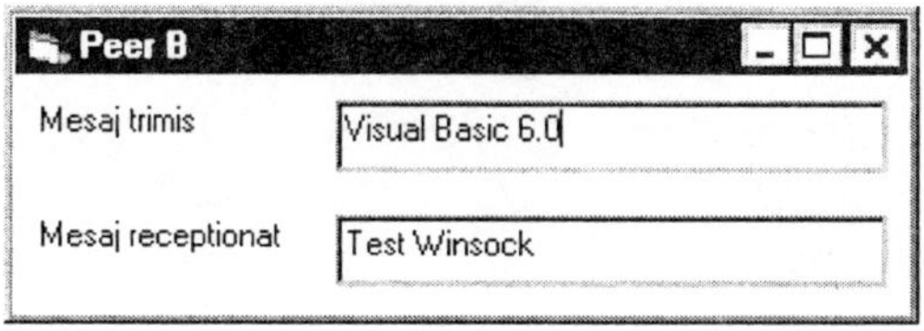

Textul sursă al programului aferent primei forme (calculatorului A) este:

```
Option Explicit

' User Datagram Protocol
Private Sub Form_Load()
  Form1.Caption = "Peer A"
  Winsock1.Protocol = sckUDPProtocol
  Winsock1.LocalPort = 1001
  Winsock1.RemoteHost = "Sanyi"      ' Numele calculatorului îndepărtat PeerB
  Winsock1.RemotePort = 1002         ' Port-ul îndepărtat conectat.
  Winsock1.Bind                      ' Rezervarea port-ului local pt. conversație.
  Form2.Show                         ' Afişarea formei 2.
End Sub

Private Sub Text1_Change()
  ' Trimiterea textului în timp ce se tastează.
  Winsock1.SendData Text1.Text
End Sub
```

```
Private Sub Winsock1_DataArrival(ByVal bytesTotal As Long)
Dim sir As String
  Winsock1.GetData sir
  Text2.Text = sir
End Sub
```

Textul sursă al programului aferent celei de-a doua forme (calculatorului B) este:

```
Option Explicit
' User Datagram Protocol
Private Sub Form_Load()
  Form2.Caption = "Peer B"
  Winsock1.Protocol = sckUDPProtocol
  Winsock1.LocalPort =1002
  Winsock1.RemoteHost = "Sanyi"       ' Numele calculatorului îndepărtat Peer A"
  Winsock1.RemotePort = 1001          ' Port-ul îndepărtat.
  Winsock1.Bind                       ' Rezervarea port-ului local pt. conversație.
End Sub

Private Sub Text1_Change()
  ' Trimiterea textului în timp ce se tastează.
  Winsock1.SendData Text1.Text
End Sub

Private Sub Winsock1_DataArrival(ByVal bytesTotal As Long)
Dim sir As String
  Winsock1.GetData sir
  Text2.Text = sir
End Sub
```

30. CONTROLUL SysInfo

Controlul **SysInfo** permite analizarea mesajelor trimise de sistemul de operare **Windows** spre toate aplicaţiile aflate în execuţie. Mesajele anunţă:

- evenimentele referitoare la modificările apărute în sistemul de operare (de exemplu schimbarea culorilor, a orei, modificarea rezoluţiei ecranului);
- evenimentele şi proprietăţile referitoare la sistemul de alimentare cu energie electrică a calculatorului;
- evenimentele referitoare la modificarea profilului hardware şi a echipamentelor de tip *Plug and Play*;
- informaţiile referitoare la proprietăţile sistemului de operare (de exemplu versiune, dimensiunea ariei de lucru).

Controlul **SysInfo** este de tip ActiveX. Pentru afişarea simbolului grafic asociat controlului pe paleta de controale, din meniul **Project** se dă comanda **Components** (Ctrl+T). În fereastra care se afişează se selectează pagina *Controls*. În continuare se selectează printr-un clic cutia de validare care are eticheta *Microsoft SysInfo Control 6.0*. Datele referitoare la acest control se găsesc în fişierul:

C:\WINDOWS\System\SYSINFO.OCX

sau

C:\WINNT\System32\SYSINFO.OCX

Simbolul grafic aferent controlului are forma . Numele clasei este **SysInfo**. Controalele au denumirile implicite *SysInfo1*, *SysInfo2*, ... Controlul este invizibil la execuţie.

Proprietăţile controlului

- *Proprietatea* **OSBuild** (de tip **String**)

  Returnează o valoare care caracterizează sistemul de operare sub care este lansată în execuţie aplicaţia. Această proprietate nu este accesibilă în perioada de elaborare a proiectului.

- *Proprietatea* **OSPlatform** (de tip **Integer**)

  Returnează o valoare care identifică sistemul de operare sub care este lansată în execuție aplicația. Această proprietate nu este accesibilă în perioada de elaborare a proiectului. Valorile returnate de proprietate sunt:

Valoare	Descriere
0	Neidentificat
1	Windows 95/98
2	Windows NT

- *Proprietatea* **OSVersion** (de tip **Integer**)

  Returnează o valoare care identifică versiunea sistemului de operare sub care este lansată în execuție aplicația. Această proprietate nu este accesibilă în perioada de elaborare a proiectului.

EXEMPLU:

Forma aplicației următoare conține un control **SysInfo** și un buton de comandă. Prin acționarea butonului într-o fereastră de mesaje se afișează informații referitoare la sistemul de operare utilizat.

Textul sursă al programului este:

```
Option Explicit
Private Sub Command1_Click()
   Dim m As String
   m = "Constructia " & SysInfo1.OSBuild & vbCrLf
   Select Case SysInfo1.OSPlatform
      Case 0
         m = m & "Sistem neidentificat"
      Case 1
         m = m & "Sistem Windows 95/98, ver. " & _
                                          SysInfo1.OSVersion
      Case 2
         m = m & "Sistem Windows NT, ver. " & SysInfo1.OSVersion
   End Select
   MsgBox m
End Sub
```

- *Proprietatea* **ACStatus** (de tip **Integer**)

  Returnează o valoare care indică dacă sistemul utilizează sau nu curent alternativ. Valorile returnate de proprietate sunt:

Valoare	Descriere
0	Sistemul nu utilizează curent alternativ.
1	Sistemul utilizează curent alternativ.
255	Starea curentului alternativ este necunoscută.

EXEMPLU:

Forma aplicației următoare conține un control **SysInfo**, un ceas având proprietatea *Interval* configurată la 5000 milisecunde şi un control de tip etichetă. La fiecare 5000 de milisecunde se afişează starea de utilizare a curentului alternativ.
Fereastra afişată de aplicație are aspectul următor:

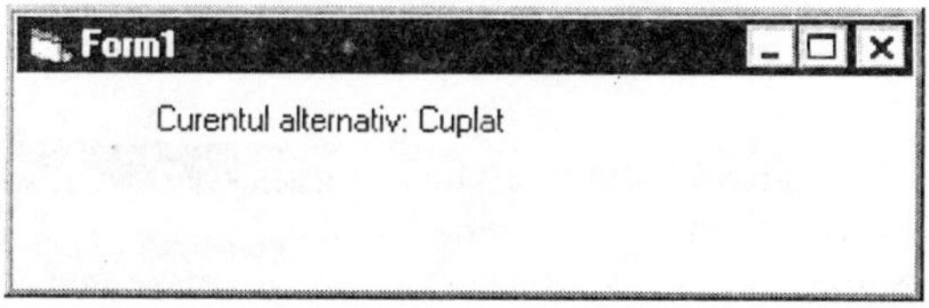

Textul sursă al programului este:

```
Option Explicit
Private Sub Timer1_Timer()
   Select Case SysInfo1.ACStatus
      Case 0
         Label1.Caption = "Curentul alternativ: Decuplat"
      Case 1
         Label1.Caption = "Curentul alternativ: Cuplat"
      Case 255
         Label1.Caption = "Stare necunoscuta"
   End Select
End Sub
```

- *Proprietatea* **BatteryStatus** (de tip **Integer**)

  Returnează o valoare care indică starea de încărcare a bateriei. Valorile returnate sunt:

Valoare	Descriere
1	Bateria este bine încărcată.

Valoare	Descriere
2	Bateria este slab încărcată.
4	Încărcarea bateriei este critică.
8	Se încarcă bateria.
128	Sistemul nu are baterie.
255	Starea bateriei nu este cunoscută.

- *Proprietatea* **BatteryFullTime** (de tip **Long**)

  Returnează o valoare care indică durata totală de viață a bateriei, în număr de secunde, în cazul încărcării ei complete. Dacă această valoare este necunoscută, atunci proprietatea returnează valoarea &HFFFFFFFF.

- *Proprietatea* **BatteryLifeTime** (de tip **Long**)

  Returnează o valoare care indică durata de viață rămasă a bateriei, în număr de secunde. Dacă această valoare este necunoscută, atunci proprietatea returnează valoarea &HFFFFFFFF.

- *Proprietatea* **BatteryLifePercent** (de tip **Integer**)

  Returnează procentajul duratei de viață rămase față de timpul total de viață a bateriei. Valorile returnate se află în intervalul 0 - 100; dacă sistemul nu poate determina acest procentaj, atunci valoarea returnată este 255.

EXEMPLU:

Forma aplicației conține un control **SysInfo** și un buton de comandă. Prin aplicarea unui clic pe buton se afişează durata de viață rămasă a bateriei în ore şi minute.

```
Private Sub Command1_Click()
Dim TimpRamas As String
Dim TimpTotal As String
Dim temp As Variant
  If SysInfo1.BatteryLifeTime <> &HFFFFFFFF Then
    temp = TimeSerial(0, 0, SysInfo1.BatteryLifeTime)
    TimpRamas = Format(temp, "h:mm")
    temp = TimeSerial(0, 0, SysInfo1.BatteryFullTime)
    TimpTotal = Format(temp, "h:mm")
    MsgBox "Din viata bateriei a ramas " & TimpRamas & _
```

```
                    " din totalul de " & TimpTotal
  Else
    MsgBox _
      "Nu se poate determina durata de viata ramasa a bateriei."
  End If
End Sub
```

- *Proprietatea* **WorkAreaLeft** (de tip **Long**)

  Returnează abscisa colțului stânga sus al mesei de lucru utile a sistemului de operare **Windows**, în funcție de poziția şi dimensiunea barei de lucrări. Proprietatea nu este accesibilă în perioada de elaborare a proiectului.

- *Proprietatea* **WorkAreaTop** (de tip **Long**)

  Returnează ordonata colțului stânga sus a mesei de lucru utile a sistemului de operare **Windows**, în funcție de poziția şi dimensiunea barei de lucrări. Proprietatea nu este accesibilă în perioada de elaborare a proiectului.

- *Proprietatea* **WorkAreaWidth** (de tip **Long**)

  Returnează lățimea mesei de lucru utile a sistemului de operare **Windows**, în funcție de poziția şi dimensiunea barei de lucrări. Dacă bara de lucrări este situată pe muchia din stânga sau dreapta a ecranului, proprietatea returnează lățimea ecranului din care se scade lățimea barei de lucrări. Proprietatea nu este accesibilă în perioada de elaborare a proiectului.

- *Proprietatea* **WorkAreaHeight** (de tip **Long**)

  Returnează înălțimea mesei de lucru utile a sistemului de operare **Windows**, în funcție de poziția şi dimensiunea barei de lucrări. Dacă bara de lucrări este situată pe muchia de sus sau jos a ecranului, proprietatea returnează înălțimea ecranului din care se scade înălțimea barei de lucrări. Proprietatea nu este accesibilă în perioada de elaborare a proiectului.

Principalele evenimente ale controlului

- *Evenimentul* **DisplayChanged**

  Se declanşează când se modifică rezoluţia ecranului sistemului de operare (de exemplu prin intermediul panoului de comandă se trece de la rezoluţia de 1024×768 pixeli la 800×600 pixeli). Prototipul procedurii eveniment este:

```
Private Sub SysInfo1_DisplayChanged( )

End Sub
```

EXEMPLU:

Acest exemplu testează dimensiunea formei după ce s-a modificat rezoluţia ecranului. Dacă dimensiunea formei depăşeşte dimensiunea zonei vizibile a ecranului, dimensiunea formei se modifică. Se lansează în execuţie aplicaţia, după care se modifică dimensiunea ecranului.

```
Private Sub SysInfo1_DisplayChanged()
  If Form1.Width > SysInfo1.WorkAreaWidth Then
    Form1.Left = SysInfo1.WorkAreaLeft
    Form1.Width = SysInfo1.WorkAreaWidth
  End If
  If Form1.Height > SysInfo1.WorkAreaHeight Then
    Form1.Top = SysInfo1.WorkAreaTop
    Form1.Height = SysInfo1.WorkAreaHeight
  End If
End Sub
```

- *Evenimentul* **PowerStatusChanged**

  Se declanşează când în sistemul de alimentare cu energie electrică a calculatorului are loc o modificare:

  – bateria este slab încărcată;
  – se trece de la curent alternativ la baterie sau invers;
  – s-a încărcat complet bateria.

  Prototipul procedurii eveniment este:

```
Private Sub SysInfo1_PowerStatusChanged( )

End Sub
```

EXEMPLU:

Forma aplicației conține un control **SysInfo** şi un control de tip etichetă. Dacă are loc o modificare în sistemul de alimentare cu energie electrică a calculatorului, conținutul controlului etichetă se actualizează cu informațiile furnizate de proprietatea **BatteryStatus**.

```
Private Sub SysInfo1_PowerStatusChanged()
   Select Case SysInfo1.BatteryStatus
      Case 1
         Label1.Caption = "Bateria este bine incarcata"
      Case 2
         Label1.Caption = "Bateria este slab incarcata"
      Case 4
         Label1.Caption = "Incarcarea bateriei este critica"
      Case 8
         Label1.Caption = "Se incarca bateria"
      Case 128
         Label1.Caption = "Sistemul nu are baterie"
      Case 255
         Label1.Caption ="Starea bateriei nu este cunoscuta"
   End Select
End Sub
```

- *Evenimentul* **SysColorsChanged**

  Se declanşează când sistemul de culori al sistemului de operare a fost modificat (de o altă aplicație sau prin intermediul panoului de control). Prototipul procedurii eveniment este:

  ```
  Private Sub SysInfo1_SysColorsChanged( )

  End Sub
  ```

- *Evenimentul* **TimeChanged**

  Se declanşează când timpul indicat de sistemul de operare a fost modificat (de o altă aplicație sau prin intermediul panoului de control). Prototipul procedurii eveniment este:

  ```
  Private Sub SysInfo1_TimeChanged()

  End Sub
  ```

BIBLIOGRAFIE

1. **Craig, John Clark - Webb, Jeff**: *Microsoft® Visual Basic 5.0 Manualul programatorului*, Editura Teora, Bucureşti, 1998
2. **Heyman, Mark Steven**: *Bazele Visual Basic 4*, Editura Teora, Bucureşti, 1997
3. **Kovács Sándor**: *Culegere de programe Borland Pascal 7.0 pentru Windows*, Editura Albastră, Cluj-Napoca, 1997
4. **Kovács Sándor**: *Delphi 3.0 - Ghid de utilizare*, Editura Albastră, Cluj-Napoca, 1998
5. **Kovács Sándor**: *Visual Basic 5.0 - Ghid de utilizare*, Editura Albastră, Cluj-Napoca, 1998
6. **Kovács Sándor**: *Programarea interfeţelor cu Visual Basic 6.0. Elemente de bază - Vol. I.*, Editura Albastră, Cluj-Napoca, 2002
7. **Vasiu Lucian**: *Visual Basic 3.0*, Editura Tehnică, Bucureşti, 1996
8. *Microsoft Visual Basic 6.0 Programmer's Guide*, Microsoft Press, 1998